Kayt Sukel

Schmutzige Gedanken

Kayt Sukel

Schmutzige Gedanken

Wie unser Gehirn Liebe, Sex und Partnerschaft beeinflusst

Aus dem Amerikanischen von Michael Bär

Die amerikanische Originalausgabe erschien 2012 unter dem Titel
Dirty Minds. How our brains influence love, sex, and relationships
bei Free Press, A Divison of Simon & Schuster, Inc., New York
Copyright © 2012 by Kayt Sukel

Die Deutsche Nationalbibliothek verzeichnet diese Publikation
in der Deutschen Nationalbibliografie;
detaillierte bibliografische Daten sind im Internet über
http://dnb.d-nb.de abrufbar.

© 2013 by WBG (Wissenschaftliche Buchgesellschaft), Darmstadt
Die Herausgabe des Werkes wurde durch die Vereinsmitglieder
der WBG ermöglicht.
Typografie und Satz: Lohse-Design, Heppenheim
Einbandabbildung © fotolia/Peter Kögler
Einbandgestaltung: Lohse-Design, Heppenheim
Gedruckt auf säurefreiem und alterungsbeständigem Papier
Printed in Germany

Besuchen Sie uns im Internet: www.wbg-wissenverbindet.de

ISBN 978-3-534-25665-5

Die Buchhandelsausgabe erscheint beim Primus Verlag.
Einbandabbildung © fotolia/Peter Kögler
Einbandgestaltung: Christian Hahn, Frankfurt a. M.
ISBN 978-3-86312-356-7
www.primusverlag.de

Elektronisch sind folgende Ausgaben erhältlich:
eBook (pdf): 978-3-534-73608-9 (für Mitglieder der WBG)
eBook (epub): 978-3-534-73609-6 (für Mitglieder der WBG)
eBook (pdf): 978-3-86312-912-5 (Buchhandel)
eBook (epub): 978-3-86312-913-2 (Buchhandel)

Inhalt

Einführung

Wir alle wissen, was Liebe ist – oder glauben es zumindest. Liebe macht blind, überwindet den Tod, ist ein ewiges Feuer, ein Elixier, ein Wunder. Love is like oxygen. Love is all you need. Aber sie ist auch eine Tortur, ein Fluch, ein tiefer Schmerz. Liebe hat viele Gesichter, sie ist ein Schlachtfeld, ein Geschenk des Himmels. Liebe ist die Hölle. Sie ist das Paradies. Sie ist schmutzig. Sie ist rein. Liebe ist, wenn wir uns nicht entschuldigen müssen. Oder vielleicht auch, wenn uns das Herz übergeht und wir viel mehr sagen, als wir eigentlich wollten. Die Liebe ist ein ewiges Schlamassel, ein Leiden. Eine Löwengrube. In einem seiner romantischeren Momente verglich Ted Nugent die Liebe einmal mit einem Reifenheber. Metaphern über die Liebe gibt es zuhauf – und viele scheinen ein Körnchen Wahrheit zu enthalten –, aber es gibt keine allgemeine, umfassende Definition für sie. Vielleicht hat es deshalb jemand für nötig befunden, einen Autoaufkleber zu drucken, auf dem »Liebe ist …« steht – ohne weiter in die Details zu gehen. Versuchen Sie es doch selbst einmal: Erklären Sie jemandem das Wesen der Liebe. Sicher fällt ihnen dazu etwas ein. Und jetzt verallgemeinern Sie dieses etwas, bis es auf *jeden* Menschen in *jeder* denkbaren Situation passt, die irgendetwas mit Liebe zu tun haben könnte. Nicht so einfach, oder?

Eine Freundin meinte dazu einmal, »das ist so ähnlich wie bei dem, was der Oberste Gerichtshof über Pornografie sagte – ich erkenne die Liebe, wenn ich sie sehe. Oder besser gesagt, wenn ich sie fühle.«

Dieser Ansatz hat etwas für sich. Vermutlich wissen die meisten von uns ganz automatisch, was Liebe ist. Wir erkennen sie und wir spüren sie, nur in Worte können wir sie nicht fassen. Liebe ist zu abstrakt, zu schwer fassbar und zu absonderlich, um sie erklären zu können. Dasselbe gilt für ihre Komplizen: die sexuelle Anziehung, die Lust, die Monogamie, den Hass. Etwas so Kompliziertes wie die Liebe entzieht sich jeder einfachen Erklärung – am besten überlassen wir sie den Philosophen, Dichtern und Schnulzensängern.

Das Fehlen einer klaren Definition hält die Menschen aber nicht davon ab, kluge Ratschläge zu geben, wie man Liebe wecken, stärken oder am Leben halten kann. Unsere Mütter, Freunde und selbst vollkommen Fremde sind sofort zur Stelle, um uns Tipps zu geben, wie wir unser Liebesleben *richtig* zu organisieren haben. Meist versprechen die Ratschläge, unsere Beziehungen durch mehr gegenseitiges Verständnis, bessere Kommunikation und besseren Sex zu retten. Was soll es da, dass ein großer Teil dieser Tipps in die Kategorie »Hör' auf meinen Rat, auch wenn ich's selbst nicht tue« gehört. Leider helfen uns Anekdoten über die Kommunikationstechniken (oder abstrusen Sexpraktiken), die die Ehe von Onkel Herbert und Tante Ilse gerettet haben, heute aber nicht mehr weiter. Hier und heute verlangen wir von Ratschlägen – selbst wenn sie ein so schwieriges Gebiet wie die Liebe betreffen –, dass sie auf harten wissenschaftlichen Fakten beruhen. Wir verlassen uns nicht mehr auf Mutters Schulter, Freuds Couch oder den Beichtstuhl, sondern suchen Antworten in genetischen Profilen und Hirnscannern.

Eines Tages sah ich im Fernsehen einen Werbespot für ein Aknemittel. Seine Aussage war kurz gefasst: »Die Biologie ist schuld«. Vergiss die Ernährung, Hygiene oder Seife (das Mittel der Wahl meines eigenen Hautarztes): der Spot suggerierte, dass Akne ein rein biologisches Problem sei und eine perfekte Haut nur eine Frage der Verschreibung des richtigen Mittels. Fortschritte in der Forschung machen es möglich, dass wir zuvor unerklärte Störungen wie Depressionen, Fettleibigkeit und viele andere genetisch bedingte Erkrankungen heute biologisch-medizinisch untersuchen und häufig mit einem neu entwickelten Medikament behandeln können. Solche medikamentösen Lösungen sind ein Segen für alle, die das Gefühl haben, dass sie ohnehin zu viel Mühe investieren (und mit zu wenig Erfolg), um wenigstens den Anschein einer gewissen körperlichen und geistigen Balance zu wahren. Man macht uns glauben, derartige Probleme seien nicht unsere Schuld, sondern komplett und ausschließlich die Schuld der verdammten Biologie. Also soll die Biologie uns doch bitteschön auch ein Mittel geben, das wieder in Ordnung zu bringen.

Intuitiv könnte man nun denken, dass wir die Liebe genauso betrachten sollten. Obwohl manche das bestreiten würden, halte ich mich für einen relativ intelligenten Menschen. Aber trotz einiger längerer

Beziehungen (und noch mehr kurzen), einer gescheiterten Ehe und einem Kind stelle ich mit fortschreitendem Alter fest, dass ich nicht viel über die Liebe weiß. An manchen Tagen bin ich ziemlich sicher, dass ich eigentlich gar nichts über sie weiß. Und damit scheine ich nicht alleine zu sein. Unterhalten Sie sich mit jemandem, der gerade dabei ist, sich zu ver- oder entlieben, und Sie werden in neun von zehn Fällen hören »Eigentlich müsste ich es besser wissen.«

Wenn wir ehrlich sind, werden die meisten von uns zugeben, dass wir ziemlich ratlos sind, wenn es um die Liebe geht – egal wie viel Erfahrung wir zu haben glauben. Mit dieser Erkenntnis im Hinterkopf scheint es nicht die schlechteste Idee zu sein, alles auf die Biologie zu schieben. Wir würden doch nicht immer wieder dieselben dummen Fehler machen, wenn uns nicht unser biologisches Erbe dazu zwingen würde!

Wissenschaft und Technik sind heutzutage so weit fortgeschritten, dass Gebiete wie Biologie, Genetik, Epidemiologie, Evolutionsforschung, Psychologie, Computerwissenschaft und Medizin sich in einem großen Schmelztiegel namens Neurowissenschaft vereinigen. Neurowissenschaftler beweisen immer deutlicher, dass Verstand und Verhalten untrennbar verbunden sind. Unsere Gehirne sind der Sitz des biologischen Erbes, das jeden unserer Schritte und jede unserer Bewegungen bestimmt. (Mir ist bewusst, dass viele Menschen an eine höhere Macht glauben, die unser Liebesleben leitet und vielleicht auch unseren Verstand beeinflusst. Dies eine kontroverse Frage, zu der die Wissenschaft weder Beweise noch Gegenbeweise liefern kann, daher übersteigt sie meines Erachtens das Thema dieses Buches. Ich werde aber in Kapitel 16 einige neurowissenschaftliche Untersuchungen zur Frage von religiösen Überzeugungen und Gehirn diskutieren.)

Die neuesten Fortschritte der Neurowissenschaften ermöglichen ein weitaus besseres Verständnis des Gehirns und seiner Bedeutung für Krankheiten und unser Verhalten, selbst für so komplexe Phänomene wie Zuneigung, romantische Liebe oder unsere sexuellen Neigungen. Wissenschaftler haben Regionen im Gehirn identifiziert, die für die Liebe verantwortlich sind, Substanzen, die uns Lust mit Liebe verwechseln lassen, und genetische und Umweltfaktoren, die gemeinsam beeinflussen können, wie wir an unsere Beziehungen herangehen. Diese Erkenntnisse geben der alten Debatte über Veranlagung einerseits und Umwelteinflüsse andererseits (also der Frage, ob wir über unser Verhalten wirklich so frei entscheiden können, wie uns Ratgeber für Selbsthilfe und Partnersuche glauben machen wollen) neue Impulse, da sie starke Argumente dafür liefern, dass wir in viel stärkerem Maß die Marionetten unserer biologischen Veranlagungen sind als man früher dachte.

Ganz so einfach ist es aber natürlich nicht. Die aktuelle Forschung hat auch komplizierte Mechanismen aufgedeckt, durch die unsere DNA direkt von unserer Umgebung beeinflusst wird. Die Epigenetik ist ein blühendes neues Gebiet der Neurobiologie. Sie zeigt, wie Umwelteinflüsse die Expression von Genen sowohl während unserer Entwicklungsphase als auch noch viel später beeinflussen. Dank immer ausgefeilterer experimenteller Methoden können wir dieses subtile Wechselspiel zwischen unseren Gehirnen und unserer Umgebung immer detaillierter untersuchen und neue Fragen zur Natur der Liebe stellen – Fragen, die sich allein aus der Neurowissenschaft ergeben, der Wissenschaft der modernen menschlichen Biologie. Auf diese Weise werden wir hoffentlich irgendwann in der Lage sein, althergebrachte Annahmen über Selbsthilfe, Soziologie und Spiritualität zu überprüfen.

Mithilfe von aktuellen Methoden wie bildgebenden Verfahren, genomweiten Assoziationsstudien oder transgenen Tieren können Wissenschaftler heute viele Phänomene rund um die Liebe auf der Ebene der Moleküle untersuchen. Vergessen Sie die Kommunikation von Mensch zu Mensch und ihre Bedeutung in Beziehungen – heute können wir die Kommunikation zwischen Gehirnzellen beobachten!

»Wir eröffnen hier einen völlig neuen Kosmos der Forschung«, erklärte mir die Evolutionsanthropologin Helen Fisher von der Rutgers University, die die Liebe wissenschaftlich untersucht und einen Teil ihrer Erkenntnisse über Gehirne und Liebe als Beraterin des Online-Partnersuchportals Chemistry.com auch praktisch umsetzt. »Wir stehen erst am Anfang – Hirnscans, epigenetische Studien, das Verfolgen der molekularen Signalwege im Zusammenhang mit Liebe. Wir haben so viel Material, das uns helfen kann, Fragen zu beantworten, die wir uns seit Jahrhunderten stellen. Wir fangen gerade erst an herauszufinden, wie die Liebe einzelne Bereiche des Gehirns abschalten kann, die für die Entscheidungsfindung verantwortlich sind, wie Erfahrungen der Kindheit die Kontrolle unserer Gefühle beeinflussen können oder für welche Menschen die Liebe zur Sucht werden kann. Wir beginnen, die Liebe aus neurobiologischer Sicht wirklich zu verstehen. Es ist unglaublich!«

Diese Perspektive eröffnet einen völlig neuen Blick auf ein universelles und rätselhaftes Phänomen. Viele hoffen, dass diese Untersuchungen Antworten auf all die Fragen liefern werden, die wir im Hinblick auf die Liebe haben: Was ist »Liebe« eigentlich genau? Wie erreiche ich, dass die Liebe andauert? Ist Monogamie natürlich – oder überhaupt möglich? Warum finde ich ausgerechnet diesen Kerl – der überhaupt nicht gut für mich ist – so unwiderstehlich? Warum hat die Liebe zu meinem Kind die Art verändert, wie ich mit dem Leben und anderen Menschen umgehe? Es gibt unzählige solch verwirrender Fragen, und da die Liebe in der Lage ist, die meisten von uns zu hilflosen Narren zu machen, könnten uns gute Antworten darauf durchaus weiterhelfen. Aber kann die Untersuchung von Hormonen, Nervenbahnen und der epigenetischen Regulation von Genen wirklich die Antworten liefern, die unsere verunsicherten Herzen so verzweifelt herbeisehnen?

Bis heute gab es Tausende von wissenschaftlichen Untersuchungen über die Natur der Liebe. Wahrscheinlich gibt es mindestens genauso viele Ratgeber rund um die Liebe, die die einschlägigen Regale der Buchhandlungen rund um den Globus füllen. Heutzutage behaupten viele dieser Bücher (ebenso wie die Zeitschriftenartikel und die Talkshows, die auf ihnen beruhen), dass sie ihre Weisheiten den aktuellsten neurowissenschaftlichen Erkenntnissen verdanken. Sie erzählen uns, dass Männer und Frauen unterschiedliche Arten von Gehirnen haben und wir auf unsere naturgegebenen Verhaltensweisen in der Liebe festgelegt sind. Sie versprechen uns, dass bestimmte Präparate (die wir für nur 19,95 € plus Porto und Versand über das Internet beziehen können) uns helfen können, den richtigen Partner zu finden. Sie behaupten, dass unser biologisches Erbe *alles* bestimmt und unsere genetische Ausstattung entscheidend dafür ist, ob wir in der Liebe Glück haben werden. Mehr noch, wenn wir nur einige einfache Ratschläge aus der aktuellen Hirnforschung befolgen, können auch wir in den siebten Beziehungshimmel gelangen. Leider sind die in diesen Büchern zitierten Forschungsergebnisse meist grob verallgemeinert, falsch interpretiert oder zumindest aus dem Zusammenhang gerissen, um eine bestimmte These zu stützen – diese Tatsache verringert den Enthusiasmus der Fans solcher Bücher aber nur wenig. Eigentlich ist das auch keine Überraschung. Diese Ratgeber versprechen uns, dass die wahre Liebe greifbar nahe liegt, wenn wir nur die darin empfohlenen Regeln befolgen und unsere Beziehungen »richtig« angehen. Manche dieser Empfehlungen stützen vielleicht das Bild, das Sie ohnehin schon von der Liebe hatten. Andere mögen dagegen völlig grotesk scheinen – nicht nur sachlich falsch, sondern auch wenig attraktiv. Sie widersprechen allem, was Sie aufgrund ihrer Erziehung über Beziehungen zu wissen glaubten. Sie lesen die Ergebnisse dieser Untersuchungen und fühlen, wie ihnen Herz (und Verstand) in die Hose rutschen, denn wenn das stimmt, dann sind Sie noch verkorkster als Sie dachten: Dann ist die wahre Liebe für Sie sowieso nicht erreichbar. Schlagzeilen, Tipps, Regeln, Checklisten, Ratschläge und kluge Zitate zuhauf – aber was können Sie uns wirklich über das Wesen unserer Herzen sagen?

In Wirklichkeit können auch Neurowissenschaftler uns keinen narrensicheren Weg aufzeigen, um gebrochene Herzen zu vermeiden oder zu kitten oder um Ehen zu retten. In der Realität sind sie meist viel eher an Fragen im Zusammenhang mit kognitiver Wahrnehmung, Bewusstsein, dem Belohnungssystem oder dem Verhalten von noch nicht charakterisierten Genen interessiert. Manche beschäftigen sich mit möglichen Therapien für Leiden wie Autismus oder Krebs. Die Sache mit der Liebe ist wichtig, aber liegt doch eher am Rande des Blickfelds der meisten Wissenschaftler.

Wenn man sich das komplexe Wechselspiel zwischen unseren Genen und unserer Umwelt in Bezug auf unser Verhalten vor Augen führt (sowie die Tatsache, dass die meisten Untersuchungen an Tieren und nicht an Menschen durchgeführt wurden), dann wird schnell deutlich, dass jeder konkrete Rat – wenn man ihn denn geben würde – vermutlich wenig nützlich wäre. Die Neurowissenschaften, vor allem epigenetische Untersuchungen des Gehirns, deuten darauf hin, dass unsere Gehirne zwar viel gemeinsam haben, aber doch so unterschiedlich sind, dass jedes von ihnen eine individuelle Behandlung benötigt. Entsprechend gilt, dass es individuelle Unterschiede im Hinblick darauf gibt, wie wir Liebe, Lust und Beziehungen erfahren.

»Verhalten ist wirklich eine komplizierte Angelegenheit«, bestätigt Alexander Ophir von der Oklahoma State University, der das Sexual- und Paarungsverhalten von Präriewühlmäusen erforscht, kleinen Nagetieren, die Gegenstand der meisten Untersuchungen über Monogamie sind. »Es gibt natürlich große Unterschiede zwischen uns und den Mäusen. Menschen haben ein Bewusstsein und eine Kultur, die ihr Verhalten beeinflussen. Zusammengenommen machen diese Aspekte die Untersuchung des Verhaltens ziemlich vertrackt.«

Es wird immer deutlicher, dass es keinen allgemeingültigen Ratschlag für erfolgreiche Beziehungen geben kann, der für alle Menschen passt. Wenn wirklich die Biologie an allem Schuld ist, können wir immer nur für uns selbst sprechen. Dieser Gedanke ist erschreckend, aber auch befreiend. Unser kompliziertes Verhalten korrespondiert mit komplizierten Gedankenwelten – angesichts der vielen Variablen, die hier das sprichwörtliche Wasser trüben, gehe ich sogar so weit, von »schmutzigen« Gedanken zu sprechen – und folglich auch mit komplizierten Untersuchungen.

Auf den folgenden Seiten erhalten Sie keine Ratschläge oder Tipps für die Liebe. Dieses Buch sagt Ihnen nicht, wie Sie für das andere (oder dasselbe) Geschlecht attraktiver werden, wie Sie eine bessere Mutter oder ein besserer Vater werden oder wie Sie Ihren Partner dazu bringen, Ihnen die Treue zu halten. Und so gerne ich Ihnen raten würde, diesen tollen neuen Beziehungsratgeber zur Seite zu legen, die gerade erst gekauften Pillen zur Optimierung Ihrer Hirnchemie in den Müll zu werfen und den Fernseher abzuschalten, wenn die große Lebenshilfeshow von Dr. XY läuft, werde ich mich doch zurückhalten.

Stattdessen werde ich versuchen, Ihnen zu erklären, was die Neurowissenschaft tatsächlich darüber weiß, wie unser Gehirn unser Herz beeinflussen kann – und was diese Ergebnisse im Kontext des menschlichen Verhaltens zu bedeuten haben. Auch ohne Checklisten wie »Fünf Schritte zur Treue« oder »Was Mütter von Vätern lernen können« soll Ihnen dieses Buch helfen, alles was sie zu diesem Thema lesen oder im Fernsehen sehen, in den richtigen Kontext zu stellen. Ich hoffe, es wird sie davon abhalten, sich auf Pillen oder Sprays zu verlassen (oder ihnen wenigstens eine Idee davon geben, was diese Präparate wirklich bewirken können). Zumindest hoffe ich aber, ihnen einige Gründe dafür beschreiben zu können, warum wir Menschen uns so seltsam aufführen, sobald dieses verrückte Wörtchen »Liebe« ins Spiel kommt.

1

Die Neurowissenschaft der Liebe: Eine Geschichte

Im Jahr 1994 stellte die Wissenschaftlerin Sue Carter einen Antrag auf Forschungsgelder, um ein Hormon namens Oxytocin (nicht zu verwechseln mit dem Schmerzmittel Oxycontin/Oxycodon) in einem kleinen Nagetier zu untersuchen – der Präriewühlmaus.

Eine Präriewühlmaus (*Microtus ochrogaster*) sieht ähnlich aus wie eine normale Maus, nur etwas verlotterter und mit einem kürzeren Schwanz. Diese kleinen Nager leben in ganz Zentral-Nordamerika glücklich und zufrieden in ihren Bauten in Gärten und Wiesen und sind vollkommen unspektakulär – mit Ausnahme einer besonderen Eigenschaft, die sie für die Wissenschaft hochinteressant macht: Sie sind monogam.

Genauer gesagt sozial monogam. Im Gegensatz zu den meisten anderen Nagern – oder überhaupt den meisten anderen Säugetieren – leben Präriewühlmäuse in lebenslangen Paarbeziehungen, d.h. in dauerhaften sozialen und sexuellen Beziehungen mit einem einzigen Tier

Eine Präriewühlmaus-Familie.
Bild: Todd Ahern, University of Massachusetts.

des anderen Geschlechts. Männchen und Weibchen kümmern sich gemeinsam um die Aufzucht des Nachwuchses. Diese Verhaltensweisen sind im Tierreich recht selten, daher interessieren sich viele Verhaltensforscher sehr für die Präriewühlmaus. Eine solche Forscherin war auch Sue Carter.

Sue Carter war Professorin der Psychiatrie an der University of Illinois in Chicago. Sie vermutete, dass das Oxytocin, das für die Geburt und das Stillen eine Rolle spielt, soziale Bindungen verstärken kann. Sie hatte bereits dieser Richtung geforscht und hoffte nun, dass die beantragten Fördermittel ihr erlauben würden, dieses Hormon und seine Rolle für das Sozialverhalten von Präriewühlmäusen genauer zu untersuchen. In ihrem Antrag war keine Rede von Liebe, Heirat oder überhaupt Menschen. Trotzdem gelangte das Komitee, das über den Antrag zu entscheiden hatte, zu der Ansicht, dass sie vorhatte, dieses schmutzige kleine Wort mit »L« – Liebe – zu erforschen. Damals war das für einen ernsthaften Wissenschaftler ein Tabu.

»Ich versuchte Fördermittel zu bekommen, um meine Arbeit fortzusetzen, und plötzlich beschuldigte man mich, die *Liebe* erforschen zu wollen«, erzählte sie mir, als ich ihr Labor in Chicago besuchte. Sie war eine zierliche, unkonventionell wirkende Person mit weißen Haaren. Irgendwie schaffte sie es, gleichzeitig sehr herzlich und intellektuell einschüchternd zu erscheinen. »Ich war wirklich geschockt. Ich hätte nie das Wort *Liebe* benutzt – ich habe es nie verwendet. Es kam mir überhaupt nicht in den Sinn, dass meine Arbeit etwas mit Liebe zu tun haben könnte. Es ging mir einfach nur um die Präferenz eines Tieres für ein anderes, nicht um ein menschliches Konstrukt, das für mich sehr wenig mit dem zu tun hatte, was uns eigentlich interessierte«.

Sue Carter erzählte mir, dass sie zuerst nicht wusste, wie sie auf das Gutachten reagieren sollte. Sie beriet sich mit Kerstin Uvnäs-Moberg, einer Wissenschaftlerin vom Karolinska-Institut in Stockholm, die ebenfalls über Oxytocin forschte. War es möglich, dass ihre Arbeit mit etwas so chaotischem und undefinierbarem wie der Liebe zusammenhing? Konnte es eine neurobiologische Grundlage für eine Erforschung der Liebe irgendwann in der Zukunft geben? Nachdem sie die neuesten Forschungsergebnisse gesichtet hatten, die von verschiedenen Forschergruppen über Oxytocin, soziale Bindungen und Paarbeziehungen bei Präriewühlmäusen und anderen Säugetieren publiziert worden waren, erkannten sie, dass die Antwort auf diese Frage möglicherweise »ja« lauten musste. Sie merkten, dass es an der Zeit war, sich nicht länger um dieses Thema zu drücken und endlich zuzugeben, dass ihre Arbeit tatsächlich einen Zusammenhang mit dem menschlichen Verhalten hatte.

»Die Zeit schien gekommen zu sein, den Gedanken auszusprechen und darzulegen, dass soziale Bindungen für die menschliche Liebe entscheidend sind«, erläuterte Carter. Obgleich Sexualität für den Fortbestand unserer Art natürlich von entscheidender Bedeutung war, ist und immer sein wird, waren Sue Carter und Kerstin Uvnäs-Moberg überzeugt, dass Liebe – genauer gesagt die Tatsache, dass soziale Bindungen den Menschen helfen können, Stress und andere Probleme im Alltag zu meistern – nicht nur für die Ausbreitung von Genen eine Rolle spielte, sondern auch für das Überleben. Vielleicht fördern unsere Gehirne soziale Beziehungen, um sicherzustellen, dass mehr als nur eine Person bereitsteht, um uns vor Gefahren zu schützen, dafür zu sorgen, dass genügend Nahrung zur Verfügung steht, um die Familie zu ernähren und den Nachwuchs großzuziehen. Es schien daher sinnvoll zu sein, die wissenschaftlichen Grundlagen sozialer Bindungen und ihren Zusammenhang mit den beschriebenen Verhaltensweisen wissenschaftlich zu untersuchen.

Obwohl diese Argumentation aus der Sich von Sue Carter und Kerstin Uvnäs-Moberg schlüssig war, war es sehr schwierig, für die experimentelle Untersuchung dieser Zusammenhänge Anerkennung (und noch wichtiger: eine Finanzierung) zu finden. Dabei gab es bereits jede Menge Hinweise in der wissenschaftlichen Literatur, dass die Liebe ein interessantes Forschungsthema sein könnte. Allerdings vermieden es die Wissenschaftler stets, das schmutzige kleine Wörtchen auch auszusprechen. Stattdessen diskutierten sie verwandte Dinge wie Paarbeziehungen, Monogamie, Bindungen oder Paarungsverhalten. Wenn man zwischen den Zeilen las, konnte man aber eine Menge Informationen finden – vielleicht genug, um die neurowissenschaftliche Untersuchung der Liebe zu einem eigenen Forschungsgebiet zu machen. Trotzdem vermieden es die meisten seriösen Wissenschaftler, das Kind auch beim Namen zu nennen.

Natürlich hatte es keinen Sinn, über die Neurowissenschaft der Liebe zu sprechen, ohne eine vernünftige Definition für sie zu haben – eine gemeinsame Grundlage, auf der Wissenschaftler verschiedener Disziplinen ihre Hypothesen prüfen und bestätigen konnten. Bedauerlicherweise taugt Ted Nugents Charakterisierung der Liebe als »Reifenheber« – so passend und ergreifend sie als Songtext auch sein mag – kaum als Ausgangspunkt für eine ernstzunehmende und nachprüfbare wissenschaftliche Untersuchung. Daher luden Sue Carter und Kerstin Uvnäs-Moberg im Jahr 1996 auf dem Wenner-Gren-Symposium in Stockholm 38 anerkannte Forscher auf dem Gebiet der Neurobiologie zu einer Sitzung unter der Überschrift »Gibt es eine Neurobiologie der Liebe?« ein.

Ein Ergebnis dieses Treffens war eine Definition. Anstatt auf den Merriam–Webster zu vertrauen, der die Liebe als »starke Zuneigung zueinander« beschrieb, definierte die Gruppen die Liebe als »lebenslangen Lernprozess, beginnend mit der Beziehung des Kindes zu seiner Mutter und dem allmählichen Rückzug von der Mutter, auf der Suche nach emotionalem Trost und Erfüllung«. Diese Definition fand sich auch in der Zusammenfassung, die von dem prominenten Neurowissenschaftler Bruce McEwen verfasst wurde.[1] Sie geht stärker ins Detail als die Definition der Liebe als einfache Emotion oder grundlegenden Trieb der Säugetiere wie Hunger oder Durst – dafür ist sie weniger romantisch als »süße Hingabe« oder »mein Ein und Alles«. Wenn Sie auch ein ziemlicher Zungenbrecher ist, kann diese Definition doch als Standard dienen, auf den sich zukünftige Untersuchungen auf dem Feld der Neurobiologie beziehen können.

Diese Sitzung gab eine Art Startschuss, ein grünes Licht für Neurowissenschaftler, Neurobiologen und Neuroendokrinologen, die Liebe endlich *Liebe* zu nennen. Erst jetzt konnten sie beginnen, die Feinheiten dieses Phänomens aus dem Blickwinkel des Gehirns und der Biologie zu untersuchen. Zwei Jahre danach veröffentlichten viele der prominenten Teilnehmer dieser Sitzung in einem Sonderheft der Zeitschrift *Psychoneuroendocrinology* Untersuchungen zu so unterschiedlichen Themen wie der evolutionären Vorgeschichte der Liebe oder den physiologischen Konsequenzen des Liebesentzugs. Und nachdem so renommierte Wissenschaftler das neue Forschungsgebiet beackerten, konnten Forscher nun das »L-Wort« viel einfacher unter den Aspekten Gehirn und Neurobiologie erforschen.

Süße Babys gehören verboten

Zehn Jahre danach. In den 1990er Jahren wurden zahlreiche groß-artige Untersuchungen über neurowissenschaftliche Aspekte dieses »lebenslangen Lernprozesses«, den wir Liebe nennen, veröffentlicht; viele davon in sehr renommierten Zeitschriften wie *Nature* oder *Science*. Es zeichnete sich bald ab, dass das Gehirn eine Menge mit der Liebe zu tun hatte – auf jeden Fall weitaus mehr als das sprichwörtliche Herz. Als ich an einer Geschichte für eine neurowissenschaftliche Website arbeitete, stolperte ich zufällig über Bruce McEwens Sitzungsbericht. Es war einfach ein falscher Klick in einer Literaturdatenbank, der mich darauf stieß, und obwohl er nichts mit meinem Thema zu tun hatte, konnte ich nicht widerstehen, ihn zu lesen.

Vielleicht war es die Frage im Titel, »Gibt es eine Neurobiologie der Liebe?«, die mich anzog. Mit diesem Thema hatte ich mich noch nie be-schäftigt. Vielleicht hing es auch damit zusammen, dass der Bericht von Bruce McEwen verfasst war, einem gefeierten Neurowissenschaftler von der Rockefeller University. Seine Arbeiten hatten mich schon seit mei-ner Hochschulzeit beeindruckt. Vielleicht wollte ich mich auch nur um meine Arbeit drücken – ich hätte ebenso gut das Telefonbuch lesen können, um eine Ausrede für eine Pause an jenem schwülen Nachmit-tag zu haben. Vielleicht lag es auch an Schlafmangel. Habe ich schon erwähnt, dass ich kurz zuvor Mutter geworden war?

Nehmen Sie ein beliebiges Klischee über eine frischgebackene Mutter – ungepflegt, mitgenommen oder mit tiefen Ringen unter den Augen – es traf zu. Alle trafen zu. Von den Flecken auf meiner Bluse bis zum allgemeinen Zustand meines Haushalts gab es keinen Bereich meines Lebens, der durch meine Mutterschaft nicht in Mitleidenschaft gezogen worden wäre. Ich halte überhaupt nichts von der Idee eines »Mutterhirns« oder der Vorstellung, dass die Mutterschaft eine Frau dumm macht, aber ich muss zugeben, dass ich mich manchmal wun-derte, was in meinem Oberstübchen vorging. Aber was sich auf unerklär-liche Weise am stärksten verändert hatte, seit ich Mutter geworden war, war meine Ehe.

Die Geburt meines Sohnes hatte meine Beziehung zu meinem Mann radikal umgekrempelt. Natürlich hatte ich damit gerechnet, dass sich un-sere Ehe durch Kinder verändern würde, aber auf den kompletten Ver-lust jeglicher Intimität war ich nicht vorbereitet. War unsere Verbindung zuvor sehr eng gewesen (obgleich wir ziemlich unterschiedliche Typen waren), so waren wir jetzt zwei Satelliten auf unterschiedlichen Umlaufbahnen, deren Wege sich nur kreuzten, wenn es um das Kind ging. Freunde mit Kindern versicherten mir, dass das völlig normal sei und sich über die Zeit wieder einrenken würde, nachdem der Schock über den Familienzuwachs sich gelegt habe. Eine Freundin, selbst Mutter von drei Kindern, ging noch weiter: »Du kannst nicht erwarten, dass du jetzt noch dieselben Gefühle für deinen Mann empfindest. Eure Beziehung muss sich verändern, weil für dich jetzt dein Sohn im Mittelpunkt steht. Unsere Gehirne sind so gebaut, dass unsere Kinder im Vordergrund stehen. Die Evolution will das so.«

Ihre Aussage traf mich. Ich konnte nicht verstehen, warum die »Evolution«, wie sie es ausgedrückt hatte, eine erfüllte, liebevolle Beziehung zwischen zwei Erwachsenen oder ein aktives Sexualleben verhindern sollte. Nur weil ich jetzt ins Lager der Glucken gewechselt war, sollte ich aufhören, Kinder in die Welt zu setzen und meine Ahnenlinie fortzuführen? Denn dazu wäre ja zumindest Sex nötig gewesen, wenn nicht gar ein wenig leidenschaftliche Liebe. Irgendetwas musste ich übersehen haben.

Es war mir ein Rätsel. Wie die meisten frischgebackenen Mütter war ich hundemüde. Und doch war ich wie verzaubert von diesem kleinen Baby, das es irgendwie schaffte, jeden einzelnen Moment meines Lebens aufzuhellen, während es gleichzeitig den letzten Rest Energie aus mir heraussaugte. Genau wie die Aussage meiner Freundin über die Evolution war auch das ein Rätsel, dessen Lösung ich nicht finden konnte.

Als jemand, der davon lebte, über Neurowissenschaft zu schreiben, fragte ich mich natürlich, welche Rolle mein Gehirn bei all dem spielte, was mit mir geschah. Vielleicht konnte man alles – meine verrückte Liebe zu meinem Sohn und meine implodierende Ehe – durch Veränderungen in meinem Gehirn erklären, die während und nach der Geburt entstanden waren. Gleichzeitig war ich überzeugt, dass auch das Gehirn meines Mannes sich ein wenig verändert hatte. Warum nicht einen Sitzungsbericht über die Neurobiologie der Liebe als Startpunkt nehmen, um mehr zu erfahren?

Als ich Bruce McEwens Bericht las, traf mich eine Zeile wie ein Blitz, ein Zitat des britischen Forschers Nicolas Read, der auch an der Sitzung teilgenommen hatte: »*Wenn wir wüssten, wie süß Babys wirklich sind, würden wir sie verbieten.*«

So eine Aussage ist in der wissenschaftlichen Literatur nicht gerade der Normalfall – solche Sätze findet man in wissenschaftlichen Publikationen eher selten. In den meisten Papers, die ich für meine Arbeit an neurowissenschaftlichen Artikeln lese, stehen eher Sätze wie: »Eine Anhaftung an der β-Position induziert eine lokale Immunantwort der Mikroglia, die daraufhin makrophagisch werden.«[2] So etwas mag faszinierend sein (jedenfalls nachdem man es in verständliches Deutsch übersetzt hat), aber ist es nicht gerade ein Satz, der spontanes Gelächter hervorruft.

»Das war natürlich als Witz gemeint«, erklärte McEwen, als ich ihn fragte, warum er diesen Satz in seinem Bericht erwähnt hatte. »Aber die Bindung zwischen Mutter und Kind ist wirklich außerordentlich stark und ganz bemerkenswert.« Was würden Forscher wohl herausfinden, wenn sie solche Phänomene aus einer biologisch-mechanistischen Perspektive untersuchen könnten? Genau dies war das Anliegen der Teilnehmer jener Sitzung – sowie natürlich auch die Untersuchung von Monogamie, Sex und anderen Verhaltensweisen im Zusammenhang mit Liebe aus biologisch-mechanistischer Sicht.

Schon zu diesem frühen Zeitpunkt der neurowissenschaftlichen Untersuchung der Liebe hatte mich Bruce McEwen mit seinem Verbot von süßen Babys in seinen Bann geschlagen. Der Satz hat eine Art von perverser Poesie. Außerdem trifft er natürlich den Nerv einer frischgebackenen, übermüdeten und biologisch interessierten Mutter, wie ich es war. Für alle Nichteltern (und zugegebenermaßen auch manche Eltern) klingt das sicher etwas grenzwertig. Wie immer kommt es auf die Situation an – für mich passte es einfach. Mein Kind war unglaublich süß – viel süßer als ich mir jemals hätte träumen lassen. Natürlich nicht süß wie ein schweißbedeckter, nackter Traumboy, aber auf eine unwiderstehliche und zwingende Art süß, die meinen Körper, meinen Verstand und mein Leben von Kopf bis Fuß verändert hatte. Ich hatte keine Ahnung, ob diese Veränderungen der Evolution, der Neurobiologie oder meiner speziellen Situation geschuldet waren, aber ich wollte mehr darüber wissen, wie die Mutterschaft – und, ja: die Liebe – so etwas fertigbringen konnte. Während ich also meinem Sohn von Tag zu Tag mehr verfiel, war ich gleichermaßen von den neurowissenschaftlichen Untersuchungen fasziniert, die mir Einblicke in Mutterschaft, Monogamie, Sex und Liebe geben konnten.

Die Haken und Ösen der Liebe

Ich habe bereits zugegeben, dass ich nichts über die Liebe weiß. Meine Erfahrung ist, dass einem dieses Eingeständnis viel leichter fällt, nachdem man das Büro eines Scheidungsanwalts von ihnen kennengelernt hat. Der Zerfall meiner Ehe geschah nicht plötzlich; es dauerte Jahre und Jahre, bis alles den Bach hinunter ging. Man sollte meinen, es hätte im Laufe dieser Jahre mehr als genügend Gelegenheiten gegeben, den Lauf der Dinge zu ändern, während wir uns unserer Unzufriedenheit bewusst wurden, aber wie ernsthaft ich die Sache auch immer in Ordnung bringen wollte – irgendwie fand ich nie eine passende Gelegenheit. Vermutlich ging es meinem damaligen Mann nicht anders. Selbst im Nachhinein kann ich nicht sagen, an welchem Punkt mein Mann und ich falsch abgebogen sind. Als ich es erkannt habe, wusste ich auch schon, dass es nicht mehr in Ordnung kommen würde.

Offensichtlich bin ich an diesem »lebenslangen Lernprozess« gescheitert – obwohl mein Baby, das inzwischen zu einem reizenden und neugierigen Kindergartenkind herangewachsen ist, »süß« wie eh und je ist, geht meine »Suche nach emotionalem Trost und Erfüllung« mit einem Partner immer noch weiter. Liegt es vielleicht an meinen Hormonen? An der Art, wie mein Gehirn verdrahtet ist? An meiner Partnerwahl? An der langen Zeit, die wir zusammen waren? Daran, wie oft wir Sex hatten? An der Art, wie mein Körper (einschließlich meines Gehirns) sich nach der Geburt verändert hat? An allem zusammen? Ich musste das herausfinden, um nach dem Zerbrechen meiner Ehe wieder in die Gänge zu kommen und um mir selbst Mut zu machen, während ich von neuem auf Partnersuche ging.

Wie die meisten Menschen hoffte ich auf einfache Antworten und Praxistipps, die mir helfen sollten, meine vergangenen Beziehungen zu verstehen und – noch wichtiger – die alten Fehler in Zukunft zu vermeiden. In freudiger Erwartung zukünftiger Lover hoffte ich, dass ich mit dem richtigen Wissen die ersten Fältchen, meine veränderte Figur nach der Geburt und meine scheidungsbedingte Feigheit vor dem Feind wettmachen könnte.

Mein Bestreben, die wissenschaftlichen Grundlagen der Liebe besser zu verstehen, begann mit dem Zufallsfund einer wissenschaftlichen Arbeit und führte dazu, dass ich alles las, was ich über Liebe, Sex und das Gehirn finden konnte. Das reichte aber noch nicht, um meine Neugier zu befriedigen – ich musste mit den Forschern über ihre Arbeit und die möglichen Interpretationen ihrer Ergebnisse sprechen. Ich musste die Labors besuchen und die Forschung vor Ort erleben. Und bestimmt konnte es auch nicht schaden, selbst an ein paar Studien teilzunehmen.

Auf dieser Reise durch die Welt der Neurowissenschaft habe ich eine Menge gelernt. Ich habe festgestellt, dass die Erforschung der Liebe, egal ob neurowissenschaftlich oder auf andere Weise, eine verwickelte und komplexe Sache ist – viel komplexer, als ein geborener Skeptiker wie ich sich hätte vorstellen können. Aber trotz all der vielen erhellenden Diskussionen und persönlichen Abenteuer konnte ich keine narrensicheren Tipps für das finden, was die meisten von uns erhoffen: wie man die Liebe findet und festhält. Es gibt keine magische Formel, kein Regelwerk, mit dessen Hilfe man die Rolle des Gehirns bei der Liebe verstehen kann. Es gibt keine schnellen und keine allgemeingültigen Antworten. Es gibt aber eine Menge von aufregenden Überraschungen über unsere »schmutzigen« Gedanken zu entdecken, sowohl in Tiermodellen als auch im fMRI-Scanner. Bevor wir anfangen, muss ich noch einige Hintergrundinformationen geben, zum Beispiel über die verschiedenen Bereiche im Gehirn und die chemischen Substanzen, die diese aufregendste aller menschlichen Emotionen befördern. Unsere Geschichte von verliebten Gehirnen beginnt mit etwas Wissenschaftsgeschichte und der Gehirnregion, die für Belohnungen zuständig ist: den Basalganglien.

2

Auf immer und ewig –
Dein Gehirn

Was könnte die Liebe besser symbolisieren als ein großes rotes Herz? Wahrscheinlich gar nichts. Nicht nur am Valentinstag (bzw. in den sechs Wochen voller Marketingrummel, die ihm vorausgehen) ist dieses Bild allgegenwärtig. So sehr, dass wir uns kaum vorstellen können, es gegen das eines Gehirns zu vertauschen, obwohl wir natürlich wissen, dass das Herz wenig mit unseren Gefühlen zu tun hat. Aber wer will sich schon vorstellen, eine Schachtel Pralinen oder eine Glückwunschkarte in Form eines Gehirns geschenkt zu bekommen? Das geht einfach nicht – der Gedanke ist selbst für einen Gehirnfreak wie mich mindestens gewöhnungsbedürftig.

Warum ist dieses Symbol – ein inneres Organ, von denen wir heute wissen, dass es im Wesentlichen eine simple Pumpe ist – so präsent? Vielleicht hängt es damit zusammen, dass viele der klügsten Köpfe mehr als 1000 Jahre lang glaubten, dass das Herz nicht nur Sitz der Gefühle, sondern auch das Zentrum der Rationalität und der Kognition sei.

Seit Anbeginn unserer Geschichte verstehen wir Menschen uns als logisch denkende, vernünftige Wesen und stellen uns immer einen bestimmten Teil unseres Körpers als Schaltzentrale unserer Rationalität vor. Aristoteles hielt das Herz wegen seiner Wärme und seiner Bewegung für den Sitz der menschlichen Intelligenz und Kognition. (Vom Gehirn glaubte er, dass es dafür zuständig sei, die vom Herz verursachten Leidenschaften abzukühlen.) Plato, ein Lehrer des Aristoteles, widersprach seinem berühmten Schüler, was den Sitz der Gedanken und Gefühle angeht. Seiner Ansicht nach war das Gehirn der Sitz der Ratio, da es der Körperteil war, der dem Himmel am nächsten war.

Über Jahrhunderte diskutierten Philosophen, Theologen und Ärzte vorwärts und rückwärts über die Frage, ob nun das Herz oder das Gehirn das wichtigste Organ sei (und auch die Leber tauchte gelegentlich in dieser Debatte auf). Aber ohne Zugriff auf wissenschaftliche Methoden und Techniken, mit denen man die Funktionsweise dieser Organe im lebenden Körper beobachten konnte, konnte es darauf keine definitive Antwort geben.[1]

Einer der ersten, die der Rolle des Gehirns aufgrund tatsächlicher biologischer Beobachtungen die gebührende Anerkennung sollten, war Galenos von Pergamon, ein griechischer Arzt und Philosoph aus dem zweiten Jahrhundert vor Christus. Einer der Gründe dafür war sein Beruf: Bevor er zu einem der einflussreichsten Ärzte seiner Zeit wurde, arbeitete er als Chirurg bei den Gladiatoren, wo er sicherlich mehr als genug Gelegenheit hatte, die Auswirkungen von Kopfverletzungen auf die Persönlichkeit, die Bewegungsfähigkeit und das Verhalten zu studieren. In seiner Abhandlung »*De usa partium corporis humani*« (*Über die Zweckmäßigkeit der Bestandteile des menschlichen Körpers*) argumentierte er, dass das *Encephalon* (altgriechisch für Gehirn) sowohl für die Bewegungen als auch für die Wahrnehmung verantwortlich sein müsse. Nur deshalb könne es mit den Sinnesorganen (Augen, Ohren, Nase und Mund) sowie den wichtigsten motorischen Nerven verbunden sein. Er glaubte nicht, dass das Gehirn etwas mit der Intelligenz *per se* zu tun hatte – immerhin hatten jede Menge dummer Tiere ebenfalls hoch entwickelte Gehirne – aber er war der Meinung, dass es uns bei der Verarbeitung der Nervensignale hilft und sie in geeignete Körperbewegungen umsetzt. Trotz seiner Konzentration auf das Gehirn hatte Galen in seinen Theorien noch Platz für das Herz. Er glaubte, dass es die Quelle unseres »Lebensgeistes« sei, einer geisterhaften Substanz, die durch die Venen und Arterien verteilt und im Gehirn in »sinnlichen Geist« umgewandelt werde.[2]

Die Lokalisierung der Funktionen im Gehirn

In den folgenden Jahrhunderten blühten zahlreiche Theorien darüber, was das Gehirn wie bewerkstelligt. Durch sorgfältige Untersuchung von Patienten mit Gehirnschäden gelangten die Wissenschaftler schließlich zu der Schlussfolgerung, dass das Gehirn etwas mit den Geistesfunktionen zu tun haben müsse. Bis dahin war es aber ein weiter Weg; dieser Gedanke fasste erst im 19. Jahrhundert richtig Fuß. Zu dieser Zeit waren sich die meisten Wissenschaftler einig, dass unterschiedliche Bereiche des Gehirns für spezifische lokalisierte Funktionen zuständig waren. Der nächste logische Schritt war nun, herauszufinden, welches Gebiet im Gehirn wofür verantwortlich war.

Einen entscheidenden Schritt zu einer Karte der Gehirnfunktionen machte der deutsche Arzt und Anatom Franz Josef Gall, der Menschen aus allen Schichten der Gesellschaft untersuchte, um die Funktionsweise des Gehirns zu verstehen. Er studierte die Schädel von Richtern, Politikern, Müttern, Mördern, Dieben, Philosophen, Prostituierten und Wissenschaftlern (und vermutlich auch von allen anderen, die sich von ihm untersuchen ließen) und entwickelte gemeinsam mit Johann Gaspar Spurzheim die Phrenologie. Der Name mag eher nach dem Titel eines schrägen Hip-Hop-Songs klingen als nach einer seriösen wissenschaftlichen Theorie, aber Mitte der 1850er Jahre war sie der letzte Schrei.

Die Theorie war eigentlich ganz einfach. Gall ging davon aus, dass es im Gehirn unterschiedliche Bereiche gab, die er als »Organe« bezeichnete und in denen Eigenschaften wie Humor, Gedächtnis, Mut, Aggression, Fröhlichkeit und sogar metaphysische Fähigkeiten lokalisiert sein sollten. Je größer ein solches Organ war, desto stärker war die jeweilige Eigenschaft bei einem Menschen ausgeprägt und desto stärker sollte es von innen gegen die Schädeldecke drücken und diese ausbeulen. Wenn ein Mensch eine bestimmte Eigenschaft überhaupt nicht besaß, sollte sich diese Tatsache durch eine kleine Grube in der Schädeldecke zeigen. Nach der Theorie hatte ein guter Student daher hervortretende Augen, damit genügend Platz für die besonders großen Gedächtnis- und Sprachorgane hinter ihnen blieb. Ein gewalttätiger Straftäter verriet sich demnach durch eine Reihe von charakteristischen Beulen hinter den Ohren. Ein ehrwürdiger Mann besaß ein hoch gewölbtes Schädeldach – vielleicht, um den notwendigen Heiligenschein besser abstützen zu können.

In einem 1855 veröffentlichten Handbuch der Phrenologie schrieb der Präsident des *American Institute of Phrenology*, Nelson Sizer, zusammen mit seinem Kollegen Henry S. Drayton: »Die Phrenologie lehrt uns, dass jedes Gefühl, jede Spur von Geschmack oder Aversion, von Hoffnung oder Furcht, Liebe oder Hass, ebenso wie die geistigen Fähigkeiten und das Erinnerungsvermögen ihren Ursprung in bestimmten Teilen des Gehirns haben.«[3] Nach dieser Theorie konnte man also alles Erdenkliche über eine Person in Erfahrung bringen, indem man einfach mit einer geübten Hand über ihren Schädel strich.

Die Rückseite eines Phrenologie-modells mit den Regionen, die man mit den »häuslichen Neigungen« wie der Fähigkeit, sich zu verlieben, der Partnerschaftlichkeit oder der Freundschaft in Verbindung brachte.
Bild: Autorin.

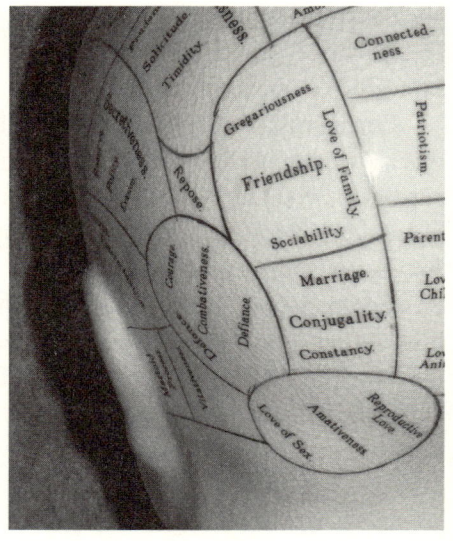

Diese Theorie umfasste auch die Liebe. Legen Sie einmal Ihre Handflächen über ihre Ohren. Strecken Sie Ihre Fingerspitzen aus und befühlen Sie die Rückseite ihres Kopfes. In der Blütezeit der Phrenologie hielt man diesen Teil des Schädels, den Hinterkopf, für den Sitz der »häuslichen Neigungen« eines Menschen. Hier vermutete man die Gehirnregionen, die verantwortlich waren für die Bereitschaft, sich zu verlieben (körperliche Liebe), die Partnerliebe, die elterliche Liebe, Freundschaft oder die Heimatliebe. Die Phrenologen glaubten, dass eine ausgeglichene Person einen glatten, länglichen und breiten Hinterkopf besitzen solle – also eine ausgewogene Mischung dieser verschiedenen mit der Liebe zusammenhängenden Organe. Nelson Sizer und Henry Drayton erläuterten:

[Individuen] mögen intellektuell weise seien, ehrlich in Bezug auf Eigentum und soziale Rechte, aber wenn Ihnen die elterliche Liebe fehlt, werden sie keine Kinder haben wollen. Wenn Ihnen die partnerschaftliche Liebe fehlt, werden sie nicht heiraten wollen. Wenn Sie eine starke Neigung besitzen, sich zu verlieben, suchen Sie vielleicht aufgrund dieser Neigung Gesellschaft. ... Menschen oder Tiere, die zur freien Liebe neigen, fehlt etwas, und dies gereicht ihnen nicht zur Ehre. Die partnerschaftliche Liebe, diese besondere, lebenslange, individuelle und exklusive Paarbeziehung, ist menschlich, ehrenvoll, natürlich und die einzige tragfähige Philosophie der sexuellen Partnerschaft.

Wenn man also im viktorianischen Zeitalter auf der Suche nach Liebe war, empfahl es sich, die Anstandsdame zumindest solange abzulenken, bis man den Hinterkopf des Partners in spe abgetastet hatte, bevor man sich irgendwelche dauerhaften Verpflichtungen einging. Zumindest nach Meinung der Phrenologen konnte eine falsch platzierte Beule oder Mulde am Schädel über das zukünftige Glück eines Paares entscheiden.

Ein kleiner Schönheitsfehler der Theorie war, dass die Stelle, die Gall und Spurzheim mit der Liebe in Verbindung brachten, gar nicht in der Nähe des Gehirns liegt, sondern in der Nachbarschaft von Nebenhöhlen und Venen, in sicherer Entfernung von allen grauen Zellen. Obwohl die grundsätzliche Annahme von Gall und Spurzheim, dass bestimmte Teile des Gehirns für definierte charakteristische Funktionen verantwortlich sind, von der modernen neurowissenschaftlichen Forschung bestätigt wurde, führt ihre Konzentration auf schwammige und schlecht definierte Eigenschaften (was genau soll wohl ein Organ für »Unbeständigkeit« oder »Erhabenheit« bedeuten?) und das Äußere anstatt des Inneren des Schädels dazu, dass man die Phrenologie nicht als seriöse wissenschaftliche Theorie bezeichnen kann.

Obwohl die Phrenologie schließlich sowohl im wissenschaftlichen als auch im populären Umfeld wieder verschwand, konnte sich das Konzept der Lokalisierung von Funktionen halten. In den nächsten beiden Jahrhunderten konzentrierten sich Wissenschaftler darauf, durch Beobachtung von Patienten mit Gehirnschäden oder Tieren sowie mittels elektrophysiologischer Methoden Bereiche des Gehirns zu identifizieren, die mit Gedächtnis, Sprache, Aufmerksamkeit und Bewegungen zu tun hatten. Dabei zeigte sich, dass sogar diese »einfachen« Konzepte im Gehirn schwierig zu untersuchen waren. Ein Phänomen wie die Liebe mit ihren zugehörigen erotischen, kognitiven und zielgerichteten Verhaltensweisen lag weit jenseits dessen, was Wissenschaftler als Untersuchungsobjekt ins Auge fassen konnten, insbesondere weil es völlig unklar war, was Liebe eigentlich war. War sie eine Emotion wie Trauer oder Furcht? Ein Trieb wie Hunger oder Durst? Oder ein menschliches Konstrukt zur Rechtfertigung von Sex ohne jede biologische Grundlage? Niemand wusste es genau. Die Tatsache, dass sie so wenig greifbar war, machte die Liebe für ernsthafte wissenschaftliche Untersuchungen ungeeignet und schob sie für mehr als ein Jahrhundert auf die wissenschaftliche Wartebank.

Durchleuchtete Liebe

Im späten 20. Jahrhundert ermöglichten technologische Fortschritte der Wissenschaft, eines der größten Handicaps der Phrenologie zu überwinden. Bildgebende Verfahren wie die Computertomografie (CT), die Einzelphotonenemissions-Computertomografie (SPECT) oder die Positronenemissionstomografie (PET) erlauben es, ins Innere des Schädels zu blicken und anstelle von Ausbeulungen am Schädel, Proben von Autopsien oder Tieren direkt das lebende, arbeitende Gehirn zu beobachten. Diese neuen Ansätze ermöglichten eine viel genauere Analyse der Gehirnfunktionen. Aber erst ab den frühen 1990er Jahren ermöglichte das Aufkommen eines neuen Verfahrens, der funktionellen Kernspintomografie (fMRI), noch tiefere Einblicke in das Gehirn und damit endlich die Untersuchung eines so chaotischen Phänomens wie der Liebe.

Wie funktioniert die fMRI? Der Schlüssel ist der Blutfluss im Körper. Wie alle Organe braucht auch das Gehirn Blut, um arbeiten zu können. Selbst die geringste neuronale Aktivität verrät sich durch einen Zufluss von sauerstoffreichem Blut. Der Sauerstoff wird im Zuge der Gehirnaktivität verbraucht, und sauerstoffarmes Blut strömt auf seinem Kreislauf zurück in Richtung Herz. Und genau das ist der entscheidende Punkt für die Untersuchung der Gehirnaktivität mithilfe der fMRI. Sauerstoffreiches Blut besitzt andere magnetische Eigenschaften als sauerstoffarmes Blut. Mit einem großen, starken Magneten im fMRI-Gerät kann man genau verfolgen, wie viel Blut in welches Gebiet strömt und wie sich der Blutfluss mit der Zeit ändert. Daraus können Neurowissenschaftler schließen, welche Gehirnareale als Reaktion auf äußere Reize oder bestimmte Aufgaben aktiviert werden.

Man weiß nicht genau, wer als Erster auf die Idee kam, die neuronalen Spuren der Liebe im Gehirn zu lokalisieren. Jedenfalls waren in den späten 1990er Jahren sowohl Andreas Bartels, ein frischgebackener Doktor am University College London, und Helen Fisher, die brillante Evolutionsanthropologin von der Rutgers University, davon überzeugt, dass die Liebe neurobiologische Spuren im Gehirn hinterlassen müsse. Man musste nur danach suchen. Genau das hatte aber seit den Tagen der Phrenologie niemand mehr getan.

Helen Fisher hatte über Jahrzehnte die anthropologischen Aspekte menschlicher Sexualität, Monogamie und Liebe untersucht. Ihre Arbeit überzeugte sie davon, dass die romantische Liebe keine Emotion war, wie viele andere Forscher meinten, sondern ein physischer Trieb wie Hunger oder Durst. »Ich begriff, dass die Liebe eine sehr mächtige *physische* Erfahrung ist«, erklärte sie mir, als wir über ihre erste Untersuchung von Gehirn und Liebe sprachen. »Ich erkannte, dass ich durch die Untersuchung der Gehirnfunktionen in der Lage wäre, zu verstehen, was genau im Gehirn vor sich geht, wenn sich jemand verliebt.«

Nachdem sie diesen Gedanken auf mehreren Konferenzen vorgetragen hatte, verbündete sich Helen Fisher mit der Neuroanatomin Lucy Brown vom Albert Einstein College of Medicine und dem Sozialneurowissenschaftler Arthur Aron von der State University of New York in Stony Brook. Die Gruppe stellte die Hypothese auf, dass es im Gehirn drei separate Systeme im Zusammenhang mit der Liebe geben könnte: Eines für die Sexualität und das Sexualverhalten, ein zweites für Gefühle tiefer Zuneigung und ein drittes für die romantische Liebe.[4] »Mein Eindruck war, dass es drei grundlegende Gefühle im Zusammenhang mit der Liebe gibt, von denen sich alle anderen irgendwie ableiten lassen«, erläuterte Helen Fisher in ihrer ruhigen und nachdenklichen Art. »Meiner Meinung nach war die romantische Liebe am einfachsten zu messen. Sie ist ein so dramatisches Gefühl, mit starken Einschlägen von Konzentration, Kraft und Motivation.«

Helen Fisher hat recht – die Symptome der Liebe sind körperlich und dramatisch. Diejenigen, die es erwischt hat, sind oft abgelenkt und verlieren sich in Tagträumen rund um ihre(n) Zukünftige(n). Niemand vergisst die physischen Begleitumstände dieses Zustands: Frisch Verliebte spüren die berühmten Schmetterlinge im Bauch, einen beschleunigten Puls, Schweißhände und weiche Knie. Sie zeigen oft Symptome von Angst, Appetitverlust und obsessiv-zwanghafte Tendenzen sowie eingeschränkte Entscheidungsfähigkeit. Manchmal schleichen sie sich nachts aus dem Haus, kommen immer wieder zu spät zur Arbeit, brechen die Schule ab oder ziehen in eine neue Stadt, nur um ihrem Liebsten nahe zu sein. Ich selbst führe den Kauf eines unerträglich lila Sofas einzig und allein darauf zurück, dass ich Hals über Kopf verliebt war, als ich Einkaufen war. Helen Fisher war fest davon überzeugt, dass es für solch extreme Verhaltensänderungen eine biologische Erklärung geben muss. Sie und ihre Kollegen waren entschlossen, diese Erklärung zu finden.

Aber noch bevor sie ihre Untersuchungen abgeschlossen hatten, veröffentlichten Andreas Bartels und sein früherer Betreuer Semir Zeki, Professor der Neuroästhetik am University College London (einer Abteilung, die er sich selbst maßgeschneidert hatte und an der er die neuronalen Grundlagen der Ästhetik untersuchte) im Novemberheft 2000 der Zeitschrift *Neuroreport* eine eigene Studie, in der sie die die romantische Liebe im fMRI-Scanner mit Freundschaft verglichen. Semir Zeki war dazu durch Erwähnungen der Liebe in der Kunst motiviert worden. Wie oft haben Sie sich – heftig verliebt – selbst schon gefragt, ob dieses oder jenes Gedicht von Rilke oder Goethe oder dieser Song von Elvis nicht genau für sie geschrieben war? Wie oft haben Sie schon ein Bild betrachtet und gespürt, dass es ein tiefes und wahres Gefühl wiedergibt, das sie selbst schon empfunden haben? Denken Sie an all die schönen Beschreibungen der Liebe – einige davon habe ich in der Einführung erwähnt. Semir Zeki war der Meinung, dass wenn man dieses Gefühl in einem künstlerischen Kontext (vielleicht als Reifenheber) einordnen und verstehen kann, es auch eine Gemeinsamkeit zwischen der Liebe und den anderen Gefühlen in uns geben muss. Einen grundlegenden Bestandteil unseres Wesens, der von Generation zu Generation weitergereicht wird und der es uns ermöglicht, emotionale Erfahrungen miteinander zu teilen. Ohne dieses Element wären wir nicht in der Lage, so viele unterschiedliche künstlerische Darstellungen der Liebe zu erkennen oder zu verstehen. Ein wahrhaft zwingendes Argument.

Es ist keine Frage, dass der richtige visuelle Reiz eine emotionale Reaktion hervorrufen kann. Es ist mir nur in Maßen peinlich zuzugeben, dass ich mit schöner Regelmäßigkeit auf süße Babyfotos, AT&T-Werbespots und Trailer von romantischen Komödien hereinfalle. Und damit bin ich nicht allein. Ein Bild, Geruch oder Lied kann eine sehr starke Erinnerung heraufbeschwören, mitsamt all der damit verbundenen Emotionen. Auf diesen Mechanismus bauten Andreas Bartels und Semir Zeki und scannten siebzehn Probanden (elf Frauen und sechs Männer), die nach eigener Aussage leidenschaftlich verliebt waren, während sie ihnen Fotos ihrer Partner sowie von drei weiteren Freunden desselben Geschlechts wie der Partner zeigten. Die Wissenschaftler wiesen die Teilnehmer der Studie an, sich die Fotos anzusehen, an die gezeigten Personen zu denken und sich ansonsten zu entspannen. Beim Vergleich der Aktivierungsmuster im Gehirn beim Betrachten der Partner einerseits und der Freunde andererseits fanden sie zwei Gehirnareale mit starker Reaktion: Die linke mittlere Insula, die mit Emotionen, Selbstbewusstsein und zwischenmenschlichen Beziehungen in Zusammenhang steht, und der vordere Gyrus cinguli, der mit dem Belohnungssystem, der Entscheidungsfähigkeit und ebenfalls Emotionen zu tun hat. Wenn sie die Aktivierungsschwelle niedriger setzten, fanden sie einen erhöhten Blutfluss auch im Hippocampus, dem Nucleus caudatus und dem Putamen, die alle für Lernprozesse und das Gedächtnis zuständig sind, sowie im Kleinhirn, das die Feinregulation der motorischen Kontrolle steuert. Das Aktivierungsmuster war nach ihrer Aussage einzigartig und konnte nicht durch andere Ursachen als romantische Liebe erklärt werden (obwohl Semir Zeki später witzelte, dass das Muster demjenigen verdammt ähnelte, das man auch nach einem Schuss Kokain beobachten konnte). Was das genau bedeutete, erforderte aber noch weitere Untersuchungen.[5]

Ein eigenes System für die romantische Liebe

Für Ihre fMRI-Studie verwendeten Helen Fischer, Lucy Brown und Arthur Aron einen ähnlichen Versuchsaufbau zum Betrachten von Fotos. Anstatt die Teilnehmer aber nur zu bitten, an ihre Partner zu denken, baten sie sie, an Situationen zu denken, die Sie mit dieser Person erlebt hatten, beispielsweise ein romantisches Abendessen oder einen Strandausflug – ein beliebiges (nicht intimes) gemeinsames Erlebnis. Trotz dieser leichten Veränderung des Aufbaus zeigten ihre Ergebnisse eine große Übereinstimmung mit denen aus der Studie von Andreas Bartels und Semir Zeki. Auf der Grundlage dieser Ergebnisse schlug Helen Fisher eine schlüssige Theorie der Liebe vor. Sie umfasste drei separate aber sich überschneidende Systeme im Gehirn, die für Sexualität, romantische Liebe und langfristige Bindungen (wie die Bindung zwischen Mutter und Kind oder die behagliche Beziehung zwischen Paaren, die seit 60 Jahren verheiratet sind) verantwortlich sind. Ihrer Ansicht nach konnten diese drei separaten Systeme alle Facetten der Liebe beschreiben: die romantische, die elterliche, die kindliche, die platonische Liebe und auch das schwarze Schaf der Familie – die Lust.

Wissenschaftler wissen seit langem, dass der Hypothalamus der Sitz des Sexualtriebs ist. Wenn er entfernt wird, verliert ein Mensch nicht nur jegliches Interesse an Sex, sondern auch die Fähigkeit zu sexueller Aktivität. Dieses mandelgroße Gehirnareal ist mit der Hypophyse verbunden, deren Hormonproduktion das Verlangen entstehen lässt, »zur Sache« zu kommen. Menschen sind aber mehr als nur ihr Sexualtrieb.

Die in der ursprünglichen Studie von Semir Zeki und Andreas Bartels aktivierten Bereiche im Gehirn. Dieselbe Studie zeigte auch eine signifikante Abnahme der Aktivität im präfrontalen Kortex. *Illustrationen: Dorling Kindersley.*

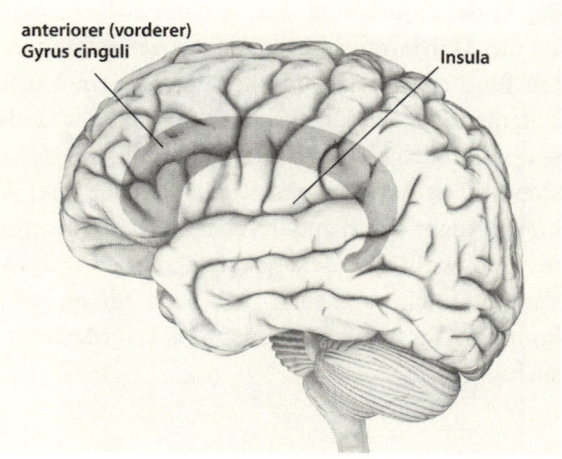

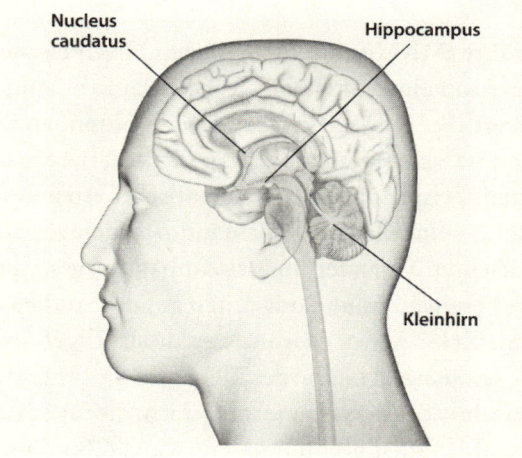

Im Zusammenhang mit der romantischen Liebe beobachteten Fisher und ihre Mitarbeiter Gehirnaktivität in Bereichen außerhalb des Hypothalamus, etwa im rechten ventralen Tegmentum (VTA) oder im rechten Nucleus caudatus. Diese gehören beide zu den Basalganglien, einem Gehirnareal, das sowohl mit der Großhirnrinde als auch mit dem Hirnstamm verbunden ist. Die Basalganglien sind gemeinsam mit dem Hypothalamus und der Amygdala am Belohnungssystem und an Lernprozessen beteiligt. Ein bisschen funktioniert das wie Bestechung. Wenn wir eine positive Erfahrungen machen, zum Beispiel unseren Hunger stillen, heißen Sex haben oder einfach etwas Zeit mit dem Objekt unserer

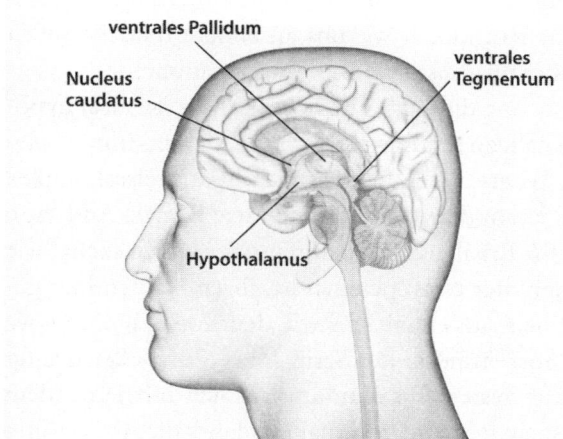

ventrales Pallidum

Nucleus caudatus

ventrales Tegmentum

Hypothalamus

Helen Fisher und ihre Kollegen vermuten, dass drei separate Systeme mit der Liebe zusammenhängen: der Hypothalamus für die Lust, der Nucleus caudatus und das ventrale Tegmentum für die romantische Liebe und das ventrale Pallidum für die Bindung. *Illustration: Dorling Kindersley.*

Zuneigung verbringen, dann geben uns diese Bereiche des Gehirns einen zusätzlichen Anschub, um uns zu ermutigen, diese Erfahrung zu wiederholen. Im Fall einer tiefen emotionalen Bindung wird das ventrale Pallidum aktiviert, ein weiterer Teil der Basalganglien. Diese Bereiche reagieren alle sehr empfindlich auf die Neurotransmitter Dopamin, Oxytocin und Vasopressin, von denen man annimmt, dass sie Freudegefühle hervorrufen und entscheidend daran beteiligt sind, in sozial monogamen Tieren Paarbeziehungen zu etablieren (was wir in Kapitel 3 ausführlicher diskutieren werden). Jeder von ihnen hat aber ihre eigene charakteristische Wirkung.[6]

In der Untersuchung von Helen Fisher kristallisierten sich zwei Bereiche heraus, die für die romantische Liebe am wichtigsten waren, der Nucleus caudatus und das ventrale Tegmentum. Sie gehören beide zum so genannten »protoreptilischen Gehirn« – einer Struktur in der Nähe des Hirnstamms, die weitaus älter ist als die Entwicklung des aufrechten Gangs – und sind entscheidend sowohl am Belohnungssystem als auch am Entstehen von Euphorie beteiligt. Sie sind auch Teil eines wichtigen dopamingetriebenen Schaltkreises, des so genannten mesolimbischen Systems, der für die Motivation von Bedeutung ist. Es ist kaum überraschend, dass dieses System auch an der Suchtentstehung beteiligt ist. Diese Ergebnisse führten Helen Fisher, Arthur Aron und Lucy Brown zu der Schlussfolgerung, dass die romantische Liebe nicht zu den Emotionen zu rechnen ist, sondern zu den Trieben. Oder wie Lucy Brown es ausdrückte: »Die Liebe ist dazu da, die Fortpflanzung zu fördern und uns psychologisch zu helfen, indem wir uns an andere binden. Sie ist etwas Eigenes, hängt aber mit Lust und Bindung zusammen.«

Stellen Sie es sich so vor: die Lust ist das einfachste der drei hypothetischen Systeme, ein nahezu reflexartiger Prozess, der uns immer wieder zum Sex antreibt. Wenn dieser Prozess nur ansatzweise komplex wäre, würden wir wohl kaum derartig auf Typen wie Pamela Anderson in ihrer ganzen *Baywatch*-Erhabenheit abfahren oder wären nicht (wie eine meiner Freundinnen, der es zu peinlich ist, ihren Namen hier gedruckt zu sehen) total heiß auf einen Kerl wie den Vorstadt-Casanova Mike »The Situation« Sorrentino in der Serie *Jersey Shore*. Gleichzeitig haben wir aber auch ein System für Bindungen. Sich mit jemandem verbunden zu fühlen, ist ein lohnendes Verhalten; daher die Aktivierung im ventralen Pallidum. Es ist schön, jemanden zu haben, zu dem man heimkehren kann, auch wenn man nicht mehr darauf versessen ist, ihn oder sie rund um die Uhr zu bespringen. Irgendwo dazwischen steht das System für die romantische Liebe, das sowohl mit der Lust als auch mit der Bindung eng verknüpft ist. Es beruht auf Arealen, die mit Bindung und Lust zu tun haben, aber auch mit solchen, die mit dem Belohnungssystem oder dem Lernen verknüpft sind. Es überrascht nicht, dass die romantische Liebe sich gut anfühlt und dass sie uns hilft, mit einem anderen Menschen eine Bindung einzugehen (und auf diese Weise die Fortpflanzung sichert).

Als ich sie fragte, ob die drei Systeme noch in anderer Weise überlappen, sagte Helen Fisher: »Sie arbeiten oft zusammen, aber ehrlich gesagt, oft auch nicht. Man kann sehr wohl eine tiefe Bindung zu einem Partner empfinden, in einen anderen romantisch verliebt sein und gleichzeitig sich zu vielen anderen sexuell hingezogen fühlen. Es gibt eine Überlappung, aber wie in einem Kaleidoskop unterscheiden sich die genauen Muster doch sehr.« Es kann auch sein, dass die Übergänge zwischen den Systemen mehr oder weniger kontinuierlich sind: die körperliche Anziehung, die man für einen Menschen empfindet, kann sich mit der Zeit in romantische Liebe verwandeln und schließlich in eine tief verwurzelte Bindung. Es kann auch umgekehrt ablaufen: ein guter Freund, zu dem wir eine tiefe Bindung verspüren, kann plötzlich und unerklärlich körperlich unwiderstehlich erscheinen. Eine schnelle Handbewegung, eine besondere Situation oder ein anderes Alter, und schon zeigt das Kaleidoskop eine völlig neue Situation.

Liebe deaktiviert auch

Manchmal sind es nicht nur die aktiven Gehirnareale, die wichtig sind, um eine Funktion zu verstehen. Auch deaktivierte Areale können etwas aussagen. Die Untersuchungen mit bildgebenden Verfahren haben eine verringerte Aktivierung in bestimmten Bereichen des Gehirns gezeigt, die mit einer reduzierten Funktion einher gehen können. So zeigen zum Beispiel der Frontallappen, der Parietallappen und die Amygdala im Zustand von Liebe und Bindung einen verringerten Blutfluss. Man sagt, dass Liebe blind macht, und wenn sie jemals in den falschen Menschen verliebt waren, dann wissen Sie, wie wahr das ist. Semir Zeki ist der Meinung, dass der verringerte Blutfluss in diese Bereiche ein Zeichen dafür ist, dass in den betreffenden Personen das Urteilsvermögen, die Entscheidungsfähigkeit und die Beurteilung von sozialen Situationen eingeschränkt sein können.

Ich denke immer nur an dich

Ein Bild sagt mehr als 1000 Worte, aber es braucht gar keine expliziten visuellen Reize, um das System der romantischen Liebe im Gehirn zu aktivieren. Stephanie Ortigue, eine Neurowissenschaftlerin von der Syracuse University, fand heraus, dass verliebte Menschen sehr leicht Assoziationen zwischen dem Objekt ihrer Zuneigung und bestimmten Worten oder Konzepten herstellen. Wenn ein Ort, ein Wort, eine Situation oder ein Lied auch nur das geringste mit ihrem Schatz zu tun haben, stellen sie sofort allerhand interessante Verbindungen her. Verliebte können nicht aufhören, an ihren Liebsten zu denken oder über ihn zu sprechen. Diese Grunddisposition, die Stärke der Verbindung zwischen dem Geliebten und allem, was mit ihm in Zusammenhang steht, beschleunigt diese Art der Erinnerung. Stephanie Ortigue beschloss, diesen Zusammenhang genauer zu untersuchen.

Mit ihren Mitarbeitern scannte sie die Gehirne von 36 leidenschaftlich verliebten Frauen, denen der Name ihres Partners unterschwellig präsentiert wurde. Es zeigte sich, dass die Liebe auch auf diesem Umweg einen starken Einfluss auf leidenschaftlich verliebte Menschen hat. Selbst bei Verwendung von Worten anstelle von Fotos wurden dieselben mit dem Belohnungssystem verknüpften Gehirnareale aktiviert wie

Die Untersuchung von Stephanie Ortigue, in der sie Namen anstelle von Fotos als Reize verwendete, lieferte ganz ähnliche Aktivierungsmuster wie die ursprüngliche Studie von Semir Zeki und Helen Fisher. Außerdem zeigte sie eine verstärkte Aktivierung im Gyrus angularis, im Gyrus temporalis superior und im Gyrus frontalis medius. *Illustration: Dorling Kindersley.*

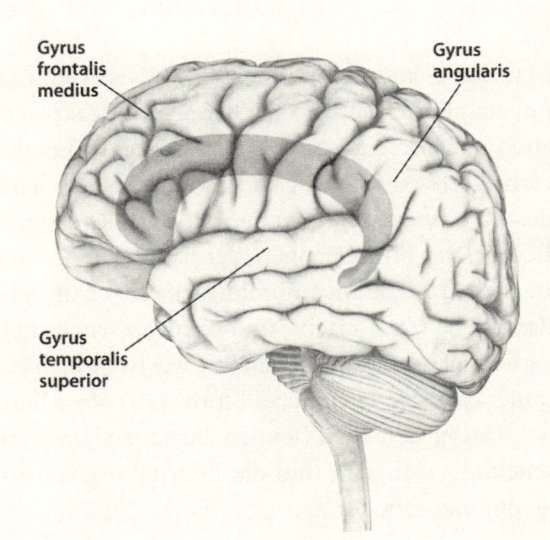

in früheren Untersuchungen: der Nucleus caudatus, die Insula und das ventrale Tegmentum. Aber die Forscher konnten auch eine Aktivierung in höheren Gehirnarealen nachweisen – Teilen des Cortex, die mit Aufmerksamkeit, sozialer Kognition und Selbstdarstellung im Zusammenhang stehen: dem Gyrus angularis, dem Gyrus frontalis medius und dem Gyrus temporalis superior.[7]

»Unsere Ergebnisse zeigen, dass nicht nur die Belohnungssysteme für die Liebe wichtig sind, sondern auch weitere kognitive Bereiche im Zusammenhang mit Entscheidungsfindung und der Repräsentation des Selbst- und Körperbildes«, sagte Ortigue. »Das ist hochinteressant; es deutet darauf hin, dass die Liebe eine Erweiterung des Selbst ist. Oder anders gesagt: Verliebte projizieren sich in den Anderen. Das verändert die Weise, wie wir die romantische Liebe begrifflich fassen können.« Wenn mein geliebter Partner die Art und Weise ändern kann, wie ich mich selbst sehe, was kann sich dann sonst noch verändern? Die Forschung gibt dem alten Satz »Wie dein Geliebter dich sieht, so bist du« eine ganz neue Bedeutung.

Wir setzen das Puzzle zusammen

Obwohl Helen Fisher davon ausgeht, dass die romantische Liebe ein Trieb ist – der sich in der Evolution durchgesetzt hat, weil er uns motiviert, Kinder zu bekommen und sie in einer langfristigen Paarbeziehung aufzuziehen –, warnt Stephanie Ortigue davor, die Liebe einfach als grundlegenden Instinkt einzuordnen. Dazu seien zu viele unterschiedliche Gehirnareale daran beteiligt.

Ein guter Punkt. Kein Teil des Gehirns ist isoliert; alle Regionen sind miteinander verbunden und tauschen Signale aus. Mehr noch, ein Areal ist nicht auf eine einzelne Funktion beschränkt. Einer meiner Professoren in Neurowissenschaft witzelte einmal, dass das Gehirn der »ultimative Recycler« sei, da es sich über die letzten 100 Millionen Jahre zu optimaler Effizienz entwickelt habe. Schließlich braucht es eine Menge Blut und Energie, um das Gehirn in Betrieb zu halten. Es wäre eine gravierende Verschwendung von Ressourcen, wenn einzelne Regionen nicht an einer Vielzahl von Aufgaben beteiligt wären. Das Gehirn missbilligt Redundanz – aus gutem Grund.

Durch eine Analyse aller neurologischen Studien über die Liebe (ganze sechs in den letzten zehn Jahren) identifizierte Stephanie Ortigue zwölf einzelne Bereiche im Gehirn, die bei verschiedenen Arten von Aufgaben aktiviert wurden, beispielsweise dem Betrachten von Fotos oder Videos eines geliebten Partners oder bei der unterschwelligen Wahrnehmung des Namens eines Geliebten.[8] Aufgrund verschiedener Beschränkungen der bildgebenden Techniken – beispielsweise das Timing der Messungen, das möglicherweise nicht schnell genug ist für die Blitzgeschwindigkeit der neuronalen Signale – ist unklar, welche dieser Bereiche bei der romantischen Liebe zuerst aktiviert werden oder wie und wann die verschiedenen Bereiche miteinander wechselwirken. Noch viel unklarer ist, wie die unter der Hirnrinde liegenden Gehirnregionen – das so genannte protoreptilische Gehirn, das am Belohnungssystem und der Euphorie beteiligt ist – durch die höheren kognitiven Bereiche beeinflusst werden, die mit Aufmerksamkeit, Selbstdarstellung und Entscheidungsfindung in Zusammenhang stehen. Es gibt noch eine Menge zu erforschen.

»Wenn mit jemand sagt, dass diese oder jene Region des Gehirns durch die Liebe aktiviert wird, ist meine Standardantwort ‚Und?‘«, sagte Stephanie Ortigue nachdrücklich, als wir darüber diskutierten, was ihre Analyse von Liebe und Gehirn wirklich bedeutet. »Die Leute glauben, es sei doch einfach, ein Aktivierungsmuster anzusehen und zu sagen, was passiert. Aber da steckt sehr viel dahinter. Der Versuch, diese Art von Netzwerk zu vereinfachen, ist gefährlich. Wir sehen nie ein einzelnes Gehirnareal in Arbeit. Bevor wir irgendetwas über die Natur der Liebe aussagen können, müssen wir verstehen, wie all diese Bereiche zusammenarbeiten.«

Wir sind noch nicht am Ziel – nicht einmal annähernd –, aber wir haben Fortschritte erzielt, um zu verstehen, wie das ventrale Tegmentum, der Nucleus caudatus, das Putamen und andere Bereiche arbeiten. Bevor ich erklären kann, wie sie zusammenarbeiten, um uns in die schönsten (und furchtbarsten) Situationen zu bringen, muss ich einen mächtigen Neurotransmitter namens Dopamin und einige andere Substanzen erklären, die helfen, dieses Liebesnetz im Gehirn bei Laune zu halten.

3

Die Chemie der Liebe

Unsere Gehirne bestehen aus hochspezialisierten Zellen, den Neuronen. Es gibt sehr viele von ihnen in jedem Gehirn – Milliarden! – und es gibt mit schöner Regelmäßigkeit Versuche, sie zu zählen. Das ist eine echte Herausforderung für die Wissenschaft; die letzte Schätzung liegt bei ungefähr 86 Milliarden.[1] Eine große Zahl. *Verdammt groß.*

Keine dieser Zellen kann jedoch für sich allein funktionieren. Damit das Gehirn seine Magie entfalten kann, müssen alle Neuronen mithilfe einer Vielzahl von chemischen Botenstoffen, den so genannten Neurotransmittern, Signale untereinander austauschen. Wenn eine Zelle aktiviert wird, schüttet sie einen Botenstoff in die Synapsen aus, die winzigen Zwischenräume zwischen einer Hirnzelle und ihren Nachbarn. Dort kann der Neurotransmitter von einem benachbarten Neuron aufgenommen werden, sich mit einem anderen Molekül verbinden oder auch für einige Zeit verweilen, bis er von der aussendenden Zelle wieder aufgenommen wird. Das ist natürlich eine grobe Vereinfachung, beschreibt aber das grundlegende Prinzip recht gut.

Oft wird die Funktion dieser verschiedenen chemischen Substanzen im Gehirn so beschrieben, als ob sich immer nur ein einziges Molekül oder einzige Substanz von einer Zelle zu anderen bewegen würde – ein einsamer Sendbote auf einem einfachen, geraden Weg. In Wirklichkeit gleicht eine lebende, aktive Synapse eher dem Feierabendverkehr im Zentrum einer modernen Millionenstadt. Hunderte oder Tausende von unterschiedlichen Neurotransmittern, Hormonen und Proteinen bewegen sich zu jedem Zeitpunkt durch die Synapse, und die Verkehrsregeln scheinen eher vom Autoscooter als von der deutschen Straßenverkehrsordnung inspiriert zu sein. Viele der Moleküle können nicht nur angrenzende Zellen anregen, sondern auch die Funktion anderer Verkehrsteilnehmer verändern. Sie können andere Substanzen verändern, spalten

oder von der Kommunikation mit anderen Zellen in der Synapse aus-
schließen. Oder sie bleiben einfach für einige Zeit in der Synapse, bis sie
wieder von ihrer ursprünglichen Zelle aufgenommen werden und dort
beeinflussen, welche Moleküle als nächstes ausgesandt werden. Manchmal helfen sie sogar anderen Neurotransmittern, an ihren Bestimmungs-
ort zu gelangen oder an andere Rezeptoren anzudocken.

In dieser Situation hilft nur das alte Sprichwort über Elefanten: Wie
isst man einen Elefanten? Scheibchenweise! Wie sonst könnten wir den
Überblick über Millionen von Neuronen, Billionen von Synapsen und
Tausende von unterschiedlichen Molekülen in jeder dieser Synapsen behalten? Nur indem sie sich immer auf *eine* Reaktion, *einen* Neurotransmitter oder *einen* Rezeptor konzentrierten, gelang es den Wissenschaftler, einige interessante Substanzen identifizieren, die für die Liebe eine
wichtige Rolle spielen.

Im Dopaminrausch

Am Grund des Vorderhirns, das die Menschen von anderen Säugetieren
unterscheidet, liegen die Basalganglien. Vor einigen 100 Millionen Jahren, als unsere Vorfahren das Wasser verließen und das Land für sich
eroberten, waren ihre Gehirne unseren heutigen Basalganglien recht
ähnlich. Sie bestanden aus dem Striatum (einer gestreiften Struktur aus
Nucleus caudatus, Putamen und Nucleus accumbens), dem Pallidum
mit dem benachbarten ventralen Pallidum, der Substantia nigra (der
»schwarzen Substanz«, einem Bereich in den Basalganglien, der dunk-
ler erscheint als der Rest), dem ventralen Tegmentum und dem Nucleus
subthalamicus, einem kleinen Areal neben dem Thalamus, der für die
Weitergabe von Empfindungen verantwortlich ist. Auch als die Menschen größere Frontallappen entwickelten, verteidigten die Basalganglien ihre beeindruckende Macht über Verhalten und Lernen, indem sie
starke Verbindungen zu und vom präfrontalen Cortex und anderen
Schlüsselregionen des Gehirns ausbildeten. Die Basalganglien sind an
praktisch jedem Aspekt der Kognition beteiligt. Sie sind Teil eines wichtigen Systems, des mesolimbischen Systems, das eine Art Schaltzentrale
des Körpers für Motivationen und Belohnungen ist.

Die Basalganglien enthalten zahlreiche verschiedene Neurotransmitter, sie werden aber ebenso wie das mesolimbische System vor allem von

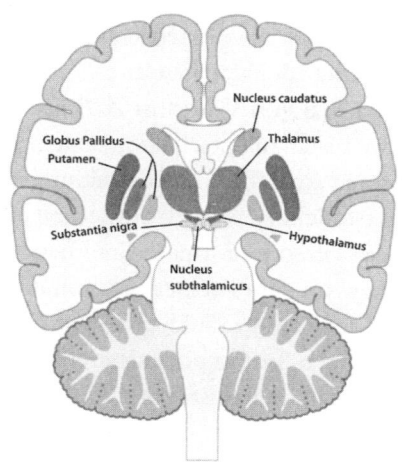

Unser protoreptilisches Gehirn, die entscheidenden Strukturen der Basalganglien. *Illustration: Dorling Kindersley.*

Dopamin befeuert, das aus einer Gruppe von Neuronen in der Substantia nigra und dem ventralen Tegmentum freigesetzt wird. Diese wichtige Substanz ist für tief greifende Veränderungen im Gehirn verantwortlich, die Lernen, Gedächtnis und Bewegung möglich machen. Dopamin ist so alt wie das proreptilische Gehirn selbst – und es ist ziemlicher harter Stoff.[2]

Dopamin wurde sehr ausführlich an Parkinsonkranken untersucht. Das Absterben von wichtigen dopaminerzeugenden Neuronen in der Substantia nigra führt zu den charakteristischen Symptomen der Parkinsonkrankheit: Tremor (Muskelzittern), Rigor (Muskelstarre) und Demenz. Schizophrenie hängt mit einer Überproduktion von Dopamin im Gehirn zusammen. Außerdem spielt Dopamin beim Tourettesyndrom, der Magersucht, zwanghaften Persönlichkeitsstörungen, Aufmerksamkeitsdefizit-/Hyperaktivitätsstörungen (ADHS) und Drogensucht eine wichtige Rolle. Es ist wahrhaft ein Neurotransmitter mit einem furchterregenden Einfluss.

Zurück zur Liebe. Verliebte zeigen oft obsessive Tendenzen in Bezug auf den Geliebten und sind manchmal gar nicht so weit von einer zwanghaften Störung entfernt. Sie sind bei der Arbeit oder im Privatleben unkonzentriert und abgelenkt, ähnlich wie ADHS-Patienten. Sie neigen dazu, jeder unscheinbaren Eigenschaft, die sie vielleicht mit ihrem oder ihrer Angebeteten gemein haben – eine Vorliebe für Horrorfilme, eine bestimmte Band, einen Fußballverein –, eine übergroße

Bedeutung beizumessen. Das Überhöhen von trivialen Dingen zu Ereignissen von höchster Wichtigkeit ist eine Eigenschaft, die man häufig bei schizophrenen Patienten findet (denken Sie nur an John Nashs psychotische Methoden zum Knacken von Codes in *A Beautiful Mind*). Verliebten fällt es häufig schwer, sich zu entscheiden – auch Parkinson-Patienten verzweifeln oft vor den einfachsten Entscheidungen.

Der Übergang zur Sucht ist nicht schwer zu entdecken. Jeder erinnert sich wohl an die ersten Wochen oder Monate einer neuen Liebe, in denen man einfach nicht genug von dem Partner bekommen kann. Damit will ich nicht sagen, dass Liebe eine Krankheit (obwohl eine ganze Reihe von Autoren genau das sagen, nur in poetischeren Worten) oder ein fester Bestandteil dieser Erkrankungen ist. Aber wenn man sich die Veränderungen im Verhalten näher ansieht, die durch etwas zu wenig oder zu viel Dopamin in den Basalganglien hervorgerufen werden, erkennt man sehr schnell, warum Helen Fisher überzeugt war, dass Dopamin für die Neurobiologie der Liebe eine zentrale Rolle spielt. Sie erklärte mir, »Ich habe Beschreibungen der romantischen Liebe aus den letzten 40 Jahren gelesen, um ein Gefühl für die entscheidenden Elemente zu bekommen. Und als ich mir diese Elemente genauer angesehen habe – die Fokussierung, die Energie, die Motivation –, gelangte ich zu der Hypothese, dass Dopamin dahinterstecken musste.«

Sie hatte recht. Viele Areale in den Basalganglien, vor allem diejenigen, die Dopamin aussenden oder empfangen, zeigen im fMRI-Scanner eine Aktivierung als Folge der romantischen Liebe. Untersuchungen an Tieren deuten darauf hin, dass Dopamin auch bei der Entstehung von Paarbeziehungen eine bemerkenswerte Rolle spielt. Präriewühlmäuse sind monogam; mehr als 80 % dieser kleinen Nager führen eine lebenslange Beziehung mit einem einzigen Partner. Die Ursache dafür ist vermutlich das Dopamin, das nach der ersten Paarung ausgeschüttet wird und das Gehirn für diese Beziehung konditioniert. Als Wissenschaftler Präriewühlmäusen Medikamente gaben, die die Produktion von Dopamin verhinderten, waren die Nagetiere nicht mehr in der Lage, nach der Paarung eine feste Beziehung einzugehen.[3] Wenn man ihnen dagegen eine Substanz injizierte, die den Dopaminpegel in ihren Hirnen erhöhte, begannen sie auch ohne vorherige Paarung eine Paarbeziehung. Das Dopamin ist entscheidend. Nicht nur für die positive Verstärkung von Sex zur Paarbeziehung, sondern auch für die folgenden Paarungen, die die Beziehung zwischen den Tieren auf Dauer erhalten helfen.[4]

Wie kann eine so unscheinbare Substanz solche Auswirkungen haben? Letztlich geht das auf die Bewertung von Risiken und Belohnungen im Gehirn zurück. Neuere Forschungen über Belohnungsanreize und Entscheidungsfindung haben gezeigt, dass Dopamin hierbei entscheidend ist. Durch Tierexperimente haben Wissenschaftler herausgefunden, dass in den Basalganglien von Rattenhirnen ein merklicher Anstieg der Dopaminfreisetzung zu beobachten ist, nachdem die Ratte eine Wahl getroffen hat, die unerwartet durch Nahrung oder eine anregende Droge belohnt wurde. Nachdem die Ratte darauf trainiert war, dass auf einen bestimmten Reiz eine Belohnung folgte, fiel die Dopaminfreisetzung in den Basalganglien deutlich geringer aus, wenn die Belohnung plötzlich ausblieb oder kleiner war als erwartet (beispielsweise ganz normales Futter anstelle einer Dosis Kokain). Ähnliche Effekte konnte man in Untersuchungen mit bildgebenden Verfahren auch in Menschen beobachten.

Michael Frank, ein Neurowissenschaftler von der Brown University, der die Basalganglien untersucht, hält das für den entscheidenden Mechanismus, durch den Dopamin das Lernen beeinflusst. Es ist ganz einfach: Wer eine Belohnung erhält, versucht herauszufinden, was genau dafür ausschlaggebend war, damit er die Erfahrung wiederholen kann. Gerne auch mehrmals – je nachdem, wie hoch die Belohnung ist. Umgekehrt versucht man Situationen zu vermeiden, die einmal zu einer Bestrafung oder anderen negativen Konsequenzen geführt haben. »Das System der Basalganglien ist ideal für das Lernen anhand von Belohnungen konstruiert«, erzählte er mir. »Es ermöglicht, aus positiven und negativen Folgen von getroffenen Entscheidungen zu lernen. Wenn sich Ihr Dopaminspiegel als Folge einer Entscheidung erhöht, dann werden Sie dasselbe positive Ergebnis wahrscheinlich immer wieder suchen.«

In Präriewühlmäusen konditioniert die Dopaminausschüttung nach der Paarung das Gehirn dazu, eine dauerhafte Paarbeziehung mit einem Tier des entgegengesetzten Geschlechts einzugehen. Ohne diese Ausschüttung käme es vermutlich nicht dazu. Dasselbe gilt auch für Menschen, und keineswegs nur für Sex. Jede soziale Interaktion führt zur Ausschüttung von Dopamin. Mit Freunden lachen, mit den eigenen Kindern kuscheln, Händchenhalten mit dem Partner, selbst das Streicheln eines Haustiers – das Zusammensein mit anderen birgt eine Belohnung in sich.

Die Basalganglien ermöglichen aber mehr als nur positive Gefühle. Sie senden auch Signale an andere Bereiche des Gehirns, um unnötige Informationen zu filtern, damit Sie sich besser auf die gerade anstehenden Aufgaben konzentrieren können. Sie helfen, eine Erfahrung im Gedächtnis abzuspeichern, von wo sie später in einer ähnlichen Situation wieder abgerufen werden kann. Sie helfen, koordinierte Bewegungen als Antwort auf einen äußeren Reiz auszuführen. Die Basalganglien sind ein zentrales System für eine Vielzahl von kognitiven Aktivitäten, das von Dopamin versorgt wird – jedenfalls, so weit wir von irgendeiner Form von Lernen auf der Grundlage von Belohnungen sprechen. Einschließlich der Liebe.

Neurowissenschaftler interessieren sich sehr dafür, wie wir Belohnungen und Risiken einschätzen und wie sich diese Abwägung im Verhalten auswirkt. Deshalb sind sie von Sex und Liebe (mindestens beruflich) fasziniert – kann es denn eine größere Belohnung (oder ein größeres Risiko!) geben als die einzig wahre große Liebe zu finden (oder schon einmal einen kleinen Vorschuss darauf, während wir noch auf sie warten)? Gibt es einen anderen Reiz mit derart weitreichenden Auswirkungen auf unser Verhalten? Wohl kaum.

Oxytocin, Oxytocin – überall Oxytocin

Gleich über dem Hirnstamm, unter dem Thalamus und den Basalganglien, liegt der Hypothalamus. Diesem kleinen mandelförmigen Hirnareal kommt die entscheidende Rolle zu, die Kommunikation zwischen dem Gehirn und dem endokrinen System zu vermitteln. Mit anderen Worten, dieses Gebiet ist mitentscheidend dafür, welche Hormone – die mächtigen Steuermänner des Verhaltens – ins Blut und ins Gehirn freigesetzt werden. Es ist direkt mit der Hypophyse verbunden, der wichtigsten Drüse des Körpers, die zahlreiche Hormone in den Körper abgibt, sowie mit dem Thalamus, dem Nucleus accumbens und dem ventralen Tegmentum. Innerhalb des Hypothalamus gibt es weitere spezialisierte Regionen wie den Nucleus paraventricularis oder den Nucleus supraopticus, die einen Teil dieser Vermittlungstätigkeit mithilfe von Oxytocin erledigen.

Oxytocin ist eine Art Wundermittel; manche Wissenschaftler behaupten, es habe etwas Magisches an sich. Oxytocin ist ein Neuropeptid, ein kleines peptidartiges Molekül, das als Neutrotransmitter wirken und Neuronen im Gehirn anregen oder hemmen kann. Die Ausschüttung von Oxytocin ins Blut wird mit Erscheinungen wie dem Milchspendereflex bei stillenden Müttern, der Auslösung der Wehen während der Geburt oder der Steuerung des weiblichen Zyklus in Verbindung gebracht. Zur Beschleunigung von Geburten wird Pitocin eingesetzt, eine synthetische Variante von Oxytocin. Wegen dieser auf Mütter bezogenen Wirkungen wurde Oxytocin von Forschern zunächst als spezifisch weibliches Molekül angesehen; der Nucleus paraventricularis und der Nucleus supraopticus schütten Oxytocin aber auch direkt in die Hirnrinde aus, und zwar sowohl bei Männern als auch bei Frauen. Oxytocin regt als Reaktion auf Berührungen, Sex und soziale Bindungen Zellen im ventralen Tegmentum an. Diese Zellen starten nach der Anregung wiederum die angenehme und wunderbare Dopaminkaskade in den Basalganglien.

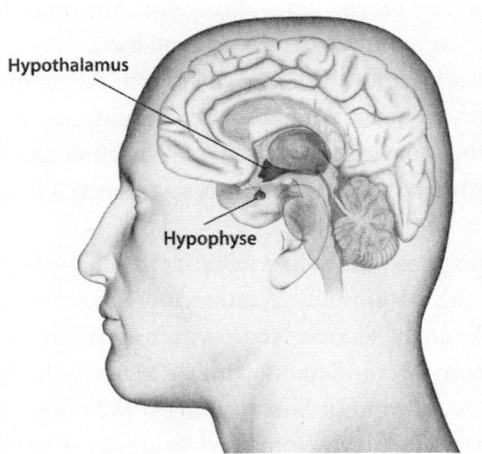

Der Hypothalamus steuert die Ausschüttung von Oxytocin und Vasopressin ins Blut und ins Gehirn. Die Hypophyse, eine mandelförmige Drüse direkt unter dem Hypothalamus, setzt weitere wichtige Hormone frei. *Illustration: Dorling Kindersley.*

»Oxytocin ist eine sehr wichtige Substanz. Das Gehirn besitzt sein eigenes Oxytocinsystem, das häufig parallel zum Oxytocinsystem des Kreislaufs aktiviert wird«, erklärte mir Kerstin Uvnäs-Moberg, Oxytocinexpertin und Mitorganisatorin des damaligen Wenner-Gren-Symposiums. Heute führt sie ihre Arbeit über Oxytocin an der Swedish University of Agricultural Sciences fort; sie war so freundlich, die wunderbare Welt des Oxytocins über eine knisternde Telefonleitung mit mir zu diskutieren.

Wenn Sie die Nachrichten aus der Welt der Wissenschaft verfolgen, kommen Sie heutzutage kaum an Oxytocin vorbei. Rund um die Erde entdecken Forscher neue Wege zur Erhöhung der Oxytocinspiegel. Wenn Sie mit Ihrem Baby schmusen und Hautkontakt haben, mit Ihrem Hund spielen, sich massieren lassen, einen Orgasmus erleben, auf Twitter mit Ihren Freunden kommunizieren oder auch nur Augenkontakt mit einem anderen Menschen aufnehmen – immer erhöhen Sie Ihren Oxytocinspiegel. Man vermutet, dass ein hoher Oxytocinspiegel eine höhere Fähigkeit zum Erkennen sozialer Zusammenhänge mit sich bringt, mehr Vertrauen und stärkere Emotionen, festere soziale Bindungen und eine bessere Stimmung. Wenn Ihr Oxytocinspiegel andererseits zu niedrig ist, haben Sie möglicherweise Schwierigkeiten, Gesichter zu erkennen, Ihre Kinder zu erziehen oder dem Verlangen nach süßen oder salzigen Speisen zu widerstehen. Ob soziale Bindungen, Eltern-Kind-Beziehungen, Sexualverhalten oder Vertrauen – Oxytocin scheint in all diesen Fällen und noch vielen weiteren eine Rolle zu spielen. Man schreibt ihm auch ein Potential für die Behandlung von Autismus, Schizophrenie und Depressionen zu. Manche »Experten« haben sogar vorgeschlagen, Oxytocin zu schnupfen, um vor wichtigen Terminen wie einem Rendezvous oder einem Vorstellungsgespräch Stimmung und Geselligkeit zu pushen; die überwiegende Mehrheit der Wissenschaftler, die sich mit Oxytocin beschäftigen, würden von dieser Methode allerdings nachdrücklich abraten.

Oxytocin ist eine Substanz mit sehr vielfältigen, aber durchaus subtilen Wirkungen. In der Hoffnung, Veränderungen des Mutterverhaltens aufdecken zu können, setzten Neurowissenschaftler von der Emory University Knockout-Methoden ein, um in Mäusen die Gene abzuschalten, die für die Oxytocinproduktion verantwortlich sind. Stattdessen stellten sie fest, dass ein Oxytocinmangel in der an Oxytocinrezeptoren reichen medialen Amygdalaregion dazu führte, dass die Tiere andere Tiere nicht mehr erkennen konnten. Ihr Geruchssinn und die räumliche Orientierung waren intakt, ebenso ihr Gedächtnis, trotzdem konnten männliche Knockoutmäuse Weibchen nicht wiedererkennen, von denen sie 30 Minuten getrennt waren – normalerweise schaffen sie das völlig problemlos. Wenn die Forscher diesen Männchen vor dem ersten Treffen mit ihrer Herzensdame Oxytocin injizierten, kam das soziale Erkennungsvermögen zurück.[5] Auch wenn ein Oxytocinantagonist – eine Substanz, die das Andocken von Oxytocinmolekülen an die

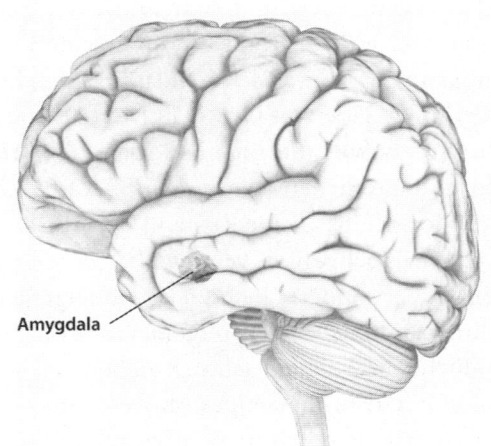

Ein Mangel an Oxytocin in der Amygdala kann zu Defiziten bei der sozialen Erkennung führen. *Illustration: Dorling Kindersley.*

Amygdala

Rezeptoren verhindert – in die mediale Amygdala gesunder Mäuse injiziert wurde, zeigten die Tiere Probleme mit der sozialen Erkennung. Offensichtlich führt ein Oxytocinmangel beim ersten Kennenlernen dazu, dass die soziale Information über das Weibchen nicht richtig im Gehirn codiert werden kann. Vergleichbare Ergebnisse findet man auch beim Menschen. Wissenschaftler konnten zeigen, dass Menschen mit einer beschädigten Amygdala Probleme haben, Gesichter zu erkennen, soziale Situationen richtig einzuschätzen und Gefühle auszudrücken. Das passt ins Bild. Wie soll ein Mensch Bindungen – egal ob dauerhaft oder nicht – mit einem Menschen eingehen, den er beim nächsten Treffen schon nicht mehr erkennen kann?

Kerstin Uvnäs-Moberg spekulierte, dass dieses Neuropeptid auch im Zentrum eines psychophysiologischen Systems steht, das der bekannten »Fight-or-Flight«-Reaktion (»Kampf oder Flucht«) entgegen wirkt. Dabei handelt es sich um eine akute Stressreaktion, die durch Aktivierung des Hypothalamus, des Hirnstamms und der Amygdala als Antwort auf eine lebensbedrohliche Situation ausgelöst wird. Sie schlägt eine analoge durch Oxytocin vermittelte »Calm-and-Connection«-Reaktion (»Ruhe und Bindung«) vor, die anstelle von beschleunigtem Puls, Angst und erhöhtem Glucosespiegel – den Kennzeichen der Fight-or-Flight-Reaktion – zu Entspannung, einem verringerten Puls und insgesamt einem Gefühl der Ruhe führt.

Im Angesicht einer Bedrohung muss ein Lebewesen sich darauf vorbereiten, zu handeln. Der Körper muss physiologisch bereit sein, entweder zu kämpfen oder zu verschwinden, und zwar sofort. Im Gegensatz dazu erfordert ein Zustand der Ruhe und Bindung keine Eile; in Abwesenheit einer Gefahr kann der Körper sich Zeit lassen. Man konnte zeigen, dass eine wiederholte Gabe von Oxytocin lang andauernde Veränderungen in Hirnarealen hervorruft, die mit sozialen Beziehungen, sexuellem Verhalten und elterlichen Bindungen im Zusammenhang stehen. Im Laufe der Zeit führt dieser Zustand der »Ruhe und Bindung« nicht nur zu einem Hochgefühl, vergleichbar dem im Anfangsstadium einer neuen Liebe, sondern auch zu einem allgemeinen Gefühl der Ruhe und Entspannung. Dieses allgemeine Wohlgefühl kann auch positive gesundheitliche Folgen nach sich ziehen. Viele Untersuchungen deuten darauf hin, dass ein ruhiges Auftreten und starke Sozialbeziehungen Menschen helfen können, Stresssituationen zu meistern, Krankheiten zu bekämpfen und sogar das Leben zu verlängern. All diese Forschungsergebnisse zeigen nach Ansicht von Kerstin Uvnäs-Moberg einen starken evolutionären Vorteil für ein der Fight-or-Flight-Reaktion entgegen wirkendes System. Außerdem ist nach ihrer Auffassung Oxytocin aufgrund seiner Wirkungen auf das Nervensystem als zentrales Element dieses Zustands von Ruhe und Bindung im Gehirn prädestiniert.

Temperamentvolles Vasopressin

Wie Oxytocin ist auch Vasopressin (genauer gesagt Arginin-Vasopressin) ein kleines Neuropeptid, das vom Nucleus paraventricularis und vom Nucleus supraopticus ausgeschüttet wird. Es ähnelt Oxytocin sehr; die Gene für beide Substanzen liegen auf demselben Chromosom. Die Ähnlichkeiten sind so groß, dass manche Wissenschaftler spekulieren, dass beide sich vor einigen hundert Millionen Jahren aus einem gemeinsamen Vorläufer entwickelt haben könnten.

Vasopressin ist an der Regulation des Blutdrucks beteiligt (daher die Silbe *vaso*, vom lateinischen *Vas sanguineum* – Blutgefäß). Es spielt weiter eine Rolle für die Nierenfunktion, die Zellhomöostase und die Regulation des Glucosespiegels. Was das Verhalten angeht, kommt es im Kontext von Aufmerksamkeit, Lernen, Gedächtnis und Aggression vor. Wie Oxytocin hängt es auch mit der Entstehung von Paarbeziehungen zusammen – ein wahrer Tausendsassa unter den Neuropeptiden.

Wenn man von Oxytocin früher glaubte, es sei ein Mädchenmolekül, dann ist Vasopressin das Gegenstück für die Jungs; in Wirklichkeit kommt Vasopressin aber genau wie Oxytocin in beiden Geschlechtern vor. In Untersuchungen mit Präriewühlmäusen zeigte sich, dass Vasopressininfusionen zu einem verstärkten Territorialverhalten der Tiere führen. Innerhalb eines Tages nach der Paarung mit einem Weibchen zeigten die Männchen verstärkte Aggressionen; die Frischverliebten waren jederzeit bereit zu töten, um zu verhindern, dass ihre Herzensdame – fruchtbar und willig wie sie war – von einem Konkurrenten begattet wurde. Bei den Weibchen dauerte es etwas länger, aber auch bei ihnen entwickelten sich nach dem Entstehen der Paarbeziehung verstärkte Aggressionen. Auch bei ihnen waren andere Weibchen gut beraten, ihrem Auserwählten nicht zu nahe zu kommen. Zumindest nicht, wenn sie überleben wollten.

Vasopressin ist schwierig zu untersuchen, weil es so viele und weitreichende Aufgaben im gesamten Körper hat. Die Substanz wird als Reaktion auf Sex nicht nur im Gehirn ausgeschüttet, sondern auch in anderen Körperteilen. Wegen seiner Bedeutung für die Herz- und Nierenfunktion ist es auch nicht ratsam, es in Experimenten komplett abzuschalten, da dies mit hoher Wahrscheinlichkeit zu kranken oder toten Versuchstieren führen würde. Und um die Lage noch verzwickter zu machen, kann Vasopressin sowohl mit als auch gegen Oxytocin arbeiten. Beide Substanzen können an die Rezeptoren der jeweils anderen binden, wobei sie die Wirkung manchmal verstärken, manchmal aber auch blockieren. Die Wissenschaftler sind noch dabei, die Rolle dieser Substanzen für die Bildung und Erhaltung von Paarbeziehungen auseinanderzudröseln.

Weitere Mitspieler im Team

Es sind noch eine Reihe weiterer Neurotransmitter an der Liebe beteiligt. Zum Beispiel ist Glutamat für das Lernen und das Gedächtnis wichtig. γ-Aminobuttersäure ist vor allem für ihre hemmende Wirkung (die Dämpfung erregter Neuronen) bekannt, aber auch für ihren Einfluss auf Wachsamkeit und sexuelle Erregung. Beide spielen auch im Belohnungssystem eine Rolle, aber wie sie miteinander wechselwirken, um die vielfältigen Verhaltensweisen im Zusammenhang mit der Liebe hervorzurufen, ist noch unbekannt. Untersuchungen dazu laufen.

Serotonin ist ein Neurotransmitter, der bei der Behandlung von Depressionen eine wichtige Rolle spielt, der aber auch bei der Liebe seine Finger im Spiel hat. Obwohl er vor allem dafür bekannt ist, dass er eine Stimmungsaufhellung bewirken kann, fällt der Serotoninspiegel in der Anfangsphase einer neuen Liebe rätselhafterweise ab. Wer verliebt ist, fühlt sich doch gut, oder? Sollte dann nicht der Serotoninpegel ansteigen? Die Liebe setzt aber auch große Mengen an Dopamin frei, und wenn der Dopaminpegel steigt, singt der Serotoninpegel; das ist einer der Regelkreise, durch die das Hirn sich im Gleichgewicht hält. Serotinin wird oft als Bremser bezeichnet, der die Dopaminflut in die Schranken weist, damit wir nicht auf Dauer die Sklaven unserer guten Gefühle sind.

Die Liebe bewirkt aber mehr, als nur eine Hochstimmung in uns hervorzurufen. Sie macht uns oft auch ein wenig obsessiv, und Obsessionen können Stress verursachen. Eine frühe molekularbiologische Untersuchung der Liebe konzentrierte sich auf den Serotonintransporter, ein kleines Protein, das Serotonin in der Synapse von einem Ort zum anderen befördert. Donatella Marazziti von der Universität Pisa verglich die Zahl der Bindungsstellen für das Serotonin-Transportprotein in Frischverliebten, Zwangsgestörten und gesunden Singles als Kontrollgruppe. Sie fanden sowohl in Verliebten als auch in Menschen mit einer Zwangsstörung eine signifikant verringerte Zahl von Bindungsstellen. Aber was bedeutet das? Die ähnliche Serotonin-Neurochemie kann mit den zwanghaften Zügen zu tun haben, die wir sowohl bei Verliebten als auch bei Zwangsstörungen finden. Derselbe Serotoninmangel kann bei Patienten mit einer Zwangsstörung dazu führen, dass sie fest davon überzeugt sind, nur das fünfmalige Berühren einer Tür vor dem Eintreten garantiere ihre Sicherheit, während er bei Verliebten zur Folge hat, dass sie in der Anfangsphase der Liebe andauernd und zwanghaft nur an ihren neuen Schatz denken können.[9]

Vielleicht ist Ihnen aufgefallen, dass ich Östrogen und Testosteron bisher nicht erwähnt habe. Man könnte meinen, dass diese Geschlechtshormone eine wichtige Rolle für die Liebe spielen – immerhin ist allgemein bekannt, dass unser ganzes Verhalten rund um die Liebe von ihnen gesteuert wird. Vielleicht sind Sie der Meinung, dass Östrogen die Ursache ist, warum wir stets auf der Suche nach der einzig wahren Liebe sind. Als aber Donatella Marazziti und ihre Mitarbeiter von der Universität Pisa die Hormonspiegel in leidenschaftlich Verliebten,

Singles und Menschen, die schon seit einiger Zeit in einer stabilen Partnerschaft lebten, miteinander verglich, fand sie keinerlei Unterschiede für Östradiol (einer Variante von Östrogen) oder Progesteron (einem weiteren weiblichen Geschlechtshormon). Stattdessen fanden sie einen erhöhten Testosteronspiegel in leidenschaftlich verliebten Frauen und einen reduzierten Pegel an Testosteron und FSH (follikelstimulierendes Hormon, ein anderes Sexualhormon) in Männern. Außerdem beobachteten sie ein erhöhtes Niveau von Cortisol, einem Hormon, dass als Reaktion auf Stress ausgeschüttet wird. Als die leidenschaftlich Verliebten zwei Jahre später erneut untersucht wurden, waren alle hormonellen Unterschiede zwischen den Gruppen verschwunden.

Warum sich die Hormonpegel nun in dieser Wiese veränderten, wird immer noch diskutiert. Donatella Marazziti ist der Meinung, dass die erhöhten Cortisolspiegel die Erregung widerspiegeln, aber auch einen gewissen Stress in der Frühphase einer Beziehung anzeigen. Das würde zu einer Reihe von Untersuchungen an Tieren passen, die zeigen, dass eine gewisse Belastung durch Stress die Fähigkeit zu sozialer Interaktion und Bindung verbessern kann. Eine empfundene Bedrohung ist bei Tieren ein Ansporn, Bindungen einzugehen. Mit einem Vertrauten oder einem Partner an der Seite, der bei der Suche nach Nahrung, der Aufzucht der Jungtiere und der Verteidigung helfen kann, steigt die Überlebenswahrscheinlichkeit dramatisch.

Möglicherweise zeigen die erhöhten Cortisolpegel aber auch ganz einfach den altbekannten und vertrauten Stress an. Klar, Sie sind Hals über Kopf verliebt, aber – fühlt Ihr Partner dasselbe? Wohl jede(r) Frischverliebte kennt das alte Abzählspiel: Er/sie liebt mich, liebt mich nicht, liebt mich … Es kann nervenzerreißend sein. Wie erwähnt ist die Frage nach der Ursache der beobachteten Erhöhung der Cortisolspiegels noch ungeklärt. Vielleicht hängt sie mit einer im Laufe der Evolution verkümmerten Stressreaktion zusammen, vielleicht mit Ängsten in der neuen Beziehung, vielleicht mit etwas ganz anderem. Vermutlich werden wir es nie erfahren.

Auch für ihre Beobachtungen in Bezug auf Testosteron und FSH kann Donatella Marazziti keine eindeutigen und definitiven Antworten geben. In einer Veröffentlichung in *Psychoneuroendocrinology* schreibt sie dazu: »Dieses Resultat findet sich in allen Individuen, als ob die Liebe manche Unterschiede zwischen den Geschlechtern temporär angleichen oder bestimmte männliche Eigenschaften in Männern abschwächen und gleichzeitig in Frauen verstärken würde. Es ist naheliegend, die Veränderung der Testosteronpegel mit Veränderungen des Verhaltens, sexuellen Merkmalen oder vielleicht aggressiven Charakterzügen in Verbindung zu bringen, die sich in beiden Geschlechtern in entgegengesetzte Richtungen entwickeln. Abgesehen von einigen Einzelfällen haben wir jedoch keine Belege, die für diese Hypothese sprechen und weitere Untersuchungen rechtfertigen würden.« Wir könnten also behaupten, dass die Liebe das Interesse der Frauen an Sex oder das der Männer an Zärtlichkeiten steigert oder was immer wir an Stereotypen über die Geschlechter einbringen wollen, aber in Wahrheit wissen wir nur, dass die Hormonpegel sich verändern, und auch das nur zu Beginn der großen Liebe. Wenn die Partner in das Stadium einer stabilen, dauerhaften Beziehung eingetreten sind, kehren auch die Pegel von Testosteron und FSH wieder auf ihre Normalwerte zurück.[10]

Die Neurochemie hat jedoch noch mehr zu bieten als Neurotransmitter und Hormone. Eine andere Gruppe von italienischen Wissenschaftlern untersuchte die Pegel von Neutrotrophinen im Blut von Frischverliebten. Neurotrophine (auch Wachstumsfaktoren genannt) sind einfache Proteine, die für die synaptische Plastizität wichtig sind, d. h. der Flexibilität der Verbindungen zwischen Neuronen. Manche Neurowissenschaftler bezeichnen sie liebevoll als »Hirndünger«, weil sie den Neuronen helfen, sich zu entwickeln, sich zu spezialisieren, zu wachsen und länger zu leben. Sie werden auch mit einer Verstärkung der Neuronen in Lern- und Gedächtnisprozessen in Verbindung gebracht. Wie bereits beschrieben macht das Gehirn eine Menge Veränderungen durch, wenn wir uns verlieben: es konzentriert unsere Aufmerksamkeit auf den Geliebten, verbessert unsere Stimmung, gibt uns Energie und macht uns auch ein wenig zwanghaft. Wenn die Liebe erwidert wird, kann sie sich zu einer dauerhaften Bindung entwickeln. Damit gehen bedeutsame Veränderungen in vielen unterschiedlichen Bereichen des Gehirns und unter Beteiligung zahlreicher Neurochemikalien einher. Damit diese Veränderungen möglich sind, ist die synaptische Plastizität wichtig. Ohne sie und die Neutrotrophine, die sie möglich machen, wären unsere Gehirne statisch und unfähig zu lernen oder sich an Veränderungen anzupassen.

Weil Veränderungen im Gehirn, die mit Lernen und Gedächtnis in Verbindung stehen, mit erhöhten Neurotrophinspiegeln zusammenzuhängen scheinen, untersuchte der Molekularbiologe Enzo Emanuele, ob die Liebe – die einiges mit Lernen, Gedächtnis und Veränderungen im Gehirn zu tun hat – ähnliche Veränderungen hervorrufen würde. Er und seine Kollegen verfolgten die Konzentrationen von vier unterschiedlichen Neurotrophinen in Menschen, die entweder leidenschaftlich verliebt oder Singles waren oder aber in langfristigen Beziehungen lebten und deren Leidenschaft zu ihrem Partner bereits abgeklungen war. Sie stellten fest, dass ein spezifisches Neurotrophin, der Nervenwachstumsfaktor (NGF), in den romantisch verliebten Probanden deutlich erhöht zwar. Die Konzentration an NGF war mit der Intensität der Liebe korreliert, die auf einer standardisierten Skala gemessen wurde: je stärker ein Proband nach seinen eigenen Angaben verliebt war, desto höher war die Konzentration von NGF. Wie bei der Hormonuntersuchung wurden die Probanden auch in diesem Fall nach 12–24 Monaten erneut untersucht, sofern sie noch in derselben Beziehung lebten. Und genau wie bei der Hormonuntersuchung zeigte sich, dass auch die NGF-Konzentration nach einiger Zeit auf ihren Normalwert zurückgekehrte und keine Unterschiede zwischen den Gruppen von Probanden mehr erkennbar waren.[11] Offensichtlich geht im frühen Stadium einer neuen Liebe etwas in uns vor, und möglicherweise spielt NGF eine Rolle als Kontrollinstanz für andere Substanzen im Gehirn, die manche der Veränderungen im Gehirn und Verhalten steuert, die wir in der Liebe beobachten.[12] Die Wahrheit ist aber, dass wir einfach nicht genau wissen, wie der »Dünger« NGF genau wirkt und wie er sich auf unsere Gefühle und unsere Verhalten im Zusammenhang mit der Liebe auswirkt.

Vom Abreisen und Ankommen

Das Sprichwort sagt, Geben sei seliger als Nehmen. Wenn wir aber über Synapsen und Neurotransmission sprechen, sind Geben und Nehmen gleichermaßen wichtig. Ohne einen Blick auf die zugehörigen Rezeptoren ist keine Diskussion der Neurochemikalien der Liebe vollständig. Für jeden Neurotransmitter – genauer gesagt für jede neurologisch aktive Substanz – existiert eine Handvoll Rezeptoren, die verschiedene Aktionen auslösen können. Häufig kann aber ein Molekül auch an den Rezeptor eines anderen Moleküls binden. Damit eine bestimmte Wirkung in einer Zelle ausgelöst wird, reicht es außerdem nicht aus, dass eine bestimmte Konzentration eines bestimmten Neurotransmitters vorhanden ist, sondern es müssen auch die richtigen Rezeptoren an der richtigen Stelle und in der richtigen Zahl vorhanden sein. Gegenwärtig untersucht die Forschung eine Reihe von Rezeptoren insbesondere im Hinblick auf ihre Rolle für die Monogamie. Es gibt eine ganze Reihe von Rezeptoren, darunter einige Vasopressin- und Dopaminrezeptoren, die die Stärke und Langlebigkeit einer Paarbeziehung beeinflussen. Über diese Rezeptoren und ihre Rolle für die Liebe werde ich in den folgenden Kapiteln noch sprechen.

Es ist alles eine Frage der Chemie

Es sind viele Ratgeberbücher auf dem Markt, denen zufolge eine dauerhafte Liebe nur eine Frage der passenden Gehirnchemie ist. Sie behaupten, dass man für eine Beziehung zu seinem Traumpartner einfach nur den »richtigen« Testosteron- oder Oxytocinspiegel braucht. Folgen Sie also einfach dem Ratgeber, ändern Sie Ihre Ernährung und bringen Sie so Ihren Körper wieder ins Gleichgewicht – oder wenn Ihnen das zu mühsam ist, dann bestellen Sie doch einfach einen Satz Nahrungsergänzungsmittel aus dem Online-Shop des Autors, die Ihre Neurochemie für die Liebe optimiert.[13] Natürlich sind eine ausgewogene Ernährung und regelmäßige körperliche Betätigung gesundheitlich sinnvoll (und das umfasst auch die geistige Gesundheit), aber es gibt keinerlei Hinweise darauf, dass ein spezielles »richtiges« Gleichgewicht der Neurochemie im Hirn existiert. Es gibt Verwerfungen in Neurotransmitter-Systemen, die zu Störungen wie Depressionen, Zwangsstörungen oder ADHS führen, aber in der (gesunden) Normalbevölkerung ist die Variabilität dieser Systeme enorm. Auch ohne irgendwelche Störungen sind unsere Gehirne und ihre spezifische Neurochemie hochgradig individuell, ebenso einzigartig und verschroben wie alle unsere individuellen Eigenschaften. Aktuelle neurochemische Untersuchungen geben keinerlei Hinweise darauf, dass die wahre Liebe eine bestimmte Konzentration irgendeiner neurologisch aktiven Substanz oder einer spezifischen Kombination von ihnen erfordert.

Trotzdem sind alle diese Substanzen – Dopamin, Oxytocin, Vasopressin, Serotonin und weitere – Bestandteile jenes bunten Cocktails, den wir Liebe nennen. Wenn wir ihn gut schütteln, sehen wir sofort Aktivität in einer ganzen Reihe von Hirnregionen sowie ein ganzes

Kaleidoskop von liebestypischen Verhaltensweisen. Aber jeder gute Barmixer kann Ihnen erzählen, dass keine zwei Cocktails je exakt gleich werden – egal wie geschickt Sie sind, egal wie gut Ihre Geräte und Zutaten sind. Manche Bartender versuchen über Jahre, jenen einzigartigen Cocktail ein weiteres Mal zu mixen. Meist vergeblich.

Leider ist das im Gehirn genauso. Es gibt keine zwei Menschen mit exakt derselben Neurochemie. Selbst wenn Sie denselben Partner haben, machen keine zwei Menschen dieselben Erfahrungen in der Liebe. Obwohl die Neurowissenschaftler also nach und nach entwirren, nach welchem Plan die ganzen Substanzen in unseren Hirnen zusammenwirken, um komplexe Verhaltensweisen zu erzeugen – darunter auch diejenigen rund um das schmutzige kleine Wörtchen mit »L« – , ist noch ein weiter Weg zurückzulegen.

4

Epigenetik oder:
Mama ist an allem schuld

ls ich meiner Mutter erzählte, dass ich ein Kapitel meines Buches »Mama ist an allem schuld« nennen würde, lachte sie und sagte: »Es sind die Cheeseburger!« Damit spielte sie auf einen alten Witz in unserer Familie an. Als sie mit mir schwanger war, konnte sie eine Zeitlang nichts außer den Cheeseburgern einer bekannten Fast-Food-Kette vertragen. Meine Eltern waren damals gerade umgezogen und gingen abends meist essen, während sie auf die Fertigstellung unseres Hauses warteten. Jeden Abend ertrug meine Mutter geduldig ein wunderbares Essen in einem schicken Restaurant irgendwo in der Stadt und versuchte dabei, ihren Würgreiz zu unterdrücken. Aber egal wie viel Mühe sie sich gab, am Ende wartete sie immer entweder auf der Damentoilette oder im Auto auf meinen Vater, weil das Essen sie einfach abstieß. Sobald er die Rechnung bezahlt hatte, drängte sie auf einen Besuch im Drive-Through der besagten Fast-Food-Kette, wo sie zwei oder sogar drei Cheeseburger bestellte und verschlang. Das war das Einzige, worauf sie Lust hatte und was sie bei sich behalten konnte. Seit dieser Zeit wurden alle meine Vergehen, jede freche Bemerkung und jede Missetat mit dem einfachen Satz »Das sind die Cheeseburger!« abgetan. (Selbstverständlich ereilten auch meine Erfolge meist dasselbe Schicksal.)

Wir ahnten damals nicht, was Wissenschaftler einmal entdecken würden: Die Nahrung, die Mütter (und vielleicht auch Väter) während der Schwangerschaft zu sich nehmen, kann tatsächlich Veränderungen im Genom dieser Babys bewirken – oder zumindest beeinflussen, wie bestimmte Gene im Körper exprimiert werden. Und auch das Verhalten der Eltern nach der Geburt eines Babys hat Auswirkungen auf die Genexpression. Zusammengenommen können diese Einflüsse das spätere Verhalten eines Kindes im Hinblick auf Liebe oder Elternschaft über sein gesamtes Leben beeinflussen.

Seid euch der Macht der Cheeseburger bewusst! Sie können durchaus daran schuld sein, wie ich mich entwickelt habe, wie ich mich als Erwachsener ernähre, wie ich liebe und sogar wie ich meine Kinder erziehe. Wer weiß?

Gene und Verhalten

Die Vorstellung, dass unsere Gene von unserer Umgebung verändert werden, widerspricht jeder Intuition. Seit wir von der DNA-Doppelhelix wissen, erzählt man uns, dass die Gene unser Schicksal sind, unveränderlich und unbeugsam. Angeblich sind alle individuellen Unterschiede in Bezug auf Körper, Persönlichkeit, Intelligenz, Verhalten und so weiter durch die Mischung der verschiedenen Gene bestimmt, die wir von unseren Eltern erhalten haben. Die individuellen Gene sollen bei dieser Mischung aber im Wesentlichen unverändert bleiben. Sicher, im Laufe der Evolution haben sich Schnäbel gekrümmt, Schwimmhäute entstanden und andere Veränderungen fanden statt, aber solche Entwicklungen dauerten sehr lange – Millionen und Abermillionen von Jahren. Auch direkte Beschädigungen von Genen, z.B. durch Krankheiten oder Umwelteinflüsse, konnten die Reihenfolge der Nukleotide in der DNA verändern oder die Wiederholung einer bestimmten Frequenz bewirken – aber das waren doch alles Ausnahmen von der Regel, dass Gene unveränderlich sind. Mit dem Beginn des Humangenomprojekts im Jahr 1990 schien es nur noch eine Frage der Zeit zu sein, bis wir den Schlüssel zum Verständnis von Krankheiten und Verhaltensweisen in Form einer schicken kleinen Karte unseres Genoms in Händen halten würden. Die durchgehende Botschaft der Wissenschaft war, dass unsere DNA der stoische Steuermann war, der unser Wachstum, unsere Entwicklung, unsere Krankheiten und letztlich auch unser Verhalten bestimmte. Wenn wir erst einmal das menschliche Genom kartiert hätten, hätten wir auch die Bedienungsanleitung in der Hand, die uns erlauben würde, all diese Dinge zu verstehen.

Die Vorstellung der genetischen Vorbestimmung führt aber zu einigen Problemen. Eine Kostprobe gefällig? Eineiige Zwillinge. Ist Ihnen schon einmal aufgefallen, dass die manchmal gar nicht völlig identisch sind? Oft haben sie charakteristische Körpermerkmale, vielleicht ein auffälliges Muttermal oder einen unterschiedlichen Haaransatz, anhand derer sie leicht zu unterscheiden sind. Manchmal leidet ein Zwilling an einer Erkrankung wie Asthma oder Schizophrenie, während der andere völlig gesund ist. Oder Persönlichkeitsmerkmale: Ganz egal wie eng Zwillinge miteinander verbunden sind, so hat doch jeder seinen eigenen Charakter. Es fällt schwer zu glauben, dass solche Unterschiede trotz praktisch identischer Gene auftreten können. Wie ist das möglich?

Es darf auch nicht verschwiegen werden, dass genetische Studien im Zusammenhang mit sozialem Verhalten nicht immer so befriedigend wie erhofft verliefen. Trotz mancher Versuche, durch Zwillingsuntersuchungen Gene für Eigenschaften wie Altruismus, Vertrauen oder Treue zu finden, konnte man weder ein spezifisches Gen noch eine Gruppe von Genen für diese Merkmale verantwortlich machen.[1] Immerhin lieferten die Untersuchungen eine Abschätzung der Vererbbarkeit solcher Charaktereigenschaften. Das ist hilfreich, aber nicht allzu präzise.

Das vergangene Jahrzehnt sah eine deutliche Zunahme von genomweiten Assoziationsstudien, in denen Wissenschaftler Korrelationen zwischen den genetischen Veranlagungen von Tausenden von Individuen und bestimmten Verhaltensmustern suchen (meist auf der Grundlage von Erhebungsdaten). Aber wieder waren es (von seltenen Ausnahmen abgesehen) immer ganze Gruppen von Genen, die sich mit bestimmten Verhaltensmustern in Zusammenhang bringen ließen. Mithilfe solcher Methoden können Wissenschaftler nur Wahrscheinlichkeiten angeben, aber keine definitiven Antworten liefern, welche Rolle ein bestimmtes Gen für unser Verhalten im Zusammenhang mit einem so komplexen Phänomen wie der Liebe spielt.

Oft sprechen wir von den Genen, als seien es kleine Gottheiten, die unsere Gesundheit und unser Verhalten erbarmungslos kontrollieren, vor allem wenn es um das Thema Evolution geht. Manche Forscher sprechen sogar darüber, was unsere Gene *wollen*. Sie wollen sich fortpflanzen, die besten Eigenschaften selektieren, die Zeitläufte überdauern und so weiter und so fort. In Wahrheit sind die Gene nichts weiter als kleine Ketten von Nukleotiden, die Anweisungen an die Zellen enthalten, wie bestimmte kleine Proteinmoleküle zu produzieren sind. Sie haben keinen freien Willen, keinen Masterplan für das Universum. Sie sind nicht mehr – aber auch nicht weniger – als ein biologischer Maschinenpark, den die Zelle für ihre Arbeit benötigt.

Diese Proteine sind für die Funktion des Gehirns, für das Tohuwabohu der synaptischen Aktivität, von entscheidender Bedeutung – sie agieren aber nicht in einem Vakuum. Oft wird gesagt, dass das Gehirn das Verhalten bestimmt, und dass das Gehirn auf den Genen aufbaut. Es gibt aber kein Verhalten ohne einen Reiz, der es auslöst. Offensichtlich stoßen wir hier auf eine entscheidende Wechselwirkung: die biologischen Resultate unserer Gene und unsere Umgebung wirken hier zusammen und bewirken gemeinsam ein bestimmtes Verhalten. Es ist wie immer – der Kontext entscheidet.

Aus diesem Grund richtet die Neurobiologie heute ein starkes Augenmerk auf das Epigenom. Dieser Begriff stammt aus dem Griechischen; *epi* bedeutet so viel wie »über«. Das Epigenom beschreibt einen Mechanismus der Genexpression, der über das eigentliche Genom regiert. Die Untersuchung von umweltbedingten Veränderungen der Genexpression (die ohne Mutationen oder Änderungen der Nukleotidsequenz in der DNA erfolgen) wird als Epigenetik bezeichnet. Das Epigenom ist sehr widerstandsfähig; es wird oft zusammen mit dem Genom über mehrere Generationen hinweg vererbt. Und es erweist sich für die Welt der Neurowissenschaft als entscheidender Faktor für das Verständnis von Lernprozessen, Erinnerungsvermögen und Verhaltensweisen.

Und was bedeutet das?

Betrachten Sie einmal Ihren Computer. Sie sehen einen physischen Gegenstand; die Hardware wie beispielsweise Monitor oder Festplatte können Sie anfassen. Vermutlich ist auf Ihrem Computer auch Software installiert: Zumindest ein Betriebssystem werden Sie wohl haben, vermutlich auch eine Textverarbeitung und vielleicht auch ein paar Spiele wie Tetris oder Solitär zum Zeitvertreib. Hardware und Software sind unterschiedliche Komponenten, die in der Regel von unterschiedlichen Firmen entwickelt und produziert werden. Um mit dem Gerät wirklich etwas anfangen zu können, um z.B. einen Brief zu schreiben oder den Highscore Ihres Kindes im gerade angesagten Videospiel zu toppen, müssen diese Komponenten zusammenarbeiten. Die Software steuert dabei das Verhalten der Hardware. Für Sie ist diese Zusammenarbeit unsichtbar und ohne Belang – Sie müssen nicht daran denken, dass die Software nur ein Programm ist, das auf einer bestimmten Hardware läuft. Wozu auch – Sie verwenden den Computer einfach. Erst wenn eine der Komponenten herumzickt, sodass Sie das nächste Level in dem verflixten Spiel nicht mehr schaffen können, das Sie schon in Ihren Träumen verfolgt, wird diese Trennung in zwei Komponenten sichtbar.

Ganz ähnlich verhält es sich auch mit der Epigenetik. »Das Genom ist mit der Hardware vergleichbar. Und das Epigenom ist die Software dazu«, erklärte Randy Jirtle, der Direktor der Abteilung Epigenetik und Prägung an der Duke University. »Die Analogie hilft, das Zusammenspiel der beiden zu verstehen.«

Vereinfacht gesagt ist die Epigenetik ein Mechanismus, durch den Lebenserfahrungen (Ihre eigenen oder auch die Ihrer Eltern) ihre Spuren in Ihrem Genom hinterlassen können. Die Epigenetik markiert einzelne oder ganze Gruppen von Genen mit den molekularbiologischen Entsprechungen von Notizzetteln, Randnotizen und kleinen Häkchen und kann so ihre Expression verändern. Sie kann auf diese Weise sogar bestimmen, ob ein bestimmtes Gen überhaupt exprimiert wird, sogar über mehrere Generationen hinweg. Man kann wohl sagen, dass manche dieser Notizzettel mit Bleistift geschrieben werden und daher leicht durch neue Erfahrungen ausradiert oder überschrieben werden können, während andere mit dokumentenechtem Kugelschreiber formuliert werden, der auch das Weitergeben der Gene an nachfolgende Generationen unbeschadet und lesbar übersteht.

Wenn Sie sich noch an Ihren Biologie- (oder Chemie-)Unterricht erinnern können, dann wissen Sie sicher, dass die DNA aus einer Doppelhelix besteht, zwei Polymerketten aus den einfachen Nukleotiden Adenin, Cytosin, Guanin und Thymin, die paarweise miteinander verbunden sind. Dieses spezielle Konstruktionsprinzip bildet den genetischen Code, den Bauplan, nach dem jede Zelle in unserem Körper gebaut wird und funktioniert. Der genetische Code steht aber nicht für sich allein. Die Wissenschaftler haben inzwischen gleich mehrere Wege entdeckt, wie sich verschiedene Proteine an die DNA oder ihren Laufburschen, die Ribonukleinsäure (RNA), anlagern und so zwar nicht die Gene an sich verändern können, wohl aber die Art und Weise, wie die DNA von den Zellen ausgelesen wird, bevor die verschiedenen wichtigen Proteine produziert werden.

Der erste und dauerhafteste dieser Mechanismen ist die Methylierung der DNA. Unsere Erfahrungen in der Gebärmutter und in der frühen Kindheit können dazu führen, dass ein Enzym namens DNA-Methyltransferase neue Moleküle an die Cytosinmoleküle in unserer DNA anknüpft. Damit ist keine Mutation der DNA selbst verbunden –

der genetische Code bleibt ebenso unverändert wie die Reihenfolge der Nukleotide. Stattdessen bewirkt die Methylierung eine Markierung der entsprechenden Gene, die meist dazu führt, dass die Genexpression für das entsprechende Protein unterdrückt oder komplett abgeschaltet wird.

An einem weiteren epigenetischen Mechanismus sind so genannte Histonproteine beteiligt; er führt in der Regel zu einer erhöhten Genexpression. In der Zelle ist die DNA um einen Kern aus basischen Proteinen gewickelt, den Histonen. Diese haben lange Schwänze, die manchmal aus der DNA-Umhüllung herausragen. An diese Proteinketten werden bei der so genannten Acetylierung kleine Moleküle angehängt, die Acetylgruppen, die dazu führen, dass der Abstand zwischen den Histonproteinen und der umhüllenden DNA größer wird. Das führt wiederum zu einem plötzlichen Anstieg der Genexpression. Auf ähnliche Weise kann auch eine Deacetylierung stattfinden. Sie haben es sicher schon erraten – Erfahrungen können eine chemische Kettenreaktion auslösen, an deren Ende die Freisetzung eines Enzyms namens Histondeacetylase steht, das genau diese Acetylgruppen von den Histonproteinen entfernt (wobei sich der Abstand zwischen den Histonproteinen und der DNA verringert) und so die Genexpression reduziert.

Es gibt noch einen dritten Mechanismus, der in der Epigenetik des Verhaltens von Bedeutung ist und für den microRNA eine wichtige Rolle spielt. Noch einmal zurück zum Biologie- oder Chemieunterricht: Vielleicht können Sie sich noch dunkel erinnern, dass die Boten-RNA den genetischen Code von der DNA kopiert und dann in den Zellkern wandert, wo sie die Produktion der benötigten Proteine steuert. MicroRNA besteht nun aus kurzen RNA-Molekülen, die sich an diese Boten-RNA anheften und ihre Botschaft ein klein wenig verändern; damit unterdrücken sie letztlich die Expression des entsprechenden Gens.

Wenn Sie die letzten drei Absätze nur quergelesen haben, kann ich Sie verstehen. Ich wollte Ihnen hier einige grundlegende Informationen liefern, um Ihnen etwas Hintergrund zu geben. Für das Thema dieses Buches sind die genauen molekularen Mechanismen hinter der epigenetischen Veränderung der Genexpression kaum von Bedeutung. Die entscheidende Botschaft, die ich Ihnen vermitteln wollte, ist dass die Erfahrungen in unserem Leben unsere genetische Disposition auf molekularer Ebene verändern können – nicht indem sie Mutationen in den Genen auslösen, sondern indem sie die Art und Weise verändern, wie diese Gene interpretiert werden (genauer gesagt, indem sie dafür sorgen, dass Ihre Zellen mehr oder weniger Proteine einer bestimmten Art produzieren). Und wie wir schon in Kapitel 3 gesehen hatten, kann die Menge dieser Proteine einen ganz entscheidenden Einfluss darauf haben, wie unsere Gehirnzellen miteinander kommunizieren, was letzten Endes auch Auswirkungen auf unser Verhalten hat. Randy Jirtle drückt es so aus: »Hier läuft die Evolution auf der Softwareebene ab. Das geht sehr schnell. Es ist viel einfacher, den Software-Code zu verändern – das Epigenom – als die Gene in der Hardware zu mutieren. Und diese Veränderungen können einen gravierenden Einfluss auf unser Verhalten haben.«

Am Anfang steht die Schlacht der Gene

Wollen Sie der Epigenetik bei der Arbeit zusehen? Stellen Sie sich ein Neugeborenes vor. Es ist ein Produkt seiner Eltern, die beide ihre spezifischen Gene beigetragen haben, als das Spermium mit der Eizelle verschmolzen ist und die Zellen anschließend zu einem Fötus herangewachsen sind. Es hat der Welt noch nicht viele Erfahrungen zu verdanken. Es schläft, trinkt und macht in die Windel; vielleicht brabbelt es schon ein wenig. Aber trotz dieser reduzierten Weltlichkeit zeigt sein Genom, das zur Hälfte von der Mutter und zur Hälfte vom Vater stammt, aufgrund der so genannten genomischen Prägung schon einige epigenetische Marker.

Jeder von uns erbt von seinen Eltern zwei Kopien jedes Gens. Zur ihrer Überraschung fanden Forscher jedoch heraus, dass in manchen Fällen eine dieser Kopien stets abgeschaltet wird. Ein Beispiel ist das Gen für den insulinähnlichen Wachstumsfaktor 2 (IGF2), ein Hormon, das für das Wachstum während der Schwangerschaft außerordentlich wichtig ist. Obwohl wir auch von diesem Gen je eine Kopie von jedem Elternteil erben, wird immer nur die Version vom Vater wirklich verwendet; das von der Mutter ererbte Allel wird abgeschaltet. Im Gegensatz dazu wird im Fall des CDK-Inhibitors 1C, eines Gens, das vermutlich das Wachstum von Tumoren hemmen kann, immer nur die mütterliche Kopie verwendet und der Beitrag des Vaters ignoriert. Diese Fälle, in denen Gene je nach ihrer Herkunft von Mutter oder Vater verwendet oder ignoriert werden, werden als genomische Prägung bezeichnet; es gibt etwa zwei- bis vierhundert von ihnen.

»Diese Tatsache ist paradox«, erklärte Catherine Dulac, eine Wissenschaftlerin vom Howard Hughes Medical Institute, die die genomische Prägung an der Universität Harvard untersucht. »Es ist ein Riesenvorteil, dass wir von jedem Gen zwei Kopien besitzen. Aber hier haben wir einen Mechanismus, der einfach eine der beiden Kopien eines wichtigen Gens abschaltet. Irgendwie muss darin auch ein Vorteil liegen.«

Nach einer Theorie von David Haig, einem Evolutionsgenetiker von der Universität Harvard, ist die genomische Prägung einfach eine evolutionäre Schlacht um Nährstoffe, also ein genetischer Konflikt zwischen den Geschlechtern, der die Größe und das Wachstum des Nachwuchses steuert. Erinnern Sie sich noch einmal an das süße knuddlige Neugeborene. Seine Mutter weiß vom ersten Moment an, dass es ihr Kind ist, schließlich trägt sie es rund neun Monate lang in ihrem Bauch spazieren. Der Vater ist da schlechter dran, weil er (einmal abgesehen von schlichtem Vertrauen oder modernen Vaterschaftstests) nie sicher wissen kann, ob er wirklich der Vater des Kindes ist. Aufgrund dieser Ungleichheit im Wissen über die Herkunft des Babys, die schon seit Jahrmillionen existiert, spekuliert David Haig, dass mütterlich exprimierte Gene primär dafür sorgen, dass alle Nachkommen einer Mutter alles bekommen, was sie zum Überleben brauchen, so lange es der Mutter nicht schadet und sie weiterhin gesund und in der Lage ist, weitere Kinder zu gebären. Die väterlichen Gene sorgen sich dagegen nicht um die Mutter oder das Wohlergehen anderer Kinder, die möglicherweise von anderen Vätern abstammen. Folglich verlangen sie schon in der Gebärmutter, aber auch später immer noch mehr Nahrung für dieses spezielle Kind von der Mutter, damit es später vielleicht einen Vorteil gegenüber seinen (Halb-) Geschwistern hat.

Betrachten wir noch einmal IGF2, das zuvor schon erwähnte väterlich exprimierte Hormon, das das Wachstum während der Schwangerschaft steuert. Wenn die mütterliche Kopie dieses Gens nicht stillgelegt würde, hätten die Mütter bei der Geburt häufig mit ziemlich großen Babys zu kämpfen – zu groß, um sie ohne Schaden für sich selbst oder ihren anderen Kinder ernähren zu können. David Haig spekuliert nun, dass die väterlich exprimierten Gene das Wachstum des Nachwuchses ohne Grenzen fördern, während die mütterlichen Gene das Wachstum so steuern und begrenzen, dass die resultierende Größe des Kindes ohne Folgen für die Mutter bleibt. Er nennt seine Theorie die »Konflikthypothese« und kann auf eine Reihe von Untersuchungen an Tiermodellen verweisen, die diesem Gedanken eine gewisse Plausibilität verleihen. »Die väterlichen Gene machen den Nachwuchs größer und verlangen nach mehr Ressourcen von Seiten der Mutter«, erzählte mir Haig. »Die mütterlichen Gene berücksichtigen dagegen die zukünftige Fähigkeit der Mutter, Kinder zu bekommen, und sorgen deshalb dafür, dass nicht keines der Kinder ihr zu viel abverlangt.«

Warum habe ich Sie nun auf diesen speziellen Holzweg geführt? Es gibt keine Hinweise darauf, dass das Kind oder seine Eltern etwas getan haben, was die Genexpression verändern könnte, es gibt keinen Grund, warum irgendwelche Lebenserfahrungen durch genomische Prägung Methylgruppen einfügen oder microDNA in Marsch setzen sollten. Trotzdem ist dies ein grundlegendes epigenetisches Ergebnis, das einen starken Einfluss auf das Verhalten haben kann. Mehr noch, es ist ein Ergebnis, das von einer Generation zur nächsten weitergegeben wird. Ohne dass ich selbst einen einzigen Cheeseburger gegessen hatte, gaben meine Eltern mir ein Epigenom mit, das durch genomische Prägung die Expression meiner Gene und damit mein späteres Verhalten verändert hatte. Schließlich beeinflussen solche geprägten Gene nicht nur das Wachstum, sondern auch die Entwicklung und die Funktion unseres Gehirns. In den Worten von Catherine Dulac: »Wenn Wissenschaftler die Prägung von Genen genetisch manipulieren, können sie am häufigsten Auswirkungen auf das embryonale Wachstum nachweisen. Aber am zweithäufigsten finden sie Auswirkungen auf die kognitiven Fähigkeiten.«

In zwei im August 2010 in *Science* publizierten Arbeiten berichteten Catherine Dulac, David Haig und ihre Kollegen über die beobachtete unterschiedliche Expression von Genen in Mäusehirnen je nach Herkunft des Gens vom Vater oder von der Mutter. Sie fanden 347 Gene mit geschlechtsspezifischer Prägung, die die Entwicklung verschiedener Areale in der Hirnrinde und – hört, hört! – dem alten Lüstling Hypothalamus beeinflussten.[2] Diese Ergebnisse deuten darauf hin, dass die geprägten Gene für das Fütterungs-, Paarungs- und Sozialverhalten eine Rolle spielen, also auch für unsere alten Bekannten Sex und Liebe.

Die genomische Prägung ist nicht nur eine einfache statische Veränderung, die in der Gebärmutter erfolgt. Die geprägten Gene werden im Lauf der Zeit immer wieder ein- oder ausgeschaltet und die Genexpression wird zu verschiedenen Zeiten während des Lebens neu angepasst. So tragen mütterlich exprimierte Gene mehr zur Entwicklung des Gehirns bei, während väterlich exprimierte Gene den entscheidenden Beitrag für die Funktion des ausgereiften Gehirn in Erwachsenen leisten. Warum das so ist, weiß niemand.[3] »[Die genomische Prägung] ist ein dynamischer Prozess«, erläutert hierzu Catherine Dulac. »Sie bleibt nicht während des gesamten Lebens eines Organismus unverändert. Die Neuronen und neuronalen Vorläufer haben während der Entwicklung einen gewissen Spielraum, welche Gene bevorzugt vom Vater und welche von der Mutter exprimiert werden. Später im Leben verändert sich dieses Muster der Genexpression. Das ist ein wesentlicher Mechanismus der epigenetischen Regulation und eine wahre Goldmine für unser zukünftiges Verständnis der Art und Weise, wie die Gene unser Verhalten steuern.«

Wie ich schon sagte: Meine Mutter ist an allem schuld. Es kann gut sein, dass viele Merkmale und Aspekte meines Verhaltens einschließlich allem, was mit Liebe und Sex zu tun hat, sich zumindest teilweise auf die Expression der genomisch geprägten Gene meiner Mutter zurückführen lässt. Aber um der Wahrheit die Ehre zu geben, mein Vater hatte offensichtlich auch einigen Einfluss. Also soll er ruhig auch seinen Teil der Schuld tragen.

Was ist mit den Cheeseburgern?

Ich kann mir schon denken, was Sie jetzt denken: »Das mit der genomischen Prägung ist ja schön und gut, aber kann man wirklich sagen, dass Mutter oder Vater an allem schuld sind? Und was hat das mit den Cheeseburgern zu tun? Oder Liebe?« Das ist richtig. Ich spreche hier über die Gene als ob sie kleine Generäle seien, die ihre Truppen kommandieren. Das ist eine Angewohnheit, die ich nur schwer ablegen kann. Aber die Prägung ist trotzdem wichtig. Sie zeigt, wie die Epigenetik die Art verändern kann, wie unser Genom arbeitet, selbst bevor wir den Schritt vom Embryo zum Fötus machen oder den vom Kleinkind zum erwachsenen Menschen. Aber die Cheeseburger können auch eine Rolle spielen, jedenfalls wenn Agouti-Mäuse etwas zu sagen haben.

Agouti-Mäuse sind ein Stamm von Labormäusen, die oft als Modell für die Untersuchung von Diabetes, Fettsucht oder Krebs eingesetzt werden. Es ist deshalb wohl kaum eine Überraschung, dass sie ziemlich fett sind und zu Krankheiten neigen. Sie sind sehr charakteristisch gelblich gefärbt. (Ihre Farbe erinnert sehr an die von Morgenurin.) Sie

sehen so aus, weil sie eine bestimmte Permutation des sogenannten
Agouti-Gens besitzen. Und diese spezielle Permutation hat sich als
ziemlich unverwüstlich erwiesen. Wenn diese Mäuse sich normal fortpflanzen, sind ihre Nachkommen ebenfalls fett, gelb und neigen zu
gesundheitlichen Problemen; sie tragen dieselbe Variation des Agouti-
Gens und geben diese von Generation zu Generation weiter. Randy
Jirtle führte gemeinsam mit Robert Waterland, einem seiner Postdocs,
eine Versuchsreihe durch, um herauszufinden, ob sie ohne gentechni-
sche Methoden oder medikamentöse Behandlung die Art verändern
konnten, wie das Agouti-Gen diesen Tieren exprimiert wurde. Dazu
veränderten sie einen einfachen Faktor: die Ernährung.[4]

Jirtle und Waterland veränderten die Nahrung einer Gruppe von
Agouti-Mäusen. Anstatt des üblichen Mäusefutters verabreichten sie
ihnen eine Nahrung, die besonders viele Methyldonoren wie Folsäure,
Vitamin B oder Cholin enthielt. Praktischerweise findet man diese Methyldonoren in natürlichen Nahrungsmitteln wie Zwiebeln und Rüben
und vorgeburtlichen Vitaminen. Da bekannt war, dass Methylgruppen
sich an die DNA anlagern und sie im Sinne der Epigenetik verändern
können, hofften die Wissenschaftler, eine Veränderung der Expression
des Agouti-Gens beobachten zu können. Sie fütterten die Mäuse mit
dieser Diät und warteten ab, bis sie Junge warfen.

Die Jungen der so gefütterten Elterntiere waren kleiner, gesünder
und ihr Fell zeigte das typische mausbraun. Sie waren auch viel weniger
empfänglich für Krankheiten wie Fettsucht oder Krebs als ihre Eltern.
Die Unterschiede zwischen Müttern und Babys waren dramatisch, trotzdem hatte das Agouti-Gen sich nicht verändert. Die Jungen besaßen immer noch genau dieselbe Variation wie ihre fetten, gelben Mütter. Die
Methylgruppen aus der Nahrung hatten sich einfach an das Agouti-Gen
angelagert und seine Expression unterdrückt, wodurch die Jungen gesünder und braun geworden waren. »Wenn man so einen Effekt beobachtet, dann verändert das alles«, sagte Jirtle. »Die Genetik ist für uns
nicht mehr so wie zuvor.«

Diese Ergebnisse geben auch dem Satz »Du bist, was Du isst« eine
völlig neue Bedeutung. (Und ganz sicher werde ich genau darauf achten, dass mein Kind immer seine tägliche Ration Methyldonoren erhält!)
Und hier kommen die Cheeseburger ins Spiel. Die Vorliebe meiner Mutter für diese spezielle Fast-Food-Kette während ihrer Schwangerschaft
kann vielerlei Folgen gehabt haben. Wer weiß schon, welche epigeneti-

schen Marker dieses Verlangen an meiner DNA hinterlassen hat, während ich noch in ihrer Gebärmutter steckte, und so meinen Körper und meine Gesundheit beeinflusst haben. Ich bin gar nicht sicher, ob ich das so genau wissen will. Und da ich nicht glaube, dass die Fast-Food-Kette Untersuchungen finanzieren wird, um die Antwort zu finden, werde ich das auch nicht tun. Die wichtige Botschaft ist jedenfalls, dass sogar die Ernährung (in der Gebärmutter und danach) die Macht hat, die Expression der Gene zu verändern und folglich die Entwicklung unseres Gehirns und unser Verhalten zu beeinflussen. Irgendwie cool (und auch erschreckend), nicht?

Frühe Lebenserfahrungen

Die Epigenetik beschäftigt sich mit mehr als nur genomischer Prägung und Ernährung.[5] Frühe Lebenserfahrungen spielen ebenfalls eine große Rolle. Beispielsweise kann das Ausmaß der mütterlichen Zuneigung und Sorge in den ersten Lebensjahren entscheidende Änderungen im Epigenom bewirken. Es gibt überwältigende Hinweise darauf, dass die nötige Zuwendung in der frühen Kindheit eine wichtige Rolle für unser späteres Verhalten spielt. In den 1950er Jahren trennte Harry Harlow, ein Psychologe von der University of Wisconsin, neugeborene Affenkinder von ihren Müttern und setzte künstliche Draht- oder Stoff-»Stellvertreter« in die Käfige der Affenbabys. Die Forscher stellten schnell fest, dass reine Lebenserhaltung zum Gedeihen nicht ausreichte: Die Affenbabys brauchten auch Zärtlichkeit. Ohne regelmäßiges Schmusen zeigten die Babys bald ein nahezu autistisches Verhalten: sie schaukelten hin und her, gaben seltsame Geräusche von sich und mieden alle neuen Reize.[6] Diese Beobachtungen sind nicht auf Affen beschränkt. Auch die unglücklichen Insassen von rumänischen Kinderheimen, die während Nicolae Ceaușescus Herrschaft vernachlässigt und in Gitterbetten eingesperrt waren, zeigten später im Leben eine Vielzahl von geistigen, körperlichen und emotionalen Behinderungen. Damals erklärte man diese Unterschiede zunächst ausschließlich als Folgen einer Mangelernährung. Aber die Arbeiten von Michael Meaney, einem kanadischen Psychobiologen von der McGill University, legen den Schluss nahe, dass auch hier die Epigenetik ihre Finger im Spiel hat. In einer bahnbrechenden Untersuchung konnte er zeigen, dass Unterschiede in der mütterlichen Zuneigung in der frühen Phase des Lebens einen Einfluss darauf hatten, wie ein bestimmtes Stressgen in den Kindern exprimiert wurde.

Rattenmütter zeigen ihre Liebe nicht durch teure Spielzeuge, zusätzliche Umarmungen oder regelmäßigen Ausflügen in Freizeitparks. Stattdessen konzentrieren sie sich auf intensives Lecken und Fellpflege, bis ihre Jungen abgestillt sind. Dieses Verhalten dient nicht nur der Hygiene, sondern es fördert durch Aktivierung bestimmter Hormonsysteme auch Wachstum und Entwicklung der Jungen. Wenn man eine größere Gruppe von Rattenmüttern beobachtet, kann man ein weites Spektrum von Verhaltensweisen in Bezug auf das Lecken erkennen. Meaney und seine Kollegen teilten die Rattenmütter in zwei Gruppen ein, von denen die ein sehr viel Zeit mit dem Ablecken und der Fellpflege ihrer Jungtiere verbrachten (die »Lecker«) und die andere nicht (die »Nichtlecker«).[7]

Die Forscher beobachteten den Nachwuchs der beiden Gruppen und stellten dabei einige interessante Dinge fest. Wenn weibliche Ratten aufwuchsen und schließlich selbst Nachwuchs bekamen, dann zeigten sie in der Regel dasselbe Pflegeverhalten wie ihre eigenen Mütter. Wenn sie selbst als Babys intensiv geleckt wurden, leckten sie wiederum ihre eigenen Jungen ebenfalls ausgiebig; wenn sie in ihrer Zeit als Junge wenig geleckt und gepflegt wurde, wiederholten sie als ausgewachsene Tiere auch dieses Verhalten. Dieser Effekt war sehr stabil und vorhersagbar. Selbst die Enkel-Ratten zeigten noch dasselbe Verhalten wie ihre Großmütter. Das funktionierte auch dann, wenn man die Ratten von einer Mutter des anderen Typs aufziehen ließ. Wenn die biologische Mutter einer bestimmten Ratte also zu den »Leckern« gehörte, die tatsächliche Aufzucht aber durch eine »Nichtleckerin« erfolgte, dann war die so aufgezogene Ratte später gegenüber ihrem Nachwuchs eine Nichtleckerin. Verhalten sticht Biologie!

Michael Meaney und seine Gruppe entdeckten auch, dass die Jungen der Nichtlecker weniger gut mit Stress umgehen konnten als die Jungen der Lecker. Obwohl alle Ratten bei einem unerwarteten Geräusch zusammenzuckten, konnten die Jungen von liebevollen Müttern wesentlich besser mit dem Schreck umgehen; sie kehrten sehr schnell zu ihrer zuvor ausgeübten Tätigkeit zurück. Junge, die von ihren Müttern nicht so liebevoll umsorgt wurden, waren dagegen weniger belastbar und kauerten auch nach dem Ende des Geräuschs noch für einige Zeit ängstlich. Die Jungen der Lecker zeigten gegenüber denen der Nichtlecker auch ein verbessertes Lernverhalten. Meaney fragte sich, ob diese Unterschiede, die auch eine erhebliche Stabilität über mehrere Generationen aufwies, das Resultat einer Wechselwirkung zwischen den Genen und der Umwelt sein könne. Um darauf eine Antwort zu finden, tat er sich mit Moshe Szyf zusammen, der epigenetische Einflüsse im Zusammenhang mit Krebs untersuchte.

In der Tat stellten sie bei der Untersuchung des Rattengenoms fest, dass die Unterschiede im beobachteten Verhalten mit dem Blutpegel bestimmter Stresshomone zusammenhingen, insbesondere mit dem einer speziellen Gruppe von Substanzen, den Glucocorticoiden. Sie fanden schließlich heraus, dass durch das Lecken und die Fellpflege von Seiten der Rattenmütter Methylgruppen von dem Gen für den Glucocorticoidrezeptor des Nachwuchses entfernt wurden. Eine Extraportion Zuneigung von der Mutter sorgte dafür, dass besonders viele dieser Rezeptoren produziert wurden, die überschüssige Glucocorticoide binden konnten und so für heitere und gelassene Rattenbabys sorgten.

Sind diese Ergebnisse auf Menschen übertragbar? Natürlich ist es ethisch nicht vertretbar, Menschen auf dieselbe Weise wie die Ratten zu untersuchen. Kein Wissenschaftler wird Mütter dazu auffordern, ihre Kinder zu vernachlässigen, um anschließend die Pegel von Stresshormonen unter kontrollierten Bedingungen messen zu können. Andererseits ist aber bekannt, dass Missbrauch und Vernachlässigung in der Kindheit im späteren Leben sehr häufig Stress und Depressionen zur Folge haben, daher scheint die Annahme plausibel, dass man in Menschen ähnliche Veränderungen beobachten könnte. Um ihre Hypothese zu prüfen, untersuchten Meaney und seine Mitarbeiter posthum die Glucocorticoidrezeptoren von Menschen, die durch Selbsttötung ums Leben gekommen waren. An der DNA aus Zellen im Hippocampus von Suizidopfern, die in ihrer Kindheit missbraucht worden waren, entdeckten sie genau an dieser Stelle Methylgruppen – obwohl die Menschen inzwischen schon lange erwachsen waren. Bei Suizidopfern mit einer glücklicheren Kindheit fanden sie keine entsprechenden epigenetischen Marker.

Als ich mit Moshe Szyf sprach, erfuhr ich genau dasselbe über die Epigenetik wie schon von Randy Jirtle: Das Genom ist die Hardware und das Epigenom die Software. Aber er fügte noch hinzu: »Die Mutter ist der Programmierer. Sie weiß es vielleicht nicht, aber sie ist es.« Er argumentiert, dass das Verhalten der Mutter dem Kind Hinweise gibt, welche Umgebung es nach der Geburt zu erwarten hat.»Wenn das Kind viele fettreiche Speisen erhält, ist das ein Signal. Wenn es Gemüse bekommt, ist das ein anderes Signal. Diese unterschiedlichen Signale bewirken eine Programmierung – programmierte Veränderungen des Epigenoms, die das Kind auf seine Umwelt vorbereiten.«

Der Verdacht liegt nun nahe, dass diese Programmierung in Bezug auf Stress dauerhaft ist – zwar nicht fest verdrahtet, aber doch sehr stabil. Das gilt in der Tat für die Methylierung und andere Formen der epigenetischen Programmierung. Sie ist aber nicht irreversibel. Als Meaney und seine Mitarbeiter die Rattenkinder von Nichtleckern nach der Pubertät mit Leckern zusammenbrachten oder die Tiere in eine interessantere Umgebung versetzten (z.B. einen Käfig mit einem Laufrad, Spielzeugen oder anderen Reizen), beobachteten sie eine Veränderung des ererbten Verhaltens: Wenn diese Ratten selbst Junge bekamen, verhielten sie sich eher wie die Kinder von Leckern. Es scheint, als sei dieses Verhalten zu einem gewissen Grad plastisch oder formbar; die Umgebung und die Biologie steuern Hand in Hand das Lern- und Sozialverhalten.»Auch dieser Effekt ist nicht deterministisch«, erklärte mir Frances Champagne, eine ehemalige Mitarbeiterin von Meaney, die heute ihre eigene Arbeitsgruppe für Epigenetik an der Columbia University leitet.»Ein Gen ist von mehreren Lagen von Zusatzinformationen eingehüllt, die festlegen, wie es exprimiert wird. Die sorgen für die Plastizität. Das ist der Schlüssel.«

Das Gehirn verändert sich fortlaufend. Jede Erfahrung, jede soziale Interaktion und jede Beziehung ist in der Lage, die gegenseitigen Verknüpfungen zwischen den Neuronen zu verändern und damit die Verkabelung des Gehirns anzupassen. Unser Gehirn bei der Geburt ist nicht dasselbe wie unser Gehirn in der Jugendzeit, und wenn wir erwachsen sind, hat es sich noch weiter verändert. In den vergangenen zehn Jahren waren die Neurowissenschaftler immer wieder erstaunt, wie anpassungsfähig das Gehirn ist. Früher dachte man, dass die Struktur des Gehirns nach Abschluss seiner Entwicklung – irgendwann in der Jugendzeit – festgefügt und quasi in Stein gemeißelt sei. Die neuere Forschung hat aber gezeigt, dass das Gehirn sich in jedem Lebensalter durch Erfahrungen verändert, insbesondere auf molekularer Ebene. Und diese kleinen Veränderungen summieren sich über die Jahre. Epigenetische Veränderungen sind nur eine Möglichkeit, wie diese Veränderungen bewirkt werden können.

Meaney und seine Kollegen entdeckten noch einen weiteren interessanten Effekt des Leck- und Pflegeverhaltens von Rattenmüttern. Es bestimmt nicht nur das Aufzuchtverhalten des Nachwuchses, sondern hat sogar Auswirkungen auf das zukünftige Paarungsverhalten der Babyratten.

»Eine ausgeprägte mütterliche Fürsorge führt auch in den Töchtern und zukünftigen Müttern zu einem fürsorglichen Verhalten sowie gleichzeitig zu einer reduzierten sexuellen Empfänglichkeit. Im Gegensatz dazu zeigen Junge, die eine geringe Fürsorge erfahren, später eine gesteigerte sexuelle Empfänglichkeit«, erklärte mir Frances Champagne. »Es scheint hier ein Wechselspiel zwischen verschiedenen Aspekten der Fortpflanzung als Funktion der zuvor erfahrenen mütterlichen Fürsorge zu geben.«

Fürsorgliche Mütter produzieren also Junge, die nicht nur selbst wieder fürsorgliche Eltern werden, sondern auch ein eher prüdes Verhalten zeigen. Es braucht schon etwas mehr als ein einfaches »Hi, wie steht's?« von Seiten des Männchens, um mit so einem Mädel zur Sache zu kommen. Diese Weibchen erreichen die sexuelle Reife später und auch dann sind sie weniger empfänglich für sexuelle Versuchungen. Sie sind wählerisch und lassen sich Zeit. Und Sie lassen die Jungs zappeln. Im Gegensatz ist der Nachwuchs der Nichtlecker-Mütter eher wild darauf, zur Sache zu kommen. Sie sind nicht nur empfänglicher für Sex, sondern bieten sich auch häufiger aktiv an. Nicole Cameron, eine Mitarbeiterin von Meaney, die diese Arbeiten federführend betreute, fand heraus, dass das Leck- und Pflegeverhalten der Mutter nicht nur die Expression des Stressgenrezeptors epigenetisch veränderte, sondern auch den Promotor für einen bestimmten Östrogenrezeptor modifizierte. Zur Überraschung der Gruppe stellte sich heraus, dass die Nichtlecker-Mütter einen Anstieg dieses Promotors zeigte und dass dies vermutlich der Grund für das beobachte Sexualverhalten war. Auch hier zeigte sich, dass bei einem Austausch der biologischen gegen eine Pflegemutter das Verhalten der Pflegemutter ausschlaggebend war, nicht das der biologischen Mutter. Es war nicht entscheidend, ob eine bestimmte Ratte von einer Lecker- oder Nichtlecker-Mutter geboren war, sondern nur auf das in den ersten Lebensmonaten erfahrene Maß an mütterlicher Fürsorge.[8] Seit Michael Meaney und Moshe Szyf diese Linie der Forschung begannen, sind weitere Forschergruppen darauf eingeschwenkt. Ich könnte noch ein Dutzend weiterer Studien aufführen, die zeigen, wie die

Epigenetik das Verhalten beeinflussen kann – nicht nur in der frühen Kindheit, sondern das ganze Leben hindurch. Es scheint ziemlich sicher, dass jede bedeutsame Erfahrung und jede Interaktion mit Anderen unsere biologische Programmierung verändern kann. Einige dieser Untersuchungen werde ich in den folgenden Kapiteln besprechen. Das Konzept an sich will ich jedoch schon hier einführen, um zu zeigen, wie wichtig es ist. So sehr viele Menschen dazu neigen, Persönlichkeitsmerkmale und Verhaltensweisen unter dem Gesichtspunkt ,Vererbung *oder* Umwelt' zu diskutieren, so wenig kann man diese beiden Aspekte voneinander trennen. Unser biologisches Erbe beeinflusst unseren Körper, unsere Wahrnehmung unserer Umwelt und unsere Interaktion mit der Welt um uns. Unsere Umwelt liefert uns wiederum Sinneseindrücke, an die der Körper sich anpassen und auf die er reagieren kann, und verändert so schließlich unser biologisches Erbe. Damit schließt sich der Kreis und beginnt von vorn. Wie viel Vererbung und wie viel Umwelt in einem bestimmten Verhalten steckt, hängt in außerordentlich weiten Grenzen von der Situation ab und ist vermutlich unmöglich quantitativ festzulegen. Moshe Szyf witzelte, dass es vermutlich einfacher sei, das Konzept der Epigenetik einer durchschnittlichen Mutter zu erklären als einem Molekularbiologen mit einigen Jahrzehnten Berufserfahrung. Mütter verstehen das Prinzip ohne weiteres, vor allem wenn sie mehrere Kinder haben, die trotz ähnlicher biologischer Voraussetzungen und identischer häuslicher Umgebung zu einzigartigen Individuen heranwachsen. Für alle, deren Lebensbild von einem genetischen Determinismus bestimmt war, war es dagegen sehr schwer, den Paradigmenwandel der Epigenetik zu verinnerlichen.

Moshe Szyf sagt dazu: »Diese Effekte wurden von den Genetikern in der Vergangenheit geleugnet. Inzwischen wissen wir, dass hier starke Kräfte am Werk sind, die wir sowohl mathematisch als auch experimentell untersuchen können. Das verändert unser gesamtes Bild. Wir können keine einzelnen Zellen mehr untersuchen. *Die* Zelle gibt es nicht. Eine Zelle agiert in einem Körper, der Körper hat ein Gehirn, und der Körper lebt in einer Umgebung. Man kann das alles nicht voneinander trennen. Unsere Familie, unser Freundeskreis, unsere Stadt, unser Land, unsere Welt – all das ist wichtig, wenn wir die Biologie verstehen wollen.« Und wie es der Zufall will, ist all das auch wichtig, wenn wir unser Verhalten im Zusammenhang mit Sex, Liebe und Erziehung verstehen wollen.

Eines muss ich gestehen. So gern ich meiner Mutter und ihrem Hang zu fetten Cheeseburgern im Spaß die Schuld gebe an meiner unstillbaren Sucht nach Kohlehydraten oder meiner Neigung zu glutäugigen Männern, die mir über kurz oder lang das Herz brechen – dies ist doch nur einer von Tausenden oder Millionen von Faktoren, die mich zu dem Menschen gemacht haben, der ich heute bin, und die mein Verhalten und meine Art zu lieben geformt haben. Ich kann meine Biologie – mein Gehirn – nicht von meiner Umwelt trennen. Mit anderen Worten: Es gibt keine einfachen Erklärungen, keine allgemeinen Regeln, wenn es um meine Beziehungen geht.

5

Die Primaten in uns oder: Warum wir keine Sklaven unserer Hormone sind

Vor einigen Monaten zeigte mir eine Freundin ein E-Book, das sie sich heruntergeladen hatte, um mit seiner Hilfe ihrer Tochter die zahllosen Veränderungen zu erklären, die ihr Körper während der Pubertät durchlaufen würde. Es war so eine Art moderne Variante der guten alten Ratgeber *Dein Körper verändert sich*, die wir selbst als Jugendliche von einem Arzt oder einem besorgten Lehrer bekommen hatten und die voll mit Bildchen von rosa Eileitern und wuchernden Schamhaaren waren. Als ich es durchblätterte, blieb ich an einer Stelle hängen. Der Autor schrieb: »Dein Gehirn steuert all diese Veränderungen mithilfe von chemischen Botenstoffen, den Hormonen. ... Diese Substanzen wirken auch auf deine Gedanken und Gefühle und beeinflussen alles, was du sagst oder fühlst.«[1]

Alles was du sagst oder fühlst. Von Anfang an erzählt man uns, dass die Hormone alle beeinflussen können, von unseren Titten (oder Eiern, je nachdem) bis zu unserem Verstand und unserem Verhalten. Die Hormone überschwemmen unser Inneres, kapern unseren Willen und wüten ohne Schranken. Und damit sind nicht nur die extremen Verhaltensmuster von Teenagern gemeint. Ich spreche davon, dass die Hormone erklären können, warum ein Zweijähriger Tobsuchtsanfälle bekommt, warum Erwachsene ein Mal himmelhoch jauchzend und ein anderes Mal zu Tode betrübt sind oder warum unsere beste Freundin so offensichtlich einem Mann schöne Augen macht. Man sagt, unsere Hormone seien die treibende Kraft hinter unserem Drang, nach der großen Liebe zu suchen und sie auch auszuleben. Aber das Schlüsselwort ist hier *treibend*.

Die beiden Hormone, die uns auf unserer Reise von der Kindheit zum Erwachsenwerden begleiten, haben auch bei Liebe und Sexualverhalten ihre Finger im Spiel: Testosteron und Östrogen. Oft wird so getan, als seien die beiden geschlechtsspezifisch – Testosteron für die Jungs und Östrogen für die Mädels –, aber genau wie bei Oxytocin und Vasopressin ist die Wahrheit komplizierter. In beiden Geschlechtern finden sich im Gehirn erhebliche Mengen von beiden Hormonen sowie von verschiedenen Rezeptoren für sie. Sie arbeiten zusammen und manchmal auch gegeneinander und helfen uns so beim Erwachsenwerden und bei der Partnersuche.

Die Arbeiten von Donatella Marazziti zeigten, dass es keine wesentlichen Veränderungen in den Östrogen- oder Progestereonspiegeln gab, wenn Menschen sich verliebten. Sie fand jedoch Änderungen des Testosteronpegels.[2] Möglicherweise machen die Sexualhormone ihrem Namen wirklich Ehre und sind mehr an der Vermittlung unseres Sexualverhaltens als an dieser merkwürdigen Liebe interessiert.

Vermittlung. Unser Verhalten wird nicht von den Hormonen *gesteuert.* Richtig klar wird das, wenn wir uns ein Tier ansehen, das wirklich unter der Knute von Östrogen und Testosteron steht, beispielsweise eine Ratte. in diesem Fall steuern die Hormone wirklich das Sexualverhalten – sie vermitteln nicht, sie treiben nicht an, sondern sie steuern. Der Zyklus der weiblichen Ratte dauert vier Tage. Wenn ein Weibchen am fruchtbarsten ist, steigen ihre Hormonpegel und sie krümmt ihr Hinterteil nach oben, um ihre Geschlechtsteile zu präsentieren. Man bezeichnet diese Haltung als Lordose. Sie ist ein klares Signal an alle Rattenjungs, dass die Dame bereit ist (ganz abgesehen davon, dass die Lordose es den Männchen enorm erleichtert, das Weibchen zu besteigen und die Sache zu Ende zu bringen). Das Rattenweibchen denkt in dieser Situation nicht darüber nach, ob ihr nach einem langen Tag in den Labyrinthen des Versuchslabors gerade nach Sex zumute ist. Sie kümmert sich nicht darum, ob sie emotional bereit ist oder vielleicht zu dick. Die Hormone sagen ihr, dass die Zeit gekommen ist, also legt sie los. Alles andere ist ihr egal. So einfach ist das.

Die Männchen haben es noch einfacher. Sie versuchen einfach, sich mit jedem Weibchen zu paaren, das sie erschnüffeln können. Sofern kein anderes Männchen in der Nähe ist, sorgt die Lordose schon dafür, dass das Rattenmännchen keine Schwierigkeiten haben wird. Alles, was es braucht, liegt offen und bereit vor ihm. Kurz gesagt regeln die Hormone alles, was es bei einer sexuellen Begegnung unter Ratten zu regeln gibt. Und sie sorgen auf diese Weise dafür, dass sich Ratten enorm schnell vermehren.

Ähnliche Effekte, wenn auch nicht so zwingend, können wir auch bei anderen Arten beobachten. Hündinnen werden läufig. Die Pos von Pavianweibchen schwellen an und färben sich rot, um den Männchen anzuzeigen, dass sie fruchtbar und bereit sind. Hohe Testosteronpegel verleihen den Männchen bestimmter Vogelarten ein prächtigeres Gefieder und einen schöneren Gesang, sodass sie besser um die Weibchen werben können. Dies sind nur äußerliche Zeichen der Vorgänge im Inneren des Körpers und des Gehirns, die den Tieren signalisieren sollen, wann sie Aussicht auf Erfolg haben. Wenn der Körper seinen hormonellen Zustand in dieser Weise nach außen verrät, bleibt kein Platz mehr für taktische Spielchen.

Bei Menschen ist das nicht so einfach. In den letzten hunderttausend Jahren hat sich unser Sexualverhalten von unserem Hormonhaushalt emanzipiert. Die Frauen sind heute nicht nur während ihrer fruchtbaren Tage zum Verkehr bereit; wir richten uns beim Sex nicht nach dem Kalender. Und auch die Männer scheinen kein Problem damit zu haben, uns zu beglücken, auch wenn wir gerade nicht fruchtbar sind. Verstehen Sie mich nicht falsch: Östrogen, Testosteron und andere Hormone sind auch für uns wichtig für die Fortpflanzung. Jedes Paar, das eine Fruchtbarkeitsbehandlung hinter sich hat, kann ein Lied davon singen. Aber die Hormone entscheiden nicht, wann und wo wir Sex haben.

»Hormone haben keine unumschränkte Befehlsgewalt über unser Verhalten«, erzählte mir Kim Wallen, ein Neuroendokrinologe am Nationalen Zentrum für Primatenforschung der Emory University. »Hormone können die Balance unseres Verhaltens in die eine oder die andere Richtung verschieben. Das Auftreten eines bestimmten Hormons besagt nicht, dass Sie ein bestimmtes Verhalten zeigen werden, sondern nur, dass sich die Wahrscheinlichkeit für dieses Verhalten erhöht.«

Diese erhöhte Wahrscheinlichkeit manifestiert sich oft auf interessante Weise. Sie assoziieren Ihre Tage vielleicht mit Unwohlsein und Stimmungsschwankungen; es gibt jedoch Hinweise darauf, dass Frauen sich zu dieser Zeit auch besonders sexy finden. Kristina Durante, eine Sozialpsychologin an der University of Minnesota, konnte nachweisen, dass Frauen in der Zeit ihres Eisprungs dazu tendieren, besonders freizügige Kleidung zu kaufen, sich verstärkt für männlich wirkende Männer interessieren und unbewusst vom Nachtleben angezogen werden. Wenn sie dann in einem Lokal angekommen sind, sind sie empfänglicher für männliche Aufmerksamkeit. Nicolas Guégen von der Université de

Bretagne Sud fand heraus, dass Frauen zur Zeit ihres Eisprungs mit höherer Wahrscheinlichkeit eine Aufforderung eines Fremden zum Tanz annehmen.[3] Frauen, die als Tänzerinnen in einem Club arbeiten, erhalten nach einem Striptease vor einem Kunden während ihrer fruchtbaren Tage im Durchschnitt mehr Geld zugesteckt.[4] Männer bewerten den Geruch, die Gesichtszüge und die Körpersymmetrie von Frauen zur Zeit ihres Eisprungs durchgehend attraktiver als zu anderen Zeiten. Und schließlich konnten mehrere Untersuchungen zeigen, dass Frauen mit einem hohen Östradiolpegel (einer Form von Östrogen) einen festen Partner mit höherer Wahrscheinlichkeit betrügen.

Auch Männer werden durch Hormone beeinflusst. Untersuchungen an Kastraten haben zwar gezeigt, dass der Verlust der Hoden (und damit des Testosterons) nicht unbedingt bedeuten muss, dass die Fähigkeit zum Geschlechtsverkehr oder zum Orgasmus verloren geht, aber höhere oder niedrigere Testosteronspiegel konnten mit Veränderungen in Bezug auf aggressives Verhalten, das Eingehen von Risiken, dem allgemeinen Aktivitätsniveau oder der Libido in Verbindung gebracht werden.

In Menschen wirken die Sexualhormone offensichtlich in subtiler Weise; so subtil, dass manche Evolutionsbiologen der Meinung waren, die Frauen besäßen einen »versteckten Zyklus«. Aber ganz gleich ob versteckt oder nicht (und so versteckt scheint er den Ergebnissen einiger Studien zufolge nicht zu sein), die Sexualhormone beeinflussen doch unser Verhalten – positiv und negativ. Die Wissenschaftler glauben, dass die Hormone dies vermutlich durch eine direkte Einwirkung auf unsere Gehirne erreichen.

Empfangsstationen im Gehirn

Sexualhormone flitzen nicht einfach orientierungslos durch unseren Blutkreislauf. Schon lange wissen die Wissenschaftler, dass es überall in unseren Körpern Rezeptoren für diese Hormone gibt. In der Bibliothek des Kinsey-Instituts für die Erforschung von Sexualität, Geschlechterfragen und Fortpflanzung nutzte ich die Gelegenheit, die unveröffentlichten Arbeiten von John Mooney von der Johns Hopkins University zu studieren, eines Pioniers auf dem Gebiet der Sexualforschung in den 1950er Jahren.[5] In einer seiner unveröffentlichten Arbeiten über Sexualität und Geschlechter beklagte er, dass wir die volle Bedeutung der Hormone für die Erotik oder das Sexualverhalten immer noch nicht verstünden. Seine Hoffnung war, dass die Zukunft hier eine Erleuchtung bringen möge. Und das hat sie, wenigstens zum Teil. Wir wissen heute, dass das Gehirn voller Rezeptoren für Sexualhormone ist und dass diese sowohl als Vermittler – zur Unterstützung der Arbeit anderer Substanzen in den Synapsen – als auch durch direkte Wirkung auf die Hirnzellen aktiv werden. Sie können auch selbst als Neurotransmitter wirken und werden direkt im Gehirn produziert, wo sie auch ihren Zauber entfalten.[6] Aber was tun sie genau? Wir wissen immer noch nicht alles. »Das ist außerordentlich kompliziert«, erklärte mir Paul Micevych, ein Molekularbiologe, der an der University of California in Los Angeles die Signaltransduktion im Gehirn untersucht. »Es gibt nicht nur eine Art von Signal, das durch Östradiol vermittelt wird.« Dasselbe gilt für Testosteron. Für beide Sexualhormone wurden mehrere Arten von Rezeptoren identifiziert; vermutlich gibt es noch weitere, die noch zu entdecken sind – und das ist nicht das einzige, was die Angelegenheit kompliziert macht.

Wie Oxytocin und Vasopressin sind auch Östrogen und Testosteron sehr ähnliche Substanzen. *Sehr* ähnliche. Man muss nur etwas Aromatase (ein Enzym) zu einem Androgen wie Testosteron hinzugeben und schon wird aus Testosteron Östrogen. Das männliche Gehirn enthält eine Menge Aromatase, und daher ist es nicht gesagt, dass das Testosteron im Blut auch in dieser Form in das Gehirn gelangt. Außerdem hängt es nicht nur mit der Fortpflanzung zusammen.[7] »Viele Verhaltensweisen, die wir für androgentypisch halten, sind in Wahrheit letzten Endes durch Östrogen ausgelöst«, erklärte Micevych. »Das Androgen Testosteron wird durch Aromatase in Östradiol umgewandelt. Das Östradiol bindet dann an die Rezeptoren in den neuronalen Schaltkreisen, die das Verhalten steuern. Es gibt kein Entweder-oder, sondern beide wirken zusammen.«

Das gilt auch für die Aggression. Viele Untersuchungen haben gezeigt, dass hohe Testosteronwerte mit aggressivem Verhalten einhergehen, das daher meist als rein androgene Erscheinung verstanden wird. Das Erstaunliche ist aber, dass aggressives Verhalten in Mäusen reduziert wird, wenn man die Östrogenrezeptoren im Gehirn abschaltet.

Was wissen wir sonst über die Signalwege von Östrogen im Gehirn? Zwei Östrogenrezeptoren konnten bis heute zweifelsfrei identifiziert werden, der Östrogenrezeptor-α und der Östrogenerzeptor-β, wobei es noch einen dritten Verdächtigen und vermutlich noch ein paar weitere unentdeckte gibt. Die α-Version im Hypothalamus scheint diejenige zu sein, die direkt mit dem Fortpflanzungsverhalten zu tun hat. Aber solange wir nicht alle Arten von Rezeptoren kennen, bleibt unser Verständnis der Wirkung dieses Moleküls schwer fassbar. Auf der Grundlage der beiden bekannten Rezeptoren können wir aber wohl sagen, dass Östrogen dem Gehirn bei der Informationsverarbeitung hilft. Paul Micevych drückt es so aus: »Das Östrogen öffnet Tore im Gehirn. Dort können dieselben chemischen und situationsbedingten Hinweise vorliegen, egal ob Östrogen vorhanden ist oder nicht. Wenn das Östrogen aber da ist, dann öffnet es die Tore und Schleusen, lässt alle Informationen an den richtigen Platz strömen und hilft so, das richtige Verhalten auszulösen.«

Vielleicht hilft uns Östrogen also dabei, unbewusst soziale Signale aufzunehmen. Vielleicht verstärkt es den Klang der Stimme eines attraktiven Mannes oder das Gefühl bei der Berührung durch eine Frau. Micevych warnt allerdings davor, die hormonellen Signale im Gehirn einfach mechanistisch in Verhaltensweisen zu übersetzen – dazu müssen wir noch eine Menge über die Vorgänge auf molekularer Ebene lernen. Die vielfältigen Transduktionswege, die unentdeckten Rezeptoren und die Umwandlung von Androgenen in Östrogene machen diese Untersuchungen sehr schwierig. Und dann kommen noch die Querverbindungen zu anderen neuronal aktiven Botenstoffen hinzu, denn – wer hätte es gedacht – Östrogen tritt in Gehirnarealen wie dem Hypothalamus mit unserem alten Bekannten Oxytocin in Wechselwirkung.[8]

Paul Micevych ist ein großgewachsener Mann mit auffallenden, kantigen Gesichtszügen und einer rauen Stimme. Als ich ihn am Rande einer neurowissenschaftlichen Tagung wiedersah, war er nur zu gern bereit, diese Fragen mit mir weiter zu diskutieren. Er erklärte mir: »Es handelt sich nicht einmal um eine direkte Querverbindung. Irgendwie aktivieren die beiden gemeinsam eine dritte Art von Rezeptor, den metabotropen Glutamatrezeptor, im Hypothalamus, also in dem Bereich des Gehirns, der das Sexualverhalten steuert. Der Östrogenrezepotor und der Oxytocinrezeptor konkurrieren miteinander darum, diesen dritten Rezeptor zu aktivieren. Sowohl Östradiol als auch Oxytocin führen zu einer Aktivierung des metabotropen Glutamatrezeptors und die Reaktion ist dieselbe, ob nun zuerst das Östrogen den Rezeptor aktiviert und dann das Oxytocin oder umgekehrt. Interessanterweise beobachtet man keine Verstärkung des Signals, wenn beide Substanzen gleichzeitig vorhanden sind. Es scheint eher eine interne Kontrolle der Oxytocin-Signalwege durch Östradiol beziehungsweise der Östradiol-Signalwege durch Oxytocin zu handeln.«

Für heute hätte sich Dr. Mooney vermutlich konkretere Antworten auf die Frage nach der genauen Rolle der Hormone für das Sexualverhalten gewünscht. Es scheint aber, dass die Forschung ebenso viele neue Frage wie Antworten produziert hat. Und nur zur Erinnerung: Nicht alles ist Biologie – auch die Umwelt spielt eine Rolle. Das Sexualverhalten und damit die Aktivität dieser Hormone hängt vom Kontext ab, von der Situation. Die Umgebung ist wichtig – sehr wichtig.

»Frühere Untersuchungen haben gezeigt, dass die Testosteronwerte in jungen Männern ansteigen, wenn sie Fußball spielen und gewinnen«, erläuterte Julia Heiman, Direktorin des Kinsey-Instituts. »Ganz Ähnliches beobachten wir, wenn ein neuer Affe mit niedrigem sozialen Status neu in eine Gruppe eingeführt wird. Sobald er in der Gruppe an Status gewinnt, steigt sein Testosteronpegel ebenfalls.« Damit sind wir an einem interessanten Punkt angelangt. Da es schwierig ist, den Einfluss von Sexualhormonen auf das menschliche Verhalten zu beobachten, egal ob mit oder ohne situativen Kontext – wie können Forscher überhaupt untersuchen, wie Hormone und Kontext zusammenwirken, um bestimmte Verhaltensweisen hervorzubringen? Es zeigt sich, dass man eine Menge lernen kann, indem man einfach Affen bei ihrem Treiben beobachtet.

Heiße Affenliebe

Wie schon erwähnt ist das Sexualverhalten eine knifflige Angelegenheit. Ich weiß, ich wiederhole mich, aber dieser Punkt ist wichtig. Menschen sind nicht so begeistert von der Vorstellung, Wissenschaftler in ihr Schlafzimmer zu bitten, und die Ethikkommissionen an Universitäten zögern, wenn Probanden zum Sex in die akademischen Laboratorien eingeladen werden sollen. Vielleicht schüchtert uns die Vorstellung von weißen Laborkitteln oder eifrig mitschreibenden Protokollanten ums Bett ein oder vielleicht sind wir einfach der Auffassung, dass unser Sexleben nur uns und sonst niemanden etwas angeht – jedenfalls sind wir trotz der Offenheit, mit der Sex in Hochglanzmagazinen und im Fernsehen diskutiert und thematisiert wird, weit davon entfernt, selbst darüber zu sprechen oder gar direkte Einblicke zu gewähren. Zumindest nicht auf wissenschaftliche und neutrale Art und Weise. Zwar habe ich mit meinen Freundinnen so manches sexuelle Erlebnis beim Cocktail diskutiert und analysiert, aber ich könnte nicht mit annähernder Gewissheit sagen, wie viele Sexualpartner irgendeine von ihnen hatte oder auch nur, welche Praktiken genau für jede von ihnen unter die Bezeichnung »Sex« fallen. Obwohl Sex heutzutage weniger mit Tabus belegt ist als früher, ist die Diskussion darüber immer noch nicht völlig frei. Wir alle wurden mit der Vorstellung erzogen, dass Sex etwas Privates, wenn nicht gar Schmutziges sei. Es ist nicht leicht, sich von solchen Vorstellungen zu lösen.

Ein Großteil der Daten über das menschliche Sexualverhalten stammt heute aus anonymen Erhebungen. Solche Daten können Forschern einen guten Überblick über allgemeine Trends und Themen im Zusammenhang mit dem menschlichen Sexualverhalten geben, sie liefern aber kaum Details. Und genau für diese Details interessieren wir uns.

Aus diesem Grund haben sich Wissenschaftler an anderer Stelle umgesehen, nämlich bei unseren Cousins im Tierreich, den Primaten. Praktischerweise haben Affen nicht dieselben Blockaden wie wir Menschen, wenn es um das Thema Sex geht. Sie scheinen stillschweigend zu verstehen, dass Sex eine natürliche Sache ist, um die man nicht viel Aufhebens macht. Sie stören sich nicht an Forschern, die ihnen dabei über die Schulter schauen. Sie grübeln nicht, was ihre Eltern, ihre Freunde oder die Wissenschaftler sagen könnten, wenn sie wüssten, was sie tun, wie sie es tun oder mit wem sie es tun. Und sie sorgen sich nicht um mögliche Schwangerschaften, ob ihr Penis groß genug ist oder ob die fünf überflüssigen Pfunde den neuen Partner vielleicht abschrecken könnten. Sie tun es einfach. Erfrischend einfach, oder?

Wissenschaftler, die sich für Sexualität interessieren, können durch Beobachtung dieser Tiere eine Menge über das zur Schau gestellte Verhalten erfahren. Sie können Tiermodelle verwenden, um Informationen zu erhalten, die über das reine Verhalten hinausgehen, und können beispielsweise zugehörige Hormonspiegel oder Gehirnaktivitäten messen. Natürlich sind solche Untersuchungen nicht vollständig mit der menschlichen Sexualität vergleichbar, aber so lange wir nicht bereit sind, uns selbst unter Beobachtung stellen zu lassen, müssen wir damit auskommen.

Um mehr darüber zu lernen, wie Primaten uns helfen können, das Sexualverhalten und besonders die sexuelle Motivation zu verstehen, traf ich mich im Yerkes National Primate Research Center mit Kim Wallen. Ich wollte verstehen, was wir über das menschliche Sexualverhalten lernen können, wenn wir die ganzen Vorstellungen von Stimmungen, durchhängenden Hodensäcken oder ganz allgemein »Angemessenheit« einmal beiseite lassen. Wallen ist ein robuster Mann mit einem graumelierten Bart. Er führte mich zu einer Gruppe von Rhesusaffen, um zu beobachten, wie vier neue Männchen in die existierende Gruppe eingeführt wurden. »Sie haben Glück«, sagte er mir, während er mich zu einer Plattform führte, die uns aus der Vogelperspektive einen Überblick über das Gehege geben würde, »Sie erleben gleich einen spannenden Moment.«

Fast im selben Moment deutete er auf ein braun-weißes Weibchen, das sich entspannt vor einem Männchen in einer Ecke des Geheges niedergelassen hatte. Als einer der Wärter ihr zu nahe kam, fuchtelte sie mit den Händen bedrohlich in Richtung des Zauns. »Sehen Sie ihre Hände? In Wirklichkeit lädt sie das Männchen zum Sex ein. Sie verwendet die Männchen nur als Vorwand für Drohgebärden, als ob da draußen eine echte Gefahr lauerte«, erklärte Wallen. »Ich habe nie so recht verstanden, warum das funktioniert, aber die Weibchen verwenden oft aggressive und bedrohliche Gesten, um die Männchen zur Paarung aufzufordern.«

»Vielleicht will sie sich so attraktiver präsentieren«, schlug ich vor, »und spielt das Fräulein in Not, damit das Männchen spürt, dass es gebraucht wird.«

Das Männchen, ein rotgesichtiger Herr, dem ich sofort den Spitznamen Casanova verpasste, fiel nicht auf ihre List herein. Er senkte den Kopf und wandte ihn geziert ab. »Das ist jetzt die Aufforderung zur Fellpflege«, sagte Wallen. »Er sagt, ‚Ich weiß, dass du Sex willst, aber du musst mich erst in Stimmung bringen‘.«

»Ich möchte kuscheln«, ergänzte ich grinsend, »ich bin doch kein Stück Fleisch.«

Das Weibchen befolgte die Aufforderung, durchaus nicht ungeduldig. Sie begann Casanova am Kopf zu kratzen, gab aber immer wieder Signale, dass sie zu mehr bereit war, sobald er nur wollte.

»Mein Eindruck aus zahlreichen Beobachtungen von sexuellen Begegnungen unter Rhesusaffen ist, dass die Weibchen sehr an Sex interessiert sind, während die Männchen nur auf die Fellpflege aus sind«, sagte Wallen. »Wir glauben immer, es seien die Männchen, die den Weibchen nachstellen und sie zum Sex überreden wollen, aber in Wahrheit kostet es die Weibchen viel Überzeugungskraft, die Männchen dazu zu bringen.«

Das Weibchen beendete das Lausen und zeigte Casanova erneut ihr Hinterteil. Er starrte in die Ferne, als ob er nicht gerade die Rhesusvariante eines Striptanzes mit garantiertem Happy End bekommen hätte. Als sie sich wieder setzte, gab er ihr wieder ein Zeichen mit dem Kopf – eine erneute Aufforderung, mit den Liebkosungen fortzufahren. Fast konnte ich das resignierte Seufzen der Rhesusdame hören, als sie sich zu ihm drehte und wieder begann, ihn zu streicheln, wenn auch weniger begeistert als zuvor. Dieses Spiel – das Weibchen zeigt seinen Hintern, bereit zum Sex, das Männchen fordert mit einer Kopfbewegung weitere Streicheleinheiten ein – wiederholte sich in den folgenden Minuten noch dreimal. Obwohl er neu in der Gruppe war, beherrschte Casanova die Kunst, den Unnahbaren zu spielen, schon perfekt.

Bei den Rhesusaffen bringen die Weibchen den Sex in Gang und steuern ihn. Sie bestimmen, was sie wollen, wie sie es wollen und wann sie es wollen. Wenn die Männchen Sex wollen, müssen sie sich den Launen und Wünschen der Weibchen unterwerfen. Aber auch die Männchen sind in diesem Spiel nicht völlig machtlos. Sie können sich verweigern und tun das auch. Genau wie mein Freund Casanova. Als Neuer in der Gruppe beobachtete er die Situation erst einmal genau. Da eine Gruppe von Rhesusaffen ein Frauenverein ist – um ein vollwertiges Mitglied der Familie zu werden, musste Casanova von den Weibchen der Gruppe anerkannt werden – wusste er genau, dass er erst einen Über-

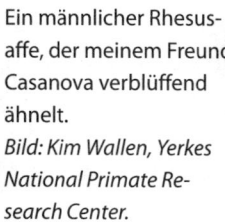

Ein männlicher Rhesusaffe, der meinem Freund Casanova verblüffend ähnelt.
Bild: Kim Wallen, Yerkes National Primate Research Center.

blick über die Situation bekommen musste, bevor er sich auf ein Techtelmechtel einließ.

Plötzlich hörten wir einen Schrei. Ein zweites Weibchen vertrieb kreischend und springend Casanovas erste Verehrerin. Als sie sicher war, dass die Konkurrentin verschwunden war, setzte sie sich vor ihn und begann ihrerseits, um seine Aufmerksamkeit zu werben. Casanova schaute einen Moment lang verwirrt und nahm dann wieder seine desinteressierte Pose ein. Ein leichtes Drehen des Kopfes, wieder eine Einladung zur Fellpflege, war das einzige Zeichen, dass er von seiner neuen Gesellschaft Notiz genommen hatte.

»Wenn man das sieht, dann glaubt man nicht mehr daran, dass Männchen nichts als Sex im Kopf haben«, sagte Wallen lachend. Da er neu in der Gruppe war und die sozialen Strukturen erst entschlüsseln musste, hatte Casanova noch recht geringe Testosteronpegel. Das würde auch so bleiben, bis er seinen Platz in der Gemeinschaft gefunden hatte. Aber natürlich war das Testosteron nicht völlig aus seinem Körper verschwunden, und man hätte meinen können, dass seine Hormone ihn angesichts dieser deutlichen Angebote zum sofortigen Vollzug treiben sollten, auch wenn er noch neu in der Gruppe war.

Wieder präsentierte das Weibchen sein Hinterteil, worauf Casanova seine Forderung nach Streicheleinheiten noch deutlicher zum Ausdruck brachte. Die beiden Affen hatten jetzt meine ungeteilte Aufmerksamkeit. Ich kam mir vor wie bei einer Episode der alten Sitcom *Friends*. Diese beiden Affen hatten hier vor mir im Affengehege gerade ihren eigenen Ross-und-Rachel-Moment. Langsam wurde ich ungeduldig und fragte mich, wie viele Einladungen Casanova wohl noch brauchen würde. Wie konnte er bloß dieses Werben um seine Aufmerksamkeit ignorieren? Und vor allem: Wann würden die beiden endlich mit den Spielchen aufhören und zur Sache kommen? Kaum hatte ich das laut ausgesprochen, als ich sah, wie eines der anderen neuen Männchen in einem anderen Teil des Geheges genau das tat.

»Manchmal ist es wirklich wie in einer Seifenoper«, sagte Wallen lachend. »Hier steht eine Menge auf dem Spiel. Wenn er sich mit dem falschen Weibchen paart und die anderen Weibchen der Gruppe ihn ablehnen, ist er erledigt. In der freien Wildbahn würden sie ihn aus der Gruppe ausstoßen. Hier würden sie ihn drangsalieren und angreifen, vielleicht sogar verletzen.«

Schließlich entschied das Weibchen, dass sie genug von den Spielchen hatte. Sie ignorierte Casanovas Forderung nach Streicheleinheiten und präsentierte ihm wieder ihr Hinterteil. Und noch einmal. Und ein drittes Mal. Casanova starrte in die Ferne, den Kopf kokett zur Seite geneigt. »Jetzt haben sie eine Pattsituation«, sagte Wallen. »Sie weiß, was er will, ist aber nicht bereit, es ihm zu geben.« Sie ignorierte Casanovas wiederholte Aufforderungen; offensichtlich wollte Sie die Angelegenheit aussitzen. Als ich gerade dachte, sie hätte es aufgegeben, bot Sie sich ihm wieder an. Wieder forderte er nur Streicheleinheiten ein. Es war zum verzweifeln. Wer von beiden würde am Ende einlenken? Sie steckten in einer Sackgasse, und weder Casanova noch seine Flamme schienen willig zu sein, den ersten Schritt zu tun.

Schließlich, als ich gerade dabei war, die Hoffnung aufzugeben, gab das Weibchen nach und streichelte Casanova flüchtig und oberflächlich über das Gesicht. Ihre Bewegung dauerte nicht länger als zehn oder fünfzehn Sekunden; hätte ich die beiden nicht so aufmerksam beobachtet, wäre sie mir vielleicht entgangen. Gleich darauf präsentierte sie wieder ihr Hinterteil. Keine Antwort von Casanova. Von seiner Ablehnung unbeeindruckt, wiederholte sie ihre Aufforderung. Wieder antwortete Casanova mit einer Aufforderung zu mehr Zärtlichkeiten. Der kleine Affe war wirklich entschlossen. Er würde nicht nachgeben, egal wie groß die Versuchung war, bis er wirklich bereit war.

»Ich glaube, dass das Muster der Promiskuität, das wir bei Rhesusaffen sehen, ungefähr dem entspricht, was wir auch bei Menschen finden würden, wenn wir alle kulturellen Beschränkungen aufheben könnten«, erklärte mir Wallen. »Es ist gar nicht so schwer, der Promiskuität eine Form zu geben, die nicht weit von der Art der Monogamie entfernt ist, bei der wir Menschen schließlich gelandet sind.« Nach einer kurzen Pause ergänzte er: »Die menschliche Monogamie ist lange nicht so streng, wie wir immer denken.«

Hartnäckig und sichtbar irritiert präsentierte das Weibchen wieder ihr Hinterteil, als ob sie ihm sagen wollte: »OK, Bursche – letzte Chance. Entweder du nimmst mich jetzt oder du hast mich gehabt.« Dieses Mal verlangte Casanova keine Zärtlichkeiten, sondern blickte weg und begann sich selbst zu lausen. Das war die endgültige Ablehnung – wenn du mich nicht streichelst, brauche ich dich auch nicht. Das Weibchen stakste davon, wahrscheinlich auf der Suche nach einer zugänglicheren Gesellschaft.

Casanova blieb nicht lange allein. Noch bevor ich den plötzlichen Abgang seiner Verehrerin kommentieren konnte, setzte sich ein drittes Weibchen in seine Nähe. Sie war eine echte Dame, die ihn nur sehr subtil animierte, etwa wie eine viktorianische Dame, die vor ihrem Verehrer anmutig ihre Fessel entblößt, während sie Platz nimmt. Wieder forderte Casanova Zärtlichkeiten. Sie willigte ein, aber nur für einen kurzen Moment. Es war ganz offensichtlich, dass die Fellpflege nicht ihre Sache war. Dame oder nicht, sie wollte mehr. Aber wieder schien Casanova vollkommen desinteressiert. Ich seufzte verärgert.

»Was halten Sie davon?«, fragte mich Wallen.

»Ehrlich gesagt frage ich mich, worauf zum Teufel er noch wartet!« Drei verschiedene Weibchen, alle nach Rhesusstandard wirklich gut aussehend, hatten ihm angeboten, was der Legende nach doch jeder Mann will: Sex. Wie konnte er es wagen, sie alle wegzuschicken?

»Das ist ziemlich typisch«, erklärte Wallen. »Oft brauchen ein Männchen und ein Weibchen eineinhalb Stunden, bis sie endlich zur Sache kommen. Und auch dann fangen sie oft an, sich zu paaren, hören wieder auf, machen eine Pause und legen dann wieder los. Nach dem Beginn der Paarung kann es immer noch eine Stunde dauern, bis das Männchen endlich ejakuliert.«

Der Gedanke machte mich fertig. Wenn selbst die Rhesusaffen diese Spielchen spielen, wo kommen dann überhaupt noch Babys her? Bevor ich Casanova anbrüllen konnte, dass er jetzt endlich aufhören solle zu posieren und voran zu machen, brach unter mir ein Geschrei los. In wilden Sprüngen und mit bedrohlichem Kreischen tobte eine große Gruppe von Rhesusaffen in Richtung der Ecke, in der Casanova und sein Damenclub herumhingen. Sie waren über ein anderes der neuen Männchen aufgebracht und rotteten sich vor ihm zusammen, um ihm eine Lehre zu erteilen. Es schien ihnen ziemlich egal zu sein, ob Casanova dabei als Kollateralschaden endete. Wallen rannte hinunter, um den Kampf abzubrechen, bevor eines der Tiere verletzt wurde.

Nachdem die Ruhe wiederhergestellt war, brauchte ich eine Minute, bis ich Casanova wieder gefunden hatte. Ich entdeckte ihn unter einem großen Klettergerüst, verängstigt und allein. Jetzt kamen keine Weibchen mehr zu ihm. Nachdem Wallen auf die Beobachtungsplattform zurückgekehrt war, erklärte er mir, dass Casanova aus guten Gründen auf den Sex verzichtet hatte: Durch die vier neuen Männchen, die gleichzeitig in die Gruppe gekommen waren, gab es eine große Unsicherheit darüber, was die Neuen für die soziale Struktur der Gruppe bedeuten würden. »Jetzt wissen wir, warum er zögerte«, sagte Wallen, »er hatte Todesangst. Er ist nicht so einfach, eine Erektion zu bekommen, wenn man panische Angst hat, dass man gleich angegriffen wird.« Das höchstrangige Tier in einer Gruppe von Rhesusaffen ist immer ein Männchen, trotzdem ist es ein Mädchenverein mit Mädchenregeln. Es ist das Alpha-Weibchen, das das Alpha-Männchen auswählt, indem sie sich mit ihm paart. Wenn es sie in irgendeiner Weise kränkt, kann es jederzeit ersetzt werden. Während wir nur auf Casanova geachtet hatten, versuchte sich das Alpha-Weibchen noch zu entscheiden, wer seiner Aufmerksamkeit würdig war. Der angegriffene Affe hatte den Fehler begangen, sich schon zu vergnügen, bevor sie ihre Wahl getroffen hatte. Die soziale Struktur der Gruppe einschließlich ihrer Regeln, ihrer Kultur und ihrer Führungsebene war noch offen. Es war daher in Casanovas ureigenstem Interesse abzuwarten – nicht nur für den Fall, dass das Alpha-Männchen ihm den Hauptpreis zuerkennen würde, sondern auch um sicherzugehen, dass er nicht versehentlich jemanden beleidigte, der in der Hierarchie etwas zu sagen hatte. Sex ist nicht mehr das Höchste, wenn er dazu führen kann, dass man aus der Gruppe ausgestoßen wird. Casanova hatte es geschafft, trotz der ganzen Hormone, die in seinem Körper Amok liefen, einen kühlen Kopf zu bewahren und die Konsequenzen zu bedenken. Selbst ein Affe hat die Möglichkeit, der Herrschaft seiner Hormone zu entfliehen.

Gesellschaft und Hormone

Nachdem die Casanova-Show zu Ende war, gingen Wallen und ich in einen anderen Bereich der Station, in dem eine seiner Studentinnen, Shannon Stephens, eine kleinere Gruppe von Rhesusaffen beobachtete. In diesem kleineren Gehege konnten die Tiere rennen und herumtollen, scheinbar ohne uns auf unserem Beobachtungsposten wahrzunehmen. Für mein ungeübtes Auge waren diese Affen nicht von denen zu unterscheiden, die ich zuvor mit Wallen beobachtet hatte. Aber einige von ihnen, die Farbmarkierungen auf dem Rücken trugen, besaßen Gehirne, die sich von denen der anderen in einem wichtigen Punkt unterschieden. Stephens untersuchte Verhaltensunterschiede in diesen Tieren nach einer neonatalen Amygdalektomie, einer chirurgischen Entfernung der

Amygdala nach ihrer Geburt. Insbesondere waren sie und Wallen daran interessiert, ob die Entfernung dieses mandelförmigen Gehirnareals, das für das emotionale Gedächtnis verantwortlich ist, zu einer Verschiebung der Pubertät in jungen Weibchen führen würde.

Das Durchschnittsalter bei der Menarche (dem Beginn der Menstruation) bei Menschen ist in den vergangenen hundert Jahren zurückgegangen. Epidemiologische Studien deuten darauf hin, dass an dieser Entwicklung der hohe Anteil von Fetten in unserer Ernährung mit schuldig sein könnte, möglicherweise auch die steigenden Mengen von Hormonen, die wir aufnehmen. Aber die Wissenschaft hat sich ebenso auch mit der Bedeutung der sozialen Umgebung befasst. Auch sexueller Missbrauch, die Anwesenheit einer nicht verwandten männlichen Bezugsperson wie beispielsweise eines Stiefvaters oder die Einwirkung von sexuellen Reizen wurden mit der früheren Menarche in Verbindung gebracht. Aufwachsen in großen Familien oder eine enge Beziehung eines Mädchens zu seinem biologischen Vater scheinen eine spätere Menstruation zu begünstigen, auch wenn völlig unklar ist, wie und warum das so sein könnte. Hier haben wir wieder die Rolle des Kontexts, der Situation, die hier ins Spiel kommen und die Regentschaft unserer Hormone stören. Zusammengenommen bedeutet dies, dass unsere Umgebung die Art und Weise verändern kann, wie unsere Hormone wirken – und damit auch unser Verhalten.

Obwohl es kein spezifisches Hormon gibt, das die erste Periode eines Mädchens auslöst, scheinen steigende Östrogenwerte eine Rolle zu spielen. Dasselbe gilt auch die Rhesusaffen. Die Östrogenflut, die der Menarche vorangeht, ist ein wichtiger Schritt auf dem Weg zur Fruchtbarkeit des Tiers. Auch die soziale Umgebung ist wichtig. Der soziale Rang in der Gruppe kann darüber entscheiden, wie früh die Pubertät in einem Tier einsetzt. Auch hier beeinflussen wieder Umgebung und Kontext die Hormone und nicht umgekehrt. »Bei hochrangigen Weibchen beginnt die Pubertät mit höherer Wahrscheinlichkeit früher als in niederrangigen«, erklärte mir Wallen. »Ein Bild von der Amygdala ist, dass sie den sozialen Kontext im emotionalen Gedächtnis abspeichert. ... Und da die Pubertät in Weibchen sozial vermittelt wird, in diesem Fall durch den Rang in der Gruppe, haben wir uns gefragt, was wohl passiert, wenn wir die Amygdala entfernten.«

Was passiert mit der Wirkung unserer Hormone, wenn wir die Fähigkeit entfernen, den sozialen Kontext zu erkennen? Von den acht

Affen, die einer Amygdalektomie unterzogen worden waren, hatten sechs bereits die Pubertät durchlaufen, ein volles Jahr früher als Weibchen mit einer früheren Menarche. Interessanter war für Stephens und Waller aber, dass der erste Affe, der operiert worden war, einen normalen Menstruationszyklus besaß, aber jegliches Interesse am Sex verloren hatte. »Sie zeigte keinerlei Interesse mehr an den Männchen«, berichtete Wallen. »Die Männchen warben um sie, aber das war auch schon alles.«

Ganz im Gegensatz zu den schamlosen Weibsbildern, die Casanova ihre Hinterteile dargeboten hatte, um ihm zu zeigen, dass sie bereit waren, erlernte Opie, das erste Weibchen mit einer Amygdalektomie, die Schritte des Paarungstanzes nie. Es wurde nicht klar, ob sie den sozialen Kontext überhaupt so weit verstand, dass sie den Tanz als solchen erkennen konnte. Sie hatte einen normalen Zyklus und ihre Hormonwerte lagen im normalen Bereich, sodass sie Nachwuchs hätte bekommen können. Aber der Verlust der Amygdala hatte dazu geführt, dass das Erkennen des sozialen Kontexts ihren Horizont überstieg. Das war eine atemberaubende Erkenntnis.

Die Studie läuft noch; es bleibt abzuwarten, ob sich die anderen operierten Affen ähnlich verhalten werden wie Opie. Aber Wallen erklärte mir, dass die vorläufigen Ergebnisse das bestätigten, was er zuvor schon immer gesagt habe: Dass wir nicht die Sklaven unserer Hormone sind. Viele Faktoren, unter anderem die soziale Situation, spielen ebenfalls eine wichtige Rolle. Sicher, die Hormone tun ihre Arbeit. Aber sie geben keine Befehle. Originalton Wallen: »Meiner Ansicht nach machen die Hormone uns eher Vorschläge. Vom Standpunkt der Evolution aus betrachtet reicht es aus, wenn sie die Wahrscheinlichkeit erhöhen, dass Tiere während ihrer fruchtbaren Tage Sex haben wollen.«

Das klingt vernünftig und passt zu Paul Micevychs Aussage, dass die Hormone auf molekularer Ebene Schleusen öffnen und uns den Zugriff auf mehr Informationen erlauben. Aber sie legen keine bestimmte Handlungsweise fest und sie nehmen uns nicht die Freiheit, über unser Verhalten zu entscheiden. Letzten Endes ist es nicht ausschlaggebend, wie unsere Hormonwerte sind oder wie groß unser Drang ist, es ist immer unsere Entscheidung, ob wir Sex haben wollen, selbst wenn uns wie im Fall von Casanova ein Hauptgewinn winkt.

Hormone versuchen uns zu manipulieren, keine Frage, aber wir sind weit davon entfernt, ihre Sklaven zu sein.

6

Männerhirn und Frauenhirn

Der Komiker, Schauspieler und Sänger Bill Cosby, eine Vaterfigur der Generation X, witzelte einmal: »Männer und Frauen gehören zu unterschiedlichen Arten, und ihre Kommunikation steckt noch in den Kinderschuhen.« Der Satz ist großartig, weil er das Zeug zu einem grundlegenden Axiom für die Beziehungen zwischen den Geschlechtern hat (und das würde auch dann noch stimmen, wenn nicht ausgerechnet Dr. Huxtable ihn ausgesprochen hätte). Wir müssen den Tatsachen ins Gesicht sehen – Männer und Frauen scheinen sich grundlegend zu unterscheiden.

Wie oft haben Sie ein merkwürdigen Verhalten des anderen Geschlechts schon mit »Männer!« oder »So sind Frauen!« kommentiert? Selbst mein Fünfjähriger scheint schon zu verstehen, dass »Sie ist halt ein Mädchen« oder »Er ist ein Junge« ausreichende Erklärungen für alles mögliche bieten. Das ist gar keine Frauenfeindlichkeit von ihm – er fasst das nicht einmal als Kritik auf –, sondern nur eine simple Erklärung. Wir alle glauben schon sehr früh zu wissen, dass Jungen und Mädchen, Männer und Frauen einfach unterschiedlich sind. Punkt. Manche selbst ernannten Experten wollen uns sogar glauben machen, dass Männer und Frauen so unterschiedlich sind, dass sie im Hinblick auf Kommunikation und Verhalten stets Gegensätze bilden.

Seit John Grays Bestseller *Männer sind vom Mars, Frauen sind von der Venus* versuchen wir, alle möglichen Beziehungsprobleme wegzuerklären, indem wir bestimmte Verhaltensweisen oder Merkmale in Schubladen packen. Warum rufen Männer nie an, wenn sie es versprochen haben? Männer halt. Warum wollen Frauen irgendwann einfach keinen Sex mehr? Muss am Geschlecht liegen. Warum scheitern so viele Beziehungen? Männer und Frauen können einfach keine Beziehung aufbauen, wenn sie keine Anleitung haben, wie sie das Verhalten des Anderen zu deuten haben. Tatsächlich wurde schon diskutiert, dass das größte Problem im Zusammenhang mit Sex und Liebe (jedenfalls der heterosexuellen Variante) sei, dass Männer und Frauen so unterschiedlich seien, dass keine gegenseitige Bindung möglich sei. Kann es wirklich sein, dass unsere Probleme mit Liebe und Sex letztlich an den Unterschieden zwischen den Geschlechtern liegen?

In den letzten Jahren haben zahllose Wissenschaftler und Autoren Tausende von Seiten mit klugen Diskussionen über die Unterschiede zwischen den Gehirnen der beiden Geschlechter gefüllt – und damit natürlich auch über die geschlechtsspezifischen Unterschiede im Verhalten. Manche Wissenschaftler sind der Ansicht, dass die Ernährung die durchaus vorhandenen natürlichen Unterschiede in der Gehirnstruktur und -entwicklung jederzeit ausstechen kann.[1] Andere sprechen von »Neurosexismus«, haben also den Verdacht, dass neurowissenschaftliche Untersuchungen der geschlechtsspezifischen Unterschiede im Gehirn nur eine moderne Methode sind, die althergebrachte Vorstellung zu stützen, dass Männer den Frauen intellektuell überlegen sind.[2] Die Verteidigung oder Widerlegung dieser Theorien möchte ich anderen überlassen. Stattdessen möchte ich darüber sprechen, was die Neurowissenschaft über die Entstehung dieser geschlechtsspezifischen Unterschiede in den Gehirnen sagen kann und was wir daraus über die Untersuchung des Sexualverhaltens und der Liebe lernen können.

»Eva plus Androgen gleich Adam«

In der zweiten Hälfte des zwanzigsten Jahrhunderts war John Money ein führender Sexualforscher an der Johns Hopkins University. Ein großer Teil seiner Arbeit war der Untersuchung von Hermaphroditen gewidmet, also Menschen, die sowohl mit weiblichen als auch mit männlichen oder einfach mit uneindeutigen Genitalien zur Welt kamen. Als Konsequenz dieser Arbeiten wusste er auch viel über den Einfluss des Geschlechts auf das Verhalten und wie die beobachteten Unterschiede zwischen Jungen und Mädchen sich entwickeln. In einem unveröffentlichten Manuskript, das ursprünglich für den Scientific American geschrieben wurde, erläuterte er unter dem Titel »Pygmalion Updated« kurz und knapp, wie die Hormone in der Gebärmutter das Geschlecht des Kindes festlegen: »Eva plus Androgen gleich Adam.«

Ein knackiges Schlagwort, oder nicht? Es fasst aber einen komplizierten Prozess auf sehr einfache Weise zusammen. Embryos beginnen ihre Reise fast immer als Weibchen; sie bleiben bloß nicht immer so. Wenn ein Fötus von seinem Vater ein Y-Chromosom mitbekommen hat, wird die Gebärmutter zu einem frühen Zeitpunkt der Schwangerschaft (irgendwann zwischen der sechsten und der zwölften Woche) mit Testosteron überflutet, einem Androgen. Dieser erhöhte Testosteronpegel löst die Entwicklung von Penis, Hodensack und Hoden aus. Ohne ihn bliebe der Fötus weiblich und würde die zugehörigen Geschlechtsorgane entwickeln.

Androgene bestimmen aber nicht nur, was wir in der Hose haben. Testosteron, Östrogen und Progesteron sind auch für die Entwicklung des Gehirns sehr wichtig. Sie arbeiten mit einer ganzen Reihe von anderen Proteinen und sonstigen Substanzen zusammen, um die Organisationsstruktur des Gehirn in unterschiedliche Bereiche und Schaltkreise aufzubauen. Sie sind auch für den Geschlechterdimorphismus verantwortlich, also für die systematischen Unterschiede der Form von verschiedenen Gehirnarealen.

Die kleinen Unterschiede im Gehirn

Wenn man früher über geschlechtsspezifische Unterschiede im Gehirn sprach, ging es normalerweise um die Fortpflanzung. Es ist kaum eine Überraschung, dass der Hypothalamus, das Vorzimmer zur Hypophyse, die bei jeder Art von Sexualverhalten ins Spiel kommt, sich in Männern und Frauen unterscheidet. In Ratten hat man schon vor langer Zeit beobachtet, dass ein kleiner Komplex von Zellen im Hypothalamus, der so genannte sexuell dimorphe Kern, in männlichen Ratten signifikant größer ist als in weiblichen. Mit »größer« meine ich dabei das Volumen dieses Bereichs relativ zum Volumen des entsprechenden Gehirns. Arbeiten an Tiermodellen legen die Schlussfolgerung nahe, dass ein Gehirnareal umso wichtiger ist, je größer es ist. Beispielsweise verlassen sich Ratten mehr auf ihren Geruchssinn als auf ihre Augen, um sich in der Welt zurechtzufinden; entsprechend sind die mit dem Geruchssinn verknüpften Areale in ihren Hirnen relativ gesehen größer als die mit dem Sehvermögen verknüpften. In Menschen ist das Verhältnis umgekehrt, da Menschen stärker auf ihr Sehvermögen als auf ihren Geruchssinn bauen.

Das menschliche Analogon des sexuell dimorphen Kerns in Ratten ist der dritte interstitielle Kern des anterioren Hypothalamus. Dieses kleine Areal wird mit dem sexuellen Verlangen von Männern sowie mit dem allgemeinen Sexualverhalten in Verbindung gebracht. Wie bei Ratten ist es auch bei Menschen in Männern größer als in Frauen. Angesichts der offensichtlichen Unterschiede in ihrer äußeren Ausstattung ist es kaum überraschend, dass sich auch in den zugehörigen Gehirnarealen Unterschiede zwischen den Geschlechtern finden. Und so glaubten die meisten Forscher über viele Dekaden, dass es das auch schon sei.

Neuere Untersuchungen zeigen aber, dass es überall im Gehirn Unterschiede zwischen den Geschlechtern gibt und dass die von den geschlechtsspezifischen Hormonwellen in der Gebärmutter betroffenen Gehirnareale weitaus mehr als nur die Fortpflanzung beeinflussen. Auch Bereiche im Gehirn, die mit Emotionen, Gedächtnis, Lernen, Wahrnehmung, Steuerungsaufgaben oder Reaktionen auf Stress zu tun haben, unterscheiden sich zu einem gewissen Grad zwischen den Geschlechtern. Jill Goldstein, eine Neurowissenschaftlerin an der Harvard Medical School, verwendet bildgebende Verfahren, um im gesamten Gehirn Unterschiede zwischen den Geschlechtern zu finden. Mit ihren Mitarbeitern fand sie heraus, dass beispielsweise Teile des frontalen Kortex bei Frauen größer sind als bei Männern, ebenso Teile des limbischen Kortex, der für Gefühlsreaktionen verantwortlich ist. Dafür sind in Männern in Durchschnitt die Parietalrinde und die Amygdala größer. Sie hängen mit der räumlichen Wahrnehmung und Orientierung beziehungsweise mit emotionaler Erregung und Hervorhebung zusammen. Besonders interessant ist, dass all diese Hirnareale während der embryonalen Entwicklung eine außerordentlich große Zahl an Rezeptoren für Sexualhormone enthalten. Die Hormone in der Gebärmutter bewirken dort eine Reihe von entscheidenden Veränderungen. Und wenn die Pubertät später den nächsten Hormonansturm bringt, sind die Regelkreise bereit und funktionsfähig.[4]

Wie schon erwähnt, geht man allgemein davon aus, dass ein Hirnareal umso wichtiger für ein Lebewesen ist, je größer es relativ zum gesamten Gehirn ist. Als sie genauer hinsahen, stellten die Wissenschaftler fest, dass diese größeren Bereiche auch eine höhere Neuronendichte und ein stärkeres Wachstum der Dendriten zeigen, was einen Hinweis auf die Reichweite der Neuronen gibt; je mehr Dendriten an einer Zelle sitzen, desto mehr Synapsen kann sie bilden. Sind diese Unterschiede ein Beweis für Unterschiede in der kognitiven Verarbeitung zwischen den Geschlechtern? Volkes Stimme würde darauf sicher mit ja antworten. Aber erst als Neurowissenschaftler begannen, Probanden mittels fMRI bei der Erledigung von kognitiven Aufgaben zu beobachten, bekamen sie wirklich eine Antwort.

Larry Cahill ist ein Forscher von der University of California in Irvine, der sich mit dem emotionalen Gedächtnis beschäftigt und oft bildgebende Verfahren einsetzt. Vor einigen Jahren bemerkte er einen interessanten Unterschied zwischen männlichen und weiblichen Teilnehmern an einer fMRI-Studie. Er wusste, dass die Amygdala bei Männern in der Regel größer war und vermutete daher, dass sie bei bestimmten emotionalen Aufgaben stärker aktiviert sein würde. Zu seiner Überraschung stellte er aber fest, dass Männer und Frauen eine unterschiedliche Basisaktivierung in der Amygdala zeigten. Mit anderen Worten, wenn die Probanden sich im Gerät einfach entspannten (soweit man sich in einer MRI-Röhre überhaupt entspannen kann), beobachteten die Forscher einen unterschiedlichen Grad an Aktivierung in der Amygdala.

Das war eine wichtige Erkenntnis für die Kognition und die Untersuchung von Verhaltensweisen im Zusammenhang mit Liebe. Viele der Untersuchungen mit bildgebenden Verfahren, die man in der Literatur findet – darunter auch einige über Liebe und Sexualverhalten – beruhen auf Messungen des Blutflusses in nur einem Geschlecht. Die dort getroffenen Schlussfolgerungen müssen überdacht werden, nachdem man nun weiß, dass männliche und weibliche Gehirne sich doch ein wenig unterscheiden.[5] Aufgrund der Arbeiten von Larry Cahill könnte man nun das Kind mit dem Bade ausschütten und alle Untersuchungen mit bildgebenden Methoden komplett verwerfen, sofern sie nur an Probanden eines einzigen Geschlechts durchgeführt wurden. Ganz zu schweigen von der Tatsache, dass die Vorstellung von »männlichen« und »weiblichen« Hirnen natürlich hochpolitisch ist. In unserer postfeministischen Welt wird auf einem »anders«, das sich aus wissenschaftlichen Untersuchungen ergibt, ganz schnell ein »besser« oder »klüger«. Wissenschaftler wie Latty Cahill und Jill Goldstein legen daher großen Wert auf die Feststellung, dass aus der Tatsache, dass männliche und weibliche Gehirne sich nach einem etwas unterschiedlichen Bauplan entwickeln, keinesfalls bedeutsame Unterschiede im gezeigten Verhalten folgen müssen. Betrachten wir zum Beispiel Stress. »Männliche und weibliche

Gehirne arbeiten unter Stress etwas unterschiedlich, sind aber trotzdem zu ganz ähnlichen Leistungen fähig«, erklärte Goldstein dazu. »Ich vergleiche das oft mit Computern – beispielsweise einem Mac und einem PC. Sie sind unterschiedlich aufgebaut, aber können trotzdem dieselben Aufgaben lösen und eine vergleichbare Leistung bieten.«

Goldstein und ihre Kollegen zeigten Männern und Frauen (sowohl in der fruchtbaren Phase als auch in der Mitte ihres Zyklus) eine Reihe von unangenehmen Fotos (Dinge wie blutige Körperteile nach Unfällen und Ähnliches) und verglichen die Aktivierung des Regelkreises für die Stressreaktion (Amygdala, Hypothalamus, Hippocampus, Hirnstamm, orbitofrontaler Cortex, medialer präfrontaler Cortex und anteriorer Gyrus cinguli). Bei den Frauen beobachteten sie unterschiedliche Aktivierungsmuster in den beiden Phasen ihres Zyklus. Auch zwischen Männern und Frauen zeigten sich Unterschiede. Am interessantesten war aber laut Jill Goldstein die Tatsache, dass alle Testpersonen beim Betrachten der Bilder über dieselben negativen Gefühle bei Betrachten der Bilder berichteten.[6] Unterschiedliche Aktivierungsmuster im Gehirn, aber trotzdem dieselben Gefühle. Was zeigt das?

»Wir konnten zeigen, dass der Hormonstatus die Stressreaktion im Gehirn zu unterschiedlichen Zeitpunkten im Menstruationszyklus der Frauen unterschiedlich steuert«, sagte mir Goldstein. »Außerdem erklären diese hormonellen Unterschiede geschlechtsspezifische Unterschiede in der Reaktion des Hirns auf Stress, selbst wenn das subjektive Empfinden des Stresses sich zwischen den Geschlechtern gar nicht unterscheidet. Das deutet darauf hin, dass die Hormone an der Aufrechterhaltung der Homöostase im Gehirn im Zuge einer Stressreaktion beteiligt sind.« Letztlich bedeutet das, dass Männer und Frauen Stress auf dieselbe Weise empfinden, obwohl die Stressreaktion im Gehirn in beiden Fällen nach unterschiedlichen Mechanismen abläuft.

Es fällt auf, dass viele der Regionen im Gehirn, die an dieser Stressreaktion beteiligt sind, uns auch im Zusammenhang mit der romantischen Liebe begegnen. Bis heute hat niemand die entsprechenden geschlechtsspezifischen Unterschiede in der Liebe untersucht, vermutlich weil die neurowissenschaftliche Untersuchung der Liebe ohnehin ein sehr neues Gebiet ist. Als ich Goldstein darauf ansprach, ob wir denn in Zukunft etwas über geschlechtsspezifische Unterschiede in der Liebe oder dem Sexualverhalten erfahren würden, warnte sie mich vor einer Überinterpretation der Ergebnisse solcher Studien.

»Wir wissen, dass es zahlreiche geschlechtsspezifische Unterschiede in der Entwicklung des Gehirns während der Kindheit und seiner Funktionen im erwachsenen Menschen gibt«, sagte sie mir. »Aber ob und wie diese Unterschiede mit komplexen Konzepten wie ‚Liebe' oder ‚Verlangen' zusammenhängen, ist nicht bekannt.« Nach einer kurzen Pause fügte sie hinzu: »Die Erforschung eines Themas wie der Liebe ist sehr komplex und lässt sich nicht auf die neuronale Ebene reduzieren. Wir können uns das so vorstellen, dass das Verhalten aus vielen verschiedenen Ebenen zusammengesetzt ist, bewussten und unbewussten, die alles von Emotionen über Kognition bis hin zu Physiologie, Psychologie, Soziologie und auch ‚Chemie' umfasst, um nur einige aufzuzählen.«

Als ich mit Helen Fisher über ihre neurologischen Studien mit bildgebenden Verfahren sprach, erwähnte sie, dass es sehr interessant sein könnte, sich in zukünftigen Untersuchungen der romantischen Liebe auch mit geschlechtsspezifischen Unterschieden zu befassen. »Die Menschen gehen oft davon aus, dass die Männer versuchen, feste Bindungen zu vermeiden, während die Frauen genau das wollen. Aus der Perspektive der Evolution ist es sicher für beide Partner gleichermaßen von Vorteil, einen festen Partner an der Seite zu haben, der bei der Erziehung der Nachwuchses hilft. Aber wir wissen nicht, ob das Hirn dieses Verhalten auch fördert; das ist ein Punkt, den wir erst noch untersuchen müssen.«

Lasst uns über Sex sprechen

Aus neurobiologischer Sicht ist also noch keine Entscheidung darüber gefallen, ob Männer und Frauen unterschiedlich an die Liebe herangehen. Aber wenigstens beim Sex scheint die Sache klar zu sein. Die Alltagserfahrung lehrt uns, dass es beim Sex große Unterschiede zwischen Männern und Frauen gibt. Männer sind mehr visuell geprägt, Frauen eher emotional. Männer stehen auf Sex mit allem, was ihnen in den Weg kommt, Frauen sind bei der Auswahl ihrer Sexualpartner viel wählerischer. Außerdem wollen Männer mehr oder weniger immer Sex, während Frauen es in dieser Hinsicht eher mit den Kamelen halten (was deren Wasserbedarf angeht) und durchaus auch für einige Zeit ohne Verkehr auskommen können. Jedenfalls ist es das, was man immer hört. Wenn diese Stereotype stimmen, sollten sich dafür doch auch neurologische Hinweise finden lassen.

Verglichen mit anderen visuellen Eindrücken scheinen Bilder mit sexuellem Bezug eine besondere Wirkung auf die Gehirnaktivierung zu besitzen, sowohl bei Männern als auch bei Frauen. »Wenn wir Personen in die Röhre setzen und ihnen sexuelle Reize zeigen, fällt die Reaktion im Gehirn zwei- bis dreimal stärker aus als bei jeder anderen Art von Bild oder Reiz, den ich jemals verwendet habe«, sagte Thomas James, ein Neurowissenschaftler von der Indiana University, der gemeinsam mit Forschern des Kinsey-Instituts an Untersuchungen der sexuellen Entscheidungsfindung im Gehirn arbeitet. »Fotos mit sexuellem Bezug bewirken eine sehr starke Erregung, wobei Erregung in einem ganz allgemeinen Sinn zu verstehen ist. Sie bringen das Gehirn im wahrsten Sinne des Wortes auf Trab.« Selbst wenn die Bilder keine direkte sexuelle Erregung hervorrufen, beispielsweise eine merkliche Erektion oder vaginale Sekretion, gerät das Gehirn doch außer Rand und Band. Unser Hirn fährt offensichtlich voll auf Porno ab.«

Unterscheiden sich die Reaktionen der Geschlechter beim Betrachten von Bildern mit sexuellem Inhalt? Es sieht so aus. Kim Wallen, mein bewährter Partner beim Beobachten von Rhesusaffen, und seine Kollegen von der Emory University fanden heraus, dass Männer für erregende visuelle Reize empfänglicher sind als Frauen. Wenn sie sowohl Männer als auch Frauen beim Betrachten von anzüglichen Bildern im fMRI studierten, beobachteten sie bei beiden Gruppen ähnliche Aktivierungsmuster im Belohnungszentrum. Die linke Amygdala, ein Gehirnareal, das dafür verantwortlich ist, der Umgebung einen Kontext und eine Bedeutung beizumessen, zeigte jedoch in Männern eine wesentlich stärkere Aktivierung als in Frauen. Das limbische System, das für emotionale Reaktionen zuständig ist, und der Hypothalamus, der Sitz der Sexualität, zeigten ebenfalls in Männern eine stärkere Aktivierung. Von all diesen Variationen der Gehirndurchblutung konzentrierten sich Wallen und seine Kollegen auf die beobachteten Unterschiede in der Amygdala und schlossen, dass dieses Gebiet dafür verantwortlich war, dass Männer im Zusammenhang mit sexuellen Verhalten stärker auf visuelle Reize reagieren.[7]

»Am Interessantesten fand ich an dieser Studie, dass die Frauen die Bilder subjektiv als sexuell erregender bewerteten als die Männer«, sagte Wallen. »Und doch fanden in der Amygdala und im Hypothalamus eine höhere Aktivierung in den Männern. Das sagt schon etwas aus.«

Bei der Betrachtung erotischer Reize zeigt die Amygdala bei Männern eine stärkere Aktivierung als bei Frauen.
Illustration: Dorling Kindersley.

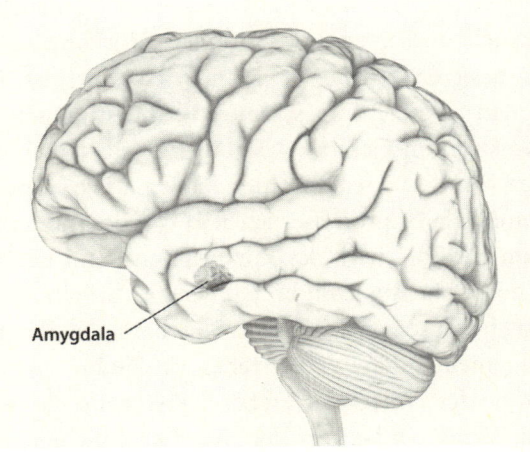

Amygdala

Heather Rupp, eine ehemalige Studentin von Wallen, die anschließend am Kinsey-Institut arbeitete, ist der Meinung, dass die allgemeinen Schaltkreise hinter der sexuellen Erregung bei Männern und Frauen ziemlich ähnlich sind. Aber sie legt Wert darauf, dass diese Schaltkreise je nach der Art des präsentierten Reizes unterschiedlich aktiviert werden können.[8]

Das ist eine Erklärung. Und zwar eine gute. Es gibt aber auch alternative Hypothesen. Nur weil Menschen identische Fotos vor sich haben, heißt das noch lange nicht, dass sie auch denselben Details Aufmerksamkeit schenken. Denken Sie etwa an Pornographie, egal ob Film oder Bild. Meist gibt es darin einiges zu sehen. Was, wenn die beobachteten Unterschiede in der Gehirnaktivierung damit zusammenhingen, dass unterschiedliche Probanden sich auf unterschiedliche Informationen konzentrierten?

Rupp und Wallen zeigten fünfzehn Männern, fünfzehn Frauen, die die Pille nahmen, und fünfzehn Frauen ohne den Einfluss hormoneller Verhütungsmittel Hunderte von sexuellen Fotos von freien Porno-Websites. Während ein Foto gezeigt wurde, sollten die Teilnehmer seine sexuelle Attraktivität auf einer Skala von 0 (am wenigsten anziehend) bis 4 (sehr anziehend) bewerten. Wenn sie ein Bild völlig unattraktiv fanden, konnten sie ihm Foto auch eine Bewertung von −1 geben; diese Fotos wurden am Ende bei der Auswertung nicht berücksichtigt.

Während die Studienteilnehmer ihre Bewertung durchführten, registrierten die Forscher nicht nur, wie lange jeder Teilnehmer ein bestimmtes Foto ansah, sondern verfolgten mithilfe einer Eye-Tracker-Software auch, wohin er genau schaute. Dabei stellten sie einige interessante Dinge fest. Zunächst gab es weder bei der subjektiven Bewertung der Fotos noch bei der Betrachtungsdauer einen entscheidenden Unterschied zwischen Männern und Frauen. So weit man das sagen konnte, waren beide Parameter identisch, womit die Vorstellung widerlegt war, dass Frauen nicht auf visuelle sexuelle Reize ansprechen; die Frauen lagen mit den Männern in Bezug auf beide Größen gleichauf.

Aber ungeachtet der Tatsache, dass Männer wie Frauen die Pornobildchen mochten, betrachteten sie nicht dieselben Dinge in den einzelnen Fotos. Frauen tendierten dazu, diejenigen Fotos höher zu bewerten, in denen die weiblichen Schauspieler von der Kamera wegschauten; Männern schien es dagegen egal zu sein, in welche Richtung die weiblichen Schauspieler schauten. Beide Geschlechter hielten sich nicht lange mit Nahaufnahmen von Genitalien auf, aber nur Männer sowie Frauen unter dem Einfluss von oralen Kontrazeptiva bewerteten diese Fotos signifikant weniger anziehend. Es gab also durchaus Unterschiede – geschlechtsspezifische Vorlieben –, obwohl Männer und Frauen die Fotos insgesamt, über alle Arten von Reizen summiert, ähnlich bewerteten.[9] Wieder ist es der Kontext, der entscheidet.

Kognitions- und Verhaltensstudien deuten auf eine Reihe von weiteren entscheidenden Unterschieden zwischen den Geschlechtern hin. Als Forscher am Institut für Sexuelle Psychophysiologie der Texas University in Austin untersuchten, wie gut sich Personen an sexuelle Details in erotischen Geschichten erinnern konnten, fanden sie ebenfalls Unterschiede zwischen den Geschlechtern. Oft wird angenommen, dass geschlechtsspezifische Unterschiede bei kognitiven Aufgaben mit entsprechenden Unterschieden in der Nervenaktivierung einhergehen. Frühere Studien hatten Hinweise geliefert, dass Männer mit größerer Wahrscheinlichkeit spezifisch erotische Sätze erkennen konnten als Frauen – und auch schneller. Dafür konnten Frauen romantische Sätze besser wiedererkennen, die im Text vorkamen. In Erinnerungs-Studien erinnerten sich Männer häufiger fälschlich an Dinge sowohl sexueller als auch romantischer Natur. Um zu verstehen, was hier vor sich ging, ließen Cindy Meston, die Leiterin des Instituts für Sexuelle Psychophysiologie, und ihre Kollegen siebenundsiebzig Studenten eine sexuelle Geschichte lesen und anschließend eine Gedächtnisaufgabe absolvieren. Dabei konnten sich Männer mit größerer Wahrscheinlichkeit an die erotischen

Elemente der Geschichte erinnern, während Frauen sich mit größerer Wahrscheinlichkeit an die spezifischen Charaktere sowie an Details im Zusammenhang mit Liebe und emotionalen Bindungen erinnern. Hier folgten die Teilnehmer also allen gängigen Klischees.[10]

Als ich Cindy Meston fragte, ob es ihrer Meinung nach Unterschiede der neuralen Aktivierung geben könnte, die diese Beobachtungen erklären könnten, wie viele Forscher vermuten, wenn sie in kognitiven Aufgaben einen Unterschied zwischen den Geschlechtern beobachten, zögerte sie kurz. »Ich weiß nicht«, antwortete sie. »Man könnte argumentieren, dass erotische Signale für Männer ein größerer Ansporn sind als für Frauen, dass ein Mann vielleicht einen größeren Dopaminschub erhält, wenn er ein erotisches Bild sieht oder eine erotische Geschichte liest. Aber ich weiß wirklich nicht, was wir in Bezug auf die Aktivierungsmuster im Hirn sehen würden.«

Sexuelle Verlockungen

Männer und Frauen zeigen unterschiedliche Aktivierungsmuster in der Amygdala und im Hypothalamus. Sie betrachten auf Fotos mit sexuellen Inhalten nicht dieselben Dinge. Sie erinnern sich an verschiedene Details aus erotischen Geschichten. Wie steht es mit sexuellen Verlockungen? Was bringt Männer und Frauen dazu, Sex zu wollen?

Cindy Meston untersuchte diese Frage vor einiger Zeit. In einer groß angelegten Fragebogenstudie versuchte sie mit ihren Mitarbeitern alle Gründe herauszufinden, weshalb Menschen von achtzehn bis siebzig Jahren Lust auf Sex haben. Die Ergebnisse waren überraschend. »Man hört immer, dass Frauen mit größerer Wahrscheinlichkeit wegen der Liebe Sex haben wollen, Männer wegen der körperlichen Befriedigung. Das haben wir zum Teil tatsächlich gefunden«, sagte Meston. »Zum Beispiel ließen sich Männer häufiger auf Gelegenheitssex ein, während Frauen häufiger Sex aus Zuneigung suchten. Aber über alle Altersgruppen fanden wir mehr Ähnlichkeiten der Geschlechter als Unterschiede. Die drei wichtigsten Gründe für Sex waren in beiden Geschlechtern gleich – Liebe, Hingabe und physische Befriedigung.«

Ich habe es doch gesagt. Natürlich findet man in vielen Studien Unterschiede zwischen den Geschlechtern. Viele von stützen die Vorstellungen, die wir über die Ansichten von Männern und Frauen über Sex haben. Aber es gibt auch viele Ähnlichkeiten. Subjektive Berichte darüber, was uns erregt und was uns Sex haben lässt, zeigen eine große Übereinstimmung zwischen den Geschlechtern.

»Einige dieser Unterschiede lassen sich einfach aus den anatomischen Unterschieden erklären«, erklärte mir Meston. »Ein Mann bekommt eine Erektion, wenn er erregt ist. Das ist ein Zeichen, das kaum zu ignorieren ist. Es ist ein starkes, offensichtliches Signal seines Körpers, das seine Aufmerksamkeit weckt und ihn wahrscheinlich von anderen Dingen ablenkt, die er vielleicht zu erledigen hat. Bei Frauen ist die sexuelle Reaktion versteckter, weil die Scheide nicht so viel Blut enthält wie der Penis. Es ist vermutlich ein schwächeres Signal. Deshalb kann es in diesem Fall passieren, dass die Umgebung von der Erregung ablenkt und nicht umgekehrt. Solche anatomischen Unterschiede könnten viele der Unterschiede zwischen den Geschlechtern erklären, von denen man immer hört.«

Liebe bleibt Liebe bleibt Liebe

Und wie ist es nun mit der Liebe? Wenn ich verliebt bin, empfinde ich dann dasselbe wie ein Mann? Wenn ich an Semir Zekis Hypothese denke, dass Literatur und Kunst über die Jahrhunderte eine gemeinsame Anlage für die Liebe in unserer Geisteswelt zeigen, so denke ich doch, dass die Beschreibungen von Sex durch männliche und weibliche Autoren und Künstler sich manchmal unterscheiden. Aber Beschreibungen der Liebe durch Schriftsteller beiderlei Geschlechts? Da sehe ich keinen großen Unterschied.

Schon an Zekis und Fishers früheren Studien über romantische Liebe hatten sowohl Männer als auch Frauen teilgenommen, allerdings wurden damals die Aktivierungsmuster im Gehirn nicht verglichen. Zeki und sein Mitarbeiter John Paul Romaya entschieden sich, einen genaueren Blick darauf zu werfen, ob sich das Empfinden der Liebe zwischen den Geschlechtern irgendwie unterschied.[11]

Sie verglichen den Blutfluss im Gehirn von vierundzwanzig Personen in festen Beziehungen, die nach eigener Aussage leidenschaftlich verliebt waren (und deren Antworten auf einen Fragebogen diese Behauptung auch stützten). Zwölf Teilnehmer waren Männer, davon sechs homosexuell; auch die zwölf Frauen waren je zur Hälfte homo- und heterosexuell. Das Prinzip der Studie war identisch mit dem von Zekis ursprünglicher Untersuchung über die romantische Liebe: Das Gehirn jedes Teilnehmers wurde gescannt, während er oder sie Fotos betrachtete, auf denen entweder der jeweilige Partner oder eine vertraute Person desselben Geschlechts und Alters wie der Partner abgebildet waren.

Zeki und Romaya fanden bei allen Teilnehmern ähnliche Aktivierungs- und Deaktivierungsmuster im Gehirn und bestätigten so die Ergebnisse von Zekis ursprünglicher Studie. Wieder stützen die Messungen des Blutflusses im Gehirn die These, dass Liebe als Belohnung empfunden wird, aber auch blind macht. Aber es gab keine wesentlichen Unterschiede zwischen den beobachteten Aktivierungsmustern in Männern und Frauen. In Anbetracht des sexuellen Dimorphismus in vielen Teilen des Gehirns ist das ein interessantes Ergebnis. Anscheinend ist Liebe Liebe, egal welchem Geschlecht wir angehören.

Als ich Zeki fragte, ob diese Entdeckung ihn überrascht hatte, lachte er nur. »Ehrlich gesagt hatte ich keine Ahnung, was herauskommen würde«, gestand er mir. »Ich kann wirklich nicht behaupten, dass ich überrascht war. Aber ich glaube, das ist so eine Situation, bei denen jeder auch bei einem umgekehrten Ergebnis gesagt hätte ‚ich bin nicht überrascht‘.«

Sind Männer und Frauen nun verschieden oder nicht?

Es wäre jetzt einfach, auf alte Klischees zu verfallen und festzustellen, dass Männer und Frauen gegensätzliche Pole sind. Und vielleicht sind die Unterschiede zwischen ihnen groß genug, um als Erklärung für die atmosphärischen Störungen dienen zu können, die wir regelmäßig in Beziehungen sehen. Fast wäre es einfacher, darauf zu beharren, dass männliche und weibliche Gehirne schlicht zu unterschiedlich sind, dass sie Liebe und sexuelle Reize völlig verschieden wahrnehmen und verarbeiten; an einer solchen Erkenntnis könnten wir uns wenigstens aufrichten, wenn wir wieder einmal keine andere Erklärung für unser Leiden an der Liebe finden können. Leider ist es nicht ganz so einfach.

»Wenn wir über geschlechtsspezifische Unterschiede in den Gehirnen sprechen, kommt immer gleich diese Geschichte von ‚Mars‘ und

‚Venus'. Die Leute wollen die Ergebnisse immer verwenden, um daran Männlein und Weiblein nach Funktionen und Fähigkeiten zu sortieren«, sagte Larry Cahill. »Aber so ist es nicht. Wenn wir über den Einfluss des Geschlechts auf die Gehirnfunktion sprechen, sprechen wir möglicherweise über zwei Glockenkurven, die sich in bestimmten Bereichen voneinander unterscheiden. Aber sie überlappen trotzdem.«

Jill Goldstein stimmte ihm zu. »Die Variation in Bezug auf kognitives Verhalten und Gehirn ist innerhalb eines Geschlechtes viel größer als die Unterschiede zwischen den Geschlechtern. Das ist ganz entscheidend. Ich sage das immer zweimal, damit die Menschen es wirklich verstehen«, sagte sie. »Wir beobachten sowohl was die Größe bestimmter Hirnareale angeht als auch in Bezug auf die Hirnfunktion eine größere Variation zwischen verschiedenen Frauen als zwischen Frauen und Männern.«

Dieselbe Sorte von überlappenden Glockenkurven fand auch Cindy Meston in ihren Untersuchungen. »Jeder Mensch bringt seine eigene individuelle Geschichte in jede sexuelle Situation ein«, sagte sie. »Die Gründe, warum sie Sex haben, was sie dabei empfinden und welche Folgen der Sex für sie hat, unterscheiden sich von Person zu Person gravierend – vollkommen unabhängig vom Geschlecht.«

Daran sollten Sie das nächste Mal denken, wenn Sie die Marotten und Schrullen Ihres Partners ausschließlich auf sein oder ihr Geschlecht zurückführen wollen.

7

Die Neurobiologie der Anziehung

Was zieht uns zu einem anderen Menschen hin? Als ich meine Freunde fragte, was sie am Anfang an ihrem Partner anzog, bekam ich Antworten von »seine fantastischen blauen Augen« über »ihre Aufrichtigkeit und Intelligenz« bis zu »er hatte eine Klimaanlage – wir lernten uns im Sommer im Niger kennen«. Oft schwärmten sie von einem schönen Lächeln oder einem knackigen Po – beide Geschlechter gleichermaßen – oder sprachen von süßen Hunden, Sportpaketen fürs Pay-TV, Karrierebewusstsein, Motorrädern, tollen Fähigkeiten als Heimwerker, attraktiven Freunden oder sogar einfach Mitleid. Die Antworten deckten wirklich die ganze Skala ab. Aus meiner eigenen Erfahrung kann ich sagen, dass mich schon alle möglichen Dinge angezogen haben. Ich habe mich mit einem Mann getroffen, dessen Lachen mich sofort entspannte. Ein anderer war einfach intellektuell brillant. Und ich schäme mich auch nicht, dass ich mit ein oder zwei Kerlen nur deshalb ausgegangen bin, weil sie einfach absolut klasse aussahen.

Obwohl wir oft genau angeben können, was am Anfang unser Interesse entfachte, ist das nie die ganze Wahrheit. Genaugenommen ist es nie nur ein einziger Grund. Egal wie nett der Hintern einer Frau ist oder wie heiß der Sommer im Niger wird – Attraktion setzt sich immer aus einer Vielzahl von Faktoren zusammen, physischen, emotionalen; vielleicht sogar physiologischen. Andere Kommentare meiner Freunde kreisten im die berühmten Schmetterlinge im Bauch, das Gefühl, wie durch einen magischen Leitstrahl zu einem Menschen hingezogen zu werden und »einfach zu wissen«, dass genau dieser Mensch für einen bestimmt war. Einige meiner Freunde gaben sogar zu, dass ihnen die Grundlage ihrer Anziehung selbst ein Rätsel war: Sie konnten nicht sagen, was sie eigentlich an der Person anzog, und wussten nur, dass es eben so war. Das sind dann Fälle, in denen das Ganze viel mehr ist als die Summe seiner Teile.

»Offensichtlich hat Attraktivität viele Facetten«, meint dazu Thomas James, ein Neurowissenschaftler von der Indiana University, der die Entscheidungsprozesse in sexuellen Kontexten untersucht. »Da ist sein Gesicht, und das ist wichtig. Aber genauso wichtig ist, dass Sie Ihren Typen aufstehen und tanzen sehen, zusehen können, wie er sich bewegt. Sie wollen seine Stimme hören. Sein Gesicht mag noch so toll sein, wenn er aber eine piepsige hohe Stimme hat, geht die Anziehung flöten. Wenn seine Stimme OK ist, kommt es sehr darauf an, was er tatsächlich zu sagen hat. Da steckt einiges dahinter.«

»Vergessen Sie den Geruch nicht«, fügte ich hinzu. »Der Geruch ist auch wichtig.« Ich war viel zu oft durch billiges Eau de Cologne überwältigt worden, um diesen Punkt auslassen zu können.

»Richtig. Und damit haben wir die visuelle Seite verlassen. Es geht um Geräusche, Gerüche, wie sich ein Kerl bewegt, was er sagt – und wir haben erst angefangen«, sagte James. »Das Thema hat unzählige Aspekte. Es ist eine echte Herausforderung, all diese Variablen experimentell zu erfassen.«

Und die Herausforderung erscheint noch gewaltiger, wenn wir versuchen, die Sache aus dem Blickwinkel der Neurobiologie zu betrachten. Was lenkt unsere Aufmerksamkeit auf eine andere Person? Was weckt nach einem einzigen Blick oder Wort unsere sexuelle Erregung? Warum sehnen wir uns danach, weiter mit diesem Menschen zusammen zu sein? Und wenn die Anziehung erst einmal vorhanden ist – was bestimmt, ob sie zur Liebe wird? Muss die Anziehung sofort vorhanden sein oder kann sie im Laufe der Zeit wachsen? Es ist schwer zu sagen, welche Frage wir uns zuerst stellen müssen.

In diesem Zusammenhang sind Tiermodelle keine große Hilfe. Rattenweibchen ist es egal, ob ihr Rattenmann einen Sinn für Humor hat oder wie er seinen Lebensunterhalt verdient. Männlichen Ratten ist es wiederum gleich, wie viele Lover seine Braut vor ihm hatte oder ob sie eine Dauerkarte für den lokalen Bundesligisten hat. Ich weiß nicht einmal, was unter Ratten als Knackarsch durchgeht; ich weiß nur, dass ein strahlendes Lächeln, das die Zähne zeigt, in diesen Kreisen gewöhnlich einem Angriff vorangeht. Das Balzverhalten lässt sich offensichtlich nicht direkt von Nagern auf Menschen übertragen.

Bei Präriewühlmäusen, den Liebesmaskottchen unter den Nagern, entsteht die Anziehung zwischen den Tieren durch ausgiebiges Urinschnüffeln. Die Pheromone, kleine chemische Botenstoffe im Urin, geben diesen Tieren ausreichend Informationen, um ihren zukünftigen Partner auszuwählen und die Weichen richtig zu stellen. Bei Menschen wird dieser Ansatz kaum erfolgreich sein. Obwohl ich immerhin in meinem Gespräch mit Thomas James den Geruch erwähnte, bin ich doch nie soweit gegangen, am Urin meiner Typen zu schnuppern.

Das soll nicht heißen, dass unterschiedliche Gerüche nicht einen Einfluss auf das menschliche Gehirn haben können. Wen Zhou und Denise Chen von der Rice University fanden heraus, dass der menschliche Schweiß bei sexueller Erregung selektiv bestimmte Areale im Gehirn aktiviert. Die beiden zeigten männlichen Schweißspendern, denen sie zuvor den Gebrauch von Deos, schweißhemmenden Mitteln und parfümierten Körperpflegeprodukten untersagt hatten, zwanzig Minuten lang heterosexuelle Pornos und anschließend ein neutrales Video derselben Länge. Dabei trugen die Männer absorbierende Schweißsammler unter den Achseln. Nach dem Ansehen des Sexvideos und ebenso nach dem neutralen Video vereinigten die Forscher jeweils den gesammelten Schweiß aller Teilnehmer, um zwei olfaktorische Reize (das ist Wissenschaftlersprech für eine Probe, die Teilnehmer während einer Untersuchung zu riechen bekommen) für die Untersuchung zu erzeugen.

Mithilfe eines fMRI-Geräts scannten Zhou und Chen neunzehn Frauen, während sie an den vereinigten Schweißproben aus der Porno- bzw. der neutralen Videovorführung schnupperten. Außerdem verfolgten sie den Blutfluss im Gehirn, während die Frauen einmal zur Kontrolle an einer neutralen Geruch und einmal an einem vermeintlichen Sexualhormon namens Androstadienon rochen, einem Testosteron-Metaboliten, der angeblich zu einer Stimmungsaufhellung und verbesserten kognitiven Fähigkeiten bei Frauen führen sollte. Die Untersuchungsteilnehmerinnen atmeten jede Substanz zwölf Sekunden lang ein und bewerteten dann auf einer Skala von 1 bis 5, wie angenehm sie den Geruch fanden. Dabei erfuhren die Frauen nichts über die Herkunft der Geruchsproben, nicht einmal, dass sie von Menschen stammten. Sie wurden nur angewiesen, einen ordentliche Nase von jedem Geruch einzuatmen und anzugeben, ob sie den Geruch mochten.

Die Wissenschaftler fanden heraus, dass der menschliche Schweiß bei sexueller Erregung ein charakteristischen Aktivierungsmuster im rechten orbitofrontalen Kortex hervorrief, einem Bereich des Hirns, der für das sozio-emotionale Verhalten und seine Steuerung verantwortlich ist, sowie im rechten Gyrus fusiformis, der die Erkennung menschlicher

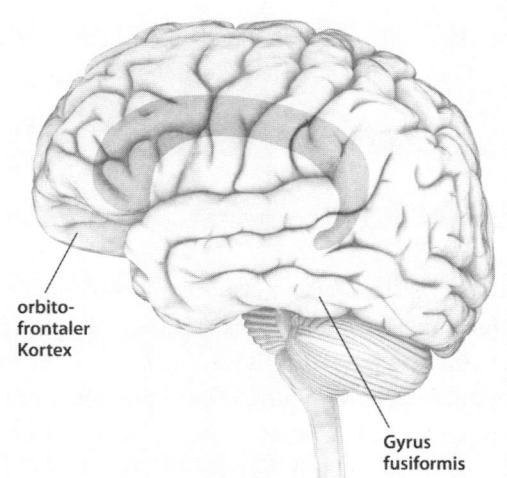

orbito-
frontaler
Kortex

Gyrus
fusiformis

Als ihre Studienteil-
nehmer aus sexueller
Erregung resultieren-
den menschlichen
Schweiß zu riechen be-
kamen, beobachteten
Wen Chou und Denise
Chen eine Aktivierung
im orbitofrontalen Kor-
tex, im Gyrus fusiformis
und im Hypothalamus.
*Illustration: Dorling
Kindersley.*

Gesichter und Körper steuert. Außerdem konnten sie im Fall des Schwei-
ßes aus der Pornovorführung auch eine Aktivierung im Hypothalamus
erkennen, dem Sitz des Sexualverhaltens.[1]

Das zeigt, dass unser Gehirn eine Menge mit der Information im
Schweiß aus der sexuellen Erweckung macht. Irgendwie scheinen wir zu
wissen, dass dieser Geruch zu einem anderen Menschen gehört, ohne
dass es uns jemand sagen muss. Unser Gehirn scheint auch zu verstehen,
dass dieser Geruch irgendetwas mit Sex zu tun hat. Gerüche können also wichtige Informationen vermitteln, ohne dass wir uns dessen bewusst
sind.

In Anbetracht der Tatsache, dass wir nicht allzu viel über das Wesen
der Attraktion wissen und aufgrund der plausiblen Annahme, dass die
Evolution ein System nicht einfach verwerfen würde, das in einem großen Teil des Tierreichs ausgezeichnet funktioniert, sind einige Neurowissenschaftler der Ansicht, dass chemische Botenstoffe auch bei der
Anziehung zwischen Menschen eine Rolle spielen. Vielleicht erkennen
wir nicht nur an seinem strahlenden Lächeln, ob unser Gegenüber es
wert ist, dass wir mehr Zeit mit ihm verbringen, sondern auch an seinem
Geruch. Womöglich sogar nur daran. Zumindest glauben eine ganze
Reihe von Duftfabrikanten und Internethändlern fest an diese Theorie – menschliche »Pheromone« werden schon lange als todsicherer
Tipp gehandelt, um Personen des gewünschten Geschlechts anzulocken.

Obwohl viele Forscher der Meinung sind, dass es gar keine menschlichen Pheromone gibt, legt die Untersuchung von Zhou und Chen doch zumindest nahe, dass unser Gehirn aus sozialen Gerüchen einige Informationen herausziehen kann.

Was ist ein Pheromon?

Vor fast 150 Jahren erkannte Charles Darwin, dass ein intensiver Geruch – natürlich nur der *richtige* intensive Geruch – männlichen Enten, Elefanten und Ziegen bei der Partnersuche half. Es waren nicht nur die hübschen Federn oder ein besonders lautes Trompeten. Vielmehr behauptete Darwin in seinem Buch *Die Abstammung des Menschen und die geschlechtliche Zuchtwahl*, dass chemische Signale für die Anziehung zwischen Tieren ebenso wichtig sind wie visuelle oder akustische.[2] Wie schon Cole Porter sang, »Vögel tun es, Bienen tun es, sogar gebildete Flöhe tun es« – nur dass sie sich nicht verlieben, sondern stattdessen eine Vielfalt von chemischen Signalen und Abfallprodukte ihres Stoffwechsels durch ihre Haut freisetzen, um Tiere des anderen Geschlechts herbeizurufen. Diese chemischen Signale sind die Pheromone.

Der Begriff Pheromon (vom griechischen *pherein*, »übertragen«, und *hormān*, »anregen«) wurde 1959 von Peter Karlson und Martin Lüscher geprägt. Ein Pheromon ist ein kleines chemisches Molekül, das einem Tier bei der Kommunikation mit anderen Tieren seiner Art hilft. Das klingt zugegebenermaßen etwas vage. Sie könnten fragen, »Kommunikation worüber?« Die Antwort darauf ist einfach: »Über alles Mögliche.« Der Begriff *Pheromon* wird häufig als ein Synonym für einen sexuellen Lockstoff verwendet, das ist aber nur teilweise richtig. Es gibt verschiedene Arten von Pheromonen im Tierreich: Primer-Pheromone, Releaser-Pheromone, Modulator-Pheromone und Signal-Pheromone.

Primer-Pheromone wirken auf das neuroendokrine System des Körpers und stoßen verschiedene Prozesse wie beispielsweise Menarche und Pubertät an. Release-Pheromone wirken direkt auf das Verhalten und lösen zum Beispiel die Lordose bei Rattenweibchen aus, das Durchbiegen des Rückens und die Präsentation der Geschlechtsteile als Signal der Bereitschaft zur Paarung. Zu ihnen gehören die Sexuallockstoffe; manche sind aber auch Alarmsignale, die entweder zum Rückzug aus potenziell gefährlichen Situationen blasen oder im Gegenteil einen Angriff vorbereiten. Modulator-Pheromone verändern Gefühle; sie werden im Körper freigesetzt, um die Stimmung und den Gefühlszustand positiv zu beeinflussen. Signal-Pheromone schließlich sind Verbindungen, die Auskunft über das Geschlecht, den Fortpflanzungsstatus und das Alter geben. Es scheint, als könnten unsere Körper kaum ein Geheimnis für sich behalten. Sie sondern andauernd winzige chemische Informationshäppchen ab, die andere unbewusst aufnehmen können. Diese kleinen Informationen können dann die innere Chemie des Körpers verändern oder einer Person helfen, soziale Situationen intuitiv einzuschätzen.[3]

Seit Karlson und Lüscher den Begriff Pheromon vor etwas mehr als fünfzig Jahren erstmals verwendeten, läuft die Debatte, ob ein menschliches Pheromon gibt. Dafür gibt es viele Gründe, von denen die meisten den Horizont dieses Buches übersteigen. Manche Wissenschaftler sind der Ansicht, dass das vomeronasale Organ (Jacobson-Organ), ein besonderes Geruchsorgan in niederen Säugetieren, die Informationen in den Pheromonen auswertet und an das Gehirn weitergibt. Menschen fehlt dieses Organ jedoch, daher – so ihre Argumentation – können wir auch keine Pheromone verarbeiten. Andere sagen, dass sich die Verarbeitung von Gerüchen bei Menschen von diesen einfachen Molekülen weg entwickelt hat. Wie unsere großen Frontallappen sind auch die chemischen Signale bei Menschen komplexer als einfache Pheromonmoleküle. Aber der entscheidendste Kritikpunkt ist wohl, dass bis heute kein menschliches Pheromon eindeutig identifiziert werden konnte. Der einzige heiße Kandidat ist eine Substanz, die von Martha McClintock an der University of Chicago entdeckt wurde und die hilft, die Menstruationszyklen von zusammen lebenden Frauen zu synchronisieren. Obwohl Untersuchungen wie die von Zhou und Chens gezeigt haben, dass Menschen grundsätzlich für chemische Nachrichten in Gerüchen empfänglich sind, ist völlig unklar, ob diese Substanzen Pheromone im strengen Sinn des Wortes sind.[4]

Eine besonders ausführlich untersuchte Verbindung ist der so genannte Haupthistokompatibilitätskomplex (MHC-Komplex). Wie der Name schon sagt, handelt es sich dabei um einen Komplex, eine Mischung von Hunderten oder noch mehr unterschiedlichen Verbindungen. Obwohl der MHC-Komplex häufig wie ein Pheromon behandelt und dargestellt wird, entspricht er den Kriterien nicht ganz. Der MHC-Komplex umfasst eine Gruppe von Genen, die zu einem spezifischen Duft führen. Man hat festgestellt, dass jeder Mensch ein charakteristisches Duftprofil besitzt, ähnlich wie ein Fingerabdruck. In Menschen beruht der MHC-Komplex auf dem humanen Leukozyten-Antigensystem (HLA-System). Diese Gruppe von Genen regelt das menschliche Immunsystem, ist aber auch für unsere charakteristische Duftnote verantwortlich. Es ist die Veränderlichkeit im HLA-System, die uns unser persönliches und einzigartiges Bouquet beschert.

Der MHC-Komplex hilft Tieren, ihren eigenen Nachwuchs und überhaupt Familienmitglieder zu identifizieren. Ebenso ist er nützlich, um einen potenziellen Partner einzuschätzen. Die Variabilität im MHC-Komplex ist nicht nur für die Duftnote verantwortlich, sondern hängt auch mit einem gesunden Immunsystem zusammen. Das gilt auch für Menschen: je größer die Veränderlichkeit im HLA-System ist, desto gesünder ist das Immunsystem. Aus diesem Grund wurde lange spekuliert, dass Menschen sich zu dem Partner hingezogen fühlten könnten, dessen MHC-Komplex sich so stark wie nur eben möglich von ihrem eigenen unterschied – ein unbewusster, aber erschnüffelbarer Wegweiser, welches Bett man am besten ansteuern sollte, um schließlich den stärksten und gesündesten Nachwuchs zu produzieren.

Vor mehr als zehn Jahren führten dann schweizerische Forscher an der Universität Bern ein Experiment durch, das ich immer das »Müffelhemdenexperiment« nenne.[5] Die Gruppe genotypisierte neunundvierzig Studentinnen und vierundvierzig männliche Studenten insbesondere im Hinblick auf ihre HLA-Gensequenzen. Die Männer wurden dann gebeten, einige Tage »duftneutral« zu leben, d.h. sexuelle Aktivitäten, dufterzeugende Nahrungsmittel und Zigaretten zu vermeiden. Danach mussten sie zwei aufeinander folgende Nächte in einem von den Forschern zur Verfügung gestellten T-Shirt schlafen. Nachdem die Wissenschaftler die so »vorbereiteten« T-Shirts zurückerhalten hatten, baten sie die Frauen, an sechs unterschiedlichen T-Shirts zu schnuppern und zu bewerten, wie intensiv, wie angenehm und wie sexy sie den Geruch empfanden.

Die Forscher stellten fest, dass das HLA-System tatsächlich eine Rolle spielte: Die Frauen bewerteten den Duft derjenigen Männer als angenehmer und anziehender, deren HLA-System sich von ihrem eigenen stark unterschied, und entsprechend als weniger angenehm und sexy, wenn deren HLA-System ihrem eigenen sehr ähnlich war. Wenn die Frauen hormonelle Empfängnisverhütungsmittel verwendeten, kehrte sich die Tendenz um. Aus diesen Ergebnissen schlossen die Forscher, dass die mit dem HLA-System verbundenen Gene tatsächlich die Partnerwahl der Frauen beeinflussen konnten, was die Hypothese stützte, dass sehr unterschiedliche MHC-Komplexe zu einer Anziehung führen können.

Eine neuere Untersuchung unter der Leitung von Martha McClintock brachte jedoch ein etwas anderes Ergebnis. Sie führte ihr eigenes »Müffelhemdenexperiment« mit neunundvierzig Frauen durch. Auch sie wählten eine gemischte Gruppe von männlichen Geruchsspendern aus, achteten aber darauf, dass es in der Gruppe Überlappungen mit typischen HLA-Allelen aus den Familien der weiblichen Teilnehmer gab. McClintock und ihre Kollegen fanden ebenfalls, dass die Frauen in der Lage waren, die Unterschiede in den HLA-Genotypen zu erkennen. Sie bevorzugten jedoch HLA-Allele, die sie selbst von ihrem Vater geerbt hatten. Was heißt das? Die Frauen wählten nicht die Duftwolken, die sich möglichst stark von ihrem eigenen, vom HLA-System beeinflussten Duft unterschieden, sondern diejenigen, bei denen einige Allele mit denen ihres Vaters übereinstimmten. Es sieht also so aus, als ob Frauen auf Männer programmiert wären, die ihrem eigenen Vater genetisch ähneln.

»Frauen müssen ihren Partner so auswählen, dass ihre Nachkommen das bestmögliche Immunsystem erhalten«, sagte dazu Charles Wysocki, ein Forscher vom Monell Chemical Senses Center in Philadelphia. »Dazu wählen sie einen Mann, dessen Gene für das Immunsystem sich von ihren eigenen unterscheiden. Aber nicht maximal, sondern optimal.«

Wenn Sie also aus ihrer letzten Familienfeier diesen Großcousin zweiten Grades väterlicherseits geradezu unanständig anziehend fanden, dann sind Sie möglicherweise gar nicht so abseitig veranlagt wie Sie dachten. Sie haben nur einfach eine optimale genetische Ungleichheit erschnüffelt.[6]

Verschiedene Online-Partnersuchportale bieten inzwischen an, die HLA-Systeme der Suchenden aufeinander abzustimmen. Für einen Riesen können Sie potenzielle Treffer genetisch untersuchen lassen, um zu erfahren, wie gut Ihre HLA-Systeme zusammenpassen. Schaden würde das vermutlich nichts, aber andererseits gibt es keine Garantie, dass ähnliche HLA-Gene für eine glückliche Beziehung sorgen. Außerdem schwitzt der Körper auch unzählige Substanzen aus, die nichts mit dem HLA-Komplex zu tun haben. Charles Wysocki glaubt daher, dass es noch viel mehr Schlüsselreize in unseren Gerüchen geben muss, mit deren Hilfe eine Frau den optimalen Partner finden kann. Sie wurden nur noch nicht charakterisiert.

Sexy wie Eberduft

Beim Menschen haben die Wissenschaftler noch keine Substanz offiziell als »Pheromon« eingestuft, wohl aber in anderen Säugetieren. Die wohl bekannteste ist eine Verbindung namens Androstenon. Wenn weibliche Schweine während ihrer paarungsbereiten Zeit diese Substanz im Speichel eines Ebers erschnuppern, nehmen sie sofort die Lordoseposition ein, die Paarungsposition mit durchgedrücktem Rücken. Falls Sie zufällig ein Schwein zu Hause halten, das Sie beglücken wollen, können Sie das Zeug sogar unter dem Handelsnamen »Boarmate« als Spray kaufen. Üblicherweise sind die Käufer Schweinezüchter, denen es bei der künstlichen Besamung der Schweine hilft.

Zufälligerweise kommen Androstenon und eine verwandte Substanz namens Androstadienon auch bei Menschen im männlichen Achselschweiß sowie im Speichel und Urin vor. Diese Tatsache führte natürlich sofort zu der Vermutung, dass diese beiden Verbindungen auch bei Menschen als Pheromone wirken. Andere Forscher sind jedoch der Meinung, dass ihre Wirkung als Anbaggerhilfe wirklich nur auf Schweine beschränkt ist.

Die andauernde Debatte darüber hat Firmen – überwiegend im Internet – nicht davon abgehalten, Androstenon als »Pheromon« zu vermarkten und zu vertreiben. Als Mann können Sie ihr eigenes Androstenon kaufen, das nach Aussage des Verkäufers beim Aufreißen der Damenwelt Wunder wirken soll. Charles Wysocki warnte mich jedoch davor, auf diesen Hype hereinzufallen. »Pheromone sind nicht das, was auf vielen Websites über sie geschrieben wird«, erzählte er mir. »Die menschliche Evolution hat sich von der automatischen Reaktion auf Pheromone weg entwickelt, die wir in Motten, Ratten oder Mäusen beobachten. Unsere Reaktion auf bestimmte Situationen hängt sehr von kognitiven Faktoren ab – darin steckt weitaus mehr als nur Reflexe.« Nach einer kurzen Pause fügte er hinzu: »Wir wissen, dass es eine unbewusste Verarbeitung von menschlichem Körperduft gibt. Und es gibt Hinweise darauf, dass Körpergeruch uns helfen kann, Menschen wiederzuerkennen, oder uns vielleicht zu anderen hinziehen kann. Aber es gibt keine belastbaren, zuverlässigen experimentellen Beweise, die die Behauptung stützen, dass ein Pheromonspray aus dem Internet Sie irgendwie attraktiver erscheinen lassen kann.«

So mancher, der vor dem Preisschild für menschliches Androstenon zurückschreckte, hat sich stattdessen für Boarmate als persönliche Duftnote entschieden. Es gibt darüber sogar Erfahrungsberichte im Internet. Die Erfahrungen scheinen alle sehr positiv zu sein. Ich frage mich nur, wie diese Leute, die doch dank des Schweinepheromons rund um die Uhr mit ihren zahlreichen Eroberungen beschäftigt sein müssen, trotzdem die Zeit finden, so eloquent (und oft) über ihre zahllosen sexuellen Heldentaten zu schreiben.

Einer der interessantesten Aspekte im Zusammenhang mit Androstenon ist, dass nicht jeder Mensch es riechen kann – und diejenigen, die es riechen, empfinden es entweder als recht angenehm, etwa wie Vanille, oder als absolut widerlich. Wenn das wirklich ein menschliches Pheromon wäre, das die Damen in Scharen anziehen soll, dann sollte man meinen, dass es doch zumindest für jede Frau verführerisch riecht. Ich war natürlich neugierig, wie ich selbst den Geruch empfinden würde und entschied mich, das herauszufinden. Obwohl Charles Wysocki mir gesagt hatte, dass ich Boarmate in jedem Fachgeschäft für Agrarbedarf bekommen könnte, erwies sich die Suche als nicht ganz einfach. Aber schließlich fand ich nach einiger Suche einen Onlinehändler aus Großbritannien, der bereit war, mir eine Dose zu schicken.

Als das Paket ankam, öffnete ich es sofort und fand eine kleine gelbe Spraydose mit einem roten comicartigen Schwein darauf. Nicht gerade sehr sexy. OK, es war natürlich für Schweine gedacht, nicht für Typen, die in der örtlichen Kneipe eine heiße Braut aufreißen wollen. Ich rollte mich auf meinem Bett zusammen, meine Katzendame Boo Boo zu meinen Füßen, und las die Gebrauchsanweisung: »Sprühen Sie BOARMATE™ zwei Sekunden lang aus einer Entfernung von etwa 60 cm auf die Schnauze der Jung- oder Muttersau und drücken Sie dann auf ihren Rücken. Wenn sie nach dem Druck auf den Rücken die Lordoseposition einnimmt, ist sie bereit. Zeit für die Besamung.« Wirklich einfach.

Ich hätte jetzt etwas Boarmate in der Luft versprühen und eine Nase davon nehmen können, um meine Neugier zu stillen. Aber der Anblick von Boo Boo, die zufrieden am Fuß des Betts döste, brachte mich auf eine andere Idee. Eine gemeine Idee. Eine schändliche Idee. Aber ich konnte ja nach dem Einatmen des Spray nicht gut auf meinen eigenen Rücken drücken, um zu sehen, ob ich die Lordoseposition einnehmen würde. Menschen nehmen diese Position nicht ein. Aber Katzen. Also sprühte ich die Nase der armen Boo Boo zwei Sekunden lang ein und schubste sie dann ein wenig gegen ihren Rücken.

Boo Boo ist ein nettes und ruhiges Tier, das Beste aller Haustiere. Daher sträubte sie sich nicht und kratzte mir auch die Augen nicht aus, als ich so mit ihr experimentierte. Ehrlich gesagt hätte ich es ihr nicht übel genommen. Sie schnüffelte nur mit weit geöffneten Augen an dem Spray, schüttelte bedrohlich den Kopf und rannte aus dem Zimmer, so schnell ihre kleinen Katzenbeine sie tragen konnten. Aber ich schaffte es noch, auf ihren Rücken zu drücken. Wahrscheinlich überrascht es Sie nicht, dass ich keine Spur von einer Lordose sah. Sie kämpfte bei jedem Schritt mit meiner Berührung, der sie zu entkommen versuchte. Vielleicht lag es ja daran, dass sie nicht rollig war; die Boarmate-Anweisungen hatten eindeutig gesagt, dass man das Spray anwenden sollte, wenn die Sau brünftig war. Aber weil sie eine Katze war und keine Sau, sah ich keine Notwendigkeit, die Anleitung buchstabengetreu zu befolgen. Schließlich tun das auch die meisten Menschen nicht, die das Zeug selbst benutzen. Wohl kaum jemand wird ein argloses Mädchen in einem Club mit Androstenon besprühen – das würde vermutlich je nachdem eine Ohrfeige oder eine Anzeige nach sich ziehen –, sondern sie besprühen sich selbst. Und ich bezweifle, dass sie auf die Brunftzeit warten. Und doch war es eine fiese Idee. Meine Sprayattacke produzierte keine wilde Paarungsbereitschaft, sondern vergrätzte nur meine normalerweise liebevolle Katze. Für den Rest des Tages weigerte sie sich, auch nur in meine Nähe zu kommen.

In einer Hinsicht war das Experiment aber doch ein Erfolg: Ich konnte das Androstenon selbst riechen. Offensichtlich gehöre ich also zu den Menschen, die es riechen können. Mich erinnerte es nicht in geringsten an Vanille, aber auch nicht an Müll. Eher an ein beginnendes Deo-Versagen. Kennen Sie das Gefühl, dass Sie manchmal einen Dufthauch erschnuppern und denken, es könnte Ihr eigener Körpergeruch sein? Dass Sie versuchen, unauffällig an Ihren Achselhöhlen zu schnüffeln, um zu kontrollieren, ob Sie eine Dusche brauchen? Nach einigem Nachdenken beschloss ich, dass Androstenon für mich am ehesten wie diese Vorahnung von Schweiß riecht, dieser Beinahe-Schweißgeruch. Wenn ich das bei einem Kerl riechen würde, der sich an mich heranmacht, würde ich wahrscheinlich auf Distanz gehen oder die Damentoilette aufsuchen, um sicherzugehen, dass der Geruch nicht von mir kommt.

Warum nehmen die Menschen Androstenon so unterschiedlich wahr? Das hängt mit einem bestimmten Typ von Geruchsrezeptor zusammen. »Androstenon ist bekannt dafür, dass es bei unterschiedlichen Menschen sehr unterschiedliche Geruchsempfindungen auslöst«, erklärte mir Hiroaki Matsunami, ein Molekulargenetiker von der Duke University. »Wir versuchen, die genetische Grundlage dafür herauszufinden.«

Matsunami und seine Kollegen nahmen fast vierhundert Personen Blut ab, um sie genetisch zu charakterisieren. Dabei interessierten sie sich besonders für die Gene für Geruchsrezeptoren, d. h. für Rezeptoren im Nasenepithel, die Gerüche wahrnehmen. Die Untersuchungsteilnehmer wurden dann gebeten, die Intensität und ihr Empfinden von mehr als sechzig unterschiedlichen Gerüchen zu bewerten, darunter auch Androstenon und sein enger Verwandter Androstadienon. Sie fanden heraus, dass ein spezielles Rezeptorgen namens OR7D4 dafür verantwortlich war, ob eine Person diese Pheromone riechen konnte oder nicht. Und eine bestimmte Variation des Gens, ein Polymorphismus, schien zu entscheiden, ob sie den Geruch angenehm oder schrecklich fanden.[7]

Es scheint demnach also einen menschlichen Geruchsrezeptor zu geben, der für diese Substanz, ein bekanntes Schweinepheromon, spezifisch ist. Als ich Matsunami fragte, ob diese Erkenntnis nun für oder gegen die Existenz menschlicher Pheromone sprach, riet er mir zur Vorsicht. »Die Vorstellung ist noch sehr umstritten, und es gibt Hinweise in beide Richtungen«, erklärte er. »Wenn meine Arbeit über die Variationen in diesen Rezeptoren dazu führt, dass wir verstehen, wie diese Substanzen eine Pheromonwirkung beim Menschen zeigen können, würde ich mich freuen. Aber ich habe noch keine Schlussfolgerungen gezogen.«

Er wies mich auch gleich darauf hin, dass seine Untersuchung nur einen von Hunderten von Rezeptoren betraf. Ganz zu schweigen davon, dass Androstenon und Androstadienon nur zwei von potenziell Millionen von wirksamen Molekülen sind. Die Aufgabe, die noch vor uns liegt – zu verstehen versuchen, wie das Gehirn all diese unterschiedlichen Substanzen interpretiert und welche Wirkung sie auf unser Verhalten haben können – ist gewaltig, um es ganz vorsichtig auszudrücken.

Pheromone und das Gehirn

Trotz der Diskussionen, ob Pheromone Menschen überhaupt beeinflussen können, wollte eine Gruppe von Forschern um Ivanka Savic vom schwedischen Karolinska-Institut die Angelegenheit näher untersuchen. Sie nutzten ein bildgebendes Verfahren, die Positronenemissionstomographie (PET), um zu untersuchen, wie Pheromone wie beispielsweise Androstadienon (AND) und ein östrogenähnliches Steroid (EST) oder gewöhnliche Gerüche wie Lavendel oder Zeder den Blutfluss im Gehirn beeinflussen.[8]

Frühere Studien haben gezeigt, dass AND und EST Stimmungen, Herz- und Atemgeschwindigkeit und die Leitfähigkeit der menschlichen Haut verändern können, und zwar auf geschlechtsspezifische Weise. AND wirkt bei Frauen, EST auf Männer. Savic und ihre Kollegen fragten sich, ob diese Wirkung mit einer entsprechenden Aktivierung im Gehirn einhergeht. Zu diesem Zweck scannten die Forscher die Hirne von zwölf gesunden Männern und zwölf gesunden Frauen, während sie AND, EST und geruchlose Luft einatmeten. Sie stellten fest, dass AND und EST den vorderen Hypothalamus auf dieselbe geschlechtsspezifische Art aktivierte, die auch schon in anderen Untersuchungen beobachtet worden war. Mit anderen Worten, AND aktiviert die Sexual- und Fortpflanzungsareale im Gehirn der Frauen, während EST denselben Effekt in Männern bewirkte. Bei normalen Gerüchen findet man diese Art von sexuellem Dimorphismus nicht. Ivanka Savic ist daher der Ansicht, dass dies ein Beweis sei, dass Menschen von pheromonähnlichen Signalen beeinflusst werden. »Manche sagen, dass wir keine Pheromone wahrnehmen können, weil wir kein vomeronasales Organ haben. Es scheint aber, dass wir Signale von pheromonähnlichen Verbindungen über das olfaktorische System auslesen können«, sagte Savic. »Die Signale nehmen einen anderen, sehr direkten Weg von der Riechschleimhaut bis ins Gehirn.«

In einer neueren Studie untersuchten Savic und ihre Kollegen gesunde Männer und Männer, die keinen Geruchssinn hatten oder wegen Nasenpolypen nicht riechen konnten, in einem ähnlichen Versuchsaufbau wie in ihrer ersten Pheromonuntersuchung. Wie erwartet zeigten die Männer ohne Geruchssinn keine Aktivierung durch EST. Die Wissenschaftlerin hält es damit für erwiesen, dass das normale olfaktorische System vollkommen ausreicht, um pheromonähnliche Signale auch in Menschen zu verarbeiten.[9]

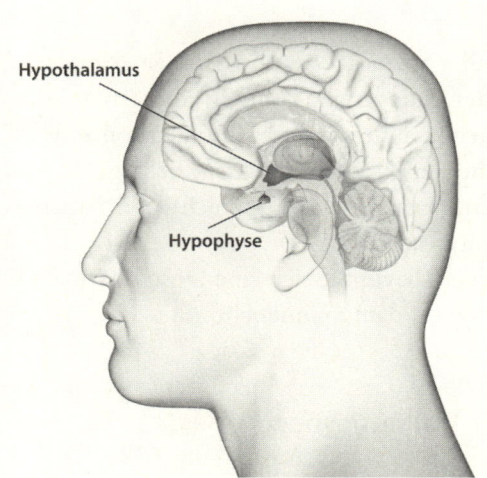

Als Reaktion auf den Geruch von tierischen Pheromonen wird auch in Menschen der Hypothalamus aktiviert.
Illustration: Dorling Kindersley.

Die Arbeiten von Savic sind umstritten. Die Pheromonkonzentrationen, die sie in ihren Untersuchungen einsetzte, liegen um Größenordnungen über denen, die man in normalen Menschen finden würde. Viele halten die Ergebnisse aus diesem Grund für wertlos. Charles Wysocki meinte dazu, »das sind Konzentrationen, die tausendmal höher sind als alles, was Sie im menschlichen Körper finden würden. Wenn das ein menschliches Pheromon sein soll, müsste man dieselben Effekte auch bei Konzentrationen beobachten, wie sie tatsächlich im menschlichen Körper vorkommen, oder sogar noch darunter.«

Savic gibt selbst zu, dass die in ihren Experimenten verwendeten Konzentrationen in der Natur nicht erreicht werden, aber ist der Meinung, dass ihre Ergebnisse trotzdem genauere Untersuchungen rechtfertigen. Aufgrund ihrer Resultate ist sie überzeugt, dass Menschen für die Signalübertragung durch Pheromone empfänglich sind und dass zukünftige Untersuchungen ihre Hypothese stützen werden. Als ich sie jedoch fragte, wie wichtig das für die Anziehung zwischen Menschen sei, machte sie eine Pause. »Wir haben nicht die Anziehung untersucht, wir haben nur festgestellt, dass diese Verbindungen physiologische Änderungen im Gehirn bewirken können«, sagte sie. »Es ist klar, dass es normale Gerüche gibt, die wir nicht bewusst wahrnehmen und die spezifische Gebiete im Gehirn ansteuern. Das ist überwältigend und provokativ. Aber wir müssen noch viel lernen.«

»Könnten Pheromone das ganze Geheimnis hinter der Anziehung sein?«, fragte ich.

»Nein, auf keinen Fall.« Sie lachte. »Attraktion ist komplex, daran sind viele Faktoren beteiligt. Pheromone könnten einer davon sein. Und falls sie es sind, kann es auch hemmende Verbindungen von anderen Teilen des Gehirns geben, die die Wirkung dieser speziellen Düfte auf das Gehirn verstärken können. Aber wir wissen es nicht. Wir haben es einfach noch nicht richtig untersucht.«

Daran sollten Sie denken, bevor Sie sich eine Dose Boarmate besorgen und sich (oder Ihre Katze) damit einnebeln.

Voll auf Speed

Es gibt kaum etwas Schlimmeres, als wenn man als Frau von Mitte dreißig wieder auf Partnersuche geht. Glauben Sie mir. Als ich Ende der 1980er Jahre anfing, mit Jungs auszugehen, war meine größte Sorge, dass meine Mama mich ins Kino brachte, ohne allzu viele Fragen zu stellen. In einem gewissen Sinn hat sich daran nicht viel geändert. Auch heute habe ich noch das Problem mit meiner Mutter, auch wenn es jetzt nur darum geht, dass sie auf meinen Sohn aufpassen soll, ohne zu viele Fragen zu stellen. Ich gebe es sehr ungern zu, aber ich habe immer noch nicht den richtigen Durchblick. Obwohl manche behaupten würden, dass mein Alter kein Hindernis ist (jedenfalls, wenn ich meine Erwartungen etwas zurückschraube), empfinde ich das anders.

Meine Freunde drängen mich, mich diesem Problem zu stellen. Ein Freund, alleinerziehender Vater und beruflich sehr eingespannt, erzählt mir immer, dass Speed-Dating heute die Methode der Wahl sei. Zumindest nimmt seine Beliebtheit stetig zu; vielleicht, weil man nicht so viel Zeit investieren muss und an einem Abend mehr als ein Dutzend Dates abarbeiten kann. Für so ein Event braucht man etwa zwanzig Frauen, zwanzig Männer und eine gute Stoppuhr. Jeder Single verbringt ungefähr vier bis acht Minuten (je nach Organisator) unter vier Augen mit jedem Teilnehmer des anderen Geschlechts. Am Ende müssen die Speed-Dater für jedes ihrer Dates eine einfache Entscheidung treffen: Will ich ihn oder sie gerne wiedersehen? Wenn beide diese Frage mit ja beantworten, erhalten sie von den Organisatoren die jeweiligen Kontaktinformationen. Mein Freund ist ein großer Freund dieses Verfahrens. Er empfiehlt es als unterhaltsame (aber vor allem effiziente) Weise, potenzielle Partner kennenzulernen. Anscheinend landet er dabei oft in fremden Betten. Es zeigt sich aber, dass Speed-Dating auch für die Wissenschaft eine Menge zu bieten hat.

Im Jahre 2004 ging Eli Finkel, Professor an der Northwestern University, mit den Studenten eines Seminars über enge Beziehungen (darunter auch Paul Eastwick, mittlerweile Professor an der Texas A&M University) auf eine Exkursion zum Speed-Dating. Das war natürlich mehr ein Jux. Nachdem sie die Prozedur jedoch am eigenen Leib erfahren hatten, erkannten Finkel und Eastwick, dass das durchaus ein brauchbarer Versuchsaufbau für wissenschaftliche Untersuchungen war; sie waren überrascht, wie viel Information sie aus den wenigen Minuten mitnehmen konnten, die sie mit jedem potenziellen Partner verbrachten. Sie sahen eine Gelegenheit, durch Speed-Dating Informationen darüber zu erhalten, was uns zu anderen Menschen hinzieht.

Die Untersuchung der Anziehung fristet genau wie die der Liebe ein Schattendasein in der Welt der Forschung, und auch aus denselben Gründen: Sie ist eine komplexe Angelegenheit, schwer zu definieren oder systematisch zu untersuchen. Die sozialpsychologische Forschung der 1970er Jahre lieferte erste Einblicke in die Materie. Aus diesen Untersuchungen leiten sich Volksweisheiten ab wie beispielsweise dass Männer mehr als Frauen auf physische Attraktion stehen oder dass Frauen sich zu erfolgreichen Männern hingezogen fühlen. Aber ist das schon alles? In Anbetracht der vielfältigen Antworten, die ich von einer kleinen Gruppe von Freunden auf die Frage erhielt, was sie an ihren Partnern anziehend fanden, kann ich das nicht recht glauben.

Auch Finkel und Eastwick hatten ihre Zweifel. Also begannen sie, ihre eigenen Speed-Dating-Experimente durchzuführen. Sie wählten dazu Anordnungen, in denen die Teilnehmer sich ebenfalls vier Minuten mit Mitgliedern des anderen Geschlechts unterhalten konnten und anschließend entscheiden mussten, ob sie denjenigen oder diejenige anschließen wiedersehen wollten. Allerdings wurden alle Gespräche auf Video aufgezeichnet, um später durch trainierte Beobachter auf spezifische Verhaltensweisen hin untersucht werden zu können. Außerdem erhielten alle Teilnehmer einige Monate nach dem Experiment noch Fragebögen.

Eines der ersten Ergebnisse der Studie war eine kleine Überraschung: Was wir in einem Partner zu suchen glauben, ist in der Regel nicht das, worauf wir wirklich anspringen. Finkel und Eastwick ließen eine Gruppe von Teilnehmern an ihrer Speed-Dating-Sitzung einen Fragebogen darüber ausfüllen, wonach sie in einem Partner suchten. Die Antworten bestätigten das alte Sprichwort, dass Männer physische Schönheit und Frauen ein hohes Einkommen schätzen. Wenn dieselben Teilnehmer aber ihren persönlichen Gesprächspartnern gegenüber saßen, waren diese Prinzipien weitaus weniger wichtig. In Wirklichkeit wurden sowohl Männer als auch Frauen primär von äußerlichen Reizen angezogen; Persönlichkeit und Einkommenssituation folgten danach. Mit anderen Worten, in der Realität (so weit man der Realität in einem solchen Experiment eben nahekommen kann) verschwinden die geschlechtsspezifischen Unterschiede bei der Anziehung, an die wir stets geglaubt haben.[10] Physische Attraktion sticht alle anderen Faktoren, egal ob wir nun zwei X-Chromosomen oder ein X und ein Y tragen.

In einem Interview mit der Zeitschrift *Newsweek* riet Finkel daher allen Partnersuchenden: »Lassen Sie die Einkaufsliste zu Hause. Wenn Sie zu einem Rendezvous gehen, tun Sie es nicht mit einer Liste der Eigenschaften im Kopf, die er oder sie unbedingt haben muss. Gehen Sie die Sache unvoreingenommen an. Treffen Sie die Menschen von Angesicht zu Angesicht. Sie werden vielleicht überrascht sein, zu wem Sie sich hingezogen fühlen.«[11]

Das hat einiges für sich. Ich selbst fühlte mich im Laufe meiner eigenen Karriere auf Partnersuche schon zu einigen »Überraschungen« hingezogen. Viele davon habe ich links liegen lassen, weil sie meiner Vorstellung von einem idealen Partner nicht entsprachen. Ich frage mich inzwischen, ob ich dabei nicht manchmal etwas voreilig war.

Anziehung ist nicht allein eine Frage von Schönheit; auch ein nettes Gespräch ist wichtig. Um diesen Gedanken zu prüfen, untersuchten Finkel, Eastwick und ihre Kollegen die Anpassung der Sprachstile in Gesprächen. Das bedeutet, sie beobachteten, wie sehr Personen den Stil ihrer mündlichen oder schriftlichen Konversation an den ihres Partners anpassten und ob es dabei einen Zusammenhang mit der Anziehung zwischen ihnen gab. Eine solche verbale Abstimmung findet zumindest zu einem gewissen Grad immer statt, wenn wir uns mit einem anderen Menschen unterhalten. Die Forscher fragten sich nun, ob ein hoher Grad an Abstimmung vielleicht einen Hinweis darauf geben könnte, welchen Typ von Gesprächspartner eine bestimmte Person gerne wiedersehen wollte.

Zunächst analysierten die Forscher vierzig Speed-Dates im Hinblick auf die verwendete Sprache. Dabei zeigte sich, dass die beiden Personen mit umso größerer Wahrscheinlichkeit ein weiteres Treffen wünschten, je ähnlicher ihre Sprache war. So weit, so gut. Die nächste Frage war nun, ob eine solche Übereinstimmung im Sprachgebrauch auch ein Indikator dafür war, ob sich aus dem ersten Kennenlernen eine stabile Beziehung ergeben würde. Um das herauszufinden, analysierten die Forscher die Chatprotokolle von Paaren, die täglich per Chat miteinander kommunizierten. Sie vergleichen dabei den Grad der sprachlichen Übereinstimmung und verglichen ihn mit einer Maßzahl für die Stabilität der Beziehung, die sie aus standardisierten Fragebögen erhielten. Drei Monate später fragten die Forscher wieder nach, ob die Paare noch zusammen waren, und ließen sie einen weiteren Fragebogen ausfüllen.

Sie stellten fest, dass die Angleichung der Sprache eine Prognose für die Stabilität der Beziehung ermöglichte. Partner, deren Sprachstil weitgehend übereinstimmte, hatten eine fast doppelt so hohe Wahrscheinlichkeit wie andere, bei der Kontrolle nach drei Monaten noch in derselben Beziehung zu leben.[12] Offensichtlich war die Fähigkeit zur Kommunikation oder wenigstens zur Schaffung einer gemeinsamen Grundlage von großer Bedeutung.

Zugegeben, diese Ergebnisse führen uns auf ein Henne-Ei-Problem. Passen die Paare gut zusammen, weil sie einen ähnlichen Stil der Kommunikation pflegen? Oder entwickeln sie einen ähnlichen Stil der Kommunikation, weil sie gut zueinander passen? Es ist schwer zu sagen. Aber die Forscher glauben, dass dieser Punkt ein weiterer Schlüssel zum Verständnis zwischenmenschlicher Beziehungen ist.

Wegen des Erfolgs der Untersuchungen von Finkel und Eastwick entschloss sich Jeff Cooper, damals Postdoktorand an der Trinity University in Dublin und mittlerweile am California Institute of Technology, Speed-Dating zu benutzen, um die Auswirkungen zwischenmenschlicher Anziehung auf das Belohnungssystem zu studieren. Dabei veränderte er den Versuchsaufbau ein wenig, um bildgebende Verfahren einsetzen zu können. Immerhin sollte man erwarten – falls Helen Fishers Theorie korrekt ist, wonach das Finden eines Partners eine der größten Belohnungen überhaupt ist –, dass auch die für Belohnungen zuständigen Areale im Gehirn eine deutliche Aktivierung zeigen, wenn wir einen geeigneten Kandidaten treffen. Jedenfalls ging Cooper davon aus, dass das so war. »Wir wissen, dass Ihre Wahrnehmung dessen, wie andere über sie denken, Ihr Verhalten verstärken kann«, erklärte er mir. »Aber das ist sehr schwer zu untersuchen, vor allem mit bildgebenden Verfahren. Soziale Belohnungen aktivieren das Belohnungssystem im Gehirn, so viel ist klar. Wir wollten wissen, ob zwischenmenschliche Anziehung – das Gefühl, dass jemand anderer Sie mag – sich auf dieselbe Weise zeigen würde.«

Jeff Cooper und seine Kollegen organisierten sechs Speed-Dating-Events und ließen alle Teilnehmer einen oder zwei Tage danach zu einer fMRI-Untersuchung in ihr Labor kommen. Während sie einen Teilnehmer scannten, zeigten sie ihm ein Foto eines seiner Dating-Partner; anschließend teilten sie dem Teilnehmer in der Röhre mit, ob dieser Partner sich für oder gegen ein Wiedersehen mit ihm entschieden hatte. Gleich danach sollten die Teilnehmer Auskunft geben, ob sie über die Entscheidung des anderen bezüglich eines Wiedersehens eher glücklich oder eher traurig waren.

In einer ersten Analyse zeigte sich eine starke Aktivierung des Belohnungssystems – aber nur, wenn die Teilnehmer von einer positiven Reaktion eines Menschen erfuhren, den sie auch selbst wiedersehen wollten. Das korrelierte verständlicherweise auch mit den eigenen Empfindungen in Bezug auf die Entscheidung des jeweils anderen, was das Wiedersehen anging. Auf den ersten Blick deuten diese Daten darauf hin, dass die Zuneigung einer Person für uns eine Belohnung darstellt, wenn wir selbst ihm oder ihr gegenüber ebenfalls Zuneigung empfinden.

Als Nächstes fragten sich Cooper und seine Kollegen, ob die Vorahnung der Entscheidung eines anderen Menschen das Gehirn ebenfalls beeinflussen könnte. Sie betrachteten dazu die Gehirnaktivierung, während die Untersuchungsteilnehmer das Foto des anderen ansahen, bevor sie wussten, ob der andere einem weiteren Treffen zugestimmt hatte. Auch hier zeigte die erste Analyse ein Feuerwerk von Aktivierung von den Belohnungsarealen des Gehirns. Jeff Cooper erklärte das damit, dass wenn wir einen Menschen so mögen, dass wir uns wieder mit ihm treffen wollen, wir auch eine positive Antwort dieses Menschen vorwegnehmen. Zumindest im Kontext von Speed-Dating scheint das Belohnungssystem demnach nicht nur durch echte Belohnungen aktiviert zu werden, sondern auch von der bloßen Erwartung. Aber ein »ja« wirkte nur dann wirklich als Belohnung, wenn die Anziehung gegenseitig war; ansonsten blieb das Belohnungssystem relativ ruhig.

»Mit anderen Worten, die Bedeutung eines ‚ja' hängt sehr ganz entscheidend davon ab, was ich für den Menschen empfinde, von dem ich
es höre«, sagte Cooper.[13]

Diese Arbeiten sind neu und dauern noch an. Die Forscher planen,
die Teilnehmer in zukünftigen Untersuchungen schon vor dem Speed-
Dating zu scannen. Vielleicht kann man ja allein anhand eines Fotos
entscheiden, ob wir uns nach dem Interview dafür entscheiden, dass wir
mit diesem Menschen ausgehen wollen. In Anbetracht der Tatsache, dass
physische Reize – für beide Geschlechter – ein Schlüssel für die zwischenmenschliche Anziehung ist, könnte ein Bild in einem solchen Szenario
durchaus mehr als tausend Worte wert sein. Wenn die Wissenschaftler
erst einmal alle Daten analysiert haben und sich komplexeren Fragen zu-
wenden, werden sie sehr wahrscheinlich bald ein paar interessante
Schrullen unserer Hirne entdecken, was die Frage angeht, was wir an
einer neuen Bekanntschaft reizvoll finden, die unsere Aufmerksamkeit
fesselt. Eines ist sicher – wann immer wir uns mit Attraktion und Beziehungen beschäftigen, wird es kompliziert.

Was Sie sich merken sollten

Egal wohin Sie schauen, Sie können den guten Ratschlägen nicht entkommen, wie Sie einen Partner anlocken. Die Titelseiten von Zeitschriften, Partnervermittlungen, Anzeigen, Dufthersteller – Sie alle wollen uns
glauben machen, dass es den einen Schlüssel für das Auffinden des richtigen Menschen gibt und dass sie uns genau dieses spezielle Produkt oder
diese Dienstleistung anbieten können. Die Wissenschaft sagt uns aber,
dass es nicht ganz so einfach ist. Es gibt keinen sicheren und allein selig
machenden Faktor für die Attraktion, egal ob wir über Pheromone oder
die Verdienstaussichten eines Menschen sprechen. Der einzige Faktor,
der sich immer wieder als wichtig herauskristallisiert, ist die physische
Anziehung. Das ist vielleicht nicht gerade eine Riesensensation – aber
schwierig genug empirisch zu untersuchen.

»Physische Attraktion ist sowohl bei Männern als auch bei Frauen
ein wichtiges Element. Das zeigt sich ziemlich konsistent in allen wissenschaftlichen Untersuchungen«, erläuterte Jeff Cooper. »Aber es gibt
riesige Unterschiede darin, was Menschen attraktiv finden. Die Geschmäcke sind einfach unglaublich verschieden.«

Sogar die alten Griechen wussten, dass Schönheit im Auge des Betrachters liegt. Die Neurowissenschaften haben uns in all den seither vergangenen Jahrhunderten auch nichts Scharfsinnigeres geliefert. Die Menschen mögen, was sie mögen – süße Hintern, glühende Augen, wohlgeformte Arme – und was sie bei einem potenziellem Partner attraktiv finden, kann bei einem anderen viel weniger wirken. Wie Cooper sagte, ist es eine mühsame Angelegenheit, das aufzudröseln.

Ich fragte Jeff Cooper, welche Herausforderungen die Untersuchung der Attraktion aus der Perspektive der Neurowissenschaften stellen würde. »Das wäre sehr schwierig«, antwortete er. »Soziale Situationen sind kompliziert und heterogen. Keine Entscheidung ist wie die andere. Und es wird noch schlimmer, wenn noch eine weitere Person an dieser Entscheidung beteiligt ist. Dasselbe sehen wir auch beim Speed-Dating. Selbst den Menschen gegenüber, die zu Ihnen passen, empfinden Sie nicht immer dasselbe. Vielleicht antworten Sie verschiedenen Menschen gegenüber ‚ja‘, aber aus ganz unterschiedlichen Gründen.«

»Es ist eine komplexe Situation, an der viele Faktoren beteiligt sind«, setzte er fort. »Offensichtlich ist das, was wir bei unserer Arbeit unter der Bezeichnung ‚zwischenmenschliche Anziehung‘ zusammenfassen, nicht immer dasselbe.«

»Also wäre es eine Untersuchung wert? Können wir irgendetwas von Bedeutung über die Anziehung lernen?«, fragte ich ihn.

»Ja, das können wir. Ich glaube, es ist sehr interessant zu wissen, dass wir bei der Entscheidung, mit wem wir ausgehen wollen, im Wesentlichen dieselben Systeme benutzen wie bei einer Entscheidung über wirtschaftliche Fragen«, sagte er. »Die Entscheidung, ob wir in einem ökonomischen Spiel 5 Euro mit einem anderen Spieler teilen, überlappt sowohl was die Verarbeitung als auch was die neuronale Ebene angeht zu einem guten Teil mit einer Person, die sagt: ‚Hey, wollen wir miteinander ausgehen?‘ Es ist schon spannend, zu erfahren, wie die Menschen ticken.«

»Demnach hat Anziehung hauptsächlich damit zu tun, ein paar Variablen gegeneinander abzuwägen und das richtige Ergebnis zu berechnen?«

Cooper lachte und tippte gegen seinen Kopf. »Letztlich geht es hier oben immer um Zahlen.«

»Wie romantisch!«, antwortete ich sarkastisch.

»Ich glaube, es ist wichtig zu verstehen, dass Attraktion sehr stark vom Kontext abhängt und dass sie sehr schnell etabliert wird«, sagte er. »Wir empfangen soziale Nachrichten nie in einem Vakuum, sondern immer vor dem Hintergrund der Person, die die Nachricht sendet, und was wir über sie denken oder für sie empfinden. Und wir schaffen es, die ganzen Information zu lesen, die wir brauchen, und dann sehr, sehr schnell unsere Entscheidungen zu treffen. Wie schon gesagt, es ist kompliziert.«

Ich glaube ihm; es ist wirklich kompliziert. Aber selbst wenn die neurowissenschaftliche Forschung mir kein todsicheres Pheromon und keine Liste von Eigenschaften liefern kann, nach denen ich in meinen Rendezvous suchen kann, hat sie mir doch gezeigt, dass Anziehung eine Belohnung ist und schnell und in jeder Situation ein wenig anders wirkt. Und bekanntlich ist Wissen die halbe Miete.

»Haben Sie einen Rat für Liebeskranke? Für diejenigen, die Ihre Forschung kennen und auf eine Richtschnur hoffen, wie sie bei der Partnersuche erfolgreicher sein können?«

»Eigentlich nicht«, sagte Cooper. »Außer vielleicht, mehr Menschen zu treffen.«

»Sie meinen, die Stichprobe zu vergrößern?«

»Genau, vergrößern Sie Ihr *N*«, lachte er. In der Statistik bezeichnet *N* die Größe einer Stichprobe. »Das ist wahrscheinlich keine übermäßig psychologisch inspirierte Antwort. Aber angesichts dieser ganzen Komplexität ist es sicher nicht das Dümmste, einfach hinauszugehen und mehr Menschen zu treffen.«

8

Wie die Liebe bleibt

Die Monogamie ist eine seltene Erscheinung im Tierreich; man schätzt, dass nur etwa 3% der Säugetierarten monogam leben.[1] Auch der Mensch gehört zu diesem exklusiven Zirkel. Wir können starke und dauerhafte emotionale Bindungen zu anderen eingehen – Bindungen, die ein ganzes Menschenleben überdauern können.

Helen Fisher glaubt fest daran, dass die Liebe ein Trieb ist: der Trieb, einen bevorzugten Partner zu finden. Das menschliche Ideal geht natürlich über diesen utilitaristischen Denkansatz hinaus. In typischen Eheversprechen geloben wir, den Partner »zu lieben, zu achten und zu ehren«. Wir suchen jemanden, mit dem wir durch dick und dünn gehen können, »in guten wie in schlechten Zeiten«. Und das natürlich alles, »bis dass der Tod uns scheidet«. Die Aussage ist eindeutig – es reicht uns nicht, die wahre Liebe zu finden, sondern sie muss auch noch dauerhaft sein. Was, wenn man es genau betrachtet, der schwierigste Teil an der Sache ist.

Die meisten von uns haben sich im Laufe ihres Lebens gleich einige Male verliebt. Aber nicht alle haben es geschafft, diese Liebe auch durchzuhalten. Anziehung garantiert noch keine Bindung. Und auch eine Bindung garantiert noch keine lebenslange Beziehung. In den letzten Jahren sind eine Reihe von Beziehungsratgebern auf den Markt gekommen, die behaupten, ein besseres Verständnis der grundlegenden Neurochemie unseres Körpers könne helfen, eine monogame Beziehung zu einem Partner zu stabilisieren. Die Voraussetzung in diesem Schwarten ist immer dieselbe: Wenn wir das Gehirn und seine Arbeitsweise verstehen, dann verstehen wir auch, wie wir eine Beziehung erhalten können. Viele bieten sogar Präparate an, die angeblich für eine optimale Gehirnchemie sorgen sollen (was immer das heißt), oder Kommunikationstechniken, die uns bei diesem Vorhaben unterstützen sollen. Aber kann uns die Neurowissenschaft wirklich Schützenhilfe geben, wie wir eine gegenseitige Anziehung in eine liebevolle Beziehung transformieren? Und kann ein Verständnis unseres Gehirns uns helfen, diese Beziehung über die Jahre aufrechtzuerhalten?

Monogamie nach Art der Präriewühlmaus

Erinnern Sie sich noch an unsere alten Bekannten, die Präriewühlmäuse? Die süßen, knuffigen *Microtus ochrogaster*. Auf den ersten Blick scheint es nicht so, als könnte uns die Präriewühlmaus viel darüber erzählen, wie die Liebe dauerhaft wird. Dass die kleinen Nager neunjährige Mädchen zum Kreischen bringen, kann man gerade noch glauben, aber dass sie uns etwas über dauerhafte monogame Paarbeziehungen beibringen können? Aber es sind genau diese Tiere – zusammen mit ihren engen Verwandten, den Rocky-Mountains-Wühlmäusen (*Microtus montanus*) und den Wiesenwühlmäusen (*Microtus pennsylvanicus*) –, die Wissenschaftlern tiefe Einblicke in die Substanzen im Gehirn ermöglicht haben, die die Grundlage einer Paarbindung legen.

Präriewühlmäuse leben monogam. Die Risiken, die mit dem Leben in der Prärie verbunden sind, beispielsweise begrenzte Nahrungsreserven oder gefährliche Fressfeinde, liefern gute Argumente dafür, sich schon früh mit einem Partner zusammenzutun und das ganze Leben lang in dieser Beziehung zu verbleiben. Noch wichtiger ist es für das Leben draußen in der freien Wildbahn, einen Partner zu haben, der mit auf Nahrungssuche geht und hilft, den Nachwuchs aufzuziehen. Die Paarbeziehungen der Präriewühlmäuse entstehen gleich nach der Geschlechtsreife; genauer gesagt nach der ersten sexuellen Erfahrung. Es ist das klassische Märchen: Junge trifft Mädchen – Junge und Mädchen genießen 24 Stunden lang wilden Sex – Junge und Mädchen leben für den Rest ihres Lebens glücklich und zufrieden miteinander.

Im Gegensatz dazu sind die Rocky-Montains- und die Wiesenwühlmäuse eher Spielertypen. Diese Arten leben im Gegensatz zu ihren Verwandten aus der Prärie in Gegenden, die mehr Nahrung und besseren Schutz bieten, daher ist es für sie weniger wichtig, einen Partner um sich zu haben. Sie gehen daher keine dauerhaften Beziehungen ein; bei ihnen lautet das Motto für Männchen und Weibchen gleichermaßen eher »liebe den, der gerade bei dir ist.« Nur dass sie nicht wirklich lieben, sondern sich einfach mit jedem paaren, der verfügbar und bereit ist. Rocky-Montains- und Wiesenwühlmäuse sind asozial, sie suchen keinen engen persönlichen Kontakt wie die Präriewühlmäuse. Sie verbringen nur etwa 5 % ihrer Zeit gemeinsam mit anderen Tieren. Mehr noch, nach der Paarung können sie gar nicht schnell genug verschwinden.

Was könnte die Erklärung für diese gravierenden Unterschiede im Paarungsverhalten bei so eng miteinander verwandten Arten sein? Wieder einmal scheint alles mit Oxytocin und Vasopressin zusammenzuhängen. Wie in Kapitel 3 erläutert ist Oxytocin ein Hormon aus dem Hypothalamus, das bei Frauen eine wichtige Rolle für die Wehen, die Geburt und das Stillen spielt. Es wirkt auch als Neurotransmitter und überträgt chemische Botschaften zwischen Neuronen. Seinen Beinamen »Kuschelhormon« erhielt es wegen seiner Bedeutung für die Liebe, Paarbeziehungen und den Orgasmus. Auch Vasopressin wird im Hypothalamus produziert. Es hat vielfältige Aufgaben im Körper, darunter die Regelung des Blutdrucks und die Wasserspeicherung. Es wirkt ebenfalls als Neurotransmitter und wird mit dem Entstehen von Erinnerungen, Aggressionen und Paarbeziehungen in Verbindung gebracht. Wie arbeiten nun Oxytocin und Vasopressin zusammen, um das Paarungsverhalten der Präriewühlmäuse zu steuern?

Sowohl männliche als auch weibliche Präriewühlmäuse haben eine hohe Dichte von Oxytocinrezeptoren im Nucleus accumbens, was sie zu sozialen Tieren macht, die lieber mit einem Partner als mit einem Fremden zusammen sind. Verschiedene Untersuchungen haben gezeigt, dass die Tiere umso umgänglicher werden, je höher die Dichte von Rezeptoren in diesem Bereich ist. Wissenschaftler spekulieren, dass Oxytocin eine Dopaminschwemme bewirkt, wenn es an diese Rezeptoren bindet. Dopamin ist der bekannte »Wohlfühl«-Neurotransmitter, der soziale Beziehungen verstärken kann. Die Logik ist einfach: Sex fühlt sich an – verdammt gut, wenn man es richtig macht. Wenn wir nun mit unserem festen Partner Sex haben, wird über das Oxytocinsystem zusätzliches Dopamin freigesetzt. Dieses zusätzliche Dopamin gibt dem Sex einen speziellen Kick, sodass wir später zu demselben Partner zurückzukehren, um dasselbe Gefühl noch einmal zu erleben. Und noch einmal. Und danach vielleicht noch einmal ... Manche Sozialwissenschaftler glauben, dass die oxytocininduzierte Dopaminschwemme der Grund dafür ist, dass Frauen sich mit größerer Wahrscheinlichkeit in einen Mann verlieben, mit dem sie Sex hatten, als in einen anderen Bekannten.

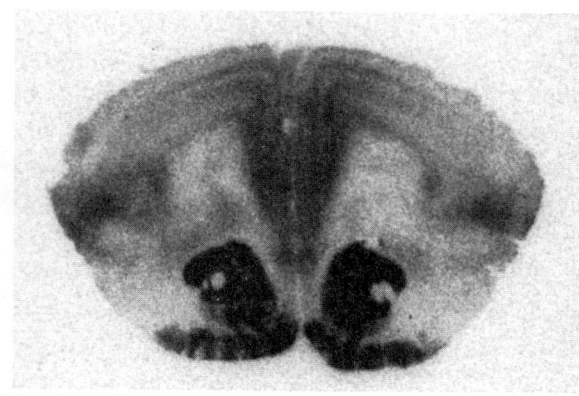

Autoradiogramm des Gehirns einer männlichen Präriewühlmaus. Die C-fömigen schwarzen Bereiche zeigen die Dichte der Oxytocinrezeptoren im Bereich des Nucleus accumbens. *Bild: Sara M. Freeman, Emory University.*

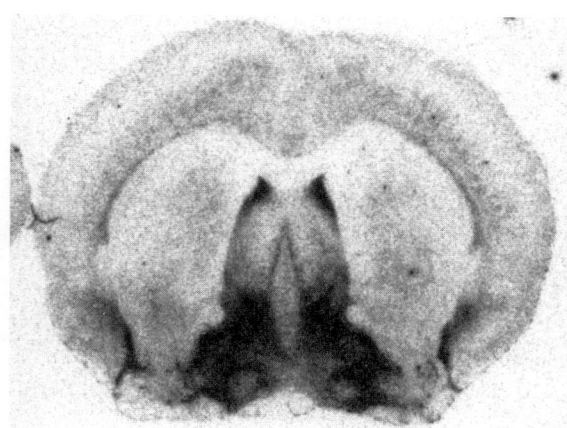

Autoradiogramm des Gehirns einer männlichen Präriewühlmaus. Die dunklen Bereiche zeigen die Dichte der Vasopressinrezeptoren im ventralen Pallidum (unten). *Bild: Sara M. Freeman, Emory University.*

Nachdem Präriewühlmäuse sich 24 Stunden lang gepaart haben, bewirkt dieses zusätzliche Dopamin physische Veränderungen im Gehirn: Sex mit irgendeinem anderen Partner ist ab jetzt weniger schön. Wissenschaftler haben sogar beobachtet, dass die Annäherung eines anderen Tieres des anderen Geschlechts aggressives Verhalten hervorrufen kann. Nach der ersten Paarung haben die Präriewühlmäuse keinen Anreiz mehr, auswärts nach einem schnellen Happen zu suchen, wenn sie zuhause ein großes Menü bekommen können – genau nach ihren Wünschen zubereitet.[2]

Präriewühlmäuse haben gleich eine doppelte chemische Sicherung eingebaut, die dafür sorgt, dass sie monogam bleiben. Außer Oxytocin spielt auch Vasopressin eine große Rolle dafür, dass die Liebe andauert, insbesondere bei den Männchen. Die besitzen nämlich Vasopressinrezeptoren im ventralen Pallidum, die ebenfalls einen Dopaminsturm auslösen können (und auf diese Weise ebenfalls die Paarbeziehungen stärken, indem ganz ähnlich wie beim Oxytocin die Paarung mit dem gewohnten Partner chemisch belohnt wird). Sowohl das ventrale Pallidum als auch der Nucleus accumbens sind Teil des Belohnungssystems und kommen im Gehirn immer dann ins Spiel, wenn es um Liebe und Zuneigung geht.

Es mag vielleicht nicht sehr romantisch klingen, aber die Wissenschaftler vermuten, dass die Monogamie der Präriewühlmäuse auf eine einfache Konditionierung zurückgeführt werden kann. Die Wühlmäuse paaren sich, die Neurotransmitter Oxytocin und Vasopressin werden freigesetzt, binden an Rezeptoren im Belohnungssystem und jene spektakuläre Dopaminschwemme kommt über die Tiere. Jedes Mal, wenn ein Wühlmausmännchen Sex mit seiner festen Partnerin hat, bekommt er nicht eine, sondern gleich zwei Extraportionen Zucker. Warum sollte er sich da noch anderweitig umsehen?

Demgegenüber besitzen die Rocky-Mountains- und Wiesenwühlmäuse trotz ihrer engen Verwandtschaft mit den Präriewühlmäusen eine geringere Dichte von Vasopressinrezeptoren im ventralen Pallidum. Sie bekommen daher keinen Extraschub Dopamin, wenn sie mit einem bestimmten Partner Sex haben. Ohne dieses Dopamin haben sie aber keinen besonderen Anreiz, zu demselben Weibchen zurückzukehren. Ihre einzige Belohnung ist der Sex selbst, aber dafür braucht eine Wühlmaus kein spezielles Weibchen.

Letztlich sind die Basalganglien die Grundlage der Monogamie in Präriewühlmäusen. Nur weil in diesem Gehirnareal so viele Vasopressinrezeptoren vorhanden sind, können die molekularen Signalkaskaden diese Tiere so konditionieren, dass sie Sex mit einem festen Partner bevorzugen. Wenn das Gen fehlt, dass diese Rezeptoren exprimiert (wie beispielsweise in den Rocky-Mountains- und Wiesenwühlmäusen), dann geht es nur noch um die nächste schnelle Nummer und nicht mehr um eine feste Beziehung. Wenn das Gen aber vorhanden ist, dann hält die Liebe – zumindest so weit man bei den Beziehungen der Präriewühlmäuse von Liebe sprechen kann und wenn wir bereit sind, die durch Oxytocin, Vasopressin und Dopamin bewirkten Veränderungen im Belohnungssystem des Gehirns als Arbeitsdefinition von *Liebe* gelten zu lassen.

Die magischen Dopaminrezeptoren

In Wühlmäusen wirken die Neurotransmitter Oxytocin, Vasopressin und Dopamin zusammen, um beständige Paarbindungen möglich zu machen. Zusammen mit ein wenig heißem Sex (sowie ein paar anderen Substanzen, die noch identifiziert werden müssen) verwandeln diese Moleküle die ursprüngliche Anziehung aufgrund eines leckeren Urindufts in eine echte Bindung. Was macht diese Bindung dauerhaft? Wieso kann sie bestehen bleiben, selbst wenn eine andere süße und wohlriechende Präriewühlmaus die Bühne betritt? Vielleicht ist einfach die richtige Art von Dopaminrezeptor entscheidend.

Der Nucleus accumbens enthält in monogamen Präriewühlmäusen nicht nur eine große Dichte von Oxytocinrezeptoren, sondern auch zwei Arten von Dopaminrezeptoren: D1 und D2. Wie verschiedene Studien an Präriewühlmäusen gezeigt haben, sind die angenehmen Wirkungen von Dopamin entscheidend für die Bildung einer Paarbeziehung. Wenn man weiblichen Präriewühlmäusen einen Dopaminagonisten gibt, also eine Substanz, die reichlich Dopamin im Gehirn ausschüttet, dann können sie eine exklusive Paarbeziehung mit einem Männchen eingehen, ohne dazu vorher Sex haben zu müssen. Als die Wissenschaftler den D2-Rezeptor mithilfe eines speziellen Wirkstoffs blockierten, verloren die Tiere die Fähigkeit zu Paarbeziehungen, egal wie viele Körperflüssigkeiten sie austauschten.

Da es im Gehirn mehrere Dopamin-Signalwege gibt, fragten sich Brandon Aragona, inzwischen an der University of Michigan, und seine Kollegen an der Florida State University, ob für die Entstehung von Paarbeziehungen ein spezieller Signalweg verantwortlich sein könnte. Es stellte sich bald heraus, dass es sehr auf die Art der Wühlmaus und ihren aktuellen Beziehungsstatus ankam, welche Wirkung der Rezeptor im Nucleus accumbens, der das aufgrund von Sex oder Medikamenten ausgeschüttete Dopamin aufnahm, genau hatte.

Die Wissenschaftler nahmen ein Männchen aus einer intakten Beziehung und hielten es gemeinsam mit entweder seiner festen Partnerin oder einem fremden Weibchen. Normalerweise würde ein Männchen in dieser Situation mit seiner eigenen Partnerin Zärtlichkeiten austauschen, wohingegen es auf ein fremdes Weibchen kaum reagieren würde; die Beziehung führt dazu, dass nur die einzig wahre Liebe eines Tieres akzeptabel ist und ein »falsches« Weibchen eher als Bedrohung wahrgenommen wird. Als Aragona und seine Kollegen den Männchen aber einen Antagonisten gegen den D1-Rezeptor (also einen Wirkstoff, der die D1-Rezeptoren spezifisch blockierte) direkt in den Nucleus accumbens injizierten, begannen die Tiere mit jedem verfügbaren Weibchen zu kuscheln. Es war, als ob ihre frühere Beziehung nie existiert habe. Nur eine kleine Infusion und – schwupps! – die »Liebe« ist Vergangenheit.

Wiesenwühlmäuse haben normalerweise sehr viele D1-Rezeptoren in ihrem Nucleus accumbens, sogar noch vor der Paarung. Aber was heißt das? Wenn die D1-Rezeptoren so wichtig für Paarbeziehungen sind, sollten diese Tiere doch noch treuer seien als Präriewühlmäuse. Als die Forscher die D1-Rezeptoren im Nucleus accumbens in diesen Tieren blockierten, wurden die asozialen Männchen plötzlich liebevoll. Obwohl sie immer noch keine Paarbeziehungen eingingen, führte das Fehlen von D1-Rezeptoren doch immerhin dazu, dass sie viel geselliger wurden. Diese Unterschiede verdeutlichen, dass Dopamin die Beziehungen von Wühlmäusen auf sehr vielschichtige Art beeinflusst.

Die Arbeiten von Brandon Aragona zeigen, dass die D1- und D2-Rezeptoren in Bezug auf die Monogamie unterschiedliche Rollen spielen. Die D2-Rezeptoren in dem Teil des Nucleus accumbens, der in Richtung des ventralen Pallidums zeigt (dem Gehirnareal, dass für Zuneigung zuständig ist), helfen den Tieren, nach der ersten Paarung eine Beziehung anzufangen. Sie nehmen das während der Paarung freigesetzte Dopamin auf und bewirken Veränderungen im Gehirn, die die Bindung ermöglichen. Für das Männchen ist seine Dame bzw. ihr persönlicher Duft jetzt gleichbedeutend mit »Liebe«.

Die D1-Rezeptoren scheinen vor allem für die Beständigkeit einer Paarbeziehung von Bedeutung zu sein.[3] Nachdem sie eine Beziehung eingegangen sind, findet man in männlichen Präriewühlmäusen eine Zunahme der D1-Rezeptoren im Nucleus accumbens. Brandon Aragona und seine Kollegen spekulierten, dass die D1-Rezeptoren von Wühlmäusen in einer Beziehung dafür sorgen, dass ein Männchen nur noch Augen für seine große Liebe hat. Alle anderen Weibchen werden dann ignoriert oder angegriffen. Es sind also diese Rezeptoren, die für die zuvor erwähnte Extraportion Zucker sorgen.

Es ist schon erstaunlich. Eine einzige Substanz ist auf ganz unterschiedlichen Wegen dafür verantwortlich, diese unterschiedlichen Ausprägungen von Sozialverhalten zu ermöglichen, und dieselbe Substanz bewirkt physische Veränderungen des Gehirns und erzeugt so das neurologische Analogon eines Treueschwurs tief im Inneren der Basalganglien.

Funktioniert diese raffinierte Arbeitsteilung der Dopaminrezeptoren auch in anderen Arten? Karen Bales von der University of California in Davis untersuchte gemeinsam mit ihren Kollegen die Bindung an D1-Rezeptoren in Roten Springaffen (Callicebus cupreus), einer ebenfalls monogam lebenden Primatenart. Sie bestimmten mithilfe von Positronenemissionstomographie die Bindung von Dopamin an die D1-Rezeptoren, d. h. die Menge des von dieser Art von Rezeptoren aufgenommenen Dopamins im Nucleus accumbens, im ventralen Pallidum und im Nucleus caudatus von ausgewachsenen männlichen Springaffen, und zwar einmal bevor und einmal vier bis acht Wochen nachdem sie eine Beziehung mit einem Weibchen eingegangen waren. Sie fanden einen genau entgegengesetzten Effekt wie in Präriewühlmäusen: die Bindungskapazität änderte sich nach Eingehen der Beziehung nicht. Genau genommen waren es sogar die nicht in einer Beziehung gebundenen Männchen, die eine Zunahme der D1-Rezeptoren in diesen Bereichen zeigten. Warum das so ist, muss noch untersucht werden. Möglicherweise funktioniert das Dopaminsystem der Springaffen etwas anders als das der Wühlmäuse, vielleicht existiert aber auch eine dritte, noch unbekannte Variable, die erst noch entdeckt werden muss. Karen Bales plant, ihre Arbeiten mit den Springaffen fortzusetzen und noch Hirnscans im Abstand von einigen Monaten nach dem Beginn der Beziehung aufzunehmen, um besser zu verstehen, welche Veränderungen die Beziehungen im Hirn der männlichen Springaffen hervorrufen und in welcher Weise das Dopaminsystem daran beteiligt ist.

Ganz offensichtlich ist Dopamin daran beteiligt, eine Beziehung dauerhaft zu machen, aber wie und von wem seine vielfältigen Wirkungen orchestriert werden, hängt von der Situation ab. Brandon Aragona ist der Meinung, dass eine spezielle Verteilung der verschiedenen Arten von Dopaminrezeptoren für die artspezifischen Variationen im Paarungsverhalten verantwortlich sein könnte.[5] Dabei hatte er zunächst verschiedene Arten von Wühlmäusen im Sinn. Aber im Licht der Arbeiten von Karen Bales wäre es nicht überraschend, wenn man solche besonderen Verteilungen von Dopaminrezeptoren auch in anderen Arten finden würde – seien es Präriewühlmäuse, Springaffen oder sogar Menschen. Selbst bei ähnlichem Paarungsverhalten – wie hier den monogamen Paarbeziehungen – ist es durchaus möglich, dass höhere Säugetiere zusammen mit ihren größeren Vorderhirnen auch andere Muster von Dopaminrezeptoren entwickelt haben, um ähnliche Verhaltensweise hervorzubringen. Möglich ist viel, aber es ist noch ein weiter Weg, bis wir Genaueres darüber wissen.

Oxytocin und dauerhafte Beziehungen

Wir Menschen wollen nicht einfach eine dauerhafte Beziehung. Sie soll auch noch bestimmte Kriterien erfüllen, beispielsweise zärtlich und wohltuend sein. Oft wird angenommen, dass das eine auch das andere mit sich bringt, aber eigentlich sollten wir wissen, dass das nicht so ist. Vielleicht finden wir Antworten auf die Frage, wie eine Beziehung dauerhaft wird, wenn wir die Neurochemie hinter einer guten Beziehung besser verstehen.

Lisztaffen (*Sanguinus oedipus*) sind ebenfalls eine monogam lebende Affenart aus der Gattung der Tamarine, die gleichzeitig auch ihren Nachwuchs gemeinschaftlich aufzieht. Mütter, Väter und sogar ältere Geschwister arbeiten gemeinsam an der Erziehung der Kleinen. Wie die Menschen sind sie nicht nur während ihrer fruchtbaren Tage sexuell aktiv; Sex zur Entspannung, ohne das Ziel der Fortpflanzung, ist bei ihnen die Regel. Tamarine haben Sex aus Freude an der Sache, nicht nur dann, wenn das Weibchen fruchtbar ist. Als Charles Snowdon, ein Zoologe und Psychologe von der University of Wisconsin, diese menschenähnlichen Paarbeziehungen bei den Tamarinen beobachtete, erkannte er große Unterschiede in der Qualität der Beziehung zwischen verschiedenen Paaren. »Es gab sehr unterschiedliche Beziehungen zwischen den Tieren«, erinnerte er sich. »Manche waren wahre Turteltäubchen und hielten sehr engen körperlichen Kontakt. Sie hingen dauernd zusammen und berührten sich ständig. Und sie hatten viel Sex. Andere Paare waren eher wie unabhängige Teilchen, die sich bewegten, ohne dabei viel auf den anderen zu achten. Sie schienen ihrem Zusammensein keinen großen Wert beizumessen. Ehrlich gesagt hätte man kaum bemerkt, dass sie ein Paar waren, wenn man es nicht vorher schon gewusst hätte.«

Dasselbe können wir auch in menschlichen Beziehungen beobachten. Manche Paare bleiben selbst nach vielen Ehejahren körperlich und emotional sehr eng miteinander verbunden. Ich kenne ein Paar, das mich gebeten hat, sie hier nur unter den Namen Dirk und Lola vorzustellen (vermutlich damit sie das später als eine Art perverses Rollenspiel ausleben können), für diese Beschreibung seit ihrem ersten Kennenlernen in ihrer Teenagerzeit zutrifft. Selbst nach mittlerweile zehn Ehejahren scheint es Dirk und Lola schwer zu fallen, zusammen in einem Zimmer zu sein, ohne sich zu berühren. Sie haben »so oft es geht« Sex, was – wenn es nach ihnen ginge – mindestens einmal pro Tag bedeuten würde. Sie sagen beide, dass sie so oft wie möglich versuchen, dem anderen etwas Gutes zu tun. Obwohl sie manchmal auch streiten – nach eigener Aussage können ihre Diskussionen ziemlich heftig werden – bleibt ihr Ziel doch letztlich immer, den anderen so glücklich wie möglich zu machen. Sie sind selbst nach Jahren der Beziehung irgendwie immer noch in den Flitterwochen.

Dirk und Lola können ihre Umgebung neidisch in Bezug auf die Qualität ihrer Beziehung machen (oder auch verrückt – man sollte Menschen außerhalb einer Beziehung nicht mehr als eine bestimmte Menge an glückseliger Zärtlichkeit zumuten!). Am anderen Ende des Spektrums gibt es auch Paare, die scheinbar nur mit Mühe jegliches Mindestmaß an Zusammensein ertragen. Man fragt sich dann oft, wie sie es eigentlich geschafft haben, ihre Beziehung über die Zeit zu retten, da sie doch offensichtlich ohne Bezug zueinander ihre eigenen Leben leben. Bei ihnen sieht man keine gegenseitigen Berührungen – wenn man sie überhaupt einmal zusammen sieht. Sie mögen verheiratet sein, aber sie scheinen nicht aneinander gebunden zu sein. Das ist die Art von Paar, die man meint, wenn man sagt »lieber allein sein als in so einer Beziehung«.

Die Forschung hat gezeigt, dass durch Zärtlichkeiten und sexuelle Handlungen Oxytocin ausgeschüttet wird. Daher stellte sich Charles Snowdon die Frage, ob er in Tamarinpaaren, die in einer besonders liebevollen Beziehung mit mehr Sex und mehr Zärtlichkeiten lebten, größere Konzentrationen von Oxytocin finden würde als in weniger liebevollen Paaren. Die Forscher beobachteten drei Wochen lang das Verhalten von vierzehn Tamarinpaaren und bestimmten die Hormonspiegel in ihrem Urin. Obwohl Oxytocin allgemein als Substanz gilt, die vor allem in Weibchen für die Beziehungen wichtig ist, konnten die Wissenschaftler keinen geschlechtsspezifischen Unterschied der Hormonkonzentrationen feststellen. »Wenn ein Tier eines Paares einen hohen Oxytocinspiegel hatte, dann galt dies auch für das andere«, sagte Snowdon. »Wenn das Weibchen wenig Oxytocin hatte, hatte das

Männchen auch wenig. Die Korrelation innerhalb eines Paares war sehr ausgeprägt.«

Zwischen den Paaren unterschieden sich die Oxytocinkonzentrationen stark; die Unterschiede waren ebenso groß wie die Unterschiede im beobachteten Verhalten. Als die Forscher die Daten unter Einschluss des Verhaltens aufbereiteten, stellten sie fest, dass mehr als die Hälfte der beobachteten Variation der Oxytocinpegel sich durch das Verhalten in Bezug auf körperlichen Kontakt, Fellpflege und Sex erklären ließ. Mit anderen Worten, je mehr ein Paar kuschelte, desto höher waren seine Oxytocinspiegel. Die Umkehrung gilt ebenfalls: je weniger ein Paar kuschelte, desto geringer waren seine Oxytocinspiegel.[6]

Die Wissenschaftler um Charles Snowdon gingen noch einen Schritt weiter. Führten in beiden Geschlechtern dieselben Verhaltenweisen zu der beobachteten Erhöhung des Oxytocinspiegels? Oder bekamen Männchen und Weibchen ihren Hormonschub vielleicht aus ganz unterschiedlichen Berührungen? Als sie ihre Daten genauer analysierten, fanden sie heraus, dass es bei den Weibchen vor allem auf Liebkosungen und Fellpflege ankam, während für Männchen nur eines zählte: Sex.

In den Paaren mit hohen Oxytocinspiegeln arbeiteten beide Partner daran, dass der jeweils andere die Art von Reiz bekam, die er brauchte. Die Männchen begannen mit den Zärtlichkeiten, die ihre Partnerin brauchte, und diese luden ihre Partner zum Sex ein, den das Männchen wollte. Diese Ergebnisse legen den Schluss nahe, dass bei den Geschlechtern unterschiedliche Verhaltensweisen zu hohen Oxytocinspiegeln führen und dass in idealen Beziehungen, wie vielleicht in der von Dirk und Lola, jeder dafür sorgt, dass der andere dass bekommt, was er braucht.

Allerdings führen uns diese Ergebnisse wieder auf ein Henne-Ei-Problem. Nehmen Paare in einer Beziehung auf diese Weise Rücksicht aufeinander, weil sie so hohe Oxytocinkonzentrationen aufweisen? Oder resultieren die hohen Oxytocinkonzentrationen erst daraus, dass sie ihren Partner stets an die erste Stelle setzen? Es ist schwierig, das eindeutig zu klären, aber als ich Charles Snowdon nach seiner Meinung fragte, zögerte er keinen Moment. »Wir konnten das nicht direkt überprüfen«, sagte er. »Aber ich denke, es ist das Verhalten, das die Hormone steuert. In guten Paaren spüren beide, was der Partner braucht. Und indem sie dem Partner geben, was er braucht, steigern beide ihre Oxytocinpegel.«

Er ist überzeugt, dass diese Ergebnisse auch für Menschen relevant sind. »Ich glaube, dass wir dazu tendieren, die die intellektuellen und emotionalen Aspekte einer Beziehung zu über- und die körperliche Seite zu unterschätzen. Affen versöhnen sich über Berührungen und sexuelle Handlungen, wenn die Beziehung durch irgendetwas gestört ist. Richtig küssen und rummachen. Und ich sehe keinen Grund, warum nicht auch bei Menschen körperlicher Kontakt für die Pflege einer Beziehung wichtig sein sollte, wenn es Stress oder eine Art von Entfremdung gibt.« Er machte eine kurze Pause. »Jedenfalls könnte der Versuch nicht schaden.«

Oxytocin und Menschen

Auch in menschlichen Paaren hat man eine Korrelation der Oxytocinpegel beobachtet. Ilanit Gordon von der Yale University untersucht die Oxytocinkonzentrationen in Beziehungen. Nach ihrer Aussage sind die Resultate in Eltern und festen Paaren konsistent. Offensichtlich ist Oxytocin auch für menschliche Beziehungen wichtig.

»Also sollte ich einen Mann auf seinen Ruhe-Oxytocinspiegel untersuchen lassen, bevor ich etwas mit ihm anfange?«, fragte ich sie.

»Nicht unbedingt«, antwortete sie. »Untersuchungen haben gezeigt, dass die Oxytocinpegel in verliebten Partnern korreliert sind. In den ersten Monaten einer Beziehung steigen sie an und sinken dann wieder auf Werte ab, wie wir sie in Eltern sehen. Irgendetwas passiert hier. Wählt ein Mensch einen Partner mit einem ähnlichen Oxytocinwert, wie er selbst hat? Oder synchronisiert die Beziehung die Werte? Vielleicht ist es sogar beides.« Sie machte eine Pause. »Ich glaube nicht, dass ich einen Mann testen lassen würde, bevor ich mit ihm ausgehe. Oxytocin ist nur ein Faktor von vielen. Ich würde mir anschauen, ob er schnucklig ist, bevor ich mit ihm ausgehe. Das würde mir reichen.«

»Anderen würde das vielleicht nicht reichen. Aber falls ich ihn trotzdem testen ließe, wüsste ich natürlich gar nicht, worauf ich schauen muss. Was ist denn ein guter Oxytocinwert?«

»Im Großen und Ganzen liegen Menschen irgendwo zwischen 50 und 1500 Pikogramm pro Milliliter Blut«, antwortete sie.

»Das ist ja ein riesiger Bereich«, gab ich überrascht zurück.

»So ist es«, sagte sie lächelnd.

Ich könnte mich testen lassen. Ich könnte dasselbe von einem potenziellen Partner verlangen. Aber ich werde das Gefühl nicht los, das das nicht viel Sinn hätte. Die Wissenschaftler wissen nicht einmal, ob die Hormone das Verhalten oder das Verhalten die Hormone steuert. Außerdem bestimmt nicht nur das Oxytocin, ob eine Beziehung entsteht oder hält. Die Forscher haben noch jede Menge andere Substanzen entdeckt, die auch wichtige Rollen spielen.

Wie Liebe altert

Wie ich in Kapitel 3 schon erwähnt hatte, konnte Donatella Marazitti nachweisen, dass die romantische Liebe die Konzentrationen von Testosteron, follikelstimulierendem Hormon (FSH) und Cortisol ansteigen ließ.[7] Bei leidenschaftlich Verliebten fand sie außerdem erhöhte Werte des Nervenwachstumsfaktors im Gehirn.[8] Alle diese Veränderungen in der anfänglichen romantischen Phase einer neuen Beziehung waren verschwunden, als man die Paare ein oder zwei Jahre später erneut untersuchte. Die Chemie in unseren Hirnen verändert sich, wenn wir den Übergang aus der ersten Phase der leidenschaftlichen Liebe hin zu einer dauerhaften Beziehung vollziehen.

Helen Fisher und ihre Kollegen vermuten, dass drei unabhängige aber überlappende Systeme im protoreptilischen Gehirn die Liebe koordinieren. Die sexuelle Anziehung ist im Hypothalamus verankert. Die romantische Liebe hat ihren Sitz im ventralen Tegmentum und im Nucleus caudatus, während tiefe emotionale Bindungen mit einer Aktivierung des ventralen Pallidums einhergehen. Alle diese Bereiche funktionieren auf der Grundlage von Dopamin, Oxytocin und Vasopressin – auch wenn ihre Funktionsweise sich im Detail unterscheidet, je nach dem Stadium der Liebe, in dem man sich gerade befindet. Als Helen Fisher und ihre Kollegen ihre Studie durchführten, gaben alle Teilnehmer an, seit ein bis siebzehn Monaten leidenschaftlich verliebt zu sein. Die Messungen wurden nur ein einziges Mal durchgeführt, obwohl man natürlich annehmen könnte, dass die Dauer einer Beziehung zwischen zwei Partnern ein entscheidender Faktor ist, der die Aktivierung aus dem System für die romantische Liebe in das für emotionale Bindungen verschiebt.

Wissenschaftler von der Catholic University of Korea verwendeten fMRI, um den Blutfluss in den Gehirnen von fünf heterosexuellen Paaren zu vergleichen, die nach eigener Aussage leidenschaftlich verliebt waren, und zwar einmal gegen Beginn ihrer Beziehung (innerhalb von einhundert Tagen) und dann etwa sechs Monate später. Ihr Versuchsaufbau ähnelte dem der ursprünglichen Untersuchung von Helen Fisher und ihren Kollegen: Sie scannten die Teilnehmer, während sie Fotos betrachteten, auf denen einmal der geliebte Partner zu sehen war, dann ein enger Freund desselben Geschlechts wie der Partner, dann verschwommene Gesichter und schließlich nur noch ein neutraler Hintergrund ohne Gesicht. Außerdem füllten die Teilnehmer einen Fragebogen aus, mit dessen Hilfe die Forscher messen konnten, wie leidenschaftlich ihre Liebe tatsächlich war.

Wenig überraschend fanden die Forscher heraus, dass die Aktivierungsmuster im Gehirn sich im Laufe der Zeit veränderten. Es zeigte sich, dass der Grad der Leidenschaft dem Partner gegenüber nach sechs Monaten abgenommen hatte. Für den Blutfluss im Gehirn bedeutete das, dass die Aktivierung im Nucleus caudatus deutlich abnahm – einer Region im Belohnungssystem, die bekanntermaßen mit der leidenschaftlichen Liebe zusammenhängt. Nach der Meinung der Forscher beweist diese reduzierte Aktivierung, dass die romantische Liebe sich im Laufe einer Beziehung dynamisch verändert.[9]

Leider endete diese Studie nach sechs Monaten. Welche Veränderungen könnte man wohl nach einem Jahr beobachten? Oder nach zehn Jahren? Zwanzig? Als ich Helen Fisher fragte, ob sich die Gehirnaktivierung ihrer Meinung nach im Laufe der Zeit veränderte, antwortete sie zustimmend. »Beziehungen ändern sich mit der Zeit«, sagte sie. »Ich würde erwarten, dass sich diese Veränderungen auch in den Aktivierungsmustern im Gehirn widerspiegeln.«

Ob man diese Veränderungen wohl in irgendeiner Weise verallgemeinern kann? Immerhin könnte es ja Beziehungen geben, die nicht dazu verdammt sind, in der stillen, warmen Zuneigung zu enden, die durch die Aktivierung des ventralen Pallidums gekennzeichnet sind. Vielleicht funktionieren tolle Beziehungen wie die von Dirk und Lola deshalb so gut, weil es die Partner irgendwie schaffen, die Leidenschaft unabhängig von der Dauer ihrer Beziehung zu erhalten.

Vor kurzem untersuchten Helen Fisher und ihre Kollegen den Blutfluss im Gehirn von Menschen, die von sich selbst sagte, dass sie ihren Partner auch nach Jahrzehnten des Zusammenseins noch intensiv liebten. Sie scannten zehn Frauen und sieben Männer im fMRI, während diese Fotos betrachteten, auf denen entweder ihr langjähriger Partner, ein langjähriger enger Freund, ein guter Bekannter oder ein flüchtiger Bekannter abgebildet waren. Die Forscher fanden heraus, dass die Aktivierungsmuster in den Hirnen dieser dauerhaft Liebenden denen in den Hirnen von Frischverliebten sehr ähnelten; es gab eine starke Überlappung zwischen dieser Untersuchung und der ersten Studie der Gruppe über die romantische Liebe, die 2005 publiziert worden war. Helen Fisher und ihre Kollegen stellten fest, dass bei der langjährigen Liebe dopaminreiche Areale im Belohnungssystem wie beispielsweise das ventrale Tegmentum oder das dorsale Striatum aktiviert wurden; außerdem auch das Pallidum, die Substantia nigra, der Thalamus, die Insula und der Gyrus cinguli. Offensichtlich war es möglich, auch nach Jahrzehnten des Zusammenseins noch Hals über Kopf verliebt zu sein.

Nach dieser Untersuchung verglichen die Forscher die Daten für die Gehirnaktivierung mit Ergebnissen aus einem Fragebogen über Liebe und Beziehungen; dabei fanden sie eine Reihe von interessanten Korrelationen. Die Aktivierung des ventralen Tegmentums und des Nucleus caudatus korrelierte stark mit den Werten für die romantische Liebe aus den Fragebögen. Die Häufigkeit des Geschlechtsverkehrs zeigte wiederum einen Zusammenhang zur Aktivierung des Hypothalamus und des posterioren Hippocampus. Insgesamt deuten die Ergebnisse darauf hin, dass Liebe – heiße, leidenschaftliche Liebe – durchaus über lange Zeit am Leben gehalten werden kann.[10]

Diese Schlussfolgerung ist großartig, ja begeisternd. Aber egal wie optimistisch diese Studie sein mag, sie sagt uns nicht, *wie* diese Paare es geschafft haben, so lange Zeit verliebt zu bleiben. Die Forscher glauben, dass es im Gehirn spezielle Mechanismen gibt, die uns helfen, die Leidenschaft am Leben zu erhalten – die Natur dieser Mechanismen bleibt aber noch zu entdecken.

Weniger Vasopressin, mehr Probleme

Neuere Arbeiten aus dem schwedischen Karolinska-Institut deuten darauf hin, dass auch Vasopressin einen Einfluss auf die Qualität von Beziehungen hat. Ein Team von Wissenschaftlern um Hasse Walum konnte zeigen, dass Männer mit einer bestimmten Variation des Gens, das vermutlich für die Verarbeitung von Vasopressin verantwortlich ist, in monogamen Beziehungen mit höherer Wahrscheinlichkeit Probleme bekamen als andere.

Sie untersuchten die DNA von einigen hundert Personen, die langfristig mit ihrem Partner zusammenlebten (teilweise verheiratet, teilweise auch nicht, aber auf jeden Fall mindestens fünf Jahre lang in derselben Beziehung lebend). Außerdem gaben sie den Teilnehmern und ihren Partnern Fragebögen, auf denen sie über den Zustand ihrer Beziehung Auskunft geben sollten. Die Antworten verglichen sie mit den genetischen Daten. Die Wissenschaftler waren vor allem daran interessiert, ob sie einen Zusammenhang zwischen der Qualität einer Beziehung und Genen in Verbindung mit Vasopressin oder seinen Rezeptoren finden konnten. »Wir hofften, Variationen darin zu finden, wie eng die Beziehung die Teilnehmer mit ihrem Partner verbunden waren«, erklärte mir Hasse Walum. »Unser Ziel war vor allem herauszufinden, ob eine Variation des Gens, das sich in Präriewühlmäusen als so wichtig für die Paarbindungen erwiesen hatte, auch in Menschen das Verhalten beeinflussen konnte.«

Und in der Tat stellten die Forscher genau das fest. Gene sind nicht statisch, sie entwickeln und verändern sich durch Wechselwirkung mit ihrer Umgebung. Das ist ein wesentliches Element der Evolution: Unsere Gene müssen sich durch natürliche Auswahl verändern, indem die Mutationen bevorzugt werden, die uns in unserer sich andauernd ändernden Umwelt einen Überlebensvorteil verschaffen. In Walums Studie zeigte sich, dass Männer mit einer bestimmten genetischen Variante, der so genannten Variante 334 des AVPR1A-Gens, mit höherer Wahrscheinlichkeit unzufrieden in ihren Beziehungen waren. Das AVPR1A-Gen ist das menschliche Analogon des so genannten Monogamiegens in Präriewühlmäusen; es scheint mit der Expression des Vasopressinrezeptors im menschlichen Gehirn und interessanterweise auch mit Autismus zusammenzuhängen, einer Störung also, die sich durch gravierende Schwierigkeiten bei der Bildung von sozialen Beziehungen auszeichnet.[11]

Wenn ein Mann eine Störung in der DNA besaß, die dazu führte, dass sein Chromosom mehr als eine Kopie des entsprechenden Gens enthielt, verdoppelte das die Wahrscheinlichkeit einer Krise in seiner Beziehung im Jahr vor der Befragung. Eine Mutation in einem einzigen Gen – demselben Gen, das in Prärie- und Wiesenwühlmäusen Monogamie ein- und ausschalten kann – hing also mit Problemen in monogamen

Partnerschaften von Männern zusammen. Interessanterweise fand sich bei Frauen keine derartige Korrelation zwischen Gen und Beziehung.

Je mehr diese verschiedenen Stränge der neurowissenschaftlichen Forschung zusammenlaufen, desto deutlicher wird, dass Oxytocin, Vasopressin und Dopamin sowohl für die Entstehung einer Beziehung als auch für ihre Beständigkeit eine entscheidende Rolle spielen. Aber sie sind nicht die einzigen Substanzen, die dabei ihre Finger im Spiel haben. Wie ich bereits in Kapitel 3 angesprochen habe, tischt die Liebe in all ihren Formen einen komplexen Cocktail von Neurochemikalien im Gehirn auf. Aragona und seine Mitarbeiter stellten vor kurzem neue Ergebnisse vor, die zeigen, dass auch eine spezielle Art von Opiatrezeptor für die Dauerhaftigkeit einer Bindung von Bedeutung ist.[12] Höchstwahrscheinlich gibt es noch mehr Substanzen und Rezeptoren, die an sozialen Bindungen beteiligt sind und ihrer Entdeckung harren.

Die Probleme mit den ganzen Hilfsmitteln, die angeblich die Gehirnchemie für die Liebe optimieren sollen, werden ganz offensichtlich, wenn man sich die zahlreichen Unbekannten im Zusammenhang mit diesen Substanzen und ihren gegenseitigen Wechselwirkungen vor Augen führt. Während diese Pillen die Oxytocin-, Testosteron- oder Vasopressinkonzentrationen im Körper und im Gehirn verändern (falls sie dazu wirklich in der Lage sind), beeinflussen sie möglicherweise gleichzeitig andere Substanzen oder Rezeptoren, die für soziale Bindungen vielleicht ebenso wichtig sind. Außerdem können sie im Laufe der Zeit die körpereigene Produktion und die Regulation dieser Stoffe und Rezeptoren beeinflussen. So lange wir die Zutaten dieses neurobiologischen Cocktails nicht besser kennen und verstehen, können wir nie sicher sein, ob solche Veränderungen zu unserem Guten oder zu unserem Schlechten sind.

Leider hat unser Verständnis der Neurochemie unseres Gehirns bislang nicht zu praktischen Ratschlägen geführt, wie wir unsere Beziehungen dauerhaft gestalten können. Es gibt nicht *die* Substanz, *die* magische Formel, die die Liebe auf Dauer sichert. Wenngleich Charles Snowdons Arbeiten mit Tamarinen darauf hindeuten, dass körperliche Nähe für die dauerhafte Erhaltung einer liebevollen Beziehung wichtig ist, ist es doch unwahrscheinlich, dass dies der einzige Faktor ist, der bei menschlichen Beziehungen eine Rolle spielt – obwohl es, wie Snowdon schon sagte, sicher nichts schaden kann, wenn Sie Ihre Bemühungen auf diesem Gebiet verstärken.

9

Mamahirne und Papahirne

abe ich eigentlich schon gesagt, wie sehr ich meinen Sohn liebe? Ich liebe ihn wirklich – ich bin Hals über Kopf und wie verrückt in diesen Jungen verliebt. Egal welches Klischee über die Liebe Sie nehmen – jedes einzelne von ihnen trifft auf mich und was ich für meinen Sohn empfinde zu. Wenn ich erst einmal anfange, von ihm zu erzählen, wie toll er in jeder Hinsicht ist, wie reizend und wie rundum perfekt, dann höre ich wahrscheinlich nicht mehr auf, auch wenn Ihre Augen irgendwann langsam glasig werden und Sie verzweifelt versuchen, das Thema zu wechseln. Ich bin dann völlig durchgedreht. Ich habe schon erwähnt, dass mein Sohn vermutlich »süß« genug ist, sodass er eigentlich verboten gehört – natürlich nicht süß in einem schlüpfrigen Sinn, sondern in dem unwiderstehlichen Sinn, über den Nicolas Read auf jenem ersten Symposium »Gibt es eine Neurobiologie der Liebe?« witzelte.[1]

Bruce McEwen, der Urheber des Sitzungsberichts des Wenner-Gren-Symposiums von 1996, hatte mir erzählt, dass er Reads Spruch über das Verbot der süßen Babys in den Bericht aufgenommen hatte, um die Macht der Bindung zwischen Mutter und Kind zu veranschaulichen und deutlich zu machen, wie wichtig es war, eine solche Erscheinung aus einem biologisch-mechanischem Blickwinkel zu erforschen. Als ich ihm erzählte, dass dieses Zitat eine persönliche Bedeutung für mich hatte, lachte er. »Dieser Satz erinnert mich an eine außergewöhnliche Arbeit von Craig Ferris«, sagte er. »Er bot Rattenmüttern ihre Jungen und Kokain an und stellte fest, dass die Jungen eine viel stärkere Aktivierung im Nucleus accumbens hervorriefen als die Droge. Das ist bemerkenswert und liefert in einem ganz praktischen Sinn eine Begründung für Reads Aussage, weil es zeigt, wie stark die Bindung zwischen den Müttern und ihren Jungen wirklich ist.«[2]

Und sie ist wirklich stark. Ich schäme mich nicht, zuzugeben, dass meine Gefühle für meinem Sohn mit nichts anderem vergleichbar sind, das ich jemals erfahren habe. Sie sind grenzenlos und unverrückbar; eine Macht, mit der man rechnen muss. Sie überraschen mich selbst. Obwohl ich Kinder immer gemocht hatte, gehörte ich nie zu den Frauen, für die ihr Kinderwunsch über allem steht. Ehrlich gesagt hatte ich durchaus zwiespältige Gefühle bei dem Gedanken, Mutter zu sein. Aber als der Junge da war, veränderte sich etwas in mir. Und zwar gründlich.

Dieselben Veränderungen beobachtet man in Ratten. Jungfräuliche Ratten sind nicht versessen auf die Halbstarken. Sie stehen ihnen oft sogar feindlich gegenüber und versuchen, sie zu fressen oder zu töten. Aber wenn sie selbst geworfen haben und ihre Jungen großziehen, geschieht etwas mit ihnen: Das Belohnungssystem in ihren Gehirnen wird tiefgreifend umprogrammiert, sodass die Mütter ihre Kleinen reizvoller finden als selbst eine Dosis Koks. Wer hätte das gedacht.

Craig Ferris, ein Neurowissenschaftler von der Northeastern University, erwähnt in seiner Publikation mehrere Studien, die zeigten, dass Rattenbabys eine positive Verstärkung für ihre Mütter sind. Während sie säugen, tun Rattenmütter alles, um ihrem Nachwuchs nahe zu sein. Wenn sie von einer Versuchsanordnung dazu gezwungen werden, betätigen sie sogar wie wild eine Stange, um ihre Jungen aus einem Spender zu befreien.

Ferris fragte sich, was in den mütterlichen Gehirnen vor sich ging, um solche Auswirkungen zu erzielen. In einer fMRI-Untersuchung konnten er und seine Mitarbeiter zeigen, dass beim Säugen das Belohnungssystem im Gehirn der Mütter aktiviert wurde. Dieselben Hirnareale – darunter das olfaktorische System, der Nucleus accumbens, das ventrale Tegmentum, die Amygdala und der Hypothalamus – zeigen in jungfräulichen Weibchen nach einer Kokaingabe ein sehr ähnliches Aktivierungsmuster. »Wir wussten, dass Kokain in jungfräulichen Weibchen das Belohnungssystem aktiviert. Und in den Müttern aktivierten die Jungen genau dieselben Schaltkreise«, sagte Ferris. »Daher wollten wir nachsehen, ob es zwischen diesen Effekten einen Konflikt gibt. Wir nahmen also die Mütter und gaben ihnen Kokain, um zu sehen, was passiert.«

Und siehe da – als die säugenden Rattenmütter Kokain bekommen hatten und in den Magneten gesteckt wurden, fand sich eine *Unterdrü-*

ckung der Hirnaktivität im Belohnungssystem. »Nicht nur, dass das Kokain das Belohnungssystem in den Müttern nicht aktivierte – es schaltete es ab«, sagte Ferris.

Nach Ferris' Ansicht ist diese Phase im Leben einer stillenden Mutter ausschlaggebend für die Erhaltung der Art. Eine Rattenmutter muss ihre Babys säugen oder sie haben keine Chance. Dieses Verhalten ist entscheidend – so entscheidend, dass es für die Mutter mehr als nur angenehm sein muss; es muss alles andere übertreffen, was der Mutter an angenehmen Ablenkungen über den Weg laufen kann. Nach der Geburt des Nachwuchses und dem Beginn der Stillzeit ist das Mutterhirn so organisiert, dass es alles negativ bewertet, was nicht im Sinn des Nachwuchses liegt, selbst wenn es wie Kokain durchaus Genuss bietet. Die einfache Erfahrung der Nähe zum Nachwuchs wirkt als positive Verstärkung und hilft so, das Funktionsweise des Belohnungssystems im Gehirn in diesem Sinn umzuprogrammieren.

Diese Änderungen bewirken, dass die Babys an erster Stelle stehen. Alles, was die Versorgung der Kinder irgendwie stören könnte, kommt danach. Mich erinnert das an die Aussage meiner Freundin, einer Mutter von drei Kindern, als ich ihr gestand, dass sich meine Ehe nach der Geburt meines Sohnes nicht zum Guten verändert hatte. Vielleicht hatte sie nicht ganz unrecht, als sie mir sagte, dass meine intensiven Gefühle für meinen Mann sich auf meinen Sohn verschieben würden. Die Mutterschaft hat mein Hirn auf eine Weise verändert, die ich mir zuvor nicht hätte vorstellen können. Man spekuliert, dass die Erfahrung der Geburt eines Kindes das Belohnungssystem im Gehirn der Mutter so verändert, dass sie ihre Kinder nicht nur über Alles lieben, sondern die Pflege und Aufzucht der Kinder auch ihr zentrales Interesse ist. Wodurch könnten derartige Veränderungen hervorgerufen werden? Tierexperimente mit Ratten, Schafen und Präriewühlmäusen zeigen, dass wieder unsere alten Bekannten Oxytocin und Dopamin im Spiel sind. Welche Überraschung.

Die Mutterschaft verändert alles

Das Wissen darum, dass die Beziehung zwischen Baby und Mutter eine ganz spezielle ist, scheint uns allen angeboren, egal ob wir selbst Eltern sind oder nicht. Genau wie die romantische Liebe ist auch diese Bindung Stoff unzähliger Romane und Filme und ist sogar Thema in religiösen

Überlieferungen. Auch Sozialpsychologen haben sich schon lange mit der Bindung zwischen Müttern und Kindern sowie ihren Auswirkungen auf die körperliche und geistige Gesundheit des Nachwuchses beschäftigt. Neurobiologische Untersuchungen zu diesem Thema sind dagegen noch relativ jung. Das zugrunde liegende System ist jedoch ebenso alt wie unser protoreptilisches Gehirn.

Sue Carter, eine Pionierin der Erforschung von Oxytocin und Paarbindungen, meint dazu: »Die Mutterschaft ist der biologische Prototyp, der neurale und endokrine Prototyp aller sozialen Beziehungen unter Säugetieren. Die neurobiologischen Mechanismen hinter der Mutter-Kind-Beziehung bei Säugetieren tauchen immer wieder auf. Und ich bin überzeugt, dass Paarbindungen, romantische Liebe, Freundschaft, einfach jede Art von sozialer Beziehung letzten Endes auf die Schaltkreise und Prozesse zurückgehen, die wir in der Mutterbindung beobachten.«

Schon lange bevor Forscherinnen wie Sue Carter die Rolle von Oxytocin in Paarbeziehungen untersucht haben, war bekannt, dass dieses Neuropeptid bei der Mutterschaft eine wichtige Rolle spielt. Physiologisch bringt man Oxytocin mit den Kontraktionen während der Geburt in Zusammenhang, ebenso mit dem schon in Kapitel 3 erwähnten Milchspendereflex. Lange waren die Forscher der Ansicht, damit sei die Rolle des Oxytocins auch schon erschöpfend beschrieben. Bald wurde jedoch klar, dass dieses Neuropeptid auch eine Art kognitiver Brücke zwischen Geist und Körper herstellte. Stellen Sie sich eine stillende Mutter vor, die vielleicht im Wohnzimmer fernsieht oder mit einer Freundin telefoniert, während ihr Baby im Kinderzimmer schlummert. Wenn das Baby aufwacht und schreit, dann beginnt oft innerhalb von Sekunden, nachdem die Mutter das Rufen hört, der Milchfluss in ihrer Brust. Dazu ist weder eine direkte Berührung noch eine andere Form der Interaktion mit dem Kind nötig; das Schreien des Babys reicht vollkommen aus, um diese körperliche Reaktion auszulösen. Aus solchen Beobachtungen wurde schnell klar, dass Oxytocin weitaus mehr kann, als nur die Geburt und das Stillen zu erleichtern. Es stellt auch eine Verbindung zwischen Körper und Psyche her, indem es die Wahrnehmung eines Schreiens mit einer direkten körperlichen Reaktion verknüpft.

Wenn die Forscher Ratten, Hamstern oder Präriewühlmäusen Oxytocininfusionen verabreichten, beobachteten sie mütterliches Verhalten

auch bei Tieren, die gar keine Jungen geworfen hatten. Zusammengenommen zeigen diese Ergebnisse, dass Oxytocin eine zentrale Rolle für
das mütterliche Verhalten zukommt und folglich auch mit der besonderen Beziehung zwischen Mutter und Kind zusammenhängt.

Gute Mütter und ihre Rezeptoren

Es ist bekannt, dass Oxytocinmangel in Nagern zu einer beeinträchtig-
ten sozialen Erkennung, Problemen mit dem räumlichen Erinnerungsvermögen und Schwierigkeiten in Paarbindungen führt.[3] Wenig überraschend findet man ähnliche Resultate auch bei Müttern und ihren Kindern. Immerhin setzt eine besondere Beziehung zwischen einer Mutter
und ihren Kindern voraus, dass die Mutter die Kinder überhaupt erkennen und finden kann; ansonsten hat sie kaum eine Chance, sich angemessen um ihren Nachwuchs zu kümmern. Es zeigt sich jedoch, dass
nicht etwa die Konzentration von Oxytocin im Blut ausschlaggebend dafür ist, ob eine Ratte eine liebevolle Beziehung zu ihren Jungen aufbaut
oder nicht, sondern vielmehr die Zahl von Oxytocinrezeptoren in bestimmten Gebieten ihres Gehirns.

Wie ich in Kapitel 4 skizziert hatte, beeinflusst das mütterliche Verhalten die Expression der Gene im Nachwuchs im späteren Leben und
damit letztlich die Entwicklung seines Nervensystems und das Verhalten der nächsten Generation. Das Verhalten der Muttertiere in diesen
Arten variiert über einen großen Bereich: Es gibt viele Mütter, die ihre
Jungen intensiv lecken, pflegen und verhätscheln (die »Lecker«) und es
gibt andere, die sehr wenig lecken und den Nachwuchs insgesamt eher
vernachlässigen (»Nichtlecker«). Es waren die Epigenetiker Michael
Meaney und Frances Champagne, die sich fragten, welche Veränderungen in den Hirnen hinter diesen beobachteten Variationen im mütterlichen Verhalten steckten.[4]

Meaney, Champagne und ihre Kollegen untersuchten die Gehirne
von Leckern und Nichtleckern genauer. Bei den Leckern fanden sie eine signifikant höhere Dichte von Oxytocinrezeptoren im gesamten Gehirn, vor allem aber in bestimmten Bereichen, die mit Liebe im Zusammenhang standen, beispielsweise in der medialen präoptischen Region,
dem lateralen Septum, dem zentralen Kern der Amygdala, dem Nucleus
paraventricularis im Hypothalamus und dem Bettkern der Stria termi-

nalis. Sie fanden eine ausgeprägte Korrelation zwischen der Zahl der Rezeptoren und der Qualität des Mutterverhaltens. Um den Zusammenhang zwischen der Rezeptordichte und dem Verhalten zu bestätigen, injizierten die Forschen einigen »Leckern« eine Substanz, die die Oxytocinrezeptoren blockierte. In der Folge verschwanden die Unterschiede zwischen den Tieren im Leck- und Pflegeverhalten. Mit anderen Worten: Wenn keine Rezeptoren vorhanden waren, die Oxytocin aufnehmen konnten, wurden alle Rattenmütter zu Nichtleckern.

Vom Standpunkt der Epigenetik aus gesehen sieht es so aus, als würden die Gene von Lecker-Müttern eine besonders hohe Zahl von Oxytocinrezeptoren in bestimmten Gehirnregionen produzieren, die wiederum das typische Lecker-Verhalten fördern. Und was ist mit Dopamin? Die Arbeiten von Craig Ferris hatten gezeigt, dass das Säugen eine Aktivierung des dopaminergen Belohnungssystems im Gehirn bewirkte. Untersuchungen an Mäusen, in denen die Dopaminrezeptoren abgeschaltet worden waren, deuten darauf hin, dass solche Mütter die Fähigkeit verlieren, sich angemessen um ihren Nachwuchs zu kümmern. Könnte Dopamin auch an der Variation des Mutterverhaltens beteiligt sein? In einer Anschlussstudie untersuchten Meaney, Champagne und ihre Kollegen die Bedeutung von Dopamin für das Lecker- bzw. Nichtlecker-Verhalten.

Mithilfe eines in-vivo-Verfahrens mit dem schönen Namen Voltammetrie, mit dem sie die Dopaminaktivität in lebenden Rattenmüttern verfolgen konnten, konnten sie nachweisen, dass die Dopaminneuronen vor allem in der Schale des Nucleus accumbens nicht nur beim Lecken und Striegeln der Jungen in hektische Aktivität verfielen, sondern bereits vorher. Sowohl das Ausmaß als auch die Dauer der Aktivierung hingen eindeutig davon ab, ob die Mutter zu den Leckern oder zu den Nichtleckern gehörte. Lecker-Mütter zeigten eine deutlich stärkere und länger andauernde Aktivierung in der Schale des Nucleus accumbens als Nichtlecker-Mütter. Nach Ansicht der Wissenschaftler könnte diese Tatsache die beobachteten Unterschiede in der Güte der mütterlichen Fürsorge erklären. Die größere und längere Dopaminausschüttung im Belohnungssystem führt ganz einfach dazu, dass die Lecker-Mütter die Sorge für ihre Kinder lustvoller erleben.

In einer neueren Studie konnte Meaneys Arbeitsgruppe eine Verbindung zwischen Oxytocin und Dopamin und den natürlichen Variationen in der mütterlichen Pflege herstellen. Die Rolle des ventralen

Tegmentums für die romantische Liebe wurde schon in einer Reihe von Untersuchungen bestätigt; es scheint außerdem auch Verbindungen zur medialen präoptischen Region und zum Nucleus paraventricularis zu besitzen, Regionen also, die in Lecker-Müttern eine erhöhte Konzentration von Oxytocinrezeptoren enthalten. Das ventrale Tegmentum ist auch mit dem Nucleus accumbens verbunden, der in den Lecker-Müttern verstärkt aktiviert wird. Das Prinzip ist so ähnlich wie in dem alten Spiritual *Dem Bones*, nur muss es hier nicht heißen »das Kniegelenk ist mit dem Oberschenkel verbunden«, sondern »die mediale präoptische Region ist mit dem ventralen Tegmentum verbunden, das ventrale Tegmentum ist mit dem Nucleus accumbens verbunden« usw. Das Prinzip ist hoffentlich klar. Als Meaney und seine Kollegen etwas Oxytocin direkt in das ventrale Tegmentum injizierten, beobachteten sie eine erhöhte Dopaminaktivität im Nucleus accumbens und entsprechend ein intensiveres Lecken und Striegeln der Muttertiere. Als sie die Oxytocinrezeptoren blockierten, fanden sie eine kleinere Dopaminaktivität und ein weniger ausgeprägtes Lecken und Striegeln. Das war die erste Untersuchung, die direkt beweisen konnte, dass Oxytocin auf die Dopaminausschüttung im Hirn einwirkt. Die Oxytocinfreisetzung beim Säugen bewirkt folglich nicht nur einen erhöhten Genuss für die Rattenmutter, sondern führt auch zu einer verbesserten mütterlichen Pflege bei Lecker-Müttern.[6]

Nun kann man diese Ergebnisse natürlich einfach zur Kenntnis nehmen und sagen: »Wunderbar – gute und liebevolle Mütter haben mehr Oxytocinrezeptoren und stärkere Dopaminsignale, also lasst uns beide Werte in allen Müttern nach oben treiben!« Leider ist es nicht ganz so einfach.

»Ich mag diese Unterscheidung ,gute Mutter/schlechte Mutter' nicht so«, erzählte mir Frances Champagne. »Aus der Sicht der Evolution ergibt das keinen Sinn. Es ist nicht grundsätzlich gut oder schlecht, von einer Nichtlecker-Mutter aufgezogen zu werden. Es bereitet die Jungen nur unterschiedlich auf die Fortpflanzung und ihre Umgebung vor.« Oder wie es Moshe Szyf, ein weiterer führender Epigenetiker, ausdrückte: »Wenn das Genom die Hardware und das Epigenom die Software ist, dann ist die Mutter die Programmiererin. Ihr Verhalten sagt dem Nachwuchs, welche Umgebung er zu erwarten hat.« Obwohl in beiden Fällen teilweise dieselben Systeme beteiligt sind – sowohl was das Nervengerüst angeht als auch im Hinblick auf die Neutrotransmitter –, hat das Lecken und Striegeln während einer einwöchigen Stillzeit doch wenig mit dem zu tun, was wir Menschen unter Mutterliebe verstehen. Ob wir wohl in Tieren, deren Verhalten dem menschlichen ähnlicher ist, dieselbe mütterliche Neurobiologie beobachten können?

Die Neurobiologie von Pflegeeltern

Präriewühlmäuse haben ein grundsätzlich anderes Verständnis von ihrer Elternrolle als Ratten. Sie sind alloparental, d. h. alle sind an der Aufzucht des Nachwuchses beteiligt. Sie scheinen instinktiv zu wissen, dass man ein ganzes Dorf braucht, um eine kleine Wühlmaus großzuziehen, und so beteiligen sich Väter, Brüder und Schwestern gleichermaßen. In einem Bau leben häufig eine Mutter, ein Vater und mehrere unterschiedlich alte Würfe gemeinsam. Junge, noch nicht geschlechtsreife Weibchen zeigen häufig mütterliches Verhalten, engagieren sich bei der Fellpflege der Babys oder holen sie von Ausflügen aus dem Nest zurück; allerdings findet man diese Art der spontanen elterlichen Fürsorge nur bei ungefähr jedem zweiten Weibchen. Anscheinend bestimmt die Umgebung, ob ein Weibchen eine geborene Pflegemutter ist – Wühlmaus-Weibchen, die nach der Entwöhnung im Nest bleiben und ihren Vater um sich haben, sind mit deutlich höherer Wahrscheinlichkeit in dieser Weise teilnehmend.

Aber auch Oxytocin ist wichtig. Eine einzige Oxytocingabe 24 Stunden nach der Geburt kann Präriewühlmaus-Mütter ihrem Nachwuchs gegenüber deutlich aufmerksamer und liebevoller machen. Da die Dichte von Oxytocinrezeptoren im Nucleus accumbens sich von Tier zu Tier stark unterscheidet (jedenfalls wurde das in Ratten so beobachtet), spekulierten Larry Young und seine Kollegen, dass eine größere Zahl von Rezeptoren mit einer größeren Neigung zu Pflegeelternverhalten in jungen Weibchen korreliert sein könnte. Um diese Hypothese zu prüfen, benutzte Young, ein Neurowissenschaftler von der Emory University, der soziale Bindungen untersucht, einen viralen Vektor, um die Produktion von Oxytocinrezeptoren in dieser Region zu erhöhen. Überraschenderweise fand er keinen Unterschied zwischen den so behandelten Tieren und einer Kontrollgruppe. Das Leben ist eben nie so einfach, wie es scheint. Ganz offensichtlich hat Oxytocin bei der Steuerung des mütterlichen Verhaltens seine Finger im Spiel, aber wie genau das bei Präriewühlmäusen geschieht, ist noch unklar.[7]

Und bei Menschen?

Ratten und Präriewühlmäuse dienen Neurowissenschaftlern als Modelle, als Hilfsmittel, mit dessen Hilfe sie untersuchen können, wie Neurochemikalien das Verhalten beeinflussen. Aber sie sehen dabei dasselbe Verhalten wie bei Menschen. Menschen haben keine ganzen Würfe an Nachkommen, meist begnügen sie sich mit einem Kind zu einer Zeit. Grundsätzlich kann man sich schon vorstellen, dass auch Menschen von Natur aus unterschiedliche Ansätze haben, wie sie ihre Elternrolle ausfüllen. Es gab schon verschiedene Studien an Schafen und Rhesusaffen, bei denen man enge Bindungen der Muttertiere an ihre Jungen vorfindet, die zeigten, dass Oxytocin eine wichtige Rolle bei der Erkennung des Nachwuchses spielt. Außerdem wurden dabei unterschiedliche Ansätze beobachtet, wie die mütterliche Pflege ausgeführt wurde. Wie genau das Oxytocin durch die Umgebung oder andere Faktoren geregelt wird und wie es das Gehirn verändert oder andere Substanzen beeinflusst, muss noch untersucht werden.

Was können wir angesichts dieser Einschränkungen aus den Tiermodellen über das menschliche Verhalten lernen? Das kommt ganz darauf an, wen man fragt. Als ich Frances Champagne fragte, wie gut sich ihrer Meinung nach die Ergebnisse zwischen verschiedenen Arten übertragen ließen, antwortete sie vorsichtig optimistisch. »Ich denke, es gibt deutliche Hinweise darauf, dass zumindest im Grundsatz dieselben Prozesse auch in Menschen ablaufen«, sagte sie. »Allerdings liegt der Teufel wie immer im Detail, wenn wir genau wissen wollen, wie das alles funktioniert.«

Und es gibt noch eine Menge Details, die zu klären und zu erforschen sind. Anstatt sich auf Tiermodelle zu verlassen, versuchen viele Neurowissenschaftler inzwischen, die Wirkungen von Oxytocin und Dopamin direkt in Menschen zu studieren. Ruth Feldman, eine Psychologin von der Bar-Ilan-Universität in Israel, untersuchte Korrelationen zwischen den Oxytocinwerten und dem Verhalten von Frauen während der Schwangerschaft und nach der Geburt. Sie bestimmten die Oxytocinkonzentrationen im Plasma von mehr als 60 schwangeren Frauen im ersten und letzten Schwangerschaftsdrittel sowie innerhalb eines Monats nach der Geburt. Außerdem beobachteten sie die Frauen, wie sie mit ihren Kindern umgingen, wobei sie besonders auch Augenkontakte, emotionale Reaktionen, Berührungen und sprachliche Interaktion registrierten. Die Frauen mussten einen umfangreichen Fragebogen zu ihren Gefühlen und ihrem Verhalten ausfüllen. Als die Forscher ihre Daten auswerteten, erlebten sie eine Überraschung. Die Oxytocinwerte der Mütter blieben während der Schwangerschaft und nach der Geburt stabil. Wie erwartet sagten hohe Oxytocinwerte eine starke Bindung zwischen Mutter und Kind nach der Geburt vorher, mit allem, was dazu gehört: viel Kuscheln, Aufmerksamkeit und Zuneigung. Diese Oxytocinwerte lagen aber schon lange vor, bevor die Mutter das Neugeborene erstmals erblicken konnte.

Wegen dieser Stabilität der Oxytocinwerte während der gesamten Schwangerschaft sowie danach ist es möglich, aus den Werten einer Frau schon zu Beginn der Schwangerschaft vorherzusagen, wie die Mutter sich später ihrem Baby gegenüber verhalten wird. Noch einmal ganz deutlich: Schon im ersten Schwangerschaftsdrittel, lange bevor eine Mutter ihr Kind stillen oder auch nur ansehen kann, legt Oxytocin durch subtile Veränderungen im Gehirn die Grundlage dafür, wie fürsorglich die Mutter später mit ihrem Kind umgehen wird. Welche Veränderungen können das sein? Niemand weiß es genau, aber mit einiger Wahrscheinlichkeit spielen hier eine Vielzahl von Prozessen und neuroaktive Substanzen eine Rolle, darunter auch Östrogen, Progesteron und Oxytocin.[8]

Bildgebende Verfahren und Mutterliebe

Verschiedene Forscher haben auch die Mutterliebe mithilfe von bildgebenden Verfahren untersucht. Semir Zeki führte die Idee seiner ursprünglichen Studie über die romantische Liebe fort und verglich die romantische Liebe mit der Liebe einer Mutter zu ihrem Kind. Seine Hypothese war, dass in beiden Fällen ähnliche Gehirnareale aktiviert würden. Erneut verwendete er visuelle Reize für seinen Versuch. Er zeigte zwanzig Müttern Bilder ihrer eigenen Kinder (im Alter von neun Monaten bis zu dreieinhalb Jahren), von vertrauten anderen Kindern im selben Alter, den Partnern der Frau, Personen, die sie nicht mochten, unbekannten Kindern und unbekannten Erwachsenen. Sie hatten die Anweisung, die Fotos ruhig und entspannt zu betrachten, während die Wissenschaftler den Blutfluss in ihren Gehirnen mithilfe des fMRI-Scanners registrierten.[9]

Es zeigte sich, dass beim Betrachten der Bilder ihrer eigenen Kinder der Blutfluss in der Substantia nigra, dem dorsalen und ventralen Striatum, dem Thalamus und Teilen des präfrontalen Kortex deutlich erhöht war. Es ist bemerkenswert, dass diese Regionen zahlreiche Oxytocin- und Vasopressinrezeptoren sowie dopaminerge Neuronen besitzen. Außerdem – Sie haben es sicher schon bemerkt – zeigt sich hier auch eine gewissen Überlappung mit den Regionen, die auch für die romantische Liebe zuständig sind. Aus diesen Ergebnissen schloss Semir Zeki, dass die Liebe – sowohl die romantische als auch die Mutterliebe – einem Push-Pull-Mechanismus folgt. Das bedeutet, dass die dabei auftretende Aktivierung spezifischer Gehirnareale unsere Urteils- und Bewertungsfähigkeit herabsetzt. Mit anderen Worten, wir sehen unsere Lieben – seien es Kinder oder Partner – durch eine rosarote Brille. Genau darauf spielte Nicolas Read mit seinem Scherz über die »süßen« Babys an. Es führt kein Weg an der Erkenntnis vorbei, dass das eigene Baby einfach unwiderstehlich ist. Ein brüllendes, stinkendes, auf- und auszehrendes kleines Wesen, ja –aber trotzdem einfach unwiderstehlich.

Ich übertreibe keineswegs, wenn ich sage, dass kein Kind so großartig ist wie mein Sohn. Mein Verstand sagt mir, dass das so ist. Und wenn meine Freundin Alison behauptet, ihr Sohn sei der allerbeste, dann hat sie auch recht. Selbst wenn wir mit eindeutig gegensätzlichen Beweisen konfrontiert werden, fühlen – nein, *wissen* – wir, dass unsere Kinder die besten sind. Wenn wir diesen eingebauten Push-Pull-Mechanismus nicht hätten, wenn wir nicht instinktiv wüssten, wie »süß« unser eigenes Kind ist, dann kämen wir womöglich auf die Idee, sie nicht mehr zu ernähren oder sie am Straßenrand stehen zu lassen, wenn sie auf dem Weg zum Haus der Oma zum tausendsten Mal fragen »Sind wir bald da?«. Diese neurobiologische Verschiebung unserer Urteilsvermögens führt in Kombination mit der Dopaminschwemme im Belohnungssystem dazu, dass wir eine stabile, dauerhafte Bindung mit unseren Kindern aufbauen können.

Ellen Leibenluft, eine Wissenschaftlerin vom National Institute of Mental Health, führte eine ähnliche Untersuchung auch mit Müttern von älteren Kindern durch. Sie ließ die Mütter jedoch eine einfache kognitive Aufgabe durchführen, während sie im fMRI-Scanner die Fotos betrachteten; die Teilnehmerinnen mussten dann sagen, ob das Fotos, das sie gerade betrachteten, dasselbe war, das sie zuvor schon betrachtet hatten. Sie beobachtete ein ähnliches Aktivierungsmuster wie Semir

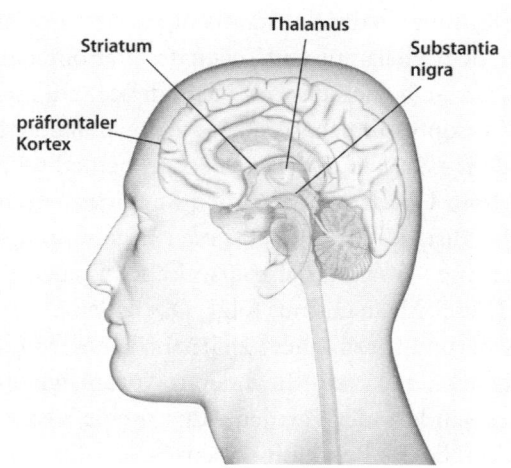

Einige der in Semir Zekis Studie über die Mutterliebe aktivierten Regionen.
Illustration: Dorling Kindersley.

präfrontaler Kortex

Striatum

Thalamus

Substantia nigra

Zeki in seiner Studie, zusätzlich aber auch eine Aktivierung im para-anterioren und posterioren Gyrus cinguli sowie im Sulcus temporalis superior. Ob diese Unterschiede damit zusammenhängen, dass die Kinder schon älter waren, oder mit der Aufgabe, die die Teilnehmerinnen bearbeiten mussten, während sie die Bilder betrachteten, ist unklar. Es ist aber immerhin möglich, dass beim Umgang mit Kleinkindern andere Gehirnregionen involviert sind als beim Umgang mit älteren Kindern.[10]

Babygeschrei

Fotos sind schön und gut, aber Babys haben noch andere Mittel, die Aufmerksamkeit ihrer Mütter zu erringen, beispielsweise Schreien. Warum sollte ein Geräusch, das meine Brüste innerhalb von Sekunden dazu bringt, Milch abzusondern, nicht auch ein spezifisches Aktivierungsmuster im Gehirn bewirken können, wenn ich es in einem fMRI-Scanner höre? James Swain von der Yale University führte das entsprechende Experiment durch. Er verfolgte den Blutfluss im Gehirn von neun Erstgebärenden einige Wochen nach der Geburt ihrer Kinder mittels fMRI, während er ihnen vom Band entweder das Geschrei ihres eigenen oder das eines anderen Kindes vorspielte. Sie stellten fest, dass das Schreien des eigenen Kindes eine Aktivierung in vielen der Areale bewirkte, die mit der Liebe im Zusammenhang stehen, beispielsweise den Basalganglien, dem Gyrus cinguli, der Amygdala und der Insula. Als sie dieselben Mütter drei Monate später erneut untersuchten, fanden die Wissenschaftler in der Amygdala und der Insula keine Aktivierung mehr. Nach Ansicht von James Swain könnte diese Veränderung des Aktivierung ein Zeichen für die gewachsene Vertrautheit sein. Das klingt plausibel, denn gerade auf frischgebackene Eltern wirkt der Schrei des Kindes wie ein Alarmsignal. Die ersten Wochen zu Hause mit meinem Sohn verbrachte ich in heller Aufregung; ich las jedes erreichbare Buch über Babys und durchsuchte jede einzelne Website zu Babythemen, um eine Hilfestellung zu bekommen, wie ich seine Signale zu interpretieren hätte. Mit der Zeit wurden mir seine Laute, seine Eigenheiten und sein innerer Zeitplan vertraut und meine Furcht nahm ab. Nach Swains Meinung erklärt dies die Veränderung der Aktivierungsmuster.[11]

Madoka Noriuchi von der Toyko Metropolitan University untersuchte ebenfalls die Aktivierungsmuster in Frauen als Antwort auf das Geschrei eines Babys, aber mit einem entscheidenden Unterschied. Sie verfolgte den Blutfluss in den Gehirnen der Frauen, während sie ihnen stumme Videosequenzen vorspielte, in denen ein Baby entweder nach seiner Mutter schrie oder sie anlächelte. Diese Videos repräsentieren nach Meinung der Forscher zwei grundlegende Verhaltensweisen von Babys, mit denen sie die Bindung zwischen sich und der Mutter fördern und verstärken können. Die Wissenschaftler verglichen sowohl die Wirkung des jeweils eigenen und eines fremden Babys in den Videos auf die Frauen als auch den Unterschied zwischen Lachen und Weinen. Sie beobachteten, dass die Betrachtung des eigenen Kindes eine Aktivierung im orbitofrontalen Kortex, der anterioren Insula und Teilen des Putamens bewirkte. Wenn das eigene Kind unglücklich war und weinte, wurde außerdem der Nucleus caudatus, der anteriore und posteriore Gyrus cinguli, der Thalamus, die Substantia nigra und der posteriore Sulcus temporalis superior aktiviert. Die Videos eines weinenden Kindes erzeugte nicht nur ein verändertes Aktivierungsmuster, sondern insgesamt eine stärkere Aktivierung. Die Autoren werteten das als Zeichen, dass das Gehirn sehr damit beschäftigt ist, die Signale des Kindes aufzunehmen und zu verarbeiten, damit die Mutter lernen und schließlich die zahllosen Anforderungen erfüllen kann, die mit der Fürsorge für ein Kind verbunden sind.[12]

Die zahlreichen Untersuchungen zur Mutterliebe, der romantischen Liebe oder allgemein über Oxytocin oder Dopamin überlappen zu einem

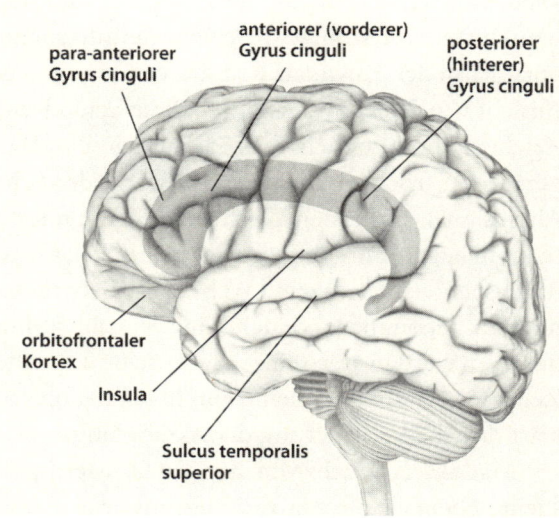

para-anteriorer Gyrus cinguli

anteriorer (vorderer) Gyrus cinguli

posteriorer (hinterer) Gyrus cinguli

orbitofrontaler Kortex

Insula

Sulcus temporalis superior

großen Teil. Bei jeder einzelnen dieser Untersuchungen kann man sich fragen »Wozu ist das gut?«, erklärte mir Stephanie Ortigue, die auch die erwähnten Studien über die Mutterliebe in ihre neurowissenschaftliche Meta-Analyse der Liebe aufgenommen hatte. Aber obwohl wir wissen, dass in den verschiedenen Versuchsanordnungen zur Untersuchung der Liebe viele Regionen im Gehirn aktiviert werden, und obwohl die Resultate sich teilweise auch wiederholten, ist es immer noch sehr schwierig, genau zu sagen, was die verschiedenen Hirnareale eigentlich machen und wie sie kooperieren, um die Bindung zwischen Mutter und Kind zu schmieden. Es ist sogar schwer zu sagen, ob sich die Bindung zur Mutter wesentlich von einer anderen Art der Bindung unterscheidet.

Diese Unsicherheiten haben dazu geführt, dass manche Wissenschaftler einen Schritt zurück gegangen sind. Vielleicht müssen wir, um die Gehirnaktivierung im Zusammenhang mit der Mutterliebe verstehen zu können, erst einmal genauer verstehen, welche Änderungen die Mutterschaft im Gehirn insgesamt bewirkt. Denken Sie an all die körperlichen Veränderungen in der Schwangerschaft. Der immer dickere Bauch und das festere, voluminösere Haar sind nur die äußeren Zeichen. Viele Schwangere erzählen auch Gruselgeschichten von größeren Nasen oder Füßen. Auf jeden Fall sind sich wohl alle Mütter einig, dass eine Schwangerschaft den ganzen Körper angeht. Warum also sollte es nicht auch Veränderungen im Gehirn geben?

»Untersuchungen an Tieren deuten darauf hin, dass es wirklich Veränderungen im Gehirn gibt, vor allem in der Phase direkt nach der Geburt. Diese Veränderungen sind mit einem Wachstum des Gehirns verbunden«, erläuterte mir Pilyoung Kim, damals ein Postdoc an der Yale University. »Natürlich sind das lokale Veränderungen – manche Regionen im Hirn wachsen, andere bleiben unverändert. Man vermutet, dass alle Veränderungen um diese Zeit eine wichtige Rolle für die Entwicklung des Verhaltens während der Aufzucht des Nachwuchses spielen.«

Die wichtigste dieser Verhaltensweisen ist Zuneigung oder Liebe. Allerdings gehört zu guten Eltern mehr als nur Liebe. Eltern müssen sich kümmern, Probleme lösen, lernen – ob das nun bedeutet, den Klang von Schreien unterscheiden zu könne, Gefahren zu vermeiden oder eine überquellende Windel zu wechseln, ohne sich dabei die frisch gewaschene Bluse einzusauen. Die allgemeine Meinung ist, dass frischgebackene Mütter nicht sehr clever sind. Oft spricht man vom »Mutterhirn«, und wenn ich an den Schlafmangel und die veränderten Prioritäten in dieser Zeit denke, dann verstehe ich auch, wo diese Meinung herkommt. Untersuchungen an Tieren geben aber keine Hinweise, dass Mütter irgendwie dümmer sind. Bei Nagetieren finden Mütter schneller durch Labyrinthe, machen mehr Beute als Nichtmütter und schlagen diese auch bei den unterschiedlichsten kognitiven und Gedächtnisaufgaben.

Allerdings beurteilt auch niemand eine Katze danach, ob sie schon wieder die Einkäufe über Nacht im Auto vergessen oder zum dritten Mal in einer Woche ihren Schlüssel verlegt hat. Was ist das »Muttergehirn« also wirklich? Pilyoung Kim und ihre Kollegen beschlossen, das herauszufinden. Sie untersuchten die Veränderungen in den Gehirnen von neunzehn Müttern einige Wochen nach der Geburt und noch einmal drei Monate später. Sie beobachteten eine Vergrößerung des präfrontalen Kortex, der Parietallappen und zahlreicher Regionen im Mittelhirn. Wenn die Mütter ihre Babys sehr positiv sahen, waren auch der Hypothalamus, die Amygdala und die Substantia nigra vergrößert. Diese Entdeckung ist faszinierend: Eine positive Wahrnehmung der Mutterschaft führte zu einer Vergrößerung bestimmter Hirnareale! Diese Tatsache stützt nach Kims Ansicht die Argumentation, dass die Interaktion mit dem Baby – ein Umweltparameter – ebenso wichtig ist wie alle biologischen Veränderungen während der Schwangerschaft und der Geburt.[13] »Hormonelle Veränderungen spielen natürlich während der Schwangerschaft eine große Rolle, vor allem gegen Ende, kurz vor

Pilyoung Kim und ihre Mitarbeiter fanden in Müttern einige Wochen nach der Geburt eine Volumenzunahme im präfrontalen Kortex, den Parietallappen und vielen Bereichen des Mittelhirns. Wenn die Mütter ihren Kindern positive Gefühle entgegenbrachten, waren auch der Hypothalamus, die Amygdala und die Substantia nigra vergrößert.
Illustration: Dorling Kindersley.

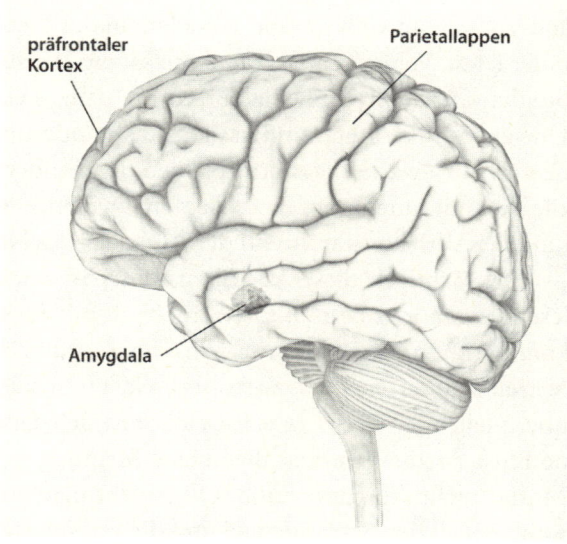

und nach der Geburt«, sagte sie. »Es gibt Hinweise darauf, dass die Oxytocin- und Östrogenwerte kurz vor der Geburt eines Kindes alle nach oben gehen und dass das dem Gehirn der Mutter hilft, sich so zu verändern, dass sie das Kind positiv und lohnend wahrnimmt und nicht abwehrend. Aber nach der Geburt helfen auch das Spielen und die Interaktion mit dem Kind, diese Veränderungen weiterzuführen.«

Pilyoung Kim vertritt die Meinung, dass sowohl die Anlagen als auch die Umwelt an diesen Veränderungen im Gehirn beteiligt sind. Die spezifischen Größenänderungen deuten auf eine verbesserte Fähigkeit zur Verarbeitung von äußeren Reizen, eine leistungsfähigere höhere Kognition und einer größere Genussfähigkeit für die dopaminvermittelten Freuden der Liebe hin. Aber sind diese Veränderungen wirklich nötig, nur um ein Neugeborenes pflegen und aufziehen zu können? Als ich Kim fragte, wie lange diese Veränderungen anhielten, zögerte sie. Schließlich sagte sie: »Wir wissen es nicht. Es kann sein, dass die Veränderungen anhalten, so lange die Erziehung der Kinder ein wesentlicher Teil des Lebens ist. Aber ich kann mir auch vorstellen, dass das Gehirn neue Veränderungen durchmacht, sobald die Erziehung nicht mehr der zentrale Inhalt des Lebens ist.«

Die Gehirne der Väter

Bis jetzt habe ich die Diskussion auf die Mütter beschränkt, einfach weil das Hauptaugenmerk der Forschung zu diesen Themen auf ihnen liegt – obwohl ich zugeben muss, dass ich vielleicht auch einfach voreingenommen bin, weil ich selbst eine Mutter bin. Immerhin war meine körperliche Investition in die Geburt unseres Sohnes etwas zeitraubender (und vor allem mit dauerhafteren Folgen verbunden, wenn ich nur an die Schwangerschaftsstreifen denke) als die meines Mannes; daher neige ich zu Spott, wenn ich Männer von »Parallelschwangerschaften« oder »Sympathieschmerzen« oder ähnlichem sprechen höre. Ich kann nicht anders. Da die Schwangerschaft meinen Körper in so vielerlei Weise verändert, scheint es nur plausibel, dass sie auch mein Gehirn beeinflusst. Aber ich kann mir nur schwer vorstellen, dass das auch das Gehirn des Vaters betrifft. Trotzdem beginnt die Wissenschaft, Hinweise zu finden, dass auch die Gehirne von Männern sich verändern, wenn sie Vater werden (oder mit der Betreuung der Kinder betraut werden). Das sind vielleicht nicht dieselben Veränderungen wir in den Gehirnen der Mütter (ich bin geneigt hinzuzufügen: nicht einmal annähernd), aber es sind trotzdem Veränderungen.

Wie schon erwähnt sind Präriewühlmäuse alloparental: außer Mütter und Vätern engagieren sich auch die Geschwister in der Erziehung. Manche jungfräulichen Weibchen sind etwas zögerlich, wenn sie es mit Babys zu tun haben, aber die noch nicht geschlechtsreifen Männchen bekommen durch den Kontakt mit den Kleinen einen regelrechten Oxytocinschub. Der wiederum führt dazu, dass sie schneller Paarbindungen eingehen und später fürsorglichere Väter werden. Wenn die grundlegende Hypothese stimmt, dass Oxytocin einige dieser Veränderungen im Gehirn steuert, dann entfaltet es vermutlich auch in Männerhirnen seine Magie.

Als Ruth Feldman die Oxytocinwerte während der Schwangerschaft und nach der Geburt untersuchte, beschränkte sie sich nicht nur auf die Mütter. Sie registrierte die Konzentrationen sowohl in frischgebackenen Müttern als auch in den zugehörigen Vätern kurz nach der Geburt und dann noch einmal drei Monate später. Und auch hier ließ sie das Verhalten beider Eltern von trainierten Beobachtern beobachten. So gelangte sie zu einigen interessanten Erkenntnissen. Erstens gleichen die Oxytocinwerte der Väter denen ihrer Partnerinnen bis aufs Haar. Die Geburt

und die Stillzeit drückten die Werte der Mütter nach oben, aber irgendetwas bewirkte in den Vätern denselben Effekt, ganz ohne PDA. Verdammt unfair, wie ich finde.

Zweitens hatten die Eltern nicht nur ähnliche Oxytocinwerte, sondern diese korrelierten mit geschlechtsspezifischen Erziehungsstilen.
Mütter mit hohen Oxytocinwerten kuscheln und schauen ihre Baby
sehnsüchtig an. Väter mit ähnlichen Werten sind verspielter und anre-
gender, ermutigen die Babys zu Erkundigungen und zum Erforschen
von Spielzeugen. Ist das nun Biologie oder ein gesellschaftlicher Einfluss? Niemand weiß es. Immerhin sieht es sehr danach aus, dass Oxytocin die Gehirne von Müttern und Vätern in vielfältiger Weise verändert
– und zwar immer so, dass dadurch verschiedene Erziehungsstile ermöglicht werden.[14]

Diese Resultate in Bezug auf den Erziehungsstil wurden bestätigt,
als Ruth Feldman und ihre Kollegen die Oxytocinwerte in Müttern und
Vätern mit vier bis sechs Monate alten Kindern bestimmten, nachdem
sie eine Viertelstunde mit ihnen gespielt hatten. Wieder korrelierten die
Werte sehr gut innerhalb der Paare. In übermäßig zärtlichen Müttern
fanden sie einen deutlichen Höcker in den Oxytocinwerten nach der
Spielrunde. Bei Vätern fand sich dieser Höcker nur dann, wenn das Spiel
körperbetont und lebhaft war – eher die wilde und ausgelassene Variante. Und wie epigenetische Untersuchungen gezeigt haben, können solche frühkindlichen Erfahrungen die neurobiologische Entwicklung in
Bezug auf Liebe und Zuneigung formen.[15]

Es sagt sich leicht – vor allem, wenn man Mutter ist –, dass die Bindung zwischen Mutter und Kind etwas ganz Besonderes ist, dass das
Mutterhirn nach der Geburt gerade die richtige Grundlage bietet, auf
der sich eine einzigartige und liebevolle Bindung entwickeln kann, die
man sonst nirgendwo findet. Das soll die Rolle des Vaters nicht herabsetzen, ebenso wenig wie die einer Großmutter, von Adoptiveltern oder
vielleicht auch eines Onkels oder von Geschwistern. Letztlich ist es ganz
gleich, wer dem Kind Liebe und Fürsorge bietet – sein Gehirn wird Veränderungen erfahren, die mithelfen, diese Bindung zu etablieren und zu
stabilisieren.

Als ich mit Karen Bales sprach, der Neurowissenschaftlerin von
der University of California in Davis, die die Mutterbindung in verschiedenen Arten untersucht hatte, fragte ich sie auch, ob die Liebe einer
Mutter neurobiologisch etwas Besonderes sei. Sie fragte zurück, ob

ich über die Erziehungsmethoden bei den Lisztaffen (*Callicebus cupreus*) Bescheid wisse, einer Affenart, die sowohl monogam als auch alloparental lebt. Ich musste zugeben, dass das nicht der Fall war. »Im Wesentlichen findet man bei den Lisztaffen eine selektive Bindung der Babys an den Vater, nicht an die Mutter«, erklärte sie mir. »Wenn sie vom Vater getrennt werden, geraten sie unter Stress. Sie gehen zu ihren Vätern, um sich trösten zu lassen. Ich glaube, das Prinzip ist einfach, dass wir eine besondere Bindung zu demjenigen entwickeln, mit dem wir während des Aufwachsens am meisten Kontakt haben und der uns tröstet, und das spiegelt sich in irgendeiner Form im Gehirn wider. Bei den meisten Arten ist das in der Regel die Mutter, aber es gibt keinen Grund anzunehmen, dass man dieselbe Art von Bindung nicht auch zu jedem andern haben könnte, der für die Pflege zuständig ist.«

Ich erkannte, dass das einen Sinn ergab. Wir wissen schließlich, wie wichtig die Umwelt dafür ist, eine soziale Bindung herzustellen und zu erhalten. Was nun die Elternschaft angeht, so ist ein Baby nicht einfach nur Nachwuchs, sondern es ist sein eigener Lernverstärker. Unsere Interaktion mit einem Kind spielt eine Rolle für viele der Veränderungen im Gehirn, die wir bei Eltern beobachten. Bei einem Paar in einer festen Beziehung können sich die Gehirne so verändern, dass die Mütter und Väter jeweils ihre eigenen Erziehungsstile entwickeln. Ebenso einfach kann man aber auch argumentieren, dass sich dieselbe (oder zumindest eine ähnliche) Arbeitsteilung der Gehirne auch in einer Situation mit zwei Müttern (oder zwei Vätern, einer Mutter und einer Großmutter, einem Vater und einem Onkel oder was immer es an familiären Konstellationen geben mag) einstellen wird. Nach dem, was wir über die Plastizität des Gehirns wissen, gibt es überhaupt keinen Grund zu der Annahme, dass die Erfahrung der Erziehung die Gehirne von Adoptiv-, Stief- oder Pflegeeltern nicht ebenso verändert. Das einzige, was wir mit Sicherheit sagen können, ist dass es noch viel zu erforschen gibt. Manchmal macht es wirklich den Eindruck, dass die Forschung immer wieder mehr neue Fragen als neue Antworten liefert.

Zum gegenwärtigen Zeitpunkt steckt die Neurobiologie der Erziehung genau wie die von Liebe und Sex noch in den Kinderschuhen. Viele Fragen in Bezug auf die Veränderungen des Gehirns durch die Elternschaft und durch welche neurochemischen Systeme sie bewirkt werden sind noch gar nicht gestellt, viele Antworten noch offen.

Ehrlich gesagt ist es ziemlich egal, was die Neurowissenschaftler noch herausfinden werden – sie werden meine Meinung über meine eigene Mutterschaft nicht verändern können. Ganz gleich wie elegant oder raffiniert ihre Studien auch sein mögen, sie werden nichts daran ändern, wie sehr ich meinen Sohn vergöttere. Wie schon gesagt sind meine Gefühle an diesem Punkt unveränderbar (und wenn Semir Zeki recht hat, werden sie von einem Push-Pull-System zwischen meinen Frontallappen und dem Belohnungssystem in meinem Gehirn gestützt). Was auch immer die Zukunft auf diesem Gebiet bringen wird, für mich wird mein Kind immer so süß bleiben, dass es eigentlich verboten gehört. Tief in meinem Herzen werde ich immer wissen, dass die Bindung zwischen uns einzigartig ist. Uns das ist mehr als genug für mich.

10

Es hilft alles nichts:
Wir sind süchtig nach Liebe

enn Sie das Radio anschalten, egal zu welcher Uhrzeit, dann läuft mit hoher Wahrscheinlichkeit gerade ein Liebeslied. Egal ob Sie auf Oper stehen, auf Metal oder auf Alternative Rock – die Liebe ist häufiger in Liedern verewigt als jedes andere Thema, unabhängig vom Genre. Obwohl jedes Lied über die Liebe seine eigene Qualität hat, gibt es bei den besungenen Themen doch viele Überlappungen. Ein immer wieder auftauchendes Thema ist das der Liebe als Sucht. *Your love is my drug. I can't kick the habit. In don't know why I can't get enough of your love, babe. I don't want no cure. I got to have all your loving. I can't let you go.*[1] Ich könnte noch mehr aufzählen, aber das Bild ist wohl klar. Irgendetwas muss an der Liebe sein, dass wir uns wie Junkies fühlen.

Einfach gesagt ist eine Sucht ein unkontrollierbarer Zwang, eine Substanz wie beispielsweise Alkohol oder Drogen zu beschaffen und sich ihr hinzugeben, trotz der damit verbundenen nachteiligen und schädlichen Folgen. Dieser Zustand geht nie wieder vollkommen vorüber, obwohl eine Behandlung möglich ist und eine Abschwächung des Verhaltens im Laufe der Zeit erreicht werden kann. Wer die genutzte Substanz aufgibt, spürt in der Regel körperliche, oft auch emotionale und geistige Entzugserscheinungen. Auch nach einem erfolgreichen Absetzen der Droge fühlt der Süchtige oft noch ein Verlangen danach, und ganz gleich wie lange er clean ist, bleibt das Risiko eines Rückfalls immer bestehen. Das ist eine zähe und mühselige Angelegenheit.

Obwohl es zahlreiche neurobiologische Untersuchungen zu den Ursachen von Drogenabhängigkeit gibt, ist ihre Ätiologie, d. h. ihre medizinische Ursache, immer noch nicht richtig bekannt. Immerhin können die Neurowissenschaftler uns sagen, dass Drogen die Neurotransmitter und Rezeptoren im mesolimbischen System beeinflussen, unserem Belohnungssystem. Kokain blockiert beispielsweise die Wiederaufnahme von Dopamin durch Neuronen, was uns das bekannte Wohlfühlgefühl verschafft und eine fast manische Energie gibt. Warum manche Menschen hin und wieder Drogen nehmen können, um sich in einen Rauschzustand zu versetzen, während andere gleich chronisch süchtig werden, ist noch völlig unklar. Irgendwie scheint eine Mischung aus genetischer Disposition, sozialer und psychologischer Umgebung und der wiederholten Einnahme der jeweiligen Substanz zu einer derartigen Störung zu führen. Was uns zu der Frage führt, ob die Liebe jenseits aller Schnulzenromantik über Liebe und Sucht diese Kriterien wirklich erfüllt.

Stellen Sie sich meine Freundin Tasha vor, die zur Zeit im Netz der Liebe gefangen ist. Tashas Welt dreht sich nur noch um ihre Liebe und verdeckt alles, was ihr bisher wichtig war. Ihre persönlichen Beziehungen haben gelitten, seit sie mit ihrem Kerl ausgeht, weil sie weder Zeit noch Geduld für anderes hat. Sie sagt selbst, dass sie jedes Mal einen Adrenalinstoß spürt, wenn sie ihn sieht, richtig mit wild schlagendem Herzen und Schweißausbrüchen. Wenn sie nicht mit ihm zusammen ist, vermisst sie seine Anwesenheit und seine Berührungen. Das zeigt sich auch in körperlichen Symptomen. Sie verzehrt sich nach dieser Liebe. Sie sagt, das Gefühl, wenn sie mit ihm zusammen sei, sei mit nichts anderem auf der Welt vergleichbar. Sie gibt wegen der Liebe zu viel Geld aus, riskiert ihre Position im Job wegen der Liebe, diskutiert mit ihrer Familie und ihren Freunden wegen der Liebe und hat in ihrem Leben schon einige Fehlentscheidungen wegen der Liebe getroffen. Wenn er sie zurückweisen, sich komplett aus ihrem Leben zurückziehen würde, läge sie emotional am Boden, würde vielleicht sogar körperlich krank.[2] Tashas Freunde sind besorgt, dass ihre ausschließliche Fokussierung ihr schaden könnte. Was positiv, als Hochgefühl begann, hat sich verändert; Tashas Verliebtheit erscheint jetzt immer öfter als Voreingenommenheit und Engstirnigkeit, eine Ansammlung von zerstörerischen und zwanghaften Verhaltensweisen. Die Liebe hat eine ungeheure Macht über sie.

Und nun gehen Sie bitte zurück und ersetzen das Wort *Liebe* im letzten Absatz durch *Heroin* oder *Kokain*. Die Liebe, egal ob sie erwidert wird oder nicht, kann selbst die coolsten unter uns zu klassischen Junkies machen.

Ich gestehe: Tasha gibt es nicht. Ich habe sie erfunden. Ich hätte aber ebenso gut die Namen von mindestens einem Dutzend meiner Freundinnen in den Absatz oben einsetzen können. Ich wage die Behauptung, dass die meisten Menschen irgendwann in ihrem Leben mindestens einmal derart verrückt verliebt waren; viele sogar mehrmals. Wir haben dann eine Liebe gefühlt, in der wir uns so gut gefühlt haben wie überhaupt nur möglich, und die doch die Macht hatte, das Schlechteste in uns zum Vorschein zu bringen. Ich verzichte darauf, das am Beispiel einer meiner Freundinnen näher auszuführen.

Manchmal braucht es für dieses suchtartige Verhalten nicht einmal richtige Liebe – umwerfender, welterschütternder Sex kann schon ausreichen und eine viel zu große Macht über unser Leben erlangen. Ich wette, dass viele dieses Gefühl kennen, dass sie sich unerklärlich zu einem Menschen hingezogen fühlen, mit dem sie das Bett geteilt haben, den sie aber ansonsten menschlich nicht besonders anziehend finden. Das passiert selbst den cleversten. Selbst wenn dieses Gefühl mehr eine Ich-reiß-dir-gleich-die-Kleider-vom-Leib-Lust ist und nichts mit echter Liebe zu tun hat, kann es uns doch dazu bringen, Dinge zu tun, die wir normalerweise nicht tun würden (und sollten).

Normalerweise legen sich diese unwiderstehlichen und überwältigenden Gefühle, egal ob Liebe oder Lust, im Laufe der Zeit – mit etwas Glück, bevor sie zu viel Schaden in unserem Leben angerichtet haben. Sie verwandeln sich entweder in eine starke und dauerhafte Zuneigung oder explodieren in einem Finale furioso. Wir ertragen unsere Freunde (und vielleicht auch uns selbst) während dieser völlig durchgeknallten Verliebtheit, weil wir in unserem Inneren wissen, dass es vorbeigeht. Zumindest hoffen wir das.

Aber für manche geht es nicht vorbei. Ihr Verlangen nach Liebe kann nie gestillt werden. Kristie, eine Bekannte von mir, nahm vor drei Jahren an einem Rehabilitationsprogramm in zwölf Schritten teil. Ihre Droge war weder Heroin noch Alkohol, weder Crack noch Amphetamine. Ihre Sucht waren Sex und Liebe. »Vor der Reha fühlte ich mich immer wie in einem Traum, wenn ich mit einem Mann zusammen war. Ich war nie wirklich präsent, ich schwebte immer irgendwie über der Szenerie, wenn wir zusammen waren, und fühlte mich wie im Rausch«, gestand sie mir. »Wenn ein Kerl mit mir geflirtet hat, irgendein Kerl, fühlte ich den Rausch. Wie nach einem Schuss Kokain. In der Reha nennen wir das ,die Versuchung'. Und bevor ich Hilfe erhalten hatte, war es nach diesem Schuss um mich geschehen, ich tat alles, um dieses Gefühl wieder zu erleben, brachte mich dafür sogar in gefährliche Situationen.«

Das *Diagnostische und Statistische Manual Psychischer Störungen* (DSM-IV) führt Sex- oder Liebessucht nicht im Katalog der etablierten Krankheiten auf. Kristie stellte sich die Diagnose selbst, nachdem sie erkannt hatte, wie sehr ihre Sexsucht ihr Leben dominierte, und suchte sich dann eine Selbsthilfegruppe nach dem Vorbild der Anonymen Alkoholiker. Zum gegenwärtigen Zeitpunkt stehen alle als Krankheiten im DSM-IV erfassten Suchtstörungen mit Substanzmissbrauch im Zusammenhang; nicht substanzbasierte Süchte wie Ess- oder Sexsucht kämpfen noch um ihre Anerkennung als ‚richtige' Krankheiten.[3]

»Sucht umfasst viel mehr als nur Drogen«, erklärte mir Wolfram Schultz von der University of Cambridge, der sich mit der Verarbeitung von Risiken und Belohnungen und ihrer Rolle in Suchterkrankungen befasst. »In den letzten zwanzig Jahren haben sich ganz andere Reize herauskristallisiert, an denen sich Suchtverhalten festmachen kann, etwa Sex, Nahrung oder sogar Publicity. Manche Menschen sind danach süchtig, im Mittelpunkt zu stehen. Irgendwann überschreitet man eine unsichtbare Linie und *braucht* diese Sache wirklich, nach der man süchtig ist. Wenn man bei Abstinenz Entzugserscheinungen bekommt, wird es ungesund oder sogar lebensbedrohend.«

Wer wie Kristie eine nicht substanzbezogene Sucht selbst erlebt hat, weiß, dass sie ebenso großen emotionalen und physischen Schaden anrichten kann wie Vicodin oder Wodka. Da die neurobiologischen Hinweise sich verstärken, dass alle Arten von Süchten – egal ob substanzbasiert oder nicht – große Gemeinsamkeiten aufweisen, drängen viele darauf, sie auch alle in die entsprechende Kategorie im DSM aufzunehmen. Eine Gehirnregion, deren Funktionsweise wir unbedingt besser verstehen müssen, um dem Mechanismus von Süchten welcher Art auch immer auf die Spur zu kommen, ist das mesolimbische System mit den Basalganglien und seine Kraftquelle, der Neurotransmitter Dopamin.

Die Entstehung von Sucht

Unerwartete Belohnungen führen zur Freisetzung von Dopamin in den Basalganglien, was Lernprozesse erleichtert. Je größer die Belohnung für einen bestimmten Reiz ist, desto wahrscheinlicher werden wir ein bestimmtes Verhalten wiederholen und verstärken, um eine weitere Belohnung zu erhalten. Oft bezeichnet man die Basalganglien als das Belohnungssystem im mesolimbischen System. Craig Ferris von der Northeastern University, der als erster zeigen konnte, dass Rattenmütter ihren Nachwuchs selbst Kokain vorzogen, rät zu einer genaueren Betrachtung dieses Systems. »Es ist eigentlich gar kein reines Belohnungssystem«, erklärte er mir. »Es ist eher ein System zur Motivation. Es wägt die Risiken und Chancen eines bestimmten Verhaltens gegeneinander ab und berücksichtigt auch die Vorhersagbarkeit der Folgen eines Verhaltens.«

Risiken *und* Chancen, das ist wichtig. So wie keine gute Tat ungesühnt bleibt, gibt es auch keine ordentliche Belohnung – Sex, Nahrung, ein möglicher Gewinn am einarmigen Banditen – ohne Risiko. Natürlich könnte man nun sagen, dass es genau das Risiko ist, das einem bestimmten Verhalten den letzten Kick gibt, der es so aufregend macht, dass man es unbedingt will. Das mesolimbische System mit seinen dopaminreichen Basalganglien ist aber nicht dazu da, dass wir häufiger zu einem leckeren Nachtisch oder einer heißen Nacht mit einem Fremden kommen. Es ist darauf ausgerichtet, die mit einer bestimmten Belohnung einhergehenden Risiken richtig einzuschätzen und uns zu helfen, die richtige Entscheidung zu treffen. Wenn es aus dem Gleichgewicht ist, haben wir ein Suchtproblem.[5]

»Im Wesentlichen ist eine Sucht ein außer Kontrolle geratener Belohnungsprozess«, erklärte mir Wolfram Schultz. »Nicht jeder entwickelt eine Sucht, das ist ganz wichtig. Wir wissen nicht, warum manche Menschen süchtig werden und andere nicht. Aber bei denen, die süchtig werden können, gibt es offensichtlich eine Instabilität in den Schaltkreisen. Sie brauchen mehr von einer bestimmten Belohnung als sie normalerweise bekommen und können die damit verbundenen Risiken nicht angemessen einschätzen. Diese Instabilität hängt irgendwie mit dem Dopaminsystem zusammen, das zu viel Dopamin im Gehirn ausschüttet. Letztlich bewirken diese hohen Dopaminkonzentrationen eine Plastizität des Gehirns, Veränderungen im Belohnungssystem, die dazu führen, dass die Dopaminsignale nicht mehr richtig interpretiert und mit der Außenwelt in Beziehung gesetzt werden können.«

Kurz gesagt heißt das, dass das Belohnungssystem durch die Sucht beeinträchtigt wird, sodass es einer bestimmten Belohnung einen sehr hohen Wert beimisst und gleichzeitig das zugehörige Risiko herunterspielt. Mit der Zeit wird so aus einer ursprünglich positiven Belohnung ein negativer Faktor. Die Wissenschaftler wissen nicht, wodurch diese Instabilität des Systems hervorgerufen wird (sowohl Anlagen als auch Umwelt scheinen eine Rolle zu spielen), aber wenn der Schalter erst einmal umgelegt ist, können die Auswirkungen verheerend sein.

Liebe: Die Blaupause der Sucht?

Vor nahezu zehn Jahren veröffentlichte Thomas Insel, inzwischen Direktor des National Institute of Mental Health, einen Übersichtsartikel unter der Überschrift »Is Social Attachment an Addictive Disorder?« (Ist soziale Bindung eine Suchtstörung?). Schon lange bevor die Liebe mithilfe von bildgebenden Untersuchungen mit Gehirnarealen im mesolimbischen System in Zusammenhang gebracht wurde, gab es einen starken Verdacht, dass soziale Bindungen dieselbe neuronale Grundlage wie Süchte haben könnten. Studien an Tieren hatten einen deutlichen Zusammenhang zwischen der Neurobiologie der Mutter-Kind-Beziehung oder von Paarbindungen einerseits und der einer Drogensucht andererseits ergeben – manche Wissenschaftler gingen sogar so weit, die Sucht als Versuch zu interpretieren, die Wohlfühlmoleküle, die das Gehirn normalerweise aufgrund von Bindungen ausschüttet, durch andere zu ersetzen.[6]

Der Gedanke ist bestechend. Schließlich kann man kaum argumentieren, dass die Evolution den Menschen daraufhin selektiert hat, dass er für Drogenmissbrauch empfänglich ist. Aber vielleicht wurde das mesolimbische System, das eigentlich den Sexualtrieb und liebevolle Bindungen fördern sollte, von den Drogen gekapert und führt uns so in die Sucht. Schon möglich. Aber bedeutet das, dass die Liebe selbst auch eine Sucht ist?

»Sucht ist negativ besetzt. Wir sind zu schnell dabei, Sucht immer als etwas Negatives zu sehen, dabei wissen wir das überhaupt nicht sicher«, sagte Wolfram Schultz. »Verliebte zeigen eine Reihe von Symp-

tomen einer Sucht, etwa eine starke Faszination für den Partner, eine
starke Fokussierung und eine große Bemühung um den Partner. So viel
ist klar. Und mehrere Studien haben gezeigt, dass auch bei der Liebe das
Belohnungssystem aktiviert wird.« Dasselbe Belohnungssystem, das
auch an der Drogensucht beteiligt ist.

Schultz vertritt die Meinung, dass die Liebe eine sehr wertvolle Belohnung ist. Bestimmt werden die meisten Singles zustimmen, dass ein
liebevoller und treuer Partner ziemlich weit oben auf ihrer Liste der ganz
persönlichen Wünsche steht. (Ich vermute auch, dass Verheiratete dasselbe über häufigen und heißen Sex sagen würden.) Aber weder Liebe
noch Sex sind immer lohnend. Beide haben auch negative oder sogar gefährliche Folgen. Manche dieser Folgen können so gravierend sein, dass
wir – wenn wir sie in unserer Abwägung angemessen berücksichtigen
würden – vielleicht zu dem Schluss kämen, lieber ganz auf Sex und Beziehungen verzichten zu wollen.

Beispiel Mutterschaft. Wenn man die morgendliche Übelkeit,
Schwangerschaftsstreifen und die Schmerzen der Geburt bedenkt, ist
es nicht gerade eitel Sonnenschein, ein Kind zur Welt zu bringen; jede
Frau mit der Erfahrung eines Dammschnitts (und viele von uns wüssten
darüber Einiges zu erzählen) wird das bestätigen. Trotzdem gilt es als
eine der schönsten Erfahrungen, die eine Frau machen kann. Elizabeth
Meyer von der University of Richmond spekulierte als Reaktion auf
Pilyoung Kims fMRI-Studie, in der er die Veränderungen im Gehirn
der Mütter nach der Geburt des Kindes nachgewiesen hatte, dass diese
Veränderungen letztlich die Basis für eine Sucht nach Mutterschaft
legen könnten. Warum sollten Frauen nach der furchtbaren und
schmerzlichen Erfahrung der Wehen bereit sein, noch ein weiteres
Kind in die Welt zu setzen? Vielleicht korrumpieren Schwangerschaft
und Geburt des Kindes das mesolimbische System der Mutter und damit ihre Einschätzung von Risiken und Chancen, damit sie nur noch die
positiven Aspekte der Fortpflanzung sieht und folglich weiterhin bereit
ist, Kinder zu gebären.

In einem Interview mit dem Magazin *Time* wurde Elizabeth Meyer, die zu dem Zeitpunkt mit ihrem zweiten Kind schwanger war, mit
dem Satz zitiert: »Mutter und jetzt aktuell auch schwanger zu sein ist
eine sehr positive Erfahrung. Ich glaube, wenn wir aus den negativen Erfahrungen lernen müssten, würden wir uns das nicht mehrmals antun.
Die Belohnung muss die Strafe überwiegen.«[7]

Vermutlich hat sich unser Belohnungssystem im Laufe der Evolution so entwickelt, dass es uns trotz den potenziell negativen Folgen immer wieder zur Paarung und zum Großziehen von Kindern verführt und wir unseren Nachwuchs immer mit positiven Erfahrungen in Verbindung bringen und nie mit den negativen (oder dick machenden). Das ist eine ausgezeichnete Strategie, um die Erhaltung der Art und das gesunde Aufwachsen der Kinder zu sichern. Leider verkehrt sie sich in ihr Gegenteil, wenn das System von Koks gesteuert wird.[8]

Dieses Resultat der Evolution entfaltet seine ganze Magie natürlich auch im Hinblick auf Liebe und Sex. Es kann sich nicht auf die Mutterschaft beschränken, ansonsten kämen wir nie zu dem Teil der Geschichte, in dem die Kinder gemacht werden. Vom Standpunkt der Evolution aus gesehen können wir es uns einfach nicht leisten, über die lausige sexuelle Leistung unseres Ex oder das Ende unserer letzten Beziehung zu sehr verärgert zu sein. Es sind die guten Erinnerungen, die uns erhalten bleiben: die Vorfreude, die wir vor der späteren Enttäuschung empfunden haben, die guten Zeiten mit unserem Ex, die Gefühle, wenn wir uns körperlich oder emotional berührt haben. Wenn wir nur die schlimmen Momente in Erinnerung behalten würden, würden wir vermutlich nie wieder aufs Pferd steigen. Unsere guten Erinnerungen an soziale Bindungen müssen die schlechten immer überwiegen. Vermutlich sorgt unser mesolimbisches System dafür, dass das so ist. Eine neuere Untersuchung über die Auswirkung eines gebrochenen Herzens auf das Gehirn scheint das zu bestätigen.

Scheiden tut weh

Die suchterzeugenden Symptome der Liebe haben die Neigung, uns auch dann noch erhalten zu bleiben, wenn der Liebste schon wieder verschwunden ist. Selbst nach einer Trennung bleiben Verliebte sehr auf ihren früheren Partner fokussiert (oft sogar mehr als zuvor). Auch die Stimmungsschwankungen, die zwanghaften Gedanken, die Persönlichkeitsveränderungen, die Neigung zu falschen Entscheidungen und die mangelnde Selbstkontrolle bleiben. Oft werden sie sogar stärker. Die Auswirkungen des so genannten gebrochenen Herzens unterscheiden sich nicht sehr von den Entzugserscheinungen bei einem ehemaligen Junkie. Eine verlorene Liebe ist grausam und unerbittlich; sie kann uns lähmen.

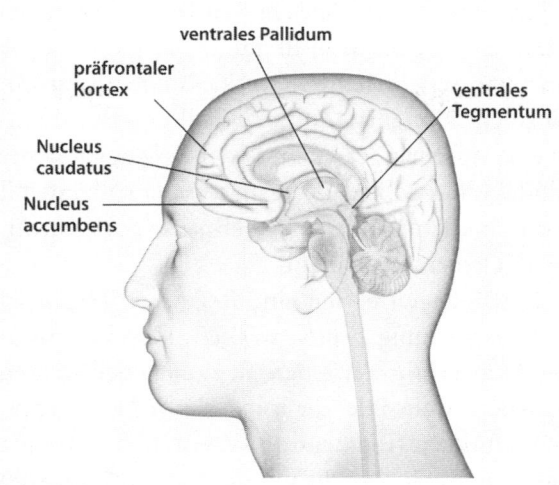

ventrales Pallidum

präfrontaler
Kortex

ventrales
Tegmentum

Nucleus
caudatus

Nucleus
accumbens

Die Aktivierungsmuster in den Gehirnen von Menschen, die in der Liebe eine Zurückweisung erfahren haben, ähneln denen in Frischverliebten sowie denen von Drogenabhängigen. Im Gegensatz zu diesen beiden Gruppen findet man in ihnen aber auch eine erhöhte Aktivität in Nucleus accumbens und im ventralen Pallidum. *Illustration: Dorling Kindersley.*

Helen Fisher und ihre Kollegen untersuchten die Aktivierung im Gehirn nach einer Niederlage in der Liebe mithilfe der fMRI. Sie warben zehn Frauen und fünf Männer an, die in der Liebe eine Zurückweisung erfahren hatten, aber sich nicht von dem Objekt ihrer Begierde lösen konnten. Genauer gesagt wünschten sich alle, dass der Partner, der die zurückgewiesen hatte, trotz allem zurückkommen sollte. Nach eigenen Angaben dachten sie während mehr als 85 % ihrer wachen Zeit an ihren Liebsten. Sie gaben auch zu, ihre(n) Ex telefonisch oder mit Besuchen zu bedrängen, zu viel zu trinken oder stundenlang am Stück zu schluchzen. Die Studie berichtet weiter, dass die Teilnehmer sich zwiespältig und mit sehr widersprüchlichen Gefühlen über ihre ehemaligen Partner äußerten. Einerseits waren sie der Meinung, dass der frühere Partner das ideale Gegenstück zu ihnen sei, andererseits waren sie außerordentlich verärgert und irritiert dem Partner gegenüber, was das Ende der Beziehung anging. Im Prinzip erfüllten sie alle Klischees über die liebeskranken Narren aus Singlehausen.

Die Wissenschaftler scannten die Teilnehmer, während sie Bilder entweder des Ex-Partners oder eines vertrauten, aber emotional neutral besetzten Bekannten betrachteten. Da ihre Gefühle in Bezug auf die Ex-Partner so stark waren, mussten sie zwischen dem Betrachten der verschiedenen Fotos in Siebenerschritten von einer Zahl in den Tausendern rückwärts zählen, um ihre emotionalen Speicher zu leeren. Beim Betrachten der Fotos sollten sie sich einfach an Ereignisse erinnern, die sie mit dieser Person gemeinsam erlebt hatten. Im Zusammenhang mit einem Ex-Partner sind solche Ereignisse in der Regel emotional aufgeladen, beispielsweise eine Auseinandersetzung oder ein gemeinsames romantisches Wochenende, während Ereignisse im Zusammenhang mit flüchtigen Bekannten oft eher langweilig sind, beispielsweise gemeinsames Fernsehen in einem Gemeinschaftsraum.

Helen Fisher und ihre Kollegen hatten eine Reihe von Hypothesen, die sie mit dieser Untersuchung prüfen wollten. Erstens vermuteten sie, dass sie eine Aktivierung derselben Regionen beobachten würden wir bei der originalen Studie über die romantische Liebe (Kapitel 2), insbesondere im ventralen Tegmentum. Zweitens erwarteten sie auch eine Aktivierung von Regionen, die mit der Gier nach Drogen im Zusammenhang stehen, beispielsweise im Nucleus accumbens und im präfrontalen Kortex. Und das war es genau, was sie fanden. Beim Vergleich mit den Ergebnissen der ursprünglichen Studie über die romantische Liebe registrierten sie eine stärkere Aktivierung im Kern des Nucleus accumbens, im ventralen Putamen und im ventralen Pallidum als bei den glücklich Verliebten. Sie sind daher der Meinung, dass die omantische Liebe ein »zielorientierter Zustand der Motivation« sei und nicht einfach ein Gefühl und damit letztlich eine spezielle Form von Sucht. So wie sie Freude bringt, kann die Liebe auch Leid bringen – und potenziell sogar gefährlich sein.[9]

Sexsucht

Ob Sie nun die Vorstellung plausibel finden oder nicht, das Liebe etwas von einer Sucht hat, werden die meisten Menschen zumindest zustimmen, dass sie die Macht hat, uns zu ihrem Sklaven zu machen. Mächtige Politiker, berühmte Athleten und auch Hans Mustermann haben ihre Integrität, ihre Position und ihre Familie verspielt, weil sie dem Sirenenruf des Sex nicht widerstehen konnten. Wie meine Freundin Kristie aus erster Hand berichten kann, fordert die Sexsucht einen hohen Preis. Tierexperimente deuten darauf hin, dass die Sexsucht mit Problemen im präfrontalen Kortex zusammenhängen könnte.

Lique Coolen von der University of Michigan beschäftigt sich mit der Neurobiologie von Belohnung und Motivation. Sie fragte sich, welche Auswirkungen spezifische Schäden im präfrontalen Kortex, insbesondere in Bereichen, die mit dem mesolimbischen System verbunden sind, auf das Sexualverhalten haben würden. Sie und ihre Kollegen erzeugten kleine Läsionen im präfrontalen Kortex von Ratten in einem Bereich, der direkt mit dem Belohnungssystem verbunden ist. Anschließend konditionierten sie die Ratten so, dass sie Sex mit Krankheit identifizierten, indem sie ihnen nach jeder Paarung eine Übelkeit hervorrufende Substanz injizierten. »Wir wussten, dass der Frontallappen aktiviert wird, wenn Menschen für einige Zeit erotischen Reizen ausgesetzt werden«, erklärte Coolen. »Aber obwohl wir wussten, dass er etwas mit sexueller Aktivität zu tun hatte, war seine genaue Funktion unbekannt. Wir dachten, er sei vielleicht für Art hemmender Kontrolle zuständig.«

Normale Ratten hatten einige Male Sex, bis sie lernten, dass es ihnen danach immer übel war, und hörten dann auf sich zu paaren. Bei Männchen war es sogar so, dass sie sich möglichst weit von den Weibchen entfernten, nachdem sie den Zusammenhang zwischen Sex und der Übelkeit erkannt hatten. Im Gegensatz dazu paarten sich die Ratten mit beschädigtem präfrontalen Kortex trotz der Übelkeit hervorrufenden Injektionen weiterhin. Obwohl sie in sonstiger Hinsicht lernfähig waren und normale assoziative Gedächtnisleistungen zeigten, konnten sie ihr Sexualverhalten aufgrund dieser Beschädigung des präfrontalen Kortex nicht mehr kontrollieren, selbst wenn es in einer solchen negativen Konsequenz resultierte.[10]

Ich fragte Lique Coolen nach ihrer Meinung, was die Schädigungen im Belohnungssystem bewirkten. Sie gab zu, das nicht zu wissen. »Es könnte eine Art Dysfunktion der Verbindungen in diesem System sein«, sagte sie. »Vielleicht auch irgendetwas, das zu einer Dysfunktion der benötigten Neurotransmitter führt. Wir wissen es nicht. Klar ist nur, dass der präfrontale Kortex im Zusammenhang mit zwanghaftem Sexualverhalten eine hemmende Kontrolle ausübt.«

Risiko

Das mesolimbische System ist nicht nur für die Bewertung der Belohnungen zuständig, sondern auch für das Abwägen von Risiken. Die meisten Untersuchungen, die Liebe oder Sex als Suchtverhalten betrachten, schauen nur auf die Belohnungsseite dieses Modells. Was ist mit den Risiken? Kann es Veränderungen in diesem System geben, die die Fähigkeit beeinflussen, die Risiken im Zusammenhang mit einem bestimmten Verhalten vernünftig einzuschätzen? Es sieht ganz danach aus.

Jeder Neurotransmitter kann ein ganzes Arsenal von zugehörigen Rezeptortypen haben. Dopamin ist keine Ausnahme. Die D1- und D2-Rezeptoren sind an der Entstehung bzw. Erhaltung von Paarbindungen in männlichen Präriewühlmäusen beteiligt. Allerdings wurden sie auch mit Suchtverhalten in Verbindung gebracht. Untersuchungen an Ratten haben gezeigt, dass eine Stimulation des D2-Rezeptors, der auch für die Bildung einer Paarbindung verantwortlich ist, in süchtigen Tieren einen Rückfall auslösen kann. Eine Stimulation des D1-Rezeptors unterdrückt dagegen die Suche nach der Droge. D2 sorgt also für eine Bindung zu einem anderen Tier oder die Suche nach einer Dosis Droge; mit anderen Worten, hier geht es immer darum, ein Verlangen zu befriedigen. D1 dagegen sorgt dafür, dass Männchen alle Weibchen außer ihrer festen Partnerin vermeiden oder sich von Kokain fernhalten. Diese Tiere scheinen zufrieden und haben keinen Anlass, sich eine zusätzliche Befriedigung zu verschaffen – gleich ob Sex oder Droge. Obwohl noch einiges an Forschung auf diesem Gebiet nötig ist, sind die Ähnlichkeiten kaum zu übersehen. Zusammengenommen stützen diese Untersuchungen die Vorstellung, dass die Drogen die natürlichen Systeme des Gehirns für die Organisation von Bindungen kapern und so zur Sucht führen.[11]

Wenn wir uns mit riskantem Verhalten beschäftigen, ist noch ein anderer Dopaminrezeptor von Interesse, DRD4. Er spielt nicht nur bei verschiedenen Verhaltensweisen im Zusammenhang mit Sensationssucht eine Rolle, sondern ganz allgemein für das Suchtverhalten. Ein spezieller Polymorphismus des DRD4-Gens, der als DRD-47R+ bezeichnet wird (was sieben oder mehr Wiederholungen dieser Sequenz im genetischen Code beschreibt), ist im Zusammenhang mit Alkoholismus, impulsivem Verhalten und Magersucht von Interesse. Er wird auch mit riskantem Sexualverhalten in Verbindung gebracht.

Natürlich gibt es beim Sexualverhalten eine außerordentlich große Bandbreite. Manche Menschen brauchen bei jeder sich bietenden Gelegenheit eine schnelle Nummer, andere haben Sex oder auch nicht. Manche brauchen stets den Reiz des Neuen und eine Vielzahl von Partnern, andere beschränken den Sex auf den Rahmen einer festen Beziehung. Wegen seiner Verbindung zu riskantem Verhalten fragte sich Justin Garcia, ob ein Teil dieser Bandbreite sich anhand des DRD4-Gens erklären ließe. Er ist Evolutionsbiologe am Institut für Evolutionäre Anthropologie der Universität Birmingham und arbeitet über Liebe und Sexualverhalten. »Dieses Gen ist aus Sicht der Evolution wichtig«, erklärte er mir. »Es entstand vermutlich durch Selektion vor vierzig- oder fünfzigtausend Jahren, als die Menschen aus Afrika hinausdrängten und in andere Kontinente einwanderten. Es ist wichtig für die Suche nach Neuem, die Neigung zu Sensationen. Wir glauben, dass es unseren Vorfahren die Motivation bescherte, ihr enges Tal zu verlassen und nachzusehen, was sich hinter den Bergen verbirgt.«

Könnte es vielleicht auch die Motivation liefern, sexuelle Täler zu verlassen? Um das herauszufinden, versammelten Justin Garcia und seine Kollegen 181 Studenten (118 Frauen und 63 Männer) zu einer Studie. Die Teilnehmer wurden gebeten, einen ausführlichen vertraulichen Fragebogen zu ihren sexuellen Erfahrungen, Vorlieben und Verhaltensweise auszufüllen sowie Angaben zu einer eventuellen Nikotinsucht und impulsivem Verhalten zu machen. Alle Teilnehmer gaben außerdem per Wangenabstrich eine DNA-Probe ab (d. h. sie spülten den Mund mit zehn Millilitern Mundwasser aus und lieferten die Flüssigkeit dann für eine DNA-Untersuchung ab).[12]

Garcia und seine Kollegen verglichen anschließen den Genotyp aller Teilnehmer, insbesondere mit Blick auf die 7R+-Variante des DRD4-Gens, die bei 24 % aller Teilnehmer vorhanden war, mit ihrem sexuellen Verhalten. Dabei machten sie eine Reihe von interessanten Beobachtungen. Erstens hatte das Vorhandensein der 7r+-Variante keinen Einfluss auf die Gesamtzahl der Sexualpartner eines Teilnehmers; allerdings fanden sie bei den Teilnehmern mit 7R+ insgesamt eine höhere Promiskuität, d. h. fast doppelt so viele One-Night-Stands wie bei den Teilnehmern ohne 7R+. Zwar war auch die Zahl der untreuen Partner in der 7R+-Gruppe nicht höher als in der Vergleichsgruppe, aber diejenigen, die untreu waren, hatten fast doppelt so viele außereheliche Sexualpartner wie diejenigen in der Kontrollgruppe.

»Wir wussten, dass Dopamin für die sexuelle Motivation wegen seiner Beteiligung am Lust- und Belohnungszentrum im Gehirn eine große Rolle spielt«, sagte Justin Garcia. »Was ich interessant fand war, dass die Teilnehmer mit der DRD47R+-Variante keinen stärkeren Sexualtrieb und nicht mehr Sexualpartner hatten. Es war der Kontext, der sich veränderte. Sie bevorzugten einen freieren, ungebundeneren und damit riskanteren Sex.«

Er wies gleich darauf hin, dass dieses Ergebnis nur eine Aussage über Wahrscheinlichkeiten erlaubt und keine Gewissheit gibt. Mit anderen Worten, von den Menschen mit der DRD47R+-Variante wird ein größerer Anteil ein riskantes Sexualverhalten pflegen, aber nicht jeder, der diese Genvariante in sich trägt, wird dies auch tun.

»Können wir denn diese unterschiedlichen Verhaltensweisen wirklich auf ein einziges Gen zurückführen?«, frage ich ihn.

»Nein, an der Motivation sind viele Gene beteiligt«, antwortete er. »Und dazu kommen noch die Umwelteinflüsse, die die Expression der Gene verändern. Aber dieses Gen kann zumindest einen Teil der Unterschiede im Verhalten erklären. Unterschiede, von denen man zuvor glaubte, sie seien kulturell bedingt. Das ist doch eine Aussage. Das ist wichtig.«

Ist es nun eine Sucht?

Helen Fisher würde uns sagen, dass Liebe keine einfache Emotion ist, sondern ein Trieb, der uns motiviert, die größte aller möglichen Belohnungen im Leben zu erjagen: einen festen Partner. Da dieser Trieb mit dem dopaminreichen Belohnungssystem sowie mit Kortexregionen verknüpft ist, die mit Verlangen zu tun haben, ist sie der Ansicht, dass er auch einige Gemeinsamkeiten mit Süchten hat. Mehrere ganz unterschiedliche Stränge der neurobiologischen Forschung unterstützen diese These. Wenn ich Kristie anschaue, eine bekennende Sexsüchtige, dann ist es ganz offensichtlich, dass Sex und Liebe wirklich zu einer eigenständigen Sucht werden können. Drogen können das natürliche System des Gehirns zur Belohnungs- und Risikoabwägung kapern, aber Sex und Liebe können ebenso missbraucht werden. Aber was verursacht nicht substanzbasierte Süchte – eine genetische Disposition, Schädigungen des Belohnungs- oder Dopaminsystems? Darauf hat die Neurowissenschaft keine eindeutige Antwort.

Es ist wichtig sich vor Augen zu halten, dass jede unserer Beziehungen zu anderen Menschen qualitativ verschieden ist – *sehr* verschieden. Ich hatte Partner, die ich gegessen, geschlafen und geatmet habe; ich konnte einfach nicht genug von ihnen bekommen, obwohl wir manchmal gar nicht so gut zusammenpassten. Als wir uns trennten, hatte ich ein Gefühl, als ob jemand gestorben sei. Ich sehnte mich nach ihnen und trauerte um sie. Diese Beziehungen fühlten sich vermutlich sehr ähnlich an wie eine Sucht. Umgekehrt war ich auch mit Männern zusammen, die einen wirklich guten Kumpel abgaben, aber mich irgendwie doch nicht vom Hocker hauten. Vermutlich geht es uns allen so. Jede Beziehung ist anders. Diese Unterschiede führen zu einer guten Frage: Machen Liebe und Sex immer süchtig? Oder trifft das nur auf bestimmte Partner zu, die den richtigen Cocktail an innerer und äußerer Chemie mitbringen? Intuitiv würde ich sagen, Letzteres trifft es eher.

Das habe ich auch Helen Fisher gefragt. »Von manchen Partnern, die ich heiß und innig geliebt habe, kann ich mich trennen, ohne ihnen eine Träne nachzuweinen. Andere brechen mir das Herz. Haben Sie eine Erklärung dafür, woher diese Unterschiede kommen? Können unterschiedliche Beziehungen das Dopaminsystem unterschiedlich beeinflussen?«

Ihre Antwort war ehrlich. »Das weiß niemand. Manchmal kommt einer zur richtigen Zeit daher, passt gerade in unsere persönliche Vorstellung von einem idealen Partner, und wir verlieben uns Hals über Kopf. Bei einem anderen passt irgendetwas nicht genau und das Dopaminsystem wird nicht so stark aktiviert. Aber wir wissen es nicht.«

Viele Fragen bleiben offen. Obwohl es scheint, dass die Liebe auf denselben neuronalen Instrumenten spielt wie stoffgebundene Süchte, ist noch völlig unklar, warum wir uns in den einen Menschen hemmungslos verlieben und in den anderen nur ruhig und gelassen, welche Veränderungen im Gehirn vor sich gehen, um einen Abbruch der Beziehung zu veranlassen und wie das Dopaminsystem in beiden Fällen reguliert wird. Aber wer schon einmal eine Liebe erfahren hat, die so unwiderstehlich (und zerstörerisch) war wie richtig heißer Stoff, der weiß genau, dass die ganzen Songs mit ihren Texten von Liebe und Sucht recht haben – selbst wenn die Neurowissenschaft die Details noch nicht alle kennt.

11

Der untreue Verstand

Über Jahrhunderte haben Philosophen, Theologen, Anthropologen, Ärzte und gelangweilte Ehepartner über die Natur der Monogamie gegrübelt. Ist es *natürlich*, sich ein ganzes Leben lang nur mit einem einzigen Partner zu paaren? Und wenn ja – warum vergnügen sich dann so viele außerhalb ihrer monogamen Beziehungen, um mit den Worten meines eloquenten Freundes John »Schweinkram zu treiben«?

Es gibt unterschiedliche Statistiken zur Untreue. Allein Google liefert eine große Streubreite an Zahlen, und in der wissenschaftlichen Literatur sieht es auch nicht besser aus. Nach Janis Abrahams Spring und Michael Spring, den Autoren des in populären Zeitschriften viel zitierten Buches *After the Affair: Healing the Pain and Rebuilding Trust When a Partner Has Been Unfaithful* (Nach der Affäre: Wie Sie den Schmerz heilen und neues Vertrauen aufbauen, wenn ein Partner untreu war), kommt Untreue in den USA in einer von je 2,7 Beziehungen vor, also in 37 % aller Paare.[1]

Nach Auswertung von Eigenberichten sollen 22 % der Männer und 14 % der Frauen gelegentliche Ausflüge außerhalb der Ehe unternehmen. Viele Wissenschaftler gehen davon aus, dass in 25 % aller verheirateten Paare oder in festen Beziehungen ein Partner den anderen betrügt. Für den Zweck dieses Kapitels werden wir die Dinge einfach halten und bei den 22 und 14 % bleiben. Da diese Zahlen auf Eigenberichten beruhen, gehen viele Forscher aber davon aus, dass die tatsächliche Zahl viel höher liegen dürfte, da Fremdgehen in vielen Kulturen immer noch als anstößig gilt. Wenn jedoch jeder so treu wäre wie er oder sie von sich behauptet, dann wären sexuell übertragene Krankheiten (und Scheidungen) viel seltener, als sie es tatsächlich sind.

Als ich Helen Fisher nach der Verbreitung (oder auch Nichtverbreitung) der Monogamie fragte, sagte sie: »Es gibt keine einzige Kultur auf der Erde, in der nicht betrogen wird. Ich habe mich mit 42 verschiedenen Kulturen rund um den Globus befasst und in jeder kam Betrug vor.« Die Frage bleibt: Wenn so viele Kulturen der Monogamie den Vorrang einräumen, warum ist dann der »Schweinkram« so verbreitet?

Ich bin sicher, dass die meisten von uns sich diese Frage irgendwann schon einmal gestellt haben, vermutlich, während sie verstohlene Blicke auf ein paar heiße Mädels oder Jungs gerichtet haben. Vielleicht hängt es mit den Statistiken zusammen, in denen die Männer sich meist den ersten Platz beim Fremdgehen verdienen, aber irgendwie denken wir bei diesem Thema automatisch zuerst an Männer. Vielleicht klappt es mit der Monogamie deshalb nicht, weil etwas im männlichen Gehirn die Herren der Schöpfung besonders empfänglich für Seitensprünge macht? Der Gedanke ist nicht gerade neu.

Einer meiner Bekannten – ich will ihn hier »Roger« nennen – ist der Überzeugung, dass es für ihn eine biologische Notwendigkeit ist, mit so vielen Frauen wie möglich zu schlafen. Er wird ihnen jederzeit offen ins Gesicht sagen, dass er seine Frau, mit der er seit zehn Jahren verheiratet ist, liebt, nein vergöttert. In der Tat könnte er ohne sie nicht leben. Trotzdem kann er ab und zu der Aufforderung der Sirenen zu einer »kleinen Nummer«, wie er es nennt, nicht widerstehen. Wenn man Roger reden hört, meist nach ein paar Cocktails, könnte man den Eindruck bekommen, dass er jeden Abend eine andere Frau flachlegt. So ist es aber nicht – schließlich hat er ja noch seine Frau, die er glücklich machen muss. Aber ein paarmal im Jahr nutzt Roger Dienstreisen oder einen Abend mit seinen Männerfreunden, um seinen Bedarf nach einer »Nummer« zu stillen.

Wenn man einen Mann fragt, warum er seine Frau betrogen hat, erzählt er meistens, dass sie nicht so oft Sex haben will wie er oder dass er etwas mehr Abwechslung in seinem Liebesleben haben will. Nicht so Roger. Er ist vielmehr der Meinung, dass seine Gene an seiner Untreue schuld seien. Als Mann sei der Jagdtrieb – der Wunsch, ab und zu eine neue Eroberung zu jagen und zu erlegen – ein grundlegender Bestandteil seines biologischen Erbes, das er nicht verleugnen könne.

Einige Ergebnisse der Evolutionsbiologie scheinen seine These zu bestätigen. Ein neurowissenschaftlicher Blick auf das Liebesleben der knuddeligen Präriewühlmäuse und auf die erlesenen Neurotransmitter Oxytocin und Vasopressin zeigt aber schnell, dass die Treue weitaus mehr Facetten hat als nur die Sichtweise der Evolution.

Die Sicht der Evolution

Zuerst ein paar Zahlen. Ein typischer geschlechtsreifer Mann produziert etwa 200 Millionen Spermien pro Ejakulation. Wenn er einige Zeit nicht mehr aktiv war, können es bis zu 800 Millionen sein. Und hier gilt auch nicht das alte Sprichwort »Spare in der Zeit, dann hast du in der Not«. Männer können ejakulieren, so oft sie wollen, ihr Körper produziert immer wieder neue Spermien.

Frauen werden dagegen mit dem vollständigen Vorrat an Eizellen geboren, den sie je haben werden. Wenn wir annehmen, dass eine Frau mit 14 Jahren ihre erste Menstruation bekommt und dann jeden Monat bis zur Menopause im Schnitt einen Eisprung pro Monat hat, dann sprechen wir insgesamt über zwölf Eier im Jahr über einen Zeitraum von etwa 31 fruchtbaren Jahren. 372 Eier in einem ganzen Leben.

Ein Mann kann jeden Monat Milliarden und Abermilliarden von Spermien ejakulieren. Eine Frau hat in ihrem ganzen Leben knapp 400 Eier zur Verfügung. Der Unterschied ist beeindruckend.

Evolutionsbiologen argumentieren meist, dass wir in letzter Konsequenz ohne wenn und aber die Sklaven unserer Gene sind. Wir Menschen sind demnach auf bestimmte Verhaltensweisen programmiert, die den Fortbestand unserer Art sichern sollen. Was wollen unsere Gene? Sie sollen an den Nachwuchs weitergereicht werden. Nicht Leben, Freiheit Selbstverwirklichung: Gene wollen Nachwuchs, wollen die Ahnenlinie anderer Gene ausstechen. Manche Wissenschaftler glauben, dass Männer mit ihren unerschöpflichen Spermienvorrat in den letzten 150 000 Jahren danach selektiert wurden, sich wie die sprichwörtliche Honigbiene des Königs von Siam aus *Der König und ich* zu verhalten und so viele Blumen zu befruchten wie irgend möglich. Um die Chance zu maximieren, dass ihre Gene die Welt erobern und so häufig wie möglich weitergegeben werden, ist es für sie von Vorteil, ihren Samen großzügig zu verteilen und so viele Frauen wie möglich damit zu beglücken.

Auf der anderen Seite der evolutionären Medaille stehen die Frauen mit ihren begrenzten Vorrat an Eizellen. Für sie ist es sinnvoller, bei der Auswahl ihrer Sexualpartner vorsichtig und möglichst wählerisch zu sein; sie müssen darauf achten, kein Ei an einen Partner zu verschwenden, der es nicht wirklich wert ist. Vor allem, weil eine Frau eine ernste Verpflichtung eingeht, sobald eines ihrer Eier befruchtet ist: Neun Monate Schwangerschaft plus mehrere Jahre der Kindererziehung. Für eine Frau (und ihre Gene) ist es daher von Vorteil, sich Zeit zu lassen und auf einen Partner mit den optimalen Genen zu warten, der möglichst auch noch die Mittel und den Willen hat, bei der Erziehung des Kindes zu helfen. »Als grundlegendes Prinzip lässt sich darüber nicht streiten«, sagte Marlene Zuk, Biologieprofessorin an der University of Californie in Riverside und Autorin des Buches *Sexual Selections: What We Can and Can't Learn about Sex from* Animals (Partnerwahl: Was wir von den Tieren über Sex Lernen können und was nicht).[2] »Das gilt von den Erdhörnchen bis zu den Libellen. Ganz allgemein kann man sagen, dass die Männchen eher von einer großen Zahl von Sexualpartnern profitieren, die Weibchen aber nicht.«

Ich bin sicher, dass mein Freund Roger begeistert wäre. Männer haben Unmengen von Spermien, die im ganzen Land verteilt sein wollen, und gehen daher fremd – nein: sie *müssen* geradezu fremdgehen. Wenn es nur so einfach wäre. Bevor nun alle meinen männlichen Leser beginnen, die Ereignisse auf ihrer letzten Geschäftsreise auf der Grundlage dieser Argumentation zu interpretieren, hier noch ein Wort der Warnung von Marlene Zuk. Das menschliche Verhalten ist nicht so simpel. Libellen besitzen nur wenige Neuronen, die ihr Verhalten steuern. Erdhörnchen haben schon einige mehr, zählen aber auch nicht gerade zu den komplexesten Säugetieren im Tierreich. Und Roger ist vielleicht nicht unbedingt ein heißer Kandidat für einen der nächsten Physiknobelpreise, aber er ist auch kein Sklave seiner Gene. Hier geht weitaus mehr vor sich.

Auch das sogenannte schwache Geschlecht ist dem »Schweinkram« bekanntlich nicht völlig abgeneigt, trotz aller evolutionären Gründe, die zu einer selektiven Partnerwahl raten. Sie erinnern sich noch an die 14 %? Die Zahl ist nicht zu verachten. (Denken Sie daran, dass diese 14 % nur diejenigen sind, die freiwillig zugegeben haben fremdzugehen. Die wahre Zahl liegt ganz sicher höher.) Wenn Frauen wirklich aufgrund ihrer begrenzten Zahl von Eiern vorsichtiger bei der Wahl ihrer Sexualpartner sein müssen, dann sollten sie eigentlich weitaus weniger fremdgehen als Männer. Wenn sie ihren Traummann bereits gefunden haben, dann ist es aus Sicht der Evolution eigentlich komplett kontraproduktiv, fremdzugehen. Anscheinend gibt es für Untreue mehr Gründe als nur der Befehl der Evolution.

Welche Argumente könnten im Zusammenhang mit Untreue noch von Bedeutung sein, abgesehen von der natürlichen Selektion? Nun,

Menschen besitzen zufällig komplexe neurobiologische Strukturen, die ihr Verhalten im Zusammenhang mit Liebe, Bindung und auch Sex steuern.

Das untreue Gehirn

Erinnern Sie sich noch an die drei unterschiedlichen Systeme im Gehirn, die man mithilfe von bildgebenden Verfahren identifizieren konnte? Helen Fisher ist der Meinung, dass es drei getrennte Systeme für Sex, romantische Liebe und Bindung gibt. Sie sollen in weiten Teilen dieselben Hirnareale aktivieren, beispielsweise die Basalganglien und den Frontallappen. Das ist wieder das Kaleidoskop-Prinzip: Dieselben Teile, aber unterschiedliche Muster. Und dieses Kaleidoskop bedeutet, dass wir durchaus eine Bindung mit einem Partner haben können, Sex mit einem zweiten und eine romantische Liebe zu einem dritten empfinden können.

»Wenn Sie Hals über Kopf verliebt sind, fühlen Sie sich anders als nach dem Sex«, erklärte mir Helen Fisher. Dafür sind unterschiedliche neurochemische Systeme zuständig, die unterschiedliche emotionale Zustände und Verhaltensweisen hervorbringen. »Trotzdem muss es eine Wechselwirkung zwischen den verschiedenen Regionen geben. Das Gehirn ist gewissermaßen sowohl für die Monogamie als auch für den Seitensprung optimal gerüstet.«

Und wie. Der frontale Kortex spielt für die Treue eine große Rolle. Obwohl alle Säugetiere Vorderhirne haben, ist der menschliche Frontallappen der größte und komplexeste. Abgesehen von der DNA ist er das wichtigste Kriterium, das uns von den anderen Primaten unterscheidet. Der Frontallappen ist der Sitz dessen, was Neurowissenschaftler die »Führungsaufgaben« nennen – Planung, Entscheidungsfindung, Metakognition und andere höhere Aufgaben aus dem Feld kognitive Bearbeitung und Verhalten – und ist auch an moralischen Entscheidungen und an religiösem Glauben beteiligt. Da er auch mit den Basalganglien verbunden ist (und deshalb auch häufig in Untersuchungen der Liebe aktiviert wird) und die meisten dopaminsensitiven Neuronen des gesamten Gehirns enthält, ist zu erwarten, dass er auch bei der Frage, ob wir unseren Partner betrügen, ein Wörtchen mitzureden hat. Mit dem Frontallappen, der die Signale der Systeme für die romantische Liebe und den Sexualtrieb in den Basalganglien verarbeitet und dann hemmend eingreift, falls ein Verhalten droht, mit langfristigen Bindungen in Konflikt zu geraten, wäre der frontale Kortex ein guter Kandidat für den Oberschiedsrichter für das monogame Verhalten.

Es gibt auch Hinweise, dass eine Schädigung dieser Region das soziale Verhalten verändern kann. Ein berühmter Fall ist der des Eisenbahnarbeiters Phineas Gage, der 1848 eine schwere Verletzung des linken Frontallappens erlitt. Bei einer fehlgeschlagenen Sprengung schoss ihm eine große Metallstange unterhalb des linken Wangenknochens in den Schädel, hinter dem linken Auge vorbei und trat oben durch die Schädeldecke wieder aus. In Anbetracht der Schwere seiner Verletzung waren die meisten überrascht, dass er den Unfall überhaupt überlebte. Noch überraschender waren jedoch die Veränderungen seiner Persönlichkeit, die sich in der Folge zeigten. Vor dem Unfall hatte Gage als ausgeglichener harter Arbeiter gegolten. Sein Arzt John Martyn Harlow schrieb nach dem Unfall über Gage:

Er ist launenhaft und respektlos und verfällt zeitweise in die schockierendste Vulgarität (was früher nicht seine Art war), zollt seinen Mitmenschen kaum Achtung, ist ungeduldig gegenüber Einschränkungen oder Ratschläge, die mit seinen Wünschen im Konflikt stehen, manchmal starrköpfig bis zur Sturheit, dabei unberechenbar und schwankend und macht immerfort Pläne für zukünftige Unternehmungen, die er, kaum vollendet, schon wieder zugunsten anderer verwirft, die ihm praktikabler erscheinen.[3]

Es gab auch Gerüchte, dass dieser aufrechte, moralisch integere Mann nach seinem Unfall ein echter Schürzenjäger wurde. Allerdings ist unser Wissen über alles, was Phineas Gage angeht, aufgrund der Zustands der Wissenschaft zu jeder Zeit – Sie erinnern sich: es war die Zeit der Phrenologie – eher anekdotenhaft und nicht sehr zuverlässig.

Heute wissen Mediziner, dass Schädigungen des Frontallappens häufig mit sexuellen Dysfunktionen, verstärktem Sexualtrieb und sexuell abartigem Verhalten einhergehen. Außerdem konnte Lique Coolen Verletzungen des Frontallappens mit sexuellen Suchtverhalten in Verbindung bringen. Aber was wissen wir über die Rolle des *unbeschädigten* Frontallappens für Liebe und Sexualität?

Nach Aussage von Lucy Brown, Helen Fishers Kollegin vom Albert Einstein College of Medicine, führt der frontale Kortex mit dem ventralen Tegmentum, dem ventralen Pallidum und dem Nucleus accumbens eine komplexe Choreographie über Liebe und Bindung auf. Es ist au-

ßerordentlich schwierig, die einzelnen Tänzer in dieser Aufführung aus-
einanderzuhalten und zu sagen, wer was tut. Vermutlich ist es so, dass
all diese Regionen zusammenwirken, aber jede geringfügig unterschiedliche Funktionen übernimmt.»Der Frontallappen braucht Unterstützung vom Hirnstamm. Regionen, die mit der Entscheidungsfindung zu
tun haben, brauchen das vom ventralen Tegmentum ausgeschüttete
Dopamin, und diese beiden kommunizieren hin und her«, sagte Lucy
Brown.»Auf diesem Niveau an Komplexität sprechen wir nie von einer
einzelnen Komponente des Hirns.«

Dabei kommt mir Casanova in den Sinn, der arme, sexuell unbefrie-
digte Rhesusaffe, den ich bei meinem Besuch im Yerkes National Primate Research Center beobachten konnte. Selbst in der nicht monogamen
Kultur der Rhesusaffen, in der er seiner Lust scheinbar freien Lauf lassen konnte, benutzte er sein Vorderhirn, um eine potenziell kritische soziale Situation zu erkennen und der Versuchung zu widerstehen. Er
wusste, was er verlieren konnte, wenn er sich dem schnellen Sex hingab,
nämlich seinen Status in der Gruppe. Selbst dieser Affe verstand trotz
mannigfaltiger Gelegenheiten für Sex, dass es in seinem ureigensten Interesse lag, sich fernzuhalten. Wenn ein Affe zu solchen Abwägungen in
der Lage ist, sollte man doch meinen, dass auch ein durchschnittlicher
Mensch das schaffen kann.

Aus diesem Grund haben Wissenschaftler die beteiligten Hirnareale noch etwas genauer unter die Lupe genommen, um die molekularen
Signalwege und die Wechselwirkungen der Neurotransmitter, Enzyme,
Proteine und Rezeptoren besser zu verstehen. Wie beeinflusst die Zusammenarbeit zwischen Dopamin, Vasopressin und Oxytocin in diesen
Regionen des Gehirns die Frage, ob ein Mensch sich mehr oder weniger monogam verhält? Dieser Frage gehen die Forscher mit Unterstützung unserer kleinen Freunde, der Präriewühlmäuse, nach.

Die untreuen Präriewühlmäuse

Wie wir bereits in den vergangenen Kapiteln erfahren haben, bilden die
Basalganglien die Grundlage für die Monogamie in Präriewühlmäusen.
Mithilfe der Vasopressin- und Oxytocinrezeptoren lernen die Tiere, Sex
mit ihrem festen Partner dem mit einem fremden Tier vorzuziehen.
Wenn das Gen, das diese Rezeptoren exprimiert, wie in Wiesen- oder

Rocky-Mountains-Wühlmäusen nicht vollständig aktiv ist, dann dreht sich das Verhalten mehr um die Jagd nach dem nächsten Opfer als um eine feste Paarbeziehung. Wenn wirklich nur diese Rezeptoren den Unterschied machen, dann müsste es doch ausreichen, deren Zahl in promiskuitiven Wühlmäusen zu erhöhen, um sie monogam zu machen. Als Wissenschaftler um Larry Young am Yerkes National Primate Research Center die Dichte der Vasopressinrezeptoren im ventralen Pallidum von männlichen Wiesenwühlmäusen erhöhten, änderte sich deren Verhalten dramatisch. Plötzlich bildeten diese ehemals notorisch untreuen Tiere stabile Partnerschaften mit einem einzigen Weibchen. Sie gingen sogar Bindungen zu Weibchen ein, mit denen sie nie Sex hatten. Für diese Einzelgänger war das eine unglaubliche Veränderung.

Als Young und seine Kollegen die Expression der Vasopressinrezeptoren in den treuen Präriewühlmaus-Männchen blockierten, kamen auch in ihnen die verborgenen Schürzenjäger zum Vorschein. Nachdem sie nicht mehr in der Lage waren, ein spezielles Weibchen mit jenem überwältigenden Dopaminkick in Verbindung zu bringen, wurden sie promiskuitiv und wollten sich nicht mehr festlegen. Demnach sieht es zumindest für männliche Präriewühlmäuse danach aus, dass ein einziges Gen, das die Dichte der Oxytocinrezeptoren steuert, die Grundlage des monogamen Verhaltens ist.[4] Ist es möglich, dass ein ähnliches Gen auch das entsprechende Verhalten in Menschen regelt?

Es ist nie so einfach, wie man glaubt

Erinnern Sie sich noch an Hasse Walums Studie über den Einfluss des AVPR1A-Gens auf die Zufriedenheit in Beziehungen? Als er mit seinen Kollegen am Karolinska-Institut die DNA von einigen Hundert Personen in untersuchte, die seit mindestens fünf Jahren in einer festen Beziehung lebten, stellten sie fest, dass diejenigen mit einer ganz bestimmten Variante eines Vasopressinrezeptor-Gens (AVPR1A) mit höherer Wahrscheinlichkeit unzufrieden in ihrer Beziehung waren.[5] Zwischen dieser Untersuchung und Larry Youngs Arbeit über Vasopressin waren viele Wissenschaftler der Ansicht, dass AVPR1A auch etwas mit der sexuellen Treue zu tun haben müsse. Die Überschriften der Artikel über Hasse Walums Studie reichten von »Warum Männer fremdgehen«[6] bis »Untreue: Alles liegt an den Genen«.[7] Alle nahmen an, dass AVPR1A schuld daran war, wenn ein Mann sich außerhalb seiner festen Partnerschaft herumtrieb. Die Darstellung von Walums Ergebnissen in den Medien war mehr als nur eine übermäßige Vereinfachung – sie war schlichtweg falsch. Walum hatte gar nicht versucht, eine Korrelation zwischen AVPR1A und Untreue zu finden. Er konnte es auch gar nicht, weil in seinen Fragebögen die Frage nach der Untreue der Teilnehmer gar nicht direkt gestellt wurde.

Bevor Sie also vor der Ehe das Blut Ihres Liebsten ins Labor tragen und auf AVPR1A testen lassen, sollten Sie nachdenken. Obwohl seine Ergebnisse sehr interessant waren, wäre Lasse Walum der erste, der Ihnen erklären würde, dass zu einer glücklichen Ehe mehr gehört als nur ein einziges Gen. Seiner Ansicht nach gibt es viele andere Gründe, warum eine Beziehung in Schwierigkeiten geraten kann. Erstens hat man in den Präriewühlmäusen mit den veränderten Vasopressinsystemen noch andere Veränderungen beobachtet: Aggression und Ängstlichkeit. Vielleicht waren die in Walums Studie betrachteten Beziehungen auch deshalb unglücklich, weil in ihnen Gewalt oder psychische Störungen vorkamen. Zweitens hatten manche der Teilnehmer auch Kinder. Alle jungen Eltern kennen die zusätzlichen Belastung, die kleine Kinder für eine Beziehung bedeuten können, sei es aufgrund von unterschiedlichen Vorstellungen über die Erziehung oder einfach wegen der Aufteilung der Zuständigkeiten. Zumindest beim Zerbrechen meiner Ehe spielte das eine Rolle. Dieser Faktor wurde von Walums Gruppe nicht untersucht. Drittens dürfen wir auch die Frauen in dieser Situation nicht vergessen. Wie sagt man so schön, zum Tango gehören immer zwei. Obwohl wir im Zusammenhang mit Untreue immer zuerst auf den Mann zeigen, dürfen wir auch die 14 % Frauen nicht vergessen, die selbst zugeben, dass sie Sex außerhalb ihrer Ehe haben. Durchaus möglich, dass ein Teil der in Walums Untersuchung beobachteten Beziehungsängste weniger mit einer männlichen AVPR1A-Variante zu tun hatten als vielmehr mit weiblicher Untreue. Variationen des AVPR1A-Gens in Frauen wurden zwar untersucht, in diesem Fall konnte aber kein Zusammenhang mit der Zufriedenheit in der Beziehung festgestellt werden. Dieser Effekt trat nur bei Männern auf. Ohne weitere Daten ist es schwierig, den genauen Grund für die beobachteten Effekte anzugeben.

Dopamin und Treue

AVPR1A ist nicht das einzige Gen, das mit Treue und Zufriedenheit in Beziehungen in Zusammenhang gebracht wurde. Ich hatte bereits angesprochen, dass die von Justin Garcia entdeckte 7r+-Variante des DRD4-Gens, das für riskantes Verhalten und Sucht verantwortlich ist, mit einer größeren Zahl von Sexualpartnern außerhalb einer festen Partnerschaft zusammenhing. Und vielleicht sollte ich wiederholen, dass er in dieser Hinsicht keinen Unterschied zwischen Männlein und Weiblein feststellen konnte.[8]

Auch Garcia legte Wert auf die Feststellung, dass eine bestimmte Genvariante nicht bedeutet, dass man seinem Partner automatisch untreu wird; Träger der 7R+-Variante des Gens für den Dopaminrezeptor sind nur eher dazu bereit, riskante sexuelle Verhaltensweisen auszuprobieren, genau wie sie eher dazu bereit sind, aus Flugzeugen zu springen, schnelle Autos zu fahren oder merkwürdige Speisen auszuprobieren. »Einer der stärksten Gründe, weshalb Menschen nicht fremdgehen, ist dass sie den Menschen, den sie lieben, nicht verletzen wollen«, sagte Garcia. »Wir sind kognitive Wesen. Wir erkennen, dass unsere Handlungen Konsequenzen haben. Egal wie unsere genetische Ausstattung aussieht, wir können immer unsere Frontallappen benutzen und uns entscheiden, nicht fremdzugehen.«

Es ist wichtig festzuhalten, dass die Evolutionsbiologen zumindest in einem Punkt Recht hatten: Unsere Gene, vor allem die mit dem Vasopressin- und Dopaminsystem im Zusammenhang stehenden, haben einen Einfluss auf unsere Bindungen und vielleicht auch auf unsere Treue. Dieser Effekt ist jedoch nicht deterministisch. Nur weil Sie ein kleines Problemchen in Ihrem genetischen Code im Zusammenhang mit einem dieser Neurotransmitter haben, heißt das noch lange nicht, dass Sie zwangsläufig untreu werden. So einfach ist die Sache nicht. Außerdem gibt es eine ganze Reihe von weiteren Substanzen und neuronalen Signalwegen, von denen manche noch gar nicht im Detail bekannt sind und die ebenfalls einen Einfluss auf unsere Treue oder Untreue haben.

Was ist eigentlich Monogamie?

Um die Sache noch komplizierter zu machen, erweist sich selbst unser Musterbeispiel für einen monogamen Lebensentwurf, die kleine Präriewühlmaus, als nicht ganz so tugendhaft wie gedacht. Sie mögen sozial monogam sein, aber manche Tiere beiderlei Geschlechts suchen sich gelegentlich doch ein kleines Abenteuer nebenbei. Eine Untersuchung von Alexander Ophir, der inzwischen an der Oklahoma State University lehrt und forscht, konnte nachweisen, dass die Tiere zwar bei ihrem festen Partner blieben, dass aber nicht der gesamte Nachwuchs mit beiden Eltern genetisch verwandt war.[9]

Er unterzog sechsundzwanzig Würfe von Präriewühlmaus-Jungen aus der freien Wildbahn einem Vaterschaftstest. Dabei stelle er fest, dass nur 80 % der Würfe von dem festen Partner der Mutter gezeugt worden waren, die restlichen 20 % waren mit diesem »sozialen Vater« nicht verwandt. Wer hätte das gedacht: Als Papa einmal nicht zu Hause war, schlich sich das Wühlmaus-Pendant des Briefträgers ins heimische Bett. Der mit hoher Wahrscheinlichkeit selbst eine feste Partnerin zu Hause sitzen hatte. Bei der Wühlmausliebe gibt es einen großen Unterschied zwischen sozialer und sexueller Monogamie, ganz zu schweigen von dem Unterschied zwischen einer Laborumgebung und dem natürlichen Umfeld der Tiere. Bei Menschen ist es nicht anders: Es gibt keinen biologischen Hinweis darauf, dass jeder Mensch – unabhängig von der Dichte seiner Vasopressinrezeptoren im Nucleus accumbens oder einer bestimmten Variation des DRD4-Gens – von Natur aus monogam ist. Wir werden kulturell und sozial zur Treue ermutigt, aber es ist völlig unklar, welchen Einfluss das auf unsere biologische Grundlage hat. Die Sache mit dem Spaß bringt uns unglücklicherweise zu Rogers Argument, dass das Fremdgehen vielleicht einfach ein instinktiver Trieb sein könnte, der zu spannend ist, um ihn einfach zu ignorieren.

Pharmazeutische Hersteller halten viel von Vasopressinrezeptor-Antagonisten und einige arbeiten tatsächlich angestrengt an einer »Monogamiepille« auf der Grundlage von Larry Youngs Forschung an Präriewühlmäusen. Bevor Sie nun Ihren Arzt um ein Rezept bitten (oder massiv in entsprechende Pharmaaktien investieren), denken Sie daran, dass Gene nicht im Vakuum operieren. In jeder monogamen Beziehung spielen eine Unzahl von Umgebungsfaktoren zusammen, um – wenn es gut geht – Glück zu erzeugen: Wie die Kinder sich in der Schule machen, wie viel Geld man hat und wofür man es ausgibt, wie die Beziehung zu den Schwiegereltern ist, wie oft man Sex hat. Und das sind nur die Punkte, über die ich mir mit meinem Exmann in einer typischen Woche in den Haaren lag. Außerdem spielt die Umwelt auch eine große Rolle dafür, wie unsere Gene exprimiert werden, auch das AVPR1A-Gen.

»Wenn Sie alle Unterschied in menschlichen Paarbeziehungen erklären wollen, müssen Sie viel tiefer graben als nur bis zu den Genen«, sagte Wallum. »Sicher spielt die Biologie dabei eine große Rolle, aber die Gene können nur einen Teil dieser Verhaltensweisen erklären. Da wirken eine Vielzahl von Faktoren zusammen – Gene, Kultur, das Alter, der Partner , die zusammen genommen ein bestimmtes Ergebnis bewirken. Man kann nicht sagen, dass einer dieser Faktoren wichtiger ist als ein anderer.«

Monogame Männchen brauchen Orientierung

Als er noch mit seinem früheren Betreuer Steve Phelps zusammenarbeitete, fand Alexander Ophir auch heraus, dass das ventrale Pallidum nicht das einzige Gehirnareal ist, das mit der Monogamie zusammenhängt. Auch der posteriore Gyrus cinguli, der vor allem für die Verarbeitung von räumlichen Informationen zuständig ist, spielt hier eine Rolle. Obwohl Präriewühlmäuse monogam leben, geht ein kleiner Prozentsatz der Tiere in freier Wildbahn nie eine Paarbeziehung ein. Sie leben als Einzelgänger und schließen sich nur bei Gelegenheit einem Weibchen an. Als Ophir und Phelps die Gehirne von »Sesshaften« (monogamen Männchen, die eine Bindung eingingen) und »Wanderern« (von Natur aus unsteten Schürzenjägern) verglichen, fanden sie keine signifikanten Unterschiede in der Dichte der Vasopressinrezeptoren im ventralen Pallidum. Dafür beobachteten sie signifikante Unterschiede der Vasopressinrezeptoren im posterioren Gyrus cinguli sowie der Oxytocinrezeptoren in Teilen des Hippocampus, einer mit dem Gedächtnis zusammenhängenden Region.[10] Diese Ergebnisse führten sie zu der Schlussfolgerung, dass die räumliche Orientierung die Taktik der Männchen bei der Paarung beeinflusst – und damit ihre Monogamie. Um sich in der freien Wildbahn erfolgreich fortpflanzen zu können, müssen die Präriewühlmäuse nicht nur soziale Informationen über die anderen Tiere verarbeiten können, sondern auch räumliche Informationen, die ihnen sagt, wo sie diese anderen Tiere finden können. Es nützt nun einmal nicht viel, wenn man die heißgeliebte Partnerin zwar erkennen kann, sie aber nicht wiederfindet. Gegen diese Logik ist kaum etwas einzuwenden. Männchen mit zahlreichen Vasopressinrezeptoren im posterioren Gyrus cinguli sind mit größerer Wahrscheinlichkeit sesshaft, während eine geringe Zahl von Rezeptoren in dieser Region eher Wanderer produziert. Nach Ansicht von Alexander Ophir sind die beiden komplementären Schaltkreise für ein Tier wichtig, damit es seine optimale Strategie für die Paarung entwickeln kann; beide geben auch Input in das Belohnungssystem. Interessanterweise sieht es so aus, als ob die Zahl der Vasopressinrezeptoren im posterioren Gyrus cinguli mit höherer Wahrscheinlichkeit an den Nachwuchs vererbt wird als die im ventralen Pallidum. Dies beeinflusst wiederum das Verhalten der zukünftigen Generationen.[11]

»Bleibt ein Wanderer denn für immer ein Wanderer?«, fragte ich Alexander Ophir an dem Poster, auf dem er seine Ergebnisse auf einer Konferenz präsentierte. »Oder kann es sein, dass er eines Tages sein Traumweibchen findet und sesshaft wird?«

Er lachte. »Das haben wir noch nicht untersucht. Die Naturgeschichte deutet darauf hin, dass die Wühlmäuse als Singles beginnen, sich einige Zeit als Wanderer herumtreiben, ihren Partner finden und dann sesshaft werden. Wenn der Partner stirbt, bleiben die meisten Singles, paaren sich aber trotzdem mit verschiedenen Weibchen. Ob sich an jedem dieser Schritte etwas im Gehirn verändert, weiß ich nicht.«

Auf das Team kommt es an

Eines ist klar: Kein Hirnareal und keine Substanz ist wichtiger als die anderen. Bei all den Informationen über Vasopressin und Dopamin haben Sie vielleicht schon wieder vergessen, dass auch Oxytocin für die Entstehung von dauerhaften Paarbeziehungen eine wichtige Rolle spielt. Sollte es dann nicht auch bei der Treue seine Finger im Spiel haben? Oft wurde spekuliert, dass zwar beide Substanzen in beiden Geschlechtern vorkommen, Oxytocin aber eine größere Wirkung auf Frauen und Vasopressin eine größere Wirkung auf Männer habe. Um die weibliche Untreue zu verstehen, bräuchte man dann nur das Oxytocin-Äquivalent des AVPR1A-Gens. Zum gegenwärtigen Zeitpunkt konnten die Untersuchungen diese Theorie allerdings noch nicht bestätigen. Als Sue Carter die Wirkung von Oxytocin und Vasopressin auf die Entstehung von Vorlieben für bestimmte Partner sowie soziale Kontakte untersuchte, fand sie heraus, dass beide Substanzen in beiden Geschlechtern notwendig waren. Da beide auch an die Rezeptoren des jeweils anderen binden können – also Oxytocin an Vasopressinrezeptoren und umgekehrt –, kann es sogar gut sein, dass beide einander aushelfen können.[12]

»Ich hatte erwartet, dass die Daten zeigen würden, das Oxytocin in Frauen und Vasopressin in Männern wichtiger sei. Wir glaubten fest daran«, sagte Sue Carter. »Stattdessen stellten wir fest, dass beide Substanzen in beiden Geschlechtern gleich wichtig waren. Allerdings produzieren Männer in bestimmten Regionen des Gehirns, die für Verteidigungsverhalten wichtig sind, mehr Vasopressin. Möglicherweise können diese höheren Vasopressinwerte die Unterschiede erklären, die wir bei der Gestaltung von Paarbeziehungen in Männern und Frauen beobachten.«

Auf welche Weise Oxytocin und Vasopressin bei der Entstehung einer Bindung – und damit der Entstehung der Monogamie – zusammenwirken, ist immer noch unbekannt. Evolutionäre Änderungen der Genexpression zeigen sich in unterschiedlichen körperlichen Merkmalen bei den verschiedenen Rassen auf der ganzen Welt. Die Wissenschaftler beginnen erst zu verstehen, wie unsere Erfahrungen im Leben oder sogar noch im Mutterleib unsere spätere Einstellung zur Monogamie beeinflussen.

Eine Frage der Epigenetik

Karen Bales, die Neurobiologin von der University of California in Davis, die mit Präriewühlmäusen und Lisztaffen arbeitet, untersucht Entwicklungseffekte, die beeinflussen können, wie Tiere soziale Beziehungen eingehen. »Wir glauben, dass die frühe Umgebung eines Tieres, vielleicht Stressfaktoren oder Unterschiede in der elterlichen Fürsorge, eine Auswirkung auf die Oxytocin- und Vasopressinsysteme im Gehirn haben kann«, sagte sie. »Das wiederum kann beeinflussen, wie ein Tier in seinem späteren Leben mit Paarbindungen umgeht.« Sie vermutete, dass Oxytocin oder Vasopressin in einem frühen Lebensalter einen epigenetischen Effekt auslösen könnte, bei dem eine Umgebungsvariable die Art und Weise verändert, wie unsere Gene im Gehirn exprimiert werden. Um die Wehen und die Niederkunft zu beschleunigen, wird Frauen häufig Pitocin verabreicht, eine synthetische Form von Oxytocin. Die Entdeckung eines epigenetischen Effekts in Wühlmäusen hätte daher auch für Menschen wichtige Konsequenzen.

Karen Bales und ihre Mitarbeiter injizierten neugeborenen Präriewühlmäusen an ihrem ersten Lebenstag eine einmalige Dosis Oxytocin. Aufgrund der Unterschiede in der Entwicklung entspräche das beim Menschen ungefähr dem letzten Schwangerschaftsmonat. Die Wissenschaftler beobachteten diese Tiere sowie eine Kontrollgruppe dann während des Aufwachsens. Als die Wühlmäuse die Geschlechtsreife erreichten, beobachteten die Forscher einen interessanten sexuellen Dimorphismus, der von der Oxytocindosis abhing, die die Mäuse an ihrem ersten Lebenstag erhalten hatten.[13]

»Bei Männchen sorgte die Oxytocingabe dafür, dass sie schneller eine Paarbindung eingingen und eine höhere Dichte von Vasopressinrezeptoren im ventralen Pallidum entwickelten«, sagte sie. In Weibchen führte dieselbe Dosis aber nicht zu einer Änderung der Wahrscheinlichkeit einer Paarbeziehung. Im Gegenteil, wenn die Oxytocindosis groß genug war, schienen die Weibchen sogar fremde Männchen dem Vater ihrer Jungen vorzuziehen. Das legt die Schlussfolgerung nahe, dass Untreue gar kein spezifisch männliches biologisches Gebot sein könnte. Diese epigenetischen Effekte, also die richtigen Kombinationen aus genetischer Disposition und Umwelteinflüssen, können den Umgang der Menschen mit der Monogamie unabhängig vom Geschlecht verändern. »Unser Fazit ist, dass wir hier langfristige Veränderungen des sozialen Verhaltens aufgrund einer Exposition der Babys gegenüber bestimmten Substanzen sehen«, sagte Karen Bales. »Diese frühen Erfahrungen sind außerordentlich mächtig – praktisch alles, was Sie mit einem Kind anstellen, kann sein Gehirn langfristig verändern.« Selbst wenn die Pharmakonzerne also eines Tages in der Lage sein sollten, ein Medikament anzubieten, das die Zahl der Vasopressinrezeptoren im Belohnungssystem in unseren Hirnen nach oben treibt, wäre dieses Medikament wohl kaum in der Lage, all die anderen Faktoren auszugleichen, die für die Treue eine Rolle spielen. Immer vorausgesetzt, wir wären wirklich bereit, unseren Babys wirklich ein solches Medikament zu geben.

Im Institut von Karen Bales wird nicht nur an der Exposition gegenüber bestimmten Substanzen geforscht. Die Wissenschaftler untersuchen auch die Auswirkung von verschiedenen Arten, mit einem Baby umzugehen, Lebensumständen und sogar von unterschiedlichen Aufgabenteilungen der Eltern. In einer aktuellen Untersuchung fanden sie heraus, dass Präriewühlmäuse, die mitgeholfen hatten, ihre Geschwister aufzuziehen, mehr Vasopressinrezeptoren in der Amygdala aufwiesen, einem Areal, das mit dem emotionalen Gedächtnis zusammenhängt. Selbst wenn also nur ein einziges Gen entscheidend wäre – was ausgesprochen unwahrscheinlich scheint – könnten immer noch eine Unmenge von Umwelteinflüssen darauf Einfluss nehmen, wie dieses Gen während seiner Entwicklung im Gehirn exprimiert wird.

Die Suche nach dem einen Gen

Ich habe zuvor meinen Freund Roger als Prototyp eines fremdgehenden Mannes vorgestellt, aber er kann sicher nicht für alle 22 % untreuen Männer sprechen (und vermutlich auch nicht für die 14 % untreuen Frauen). Erinnern Sie sich an die Menschen, die Sie kennen, an die Bücher, die Sie gelesen haben, an die Filme, die Sie gesehen haben – es gibt keine zwei Fremdgeher, die sich exakt gleichen. Manchmal mag es Liebe sein, oft Lust oder auch einfach eine gute Gelegenheit. Die Fremdgeher haben vielleicht einige Merkmale gemein, die eine oder andere Eigenschaft, möglicherweise haben sie auch dieselben Gründe, Abwechslung außerhalb ihrer Partnerschaft zu suchen. Aber ihre Lebenssituationen sind nicht identisch und ihre genetische Ausstattung und ihre Neurochemie sind es schon gar nicht.

Obgleich die Neurowissenschaftler gezeigt haben, dass zahlreiche Faktoren die Expression des AVPR1A-Gens beeinflussen können, haben sie noch nicht versucht, individuelle Unterschiede zu berücksichtigen. Wie schon gesagt sind keine zwei Menschen, die fremdgehen, im Hinblick auf ihre Lebenssituation und ihre Gene identisch. Daher werden keine zwei Menschen das AVPR1A-Gen auf dieselbe Art exprimieren. Angesichts so vieler Variablen, die eine Rolle spielen, sind individuelle Unterschiede der Schlüssel, um das resultierende Verhalten zu verstehen.

»Es ist erstaunlich«, sagte Larry Young. »Man untersucht ein paar von diesen Tieren und findet bei den einen viele Rezeptoren und bei den anderen wenige. Und tatsächlich beobachtet man auch Unterschiede im Verhalten. Der Effekt ist klein und taugt nicht zur Vorhersage des Verhaltens, aber er ist da.«

Zusammen mit einer seiner Studentinnen, Katie Barrett, untersucht Larry Young individuelle Unterschiede in den Vasopressinrezeptoren. Mithilfe eines Virus können die Forscher das zugehörige Gen teilweise abschalten (Knockdown), um seine Wirkung auf die Tiere zu untersuchen. Im Gegensatz zum Gen-Knockout, bei dem ein bestimmtes Gen komplett abgeschaltet wird, wird ein Gen beim Knockdown weiterhin exprimiert, allerdings mit verminderter Intensität. Diese Methode erlaubt den Wissenschaftler daher, Gruppen von Tieren mit sehr präzise gesteuerten Variationen der Genexpression zu erzeugen und dann ihr Verhalten im Umgang mit Partnern und ihrem Nachwuchs zu vergleichen.

Als ich Young gegenüber bemerkte, dass dieser Versuchsaufbau die Sache doch nur noch komplizierter mache, nickte er eifrig. »Es trübt das Bild, ja. Aber auf eine Weise, die der Wirklichkeit sehr nahe kommt.«

Dieses Projekt steht noch ganz am Anfang, und Larry Young wird nicht müde zu betonen, dass es auch nach Abschluss ihrer Arbeiten keine einfachen und eindeutigen Antworten auf die Frage geben wird, wer fremdgeht und wer nicht – es sind einfach zu viele Parameter im Spiel. Insgesamt werden diese Arbeiten uns aber jede Menge interessante Informationen liefern.

»Wir haben gezeigt, dass ein einziges Gen und eine Variation dieses Gens einen Einfluss auf etwas so komplexes wie eine Beziehung zu einem anderen Menschen haben kann«, sagte Larry Young. »Dieser Einfluss mag recht klein sein und sich nicht gut für eine Vorhersage des Verhaltens eignen. Ich würde niemandem raten, in die Apotheke zu gehen und einen Test zu kaufen, um einen potenziellen Partner zu genotypisieren, weil der Test meistens doch falsch läge.« Er machte eine kurze Pause und fügte dann hinzu: »Andererseits weniger oft als der reine Zufall.«

Zurück zur eigentlichen Frage

Was können unsere Gehirne uns über die Untreue erzählen? Ist sie in Männern neurobiologisch fest verdrahtet? Und in Frauen? Falls Sie eine einfache Antwort auf diese Fragen erwartet haben – vielleicht auch gleich noch mit einem genetischen Test oder einer medikamentösen Therapie, um das betrügerische Herz zu überführen oder zu heilen –, dann haben Sie Pech. Die Neurobiologie kann zumindest momentan nichts Derartiges bieten. Und es ist fraglich, ob sie jemals dazu in der Lage sein wird. Neurowissenschaftliche Erkenntnisse aus unterschiedlichen Richtungen liefern immer mehr Hinweise, dass mit hoher Wahrscheinlichkeit nicht alle Männer von Natur aus untreu sind. Allerdings ist es durchaus möglich, dass *manche* Männer und *manche* Frauen aufgrund frühkindlicher Erfahrungen Genvarianten tragen, die ihre Gehirne verändern und so die Wahrscheinlichkeit erhöhen, dass sie fremdgehen.

Historisch gesehen haben meist die Männer den schwarzen Peter, wenn es um Untreue geht. Und das altbekannte Argument vom evolutionären Zwang deutet darauf hin, dass das immer noch so ist. Es gilt der alte Spruch »Männer sind Schweine«. Aber das ist falsch. Wenn es nicht das Geschlecht oder ein biologischer Zwang ist, was bringt einen Menschen dann dazu, einen festen Partner zu betrügen? Wir müssen noch viel über diese Fragen lernen, und Marlene Zuk rät, alles was die Wissenschaft bisher herausgefunden hat, mit einiger Vorsicht anzuwenden. »Es ist einfach, einen Menschen zu betrachten und zu sagen ‚Aha! Seine Gene sind schuld‘«, sagte sie. »Wenn man von den mächtigen Männern spricht, die ihre Frauen betrügen, dann ist es so einfach zu sagen, das ist genau das, was mächtige Männern nun einmal tun und immer getan haben. Aber das ist nur eine Parodie der Evolution. Kein Mensch ist der Gefangene seiner Gene.« Wenn wir eines Tages besser verstehen sollten, wie die Umwelt unsere Gene formen kann, dann werden wir auch dieses Problem mit anderen Augen sehen.

»Die Menschen stellen sich die Gene zu absolut vor. Wenn man von einem ‚betrügerischen Gen‘ spricht, dann ist das ein Gen wie jedes andere auch. Es kann vielleicht eine Neigung in eine bestimmte Richtung bewirken, aber das war es dann auch schon. Eine bestimmte Variante in einem Untreue-Gen bedeutet genauso wenig, dass man fremdgehen wird, wie eine Variante in einem Gen für die Körpergröße bedeutet, dass man groß ist.« Ganz einfach: Selbst wenn Sie aus einer Familie von Riesen stammen, dann werden die Gene für die Körpergröße nur dann in ihrem vollen Ausmaß exprimiert, wenn Sie auch mit der ausreichenden Nahrungsversorgung aufwachsen und Unfälle vermeiden können. Die Gene sind nicht deterministisch.

Trotzdem ist es gar keine Frage, dass unsere Gene eine Rolle dafür spielen, wie sich unsere Gehirne entwickeln und letztlich auch dafür, wie wir uns verhalten. Wenn wir besser verstehen, wie Oxytocin und Vasopressin in unseren Gehirnen zaubern, werden wir vermutlich auch Einblicke in die neurobiologischen Grundlagen der Monogamie erlangen. Wir können die Tatsache nicht ignorieren, dass die Expression dieser Gene mit unserer Umwelt in unserer Kindheit und auch später zusammenhängt.

Was hat Roger zu all dem zu sagen? Nachdem ich ihm erzählt hatte, was die Wissenschaft über die Monogamie herausgefunden hatte, gab er kleinlaut zu, dass sein Vater seine Mutter vor ihrer Trennung ebenfalls betrogen hatte, insgesamt eher unstet und auch der ursprüngliche Vertreter von Rogers persönlicher Theorie vom biologischen Zwang gewesen sei. »Glaubst du, dass sein Verhalten sich auf mein Gehirn ausgewirkt hat? Auf meine Gene und mein – wie heißt das nochmal – Vasopressinsystem?«, fragte er mich.

»Kann schon sein«, antwortete ich. »Aber denk daran, wir sind nicht die Sklaven unserer Gene. Die Biologie regiert uns nicht.« Ich war versucht, ihm zu sagen, dass sein Verhalten auch einfach auf mangelndes Urteilsvermögen seinerseits zurückgehen könnte, das mit etwas Selbstkontrolle repariert werden könnte, aber ich ließ es sein. Jedenfalls ist klar, dass wir noch sehr viel darüber zu lernen haben, wie unsere Gene und unser Gehirn unser Verhalten in Bezug auf die Monogamie beeinflussen. Frühe Erfahrungen formen die Expression unserer Gene, die wiederum die Entwicklung unserer Gehirne steuern – und beeinflussen unser Verhalten. Selbst wenn wir die ganzen Variablen auseinander dividieren und jeden einzelnen Beitrag identifizieren könnten, könnten wir doch sehr wahrscheinlich nicht mehr verallgemeinern als jetzt auch. Jeder Mensch ist verschieden. Vermutlich werden wir nie in der Lage sein, einen potenziellen Partner anzusehen und mit Sicherheit sagen zu können, ob er oder sie uns eines Tages betrügen wird. Wir können nur unserem Bauchgefühl folgen und das Beste hoffen.

12

Meine Abenteuer
mit dem O-Team

n manchen Tagen habe ich das Gefühl, dass ich dem weiblichen Orgasmus nicht entkommen kann. Wohin ich auch schaue, habe ich den Eindruck, dass mich das Wort mit einem großen leuchtenden O verfolgt. Ich sehe es im Supermarkt auf den Titelseiten irgendwelcher Frauenzeitschriften, immer mit Tipps und Tricks, wie er ganz sicher unvergesslich wird. In den Treffen meines Buchclubs wird er anstelle des Sachbuchs des Monats besprochen. Für eine gute Freundin von mir ist er zum wichtigsten (und einzigen) Gesprächsthema geworden, seit sie mit einem zwölf Jahre jüngeren Mann zusammen ist. Und mit der Meldung, dass ein deutscher Pharmakonzern nach ungünstigen klinischen Studien die Entwicklung des von vielen erhofften »Viagra für Frauen« einstellt, hat es der weibliche Orgasmus nun außer in die Witzspalte der Late-Night-Shows auch in die Schlagzeilen der seriösen Presse geschafft.

Nicht dass ich allzu viele Orgasmen hätte. Ich stecke in den Details einer kraftraubenden Scheidung – nicht gerade das, was man erotisch nennen würde. Bettgeschichten müssen warten, bis die Anwälte mit ihren Diskussionen fertig sind, damit ich ihnen nicht versehentlich noch Nahrung für zusätzliches Theater gebe. Aber der Rest der Welt besteht darauf, den Orgasmus bei jeder sich bietenden Gelegenheit zum Thema zu machen.

Seit Viagra 1998 auf den Markt kam, wartet die Welt mit Spannung auf das weibliche Gegenstück. Meiner bescheidenen Meinung nach stehen hinter diesen Forderungen dieselben Männer, die die kleinen blauen Pillen wie Hustenbonbons einwerfen. Aber egal, jedenfalls scheinen sowohl Ärzte als auch Pharmafirmen interessiert. Die letzte große feuchte Hoffnung war ein Mittel namens Flibanserin, das auf zwei Arten von Serotoninrezeptoren wirkt. Ursprünglich wurde es wegen seiner antidepressiven Wirkung getestet, aber als Patienten über gesteigerte sexuelle

Aktivität während der Einnahme des Medikaments berichteten, was für ein Antidepressivum sehr ungewöhnlich war, wurde die Herstellerfirma Boehringer Ingelheim hellhörig und beschloss, eine mögliche Wirkung von Flibanserin für die Steigerung des sexuellen Verlangens bei Frauen genauer zu untersuchen.

Prävalenzstudien (Studien, die die Häufigkeit einer bestimmten Eigenschaft in der allgemeinen Öffentlichkeit untersuchen) zufolge erfüllen fast 10 % aller Frauen im mittleren Alter die diagnostischen Kriterien für eine hypoaktive Sexualfunktionsstörung (HSDD), die medizinische Bezeichnung für geringes sexuelles Verlangen. Zu den Kriterien des DSM-IV für HSDD gehört unter anderem ein Unbehagen über das fehlende Interesse am Sex. Oft findet man HSDD in Frauen, die vor einer großen Veränderung in ihrem Leben stehen. Nach den enormen Erfolg von Viagra bei Männern schienen analoge Medikamente für das sexuelle Verlangen bei Frauen ein bedeutender unerschlossener Markt für Pharmafirmen zu sein. Wer will schon nicht mehr Sex haben? Jedenfalls ist das die Grundannahme.

Leider hat noch niemand eine gute medikamentöse Behandlung für HSDD gefunden – und der Grund dafür ist ganz sicher nicht, dass man nicht gründlich genug danach gesucht hat. Zahlreiche verschiedene Hormone, darunter Östradiol und Testosteron, sowie viele andere hormonelle und sonstige Verbindungen, von denen man eine Steigerung des sexuellen Verlangens erhofft hatte, erbrachten in klinischen Studien nicht die erwünschten Wirkungen. Trotz des Hypes um die Wirkung von Flibanserin (und einer geradezu obszönen Summe Geld, die schon in seine Entwicklung geflossen war) beschloss Boehringer Ingelheim, alle Versuche abzubrechen, das Mittel zur Behandlung von HSDD zuzulassen, nachdem es in den klinischen Studien keine Steigerung des sexuellen Verlangens bei Frauen gezeigt hatte.

Aufgrund seiner Erfahrung mit Hormonen fragte ich Kim Wallen nach seiner Meinung zu dem Entwicklungsstopp bei Flibanserin. Er wies mich auf das Melbourne Women's Midlife Health Project hin, eine groß angelegte Longitudinalstudie unter der Leitung von Lorraine Dennerstein, bei der der fast fünfhundert Frauen auf ihrem Weg in die Menopause begleitet wurden. Dabei wurden alle nur vorstellbaren Daten erhoben einschließlich Hormonwerten, Details zur Menstruation und vielen Angaben zu einer Vielzahl von Sexualfunktionen. Die Hoffnung war, mithilfe dieser beeindruckenden Zahl von Daten den Übeltäter, der für das abnehmende sexuelle Verlangen in dieser Gruppe verantwortlich war, unwiderlegbar festnageln zu können. Aber nein.

»Wissen Sie, was der entscheidende Faktor für die Sexualität der Frauen nach der Menopause war? Ob sie einen neuen Partner hatten. Mit Hormonen hatte es nichts zu tun«, erzählte mir Wallen mit einem listigen Lächeln. Vereinfacht gesagt hängt die sexuelle Motivation bei Menschen nicht einfach von der Produktion der richtigen Hormone oder Neurotransmitter ab. Es gehört viel mehr dazu: die richtige Beziehung, das Alter, die Kultur – und die Person, die sie zu dieser Zeit zufällig gerade poppen.

Die Ergebnisse von Lorraine Dennerstein werden auch vom aktuellsten National Survey of Sexual Health and Behavior unterstützt, einer groß angelegten Untersuchung des Sexualverhaltens und der Sexualgesundheit, die vom Zentrum zur Förderung der Sexuellen Gesundheit der Indiana University durchgeführt wurde. Diese Untersuchung bezog sich nicht nur auf Frauen an der Schwelle zur Menopause, sondern befragte fast 6000 Personen zwischen 14 und 94 Jahren nach ihrem Sexualverhalten und ihrem letzten sexuellen Erlebnis. Zu beidem hatten die Damen eine Menge zu erzählen.

Die Schlagzeilen zu dieser Studie konzentrierten sich überwiegend auf riskantes Sexualverhalten in der Baby-Boomer-Generation und die Tatsache, dass mehr Menschen Analsex ausprobieren. Die Wissenschaftler fanden aber auch noch etwas anderes heraus, das ich viel interessanter fand. Es war nicht, dass die Männer in der Frage, ob ihre Partnerinnen beim letzten Verkehr einen Orgasmus hatten, meist völlig danebenlagen. Die meisten Frauen geben zu, dass sie gelegentlich einen Orgasmus vortäuschen, während die meisten Männer überzeugt sind, dass noch keine Frau das bei ihnen getan hat. Entscheiden Sie selbst … Ich war auch nicht überrascht, dass die meisten Frauen, die bei ihrem letzten sexuellen Erlebnis einen Orgasmus hatten, sich nicht auf schlichten Penis/Vagina-Verkehr verließen, sondern ein größeren Spektrum von sexuellen Praktiken während des Verkehrs bevorzugten. Ebenfalls nur logisch, meiner Meinung nach. Abwechslung ist das Salz des Lebens, oder nicht? Was mich überraschte war die Tatsache, dass ein höherer Prozentsatz der Frauen bei ihrem letzten sexuellen Erlebnis einen Orgasmus hatte, wenn es mit einem Partner war, mit dem sie keine Beziehung hatten. Vergesst Bindungen. Vergesst Stabilität. Vergesst die Kraft einer langjährigen Beziehung, in der sich die

Partner in- und auswendig kennen. Obwohl es schwierig ist, aus solchen Erhebungsdaten verlässliche Aussagen abzuleiten, war hier die der Reiz des Neuen ein viel wichtigerer Faktor für den Orgasmus als das, was alle Frauen angeblich wollen: eine dauerhafte, liebevolle Beziehung.[1]

Was sagt uns das? Vereinfacht ausgedrückt, dass es keinen einzelnen Faktor gibt, keinen Hormonwert und keinen Status der aktuellen Beziehung, der das sexuelle Verlangen oder die persönliche sexuelle Zufriedenheit zusammenfassend beschreiben kann. Das weibliche Verlangen wird von einer Vielzahl von Faktoren beeinflusst – und obwohl es manchmal anders erscheinen mag, gilt das ebenso auch für das männliche Verlangen. Auch wenn das androzentrische Bild des Orgasmus (dass es in der großen Welt der Fortpflanzung nur auf den Höhepunkt des Mannes ankommt) nicht mehr bestimmend ist, ist die Wahrheit doch, dass wir eigentlich sehr wenig über das »normale« sexuelle Verlangen wissen. Wir wissen nicht einmal genau, was sich während eines Orgasmus eigentlich abspielt.

»Ich habe ein Problem mit den Begriff ‚sexuelle Dysfunktion‘ bei Frauen und der Diskussion darüber«, erzählte mir Beverly Whipple von der Rutgers University, die sich seit mehr als drei Jahrzehnten mit der weiblichen Sexualität befasst. »Wir müssen erst noch viel mehr über das normale Verhalten wissen, bevor wir überhaupt sagen können, was dysfunktional bedeutet.«

Sie und ihre Kollegen an der Rutgers University mögen noch nicht in der Lage sein, das normale Funktionieren zu definieren, aber sie wissen eine Menge darüber, was bei einem Orgasmus im Körper vor sich geht. Und vieles davon geschieht im Gehirn.

Köpfchen entscheidet

Oft kann man hören, das wichtigste Geschlechtsorgan sei das Gehirn. Das ist ein Klischee, stimmt aber trotzdem. Jeder weiß, wie schwierig es ist, zum Orgasmus zu kommen, wenn man durch Gedanken an die Probleme des Tages abgelenkt wird oder sich Sorgen macht, dass der eigene Hintern zu dick ist. Der Kopf zählt – und wie! Wissenschaftler arbeiten seit Jahrzehnten fleißig daran, die Physiologie des Orgasmus zu verstehen. Ein Großteil ihrer Aufmerksamkeit richtete sich dabei auf die Bereiche unterhalb des Halses – Penis, Klitoris und Vagina. In den letzten Jahren stellte sich aber heraus – Überraschung! –, dass auch das Gehirn eine gewaltige Rolle dabei spielt. Man kann sich das Gehirn durchaus als eine riesige Keimdrüse vorstellen. Irgendwie stimmt das tatsächlich, denn das Gehirn ist selbst dann aktiv, wenn keinerlei Stimulation der Genitalien vorhanden ist.

Richtig – ein Orgasmus ist völlig ohne Beteiligung des Unterleibs möglich. Wir alle kennen nächtliche Orgasmen, die sowohl bei Männern als auch bei Frauen vorkommen. Die berühmten »feuchten Träume« gehören zu den ersten Themen, die im Sexualkundeunterricht in der Schule besprochen werden. Diese unbewussten nächtlichen sexuellen Eskapaden könnte man sicher unter Reflex abhaken oder als Laune der Natur abtun. Aber Orgasmen im Schlaf sind in beiden Geschlechtern und über einen großen Altersbereich gut dokumentiert.

Ich habe auch persönliche Erfahrungen mit diesem Thema. Während meiner Schwangerschaft hatte ich wilde Sexträume. Lebhaft, klar und ziemlich durchgeknallt. In einem, an den ich mich noch erinnern kann, kamen unter anderem Clowns und Wasserpistolen vor – weiter möchte ich nicht ins Detail gehen. Diese Träume brachten mich meist zu einem so intensiven Orgasmus, dass ich davon aus meinen Sexkapaden erwachte. Meine Schwangerschaftsratgeber beruhigten mich, dass das völlig normal sei. Untersuchungen haben auch gezeigt, dass sich selbst Frauen, die nicht für zwei essen, zu einem Orgasmus träumen können – komplett mit beschleunigtem Puls, schwerer Atmung und verstärkter Durchblutung der Vagina. Obwohl es sich dabei nicht um einen Reflex handelt, ist eine Stimulation daran beteiligt. Aber diese Stimulation kommt ausschließlich aus dem Gehirn.

Und das geschieht nicht nur in Träumen. Selbst Menschen mit einer Rückenmarksschädigung können noch Orgasmen erleben, obwohl sie keinerlei Empfindungen unterhalb der Taille mehr haben. Manche Epileptiker erleben als Nebenprodukt ihrer Anfälle einen Orgasmus. Es gibt dokumentierte Fälle von Menschen mit Hirnschäden, die durch eine Unzahl unterschiedlicher nichtgenitaler Stimulationen (hat jemand Erfahrung mit Nasenvibrationen?) zum Orgasmus kommen können. Man kann das Gehirn chemisch oder elektrisch bis zum Höhepunkt stimulieren. Es gibt zahllose Wege, die Genitalien zu umgehen und den so genannten »kleinen Tod« direkt zu erreichen. Sicher, Penis und Vagina sind ein nettes Zubehör. Aber nötig sind sie nicht.

Es gibt sogar Menschen, die sich zum Höhepunkt denken können. Sie konzentrieren sich auf etwas – oft nicht einmal besonders erotische Dinge –, bis sie zum Orgasmus kommen. Das klingt unwahrscheinlich oder sogar unglaubhaft, ein bisschen wie eine Privataufführung der berühmten Szene aus *Harry und Sally*. Aber es stimmt. Ich weiß nicht wie es Ihnen geht, aber wenn ich das könnte, würde ich das Haus gar nicht mehr verlassen.

Eine meiner Freundinnen, die in diesem Buch gerne Trixie genannt werden möchte, ist eine der Glücklichen. Nach ihrer Aussage ist das Ganze gar nicht so aufregend, nicht einmal erregend. Sie wendet ihre Fähigkeit oft in langweiligen Telefonkonferenzen im Büro an, ohne dass es jemand merkt. Obwohl es unsere Freundschaft an ihre Grenzen brachte, bat ich sie, mir die Sache einmal selbst vorzuführen. Nach ein paar Margaritas sagte sie ja.

Ich hatte etwas Großartiges erwartet, mindestens etwas in der Art von Sallys vorgespieltem Orgasmus, vielleicht noch mit einigen Hüftbewegungen und erregten Schreien garniert. Es war nicht annähernd so dramatisch. Trixie setzte sich bequem auf die Couch, schloss die Augen und wurde sehr still. Ich versuchte, nicht zu gespannt hinzusehen, aber es gab auch nicht viel zu sehen. Nach ein paar Minuten (und einigen Fehlstarts, bei denen sie die Augen öffnete, um zu sehen, wie genau ich sie beobachtete, und dann anfing zu kichern) waren die einzigen erkennbaren Änderungen ihr schwerer werdender Atem und ihre verkrampften Hände. Für einige Minuten war das das einzige, was zu sehen war; ehrlich gesagt wurde mir allmählich langweilig. Ich hätte nicht erkannt, was mit Trixie los war, bis sie einmal etwas stöhnte und mich ein wenig erschreckte, dann konzentriert ausatmete und ihre Hände entspannte. Nachdem sie fertig war, öffnete sie die Augen und bat mich verlegen um eine weitere Margarita.

»Das war's?«, fragte ich ungläubig. »Das war ein Orgasmus?« Ich fürchtete, dass meine forschenden Augen sie gestört und von ihrem Job abgelenkt hatten.

»Ich hatte dir ja gesagt, dass nichts weiter dabei ist«, gab sie zurück, die Wangen leicht gerötet und etwas verlegen. »Das war's.«

»Woran hast du gedacht?«, wollte ich wissen.

Sie errötete, sodass die bereits vorhandene Röte ihrer Wangen sich vertiefte. »Johnny Depp«, sagte sie.

»Einfach nur an Johnny Depp?«, wollte ich weiter wissen.

»Na ja – an Johnny Depp, wie er bestimmte Sachen mit mir macht. Muss ich wirklich ins Detail gehen?«

Die Details konnte ich mir denken. Aber eine Frage musste ich doch noch loswerden. Hoffentlich ging ich damit nicht zu weit. »Und wie ist das im Vergleich zu einem Orgasmus, den du beim Masturbieren bekommst? Oder, nun ja, mit einem Mann?«

»Ach, ein Orgasmus ist ein Orgasmus«, antwortete Trixie. »Er fühlt sich gut an, egal wie du ihn erreichst. Aber mit einem Partner wäre es mir schon lieber.« Sie zuckte mit den Schultern. »Für mich ist das einfach eine effizientere und weniger umständliche Art der Masturbation.«

Das klingt vernünftig. Wohl jeder genießt von Zeit zu Zeit ein wenig Selbststimulation, egal ob an der Klitoris, dem Penis oder eben im Kopf, obwohl wir Sex mit einem Partner vorziehen würden. Nun stellen Sie sich vor, sie müssten sich dabei nicht einmal mehr die Hände schmutzig machen. Ob Trixies Gedanken-Orgasmus wirklich dasselbe war wie bei nach der bewährten manuellen Methode? Neurowissenschaftliche Untersuchungen mit bildgebenden Verfahren deuten tatsächlich darauf hin: ein Orgasmus aktiviert immer dieselben Hirnareale, ganz gleich wo er herkommt.

Barry Komisaruk und Beverly Whipple entdeckten eine Reihe von Schlüsselarealen im Gehirn, die bei einem Orgasmus in Frauen aktiviert werden: der Hypothalamus, die Amygdala, der Hippocampus, der anteriore Gyrus cinguli, die Insula, der Nucleus accumbens, das Kleinhirn und der sensorische Kortex. In ihren Untersuchungen fanden sie auch eine Aktivierung im präfrontalen Kortex, während eine niederländische Gruppe eher Hinweise darauf fand, dass dieser Teil des Gehirn, der mit Entscheidungsfindung und Führungsaufgaben betraut ist, bei einem Orgasmus komplett abgeschaltet wird.[2] (Vermutlich kommt die Differenz durch methodische Unterschiede zustande. Während die Arbeitsgruppe um Komisaruk den Blutfluss im Gehirn mithilfe von fMRI verfolgte, benutzten die Niederländer die Positronenemissionstomografie, bei der die Messungen etwas langsamer sind. In der niederländischen Untersuchung wurden die Teilnehmer außerdem durch einen Partner stimuliert. Möglicherweise hängt die Aktivierung im frontalen Kortex mit der Notwendigkeit zusammen, dass die Teilnehmer bei der Masturbation die eigenen Bewegungen koordinieren mussten. Genau weiß das aber niemand.)

Von besonderem Interesse für die Forscher ist der Nucleus paraventricularis, ein Teil des anterioren Hypothalamus, der nach einem Orgasmus Oxytocin produziert und ins Blut, das Gehirn und das Rückenmark ausschüttet. Diese Ausschüttung, die zahlreiche Oxytocinrezeptoren im Belohnungssystem aktiviert und so eine massive Ausschüttung von Dopamin bewirkt, ist möglicherweise der Grund für das tolle Gefühl bei einem Orgasmus. Diese Regionen im Gehirn werden aktiviert, ob die den Orgasmus nun durch Masturbation erleben, sich von einem Partner stimulieren lassen oder sich einfach zum Orgasmus denken. Oder wie Trixie sagen würde, ein Orgasmus ist ein Orgasmus, egal wie man ihn erreicht.[3]

Wie sieht es mit der Aktivierung des Gehirns in Männern aus? Als ich meiner Freundin Sarah erzählte, dass ich in dieser Richtung recherchierte, grinste sie nur und meinte »Was gibt es da schon zu untersuchen? Vermutlich schaltet sich das Hirn von Männern bei der Ejakulation komplett ab!« Ich bin sicher, dass viele Frauen das mit einem erstaunten »Hort, hört!« kommentieren würden und selbst manche Männer widerwillig schulterzuckend zustimmen würden. Dennoch gibt es Untersuchungen, die versucht haben, den Blutfluss im Gehirn von Männern beim Orgasmus zu untersuchen, und dabei hat sich gezeigt, dass in diesem Moment sehr wohl etwas im männlichen Hirn vor sich geht.

Eine Gruppe von Wissenschaftlern der Stanford University verglich die Aktivierung im Gehirn und die Erektion bei gesunden heterosexuellen Männern, während sie Sportvideos, erotische Szenen und Unterhaltungsfilme schauten. Die Plakate zur Rekrutierung der Teilnehmer kann ich mir lebhaft vorstellen: »Lieben Sie Sport? Lieben Sie Pornos? Hätten Sie gerne ein Bild Ihres Gehirns?« Vermutlich hatten sie keine Probleme, junge Männer zu finden, die an der Studie teilnehmen wollten. Jedenfalls steckten sie die Probanden in die fMRI-Röhre und zeigten ihnen die Pornovideos. Gleichzeitig mit der Erektion beobachteten sie eine Aktivierung im Claustrum, der linken Seite der Basalganglien mit dem Nucleus caudatus und dem Putamen, im Hypothalamus, einigen Bereichen im Gyrus occipitalis lateralis und im Gyrus temporalis, im Gyrus cinguli und in sensomotorischen Bereichen. Dass gerade diese Bereiche aktiviert werden, die viel mit Oxytocoin und Dopamin zu tun haben, ist wenig überraschend. Die anderen Aktivierungen bedürfen schon eher einer Erklärung. Die Aktivierung im Claustrum zusammen mit der im Gyrus occipitalis lateralis und temporalis deutet darauf hin, dass die Teilnehmer ihre Erektion wahrnahmen (und vielleicht auch unterstützten) und das, was sie im Video sahen, im Geiste auf sich selbst übertrugen. An diesem Punkt endet die Auswertung der Ergebnisse allerdings. Die Gruppe führte das Experiment nicht bis zum Orgasmus weiter. Vielleicht konnten die Wissenschaftler niemanden finden, der bereit war, das Gerät nach Ende der »Messung« zu reinigen. Leider gibt es auch keine Berichte über einen Blutfluss im Gehirn (oder vielleicht Erektionen) beim Betrachten der Sportvideos.[4]

Janniko Georgiadis, ein führender niederländischer Wissenschaftler, der ebenfalls am Orgasmus interessiert ist, verwendete die Positronenemissionstomografie, um die Hirnaktivierung während der Ejakulation zu verfolgen. Er registrierte mit seinen Kollegen den Blutfluss im Gehirn, während die Teilnehmer von einem Partner zum Orgasmus stimuliert wurden. Sie fanden eine Aktivierung tief im Kleinhirn, im anterioren Vermis cerebelli, der Brücke und im ventrolateralen Thalamus. All diese Bereiche liegen in der Nähe des Hirnstamms und sind für Bewegungen verantwortlich. Die Forscher sind der Meinung, dass frühere Beobachtungen einer Aktivierung in den Basalganglien und im Neokortex Anzeichen der Erregung und nicht charakteristisch für den Orgasmus seien. Der Blutfluss im Kleinhirn und benachbarten Regionen soll demnach mit den Kontraktionen der Muskeln bei der Ejakulation zusammenhängen. Als ihre wichtigste Erkenntnis bezeichneten die Wissenschaftler die Deaktivierung des gesamten präfrontalen Kortex bei der Ejakulation. Vielleicht hat Sarah mit ihrer Vorstellung, dass das männliche Gehirn – oder zumindest der präfrontale Teil davon – sich beim Orgasmus selbst abschaltet, gar nicht so unrecht.[5]

In einer neueren Untersuchung verglichen Georgiadis und seine Kollegen den Blutfluss beim Orgasmus in Männern und Frauen. Sie schlossen, dass sich die Geschlechter zwar während der genitalen Stimulation im Hinblick auf die Aktivierung im Gehirn unterschieden, aber nicht beim Orgasmus. In Anbetracht der anatomischen Unterschiede ist diese Erkenntnis kaum eine Überraschung. In der Regel behandelt man die Klitoris doch ein wenig anders als einen Penis – hoffentlich jedenfalls. Trotz dieser Unterschiede bei der Stimulation fand sich doch eine große Übereinstimmung bei der Aktivierung in beiden Gruppen beim Orgasmus. Sowohl bei Männern als auch bei Frauen beobachteten die Wissenschaftler das völlige Fehlen einer Aktivierung im präfrontalen Kortex.[6]

Trotz aller Unterschiede zwischen den Geschlechtern zeigen diese Untersuchungen doch, dass der Orgasmus typische Spuren in den Gehirnen hinterlässt. Sagen uns diese Hirnareale etwas? Dem Hypothalamus und den Basalganglien sind wir bereits im Zusammenhang mit der Untersuchung der romantischen Liebe begegnet. Wie Helen Fisher sagte, ist das wie bei einem Kaleidoskop: das Muster verändert sich je nach den Umständen. Wieder einmal zeigt sich das Hirn als Meister im Recycling. Bloß keine Redundanz!

Und weiter?

Stephanie Ortigue hat recht: Wenn wir das Aktivierungsmuster im Gehirn bei Erregung oder einem Orgasmus kennen, dann wissen wir nicht mehr als eben genau das. Barry Komisaruk wollte die Dinge noch einen Schritt weiter treiben. Seit den frühen Arbeiten auf diesem Gebiet hat die fMRI sich entscheidend weiterentwickelt. Es ist heute ähnlich wie mit einer Kamera möglich, einen Orgasmus auch im fMRI in seiner Entwicklung zu verfolgen. Allerdings laufen die Vorgänge im Gehirn sehr schnell ab, vielleicht schneller, als wir messen können. Trotzdem war es das Ziel von Komisaruk, die Reihenfolge der Aktivierung der Gehirnareale im fMRI in Echtzeit zu verfolgen und so besser zu verstehen, wie die verschiedenen Regionen während und vor dem Orgasmus miteinander wechselwirken. »Wir wollen verstehen, ob es da eine Art Muster gibt«, sagte er. »Der Orgasmus ist ein ideales Beispiel, um zu untersuchen, wie sich die Gehirnaktivität in einem Crescendo aufschaukelt und zu einem Höhepunkt führt, einer Auflösung der Anspannung im Gehirn. Wir können eine konstante, kontinuierliche Stimulation verwenden und werden hoffentlich sehen, wie sich die Aktivierung von Minute zu Minute im Gehirn ausbreitet.«

Aber wo beginnt und wo endet ein Orgasmus? Komisaruk vermutet, dass die Aktivierung im sensorischen Kortex beginnt, im sogenannten Lobulus paracentralis, in dem das Gehirn die Reaktionen der Genitalien auf eine Stimulation registriert und verarbeitet. Anschließend soll die Aktivierung zum Nucleus paraventricularis wandern, der all das leckere Oxytocin ausschüttet, und schließlich im Nucleus accumbens enden, der die abschließende Dopaminschwemme erzeugt. Ob das wirklich immer so abläuft, muss noch geprüft werden.

In der Hoffnung, den Verlauf der Aktivierung exakt kartieren zu können, scannten Barry Komisaruk und seine Mitarbeiter eine Reihe von Freiwilligen und bereiteten ihre Ergebnisse für die Präsentation als Poster auf einer der größten neurowissenschaftlichen Konferenzen der Welt vor. Dazu suchten sie noch Freiwillige, um den Verlauf der Aktivierung in Echtzeit in einem kleinen Film vorführen zu können. Im Namen der Wissenschaft stellte ich mein Gehirn – und meine Feuchtgebiete – dafür zur Verfügung.

Lampenfieber, Abteilung fMRI

Wenn Sie selbst die aufgeschlossensten und coolsten Ihrer Freunde einmal wirklich sprachlos erleben wollen, dann erzählen Sie ihnen doch, dass Sie nach Newark in New Jersey reisen werden, um dort in einem fMRI-Gerät zu masturbieren. Wenn sie den ersten Schreck überwunden haben, werden sie vermutlich anfangen, Fragen zu stellen. Viele Fragen. Die meisten konnte ich beantworten. Als Erstes: Nein, das ist kein Scherz, ich werde das wirklich tun. Ja, wirklich – ohne Witz. Versprochen. Genau, ich werde dabei im Scanner liegen, in einer dieser klaustrophobischen Röhren, in denen normalerweise das Knie oder der Rücken gescannt wird. Ja, ich weiß, dass es darin sehr eng ist. Und laut. Ja, ich werde es mir selbst machen. Wie? An der Klitoris, wenn ihr es genau wissen wollt. Ja, bis zum Orgasmus. Ob ich einen Vibrator benutze? Nein; die meisten Vibratoren enthalten Metall, und das ist in einem fMRI-Magneten strengstens verboten. Ich muss mich auf meine eigenen Hände verlassen, um ans Ziel zu kommen. Ja, gewissermaßen schauen schon Leute dabei zu – die Forscher, die die Studie durchführen. Glaube ich wenigstens. Aber ich werde abgedeckt sein, das Einzige, was sie sehen können, ist das Bild meines Gehirns im fMRI und am Ende meine Hand als Zeichen, dass ich gerade komme. Barry Komisaruk und seine Kollegin Nan Wise haben mir die ganze Prozedur im Detail erklärt. Nein, sicher bin ich nicht, dass ich das wirklich kann. Aber ich habe wie angewiesen zu Hause geübt und werde mein Bestes geben. Es schien, als ob ich dasselbe Interview wie in einer Zeitschleife wieder und wieder durchleben müsste. Dank Nan Wises sorgfältiger Vorbereitung und meinen wiederholten Sitzungen als Papagei hatte ich das Gefühl, die Prozedur in- und auswendig zu kennen. Glaubte ich jedenfalls.

Erst in der Nacht vor dem großen Termin fiel mir ein, dass ich die wichtigste Frage vergessen hatte: Was sollte ich dafür anziehen? Weder mein bevorzugter Stilratgeber noch die aktuelle *Cosmopolitan* sagten etwas darüber, was man beim Masturbieren in einem fMRI gewöhnlich trägt. Meine Erfahrungen mit anderen neurowissenschaftlichen Untersuchungen brachten mich in dieser Frage auch nicht weiter. Automatisch hatte ich eine Yogahose und ein Top eingepackt, weil ich es in der beengten Situation in der Röhre bequem haben wollte. An freien Zugang zu meinen Spielzeugen hatte ich nicht gedacht. Panisch griff ich zum Telefon und rief Nan Wise an.

»Was trägt man zu so einem Anlass?«, fragte ich sie.

»Ich rate immer zu einem bequemen weiten Kleid ohne Slip. Das trage ich selbst auch.« Sie war eine ehemalige Sextherapeutin, die danach Neurowissenschaften studiert hatte, und spielte immer die Testperson für neue fMRI-Untersuchungen, bevor andere Teilnehmer eingeladen wurden. Für sie war das alles ein alter Hut. »Irgendetwas weites und bequemes, das einfach anzuziehen ist.«

Das einzige Kleid, das ich eingepackt hatte, war eher für abendliche Verführungen geeignet, nicht für den Scanner. Zwar komme ich darin leicht an die entscheidenden Stellen ran, aber allein der große Reißverschluss aus Metall zeigt, dass es nichts für den Magneten ist. »Das tut mir leid«, sagte ich. »Das wusste ich nicht. Etwas in der Art habe ich nicht dabei.«

»Kein Problem, das ist schon OK«, gab sie zurück. »Wir haben ein paar Krankenhaushemden hier. Sie können eines oder zwei davon nehmen, um sich zu bedecken.«

Der Gedanke an diese dünnen Hemden ohne Rückseite ließ Versagensängste in mir aufsteigen. Ich dachte an die Enge, eingeschränkte Bewegungsfreiheit, laute Klackgeräusche und mittendrin ich in einem Krankenhaushemd. Obwohl ich nicht der Typ bin, der Kerzenlicht, verführerische Unterwäsche und Barry White auf dem Plattenteller braucht, um in Stimmung zu kommen, muss ich doch irgendwie hierzu disponiert sein. Allmählich begann ich mir Sorgen zu machen. Würde ich in der Umgebung, die mir bevorstand, wirklich in die richtige Stimmung kommen, um mit meinem Unterleib spielen zu können?

Als ich am nächsten Morgen an der Rutgers University ankam, einem dunklen Gebäude im Stil der 1970er Jahre mitten auf dem Campus in Newark, war ich in Panik. Obwohl ich in der vergangenen Nacht

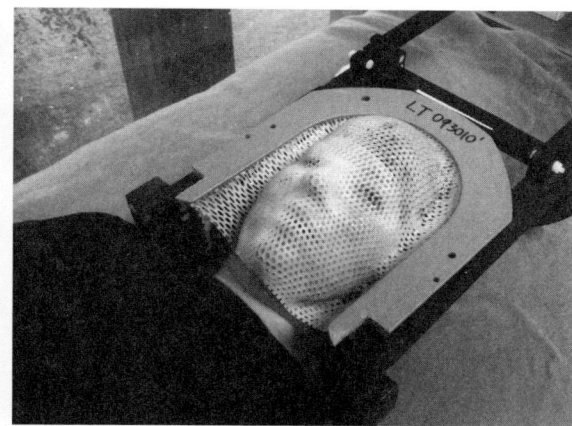

Die Anpassung meiner sexy Kopfmaske für die fMRI-Untersuchung meines Orgasmus. *Bild: Autorin.*

eine oder zwei Stunden lang versucht hatte, mir eine sexuelle Fantasie auszudenken, in der irgendwie Laborkittel und enge Räume vorkamen, hatte ich Angst, dass ich keinen Orgasmus erreichen würde, wenn es hart auf hart kam.

Ich erkannte Nan Wise sofort. Schon in unseren Telefongesprächen hatte sich ihre mütterliche Art herausgestellt, stets bereit zu helfen und zu trösten. Sie versicherte sich, dass ich gut gefrühstückt hatte, fragte mich gleich nach meinen Wünschen für das Mittagessen und versicherte mir gleichzeitig, dass der Scan ein Kinderspiel sei. Wir gingen die Treppe hinauf in ein schon etwas älteres Büro, um mich auf meinen Termin später am Nachmittag vorzubereiten. Auf einer Pinnwand stand in großen grünen Buchstaben »Hauptquartier O-Team«. Ich fragte sie, ob das Institut denn auch T-Shirts habe. »Nein, noch nicht«, gab sie zurück. »Aber die Idee ist klasse!«

Im Büro wartete Barry Komisaruk auf mich, ein gedrungener und gepflegter Mann. Seine lässige Art wirkte beruhigend auf mich. Meine erste Aufgabe bestand darin, mir eine Gesichtsmaske à la Hannibal Lecter anpassen zu lassen, die aus einem dichten Kunststoff-Netzgewebe bestand und meinen Kopf in der Röhre unverrückbar festhalten würde. Sie war weiß und blau, was mich einerseits an ein Requisit aus einem billigen Porno erinnerte, andererseits an die Klinikausrüstung für eine Strahlenbehandlung. Aber Schönheit war auch nicht ihr eigentlicher Zweck. Sie sollte meinen Kopf im Scanner während der Messung so ruhig wie möglich halten. Ab dem Beginn des Scans würde ich auf der Liege fixiert sein, sodass ich nicht in der Lage wäre, ohne Hilfe in den

Scanner hinein oder aus ihm heraus zu gelangen. Als ich mich für die Anpassung der Maske hinlegte, fragte ich beiläufig, ob andere Probanden schon Probleme gehabt hätten, zum Orgasmus zu kommen. Ich dachte mir, dass eine Unterhaltung mich von dem heißen, feuchten Kunststoff ablenken könne, das mir gleich auf das Gesicht gedrückt würde.

»Ein paar, aber nicht viele.« Er presste mir den heißen und formbaren Kunststoff auf das Gesicht und achtete darauf, dass er exakt in der Form meines Gesichts erhärtete. »Das kommt nicht sehr häufig vor. Vielleicht zwei- oder dreimal bei allen, die wir schon gescannt haben.«

OK, also kein Druck. Überhaupt kein Druck.

»Sind Sie deshalb besorgt?«, fragte er ruhig. Ich quäkte zustimmend, denn ein Nicken hätte die erhärtende Maske zerstört.

»Machen Sie sich keine Sorgen. Wir lassen Sie ein paar Beckenbodenübungen machen und danach bitten wir Sie, nur an die Ausführung derselben Beckenbodenübungen zu *denken*. Aus dem Unterschied der Aktivierung im sensorischen Kortex in beiden Fällen können wir eine Menge lernen, selbst wenn Sie hinterher nicht zum Orgasmus kommen.«

»Das wird schon«, sagte Nan Wise, während sie eine Tube Gleitgel in eine der vielen Taschen ihres Laborkittels steckte. Ich stellte mir vor, dass sie aus diesen Taschen jedes erdenkliche Hilfsmittel hervorzaubern könnte, das ich irgendwie zu meiner Entspannung gebrauchen könnte – Hühnersuppe, Tabletten gegen Reisekrankheit, vielleicht sogar einen fMRI-geeigneten Dildo, falls nötig. Der Gedanke brachte mich zum Lachen – innerlich, denn sonst wäre die Maske hinüber gewesen.

Das große O

Ein paar Stunden später gingen wir hinüber in das fMRI-Zentrum in der University of Medicine and Dentistry im New Jersey Medical Center. Ich legte ein Krankenhaushemd an und wurde in die fMRI-Röhre geschoben, bereit, meinen ersten Orgasmus in einem fMRI-Scanner zu erleben. Gleich hörte ich Barry Komisaruks Stimme über den Kopfhörer, der mich anwies, ruhig zu liegen, damit die Wissenschaftler einen zehnminütigen Vorscan durchführen konnten, um die exakte Lage der verschiedenen Regionen in meinem Gehirn in Ruhe bestimmen zu können. Dieser Referenzscan sollte später die Basis bilden, auf die die Wissenschaftler die aktiven Zentren projizieren konnten, um genau angeben zu können, welche Areale in meinem Gehirn wann aktiviert wurden. Die Schaltzentralen im Gehirn und die Signalwege zwischen ihnen sind ebenso komplex und exakt angeordnet wie die Gebäude und Straßen in einer Großstadt. Und genau wie die Feuerwehr ein Feuer in einem bestimmten Gebäude lokalisieren kann, können die Forscher mithilfe eines fMRI-Scans genau lokalisieren, welche Struktur des Gehirns zu einem bestimmten Zeitpunkt gerade aktiv ist.

»Entspannen Sie sich, Kayt«, sagte Barry Komisaruk. »Dösen Sie ein wenig, wenn Sie wollen.«

Der Magnet begann um mich zu rotieren. Wie zu erwarten war es laut. Dadadadadadadada. Klack. Onnnnnnnnnnnnnnk. Klack. Rumms! Rumms! Rumms! Ein bisschen klang es wie eine Kombination aus einigen Presslufthämmern, ein paar Amateur-Stepptänzern und dem Test eines Notrufsystems auf voller Lautstärke. Alles gleichzeitig. Der Lärm dauerte den größten Teil meiner Zeit in der Röhre, die insgesamt etwa eineinhalb Stunden betrug. Trotz Gehörschutz spürte ich jedes Klick und jedes Klack und jedes Brummen der Maschine bis ins Mark. Die Situation war nicht dazu geeignet, sich zu entspannen. Ich versuchte es trotzdem. Der Trick bei der fMRI ist, so unbeweglich wie möglich zu bleiben; dabei hilft es enorm, sich zu entspannen.

Als ich Wochen zuvor zum ersten Mal mit Nan Wise gesprochen hatte, hatte sie mir gleich Hausaufgaben gegeben. »Üben Sie das masturbieren bis zum Orgasmus so oft wie möglich. Und versuchen Sie dabei, sich so wenig wie möglich zu bewegen«, wies sie mich an. »Das ist schwerer, als es klingt. In der letzten Woche hatten wir eine Frau hier, bei der ich die Beine festhalten musste, weil sie so heftig zuckte. Ich habe bloß gebetet, dass wir daraus vernünftige Daten bekommen.« Wenn der Proband sich zu heftig bewegt, kann das Gerät den Blutfluss nicht mehr richtig lokalisieren; die Forscher können dann nicht mehr sagen, ob ein beobachteter Unterschied aus einer Veränderung des Blutflusses (d. h. aufgrund der Stimulation) resultiert oder nur das Ergebnis einer Bewegung ist. Da jeder fMRI-Scan einige Tausend Dollar kostet, versuchen die Wissenschaftler natürlich, solche Bewegungen so gut wie möglich zu verhindern. Und meine Übungen zu Hause hatten mir gezeigt, dass es in dieser Situation nicht ganz einfach sein würde, so ruhig wie möglich zu bleiben.

Gerade als ich langsam wegdämmerte, nicht richtig in den Schlaf, aber wenigstens in die Nähe davon, hörte der Lärm plötzlich auf. Nach zehn Minuten in dieser Kakophonie wirkte die Stille fast genauso ohrenbetäubend. Ich war wieder wach und aufmerksam. Ein paar Momente später drang wieder Barry Komisaruks beruhigende Stimme durch den Kopfhörer. »Jetzt machen wir dreißig Sekunden Beckenbodenübungen, gefolgt von dreißig Sekunden Ruhe«, sagte er. »Und das Ganze fünfmal.«

Beckenbodenübungen, nach ihrem Erfinder Arnold H. Kegel auch Kegelübungen genannt, sind einfache Kontraktionen der Muskulatur des Beckenbodens, die man zum Beispiel auch benutzt, um den Urinfluss zu starten oder zu stoppen. Sie werden in der Regel vor allem für Schwangere und Männer mit Prostatabeschwerden empfohlen, waren aber auch ein Lieblingsthema meiner deutschen Geburtshelferin. Bei meinem ersten Besuch vor der Geburt empfahl sie mir, meinen Beckenboden gewissenhaft zu trainieren, und schloss mit dem Satz »Kegeltraining jeden Abend ist für den Beckenboden sehr erlabend«, der durch ihren starken teutonischen Akzept noch betont wurde. Sie verstand nie, warum mich ihr Volksreim in Wilhelm-Busch-Manier immer zum Lachen brachte.

Als das Klackern wieder losging, spannte ich meine Beckenmuskeln an. Barry Komisaruk wollte vergleichen, ob die Durchführung der Beckenbodenübungen dieselben Regionen im Gehirn aktivierte, wie wenn man nur an die Durchführung dachte. Einige seiner früheren Arbeiten hatten darauf hingedeutet, dass der sensorische Kortex, jedenfalls der mit den Genitalien im Zusammenhang stehende Teil, auch durch bloße Gedanken aktiviert werden konnten. Falls sich das bestätigen sollte, wäre das ein neues und wirklich aufregendes Ergebnis, das Auswirkungen auf zukünftige Behandlungen für Menschen haben könnte, die nicht in der Lage sind, einen Orgasmus zu bekommen. Es könnte der Wissenschaft sogar neue Wege zur Untersuchung des sexuellen Verlangens eröffnen.

Nachdem ich meinen Beckenboden ausgiebig trainiert hatte (bzw. intensiv daran gedacht hatte, das zu tun), wurde es Zeit für meinen großen Auftritt. Egal ob ich bereit war oder nicht, jetzt musste ich meine Frau stehen und einen Orgasmus hinlegen. In wenigen Minuten würde ich wissen, ob ich in all dem lauten Geklicker und Geklacker, in einem Krankenhaushemd steckend und mit einer Gesichtsmaske fixiert noch zu einem entspannten Orgasmus in der Lage sein würde. Ich konnte es nur hoffen. Ich bin ein Typ, der auf den Erfolg fixiert ist. Ich wollte nicht zu den Probanden gehören, die versagten.

»OK, Kayt. Drei Minuten Pause, dann geht es los, bis zum Orgasmus«, sagte Komisaruks körperlose Stimme im Kopfhörer. »Brauchen Sie Gleitgel?«

Ich würde alle Hilfe brauchen, die ich bekommen konnte. Gleitgel konnte sicher nichts schaden. »Ja, bitte«, sagte ich. Als ich Nan Wise ins Zimmer kommen hörte, streckte ich den Arm aus. Ich spürte das kühle Gel auf meiner Handfläche und versuchte, nichts davon zu verkleckern, während ich meine Hand unter die Decke und das Krankenhaushemd und an ihren Einsatzort führte. Ich wartete, bis der Magnet wieder anfing zu arbeiten.

Dadadadadadadadada. Klack. Onnnnnnnnnnnnnnk. Klack. Rumms! Meine Anweisung lautete, mich erst einmal drei Minuten lang zu entspannen und an nichts zu denken. Stattdessen brütete ich über meine Versagensangst und feuerte mich selbst an. Ich kann unter diesen Bedingungen zum Orgasmus kommen. Ich weiß es. Ich weiß es. Ich werde kommen. Ich kann das, verdammt. Ich komme.

»Beginnen Sie jetzt mit der Masturbation bis zum Orgasmus.«

Als der Einsatz kam, holte ich noch einmal tief Luft und legte los. Natürlich war es nicht sonderlich romantisch oder animierend in dieser Röhre, und die verflixte Maske wurde allmählich wirklich unbequem, aber ich würde jetzt zu meinem Orgasmus kommen, egal wie. Ich konzentrierte mich und arbeitete an mir, wobei ich meinen Kopf so ruhig wie möglich hielt. Nach einigen Minuten hob ich die Hand, um den Wissenschaftlern anzuzeigen, dass der Orgasmus begonnen hatte. Es war nicht gerade einer der großartigsten, aber meiner bescheidenen Meinung nach war er OK. Ehrlich gesagt war er besser als manche, die ich mit einigen meiner Freunde erlebt hatte. Ich senkte die Hand, um anzuzeigen, dass ich fertig war, und atmete tief durch. Wenn ich mich hätte umarmen können, mir einen Klaps auf den Rücken oder Po oder irgendwohin außer meiner Klitoris hätte geben können, hätte ich es getan.

»Danke, Kayt«, sagte Barry Komisaruk. »Ruhen Sie sich etwas aus.«

Das tat ich. Falls mich jemals irgendjemand fragen sollte, welches der merkwürdigste Ort war, an dem ich je einen Orgasmus erlebt hatte, dann hätte ich jetzt eine schöne Geschichte zu erzählen. Außerdem hatte ich dabei auch noch der Wissenschaft geholfen. Ein Sieg für alle Seiten!

Nach ein paar Minuten kam wieder Barry Komisaruks beruhigende Stimme durch den Kopfhörer. »Ähm, Kayt ... Könnten Sie vielleicht noch einmal, – ich meine, wäre es möglich, dass Sie es noch einmal versuchen?«, fragte er vorsichtig.

»Noch einmal?«, fragte ich verwirrt zurück. War etwas mit dem Magneten nicht in Ordnung? Hatte ich einen Fehler gemacht? War mein Orgasmus für das O-Team nicht orgasmisch genug?

»Nun ja, der Orgasmus war etwas ... kurz«, erklärte Komisaruk. »Könnten Sie vielleicht noch einmal ...?«

Mist. Mein innerliches Schulterklopfen endete schlagartig. Ich hatte es geschafft, aber mein Orgasmus war nicht gut genug. Es gab kein Entkommen – ich musste noch einmal ran. »Klar doch«, sagte ich. »Ich kann es noch einmal versuchen.« Dieser blöde Orgasmus wurde mein Albatros, mein weißer Wal. Aber das würde ich nicht zulassen. Dieses Mal würde ich es ihm zeigen. Ich würde nicht nur wieder kommen, sondern ich würde es dieses Mal auch genießen, verdammt noch mal.

»Prima, vielen Dank«, sagte Komisaruk. »Brauchen Sie noch etwas Gleitgel?«

»Nein, danke«, antwortete ich. »Alles in Ordnung.« Jetzt aufzuhören und auf das Gleitgel zu warten würde mich nur aus dem Rhythmus bringen. Ich musste das *jetzt* hinter mich bringen. Bevor ich die Nerven verlor.

Als der Magnet unter heftigem Klicken und Klacken wieder zum Leben erwachte, holte ich tief Luft und lies meine Hand wieder unter die Decke gleiten. Ob es an der kurzen Pause lag oder warum auch immer, meine vorherigen Bemühungen machten die Sache dieses Mal einfacher. So komisch das klingen mag, ich konnte mich entspannen und es zumindest ein wenig genießen. Vielleicht sogar mehr. Als ich mich selbst hörbar stöhnen hörte, zögerte ich kurz und überlegte, ob die Forscher das im Kontrollraum auch hören konnten. Ich schüttelte den Gedanken ab und machte weiter. Als mich mich das nächste Mal stöhnen hörte, war es mir schon egal, ob jemand das hören konnte oder nicht. Ich war kurz davor, ich würde gleich wieder kommen. Und dieses Mal mit Stil. Ich hob meine Hand, um den Beginn des Orgasmus anzuzeigen, und ließ mich das letzte Stück des Weges treiben.

»Das war super, Kayt. Schön lange und sehr ausgeprägt«, kommentierte Barry Komisaruk. »Ganz ausgezeichnet.«

Etwas vorlaut entgegnete ich: »Für mich war es auch nicht schlecht.« Draußen hörte ich Gelächter im Hintergrund. Ich versuchte, nicht darüber nachzudenken, was sie ein paar Momente zuvor mitgehört hatten.

Die Forscher baten mich, für zehn Minuten zu entspannen, während sie den Scan abschlossen. Und genau das tat ich auch. Dieses Mal dämmerte ich trotz des Lärms weg. Auch für mich gilt offensichtlich: Ein Orgasmus ist ein Orgasmus ist ein Orgasmus.

Auf das Timing kommt es an

Zwei Monate später traf ich Barry Komisaruk und Nan Wise im sonnigen San Diego auf der großen Konferenz der Society for Neuroscience, auf der sich ungefähr 30000 Neurowissenschaftler versammeln, um die neuesten Fortschritte auf ihrem Gebiet zu diskutieren. Sie präsentierten den zeitlichen Verlauf des Orgasmus auf der Grundlage meiner Arbeit im Magneten sowie der von acht anderen Probanden in einer der Postersessions. Dabei zeigten sie auch einen 3D-Film, der den zeitlichen Verlauf der Aktivierung veranschaulichte. Man könnte das einen Hirnporno nennen – viele der Neurowissenschaftler, die das Video anschauten, taten das auch. Barry Komisaruk und Nan Wise hätten bestimmt auch kein Problem damit.

Als ich den Film sah, war ich über das Ausmaß der Aktivierung erstaunt. Es war unglaublich. Genau so hatte ich mich auch gefühlt, als ich ein paar Wochen zuvor das Video der Aktivierung bei meinem eigenen Orgasmus gesehen hatte. Zahlreiche Regionen leuchteten auf, wobei die wärmsten Farben die höchste Aktivierung signalisierten. Es war schwer zu sagen, was das alles bedeutete. Als ich zu Wise eine entsprechende Bemerkung machte, lachte sie. »Das stimmt, es ist eine sehr starke Aktivierung«, antwortete sie. »Ein Orgasmus ist eine Angelegenheit des ganzen Gehirns.«

Das ist kein Witz. Die Forscher konnten dreißig unterschiedliche Regionen unterscheiden, die während der Masturbation zum Orgasmus aktiviert wurden. Dreißig. Zumindest bei Frauen sieht es danach aus, als müssten wir unser ganzes Gehirn bemühen, um ein wenig Befriedigung

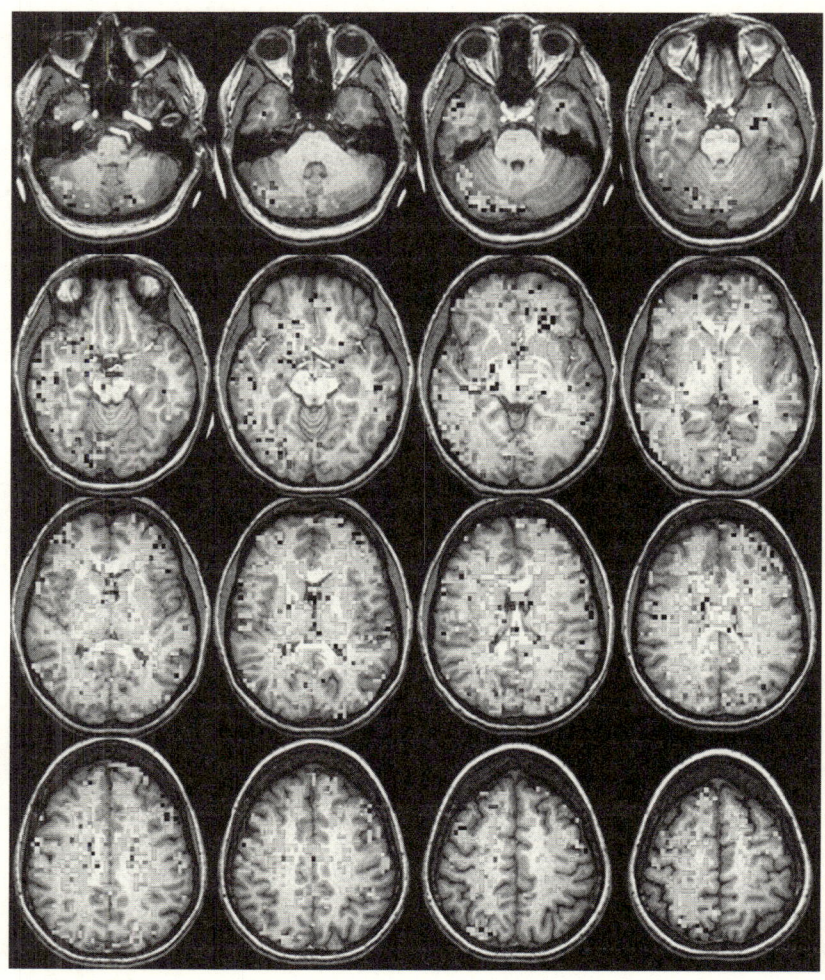

Mein Gehirn beim Orgasmus. Wie Nan Wise sagte, ist der Orgasmus eine Erfahrung, an der das gesamte Gehirn beteiligt ist.
Bild: Adaptiert aus den Messdaten von Barry Komisaruk; Wiedergabe mit Genehmigung.

zu erhalten. In Anbetracht dieses Ausmaßes der Aktivierung kann es etwas schwierig sein, herauszufinden was all diese Areale eigentlich tun. Immerhin war Barry Komisaruk in der Lage, einige spezifische Regionen zu identifizieren, die vor, während und nach dem Orgasmus aktiviert wurden.

Was passierte in meinem Gehirn beim Orgasmus? Als ich mit der Arbeit begann, wurden zunächst der genitale sensorische Kortex, die motorischen Areale, der Hypothalamus, der Thalamus und die Substantia nigra aktiviert. Der Hypothalamus war keine Überraschung, weil er regelmäßig seine Finger im Spiel hat, wenn es um das Verhalten im Zusammenhang mit der Fortpflanzung geht; dazu gehört auch jede Form von Erregung. Auch der Nucleus paraventricularis sitzt dort, der das Oxytocin ausschüttet. Die motorischen Areale koordinierten meine Finger, während ich an mir spielte, und der genitale sensorische Kortex registrierte ihre Aktionen. Vermutlich hängt mein beschleunigter Puls mit der Aktivierung des Kleinhirns zusammen. Und der Thalamus? Er registrierte nicht nur die Bewegungen meiner Finger, sondern brachte sie auch mit den Erinnerungen und Fantasien zusammen, mit deren Hilfe ich meine Erregung aufbaute. Die Substantia nigra mit ihren zahlreichen dopaminerzeugenden Neuronen sorgte gemeinsam mit der Oxytocinausschüttung im Nucleus paraventricularis dafür, dass ich mich gut und entspannt fühlte.

Als ich meine Hand hob, um den Forschern den Beginn meines Höhepunkts anzuzeigen, erwachte mein frontaler Kortex, das Leitzentrum meines Gehirns. Auch Areale, die mit dem Gedächtnis, der Integration von sensorischen Informationen und Emotionen verknüpft sind, wurden dann aktiv. Als mein Orgasmus sich dem Ende zuneigte, kam der Hypothalamus zurück ins Spiel und das Belohnungssystem, beispielsweise der Nucleus accumbens und der Nucleus caudatus, wurden mit Dopamin überschwemmt. Zusammengefasst heißt das, dass Barry Komisaruk und seine Mitarbeiter im zeitlichen Ablauf charakteristische Aktivierungsmuster beobachteten, bei denen auf meiner Reise von der Erregung zum Orgasmus und zurück zur Ruhe nacheinander spezifische Regionen aktiviert wurden.

»Sind die Ergebnisse nun so, wie Sie erwartet hatten?«, fragte ich Komisaruk, während einige andere Neurowissenschaftler das Poster studierten.

Er lächelte. »Manches war erwartet. Sie sensorischen Regionen werden früh aktiviert, während der Nucleus accumbens viel später kommt als die anderen Areale. Das war zu erwarten. Interessant war dagegen, dass manche Areale mit dem Einsetzen des Orgasmus sehr plötzlich aktiv werden, während andere sich graduell steigern.«

»Plötzlich?«, hakte ich nach.

»Der Gyrus temporalis inferior ist zum Beispiel so ein Kandidat, der sehr plötzlich aktiviert wird«, sagte er. »Ebenso das Kleinhirn.«

Er erklärte, dass die plötzliche Aktivierung des Kleinhirns mit der Muskelanspannung zu tun haben könnte. Das ist nicht weit hergeholt – ich neige dazu, mich beim Orgasmus etwas zu verkrampfen. Vielleicht auch mehr als nur etwas. Aber der Gyrus temporalis inferior? Dieser Bereich hängt normalerweise mit höheren kognitiven Funktionen wie Denken und Vorstellungsvermögen zusammen, vielleicht auch mit Fantasie. So weit ich mich erinnern konnte, hatte ich die Augen fest geschlossen, obwohl ich zugeben muss, dass ich abgelenkt war; ganz sicher kann ich es nicht mehr sagen. Aber selbst wenn ich sie offen hatte, gab es in der fMRI-Röhre nicht viel Spannendes zu sehen. Aber ganz sicher hatte ich auf dem Höhepunkt einige interessante Fantasien.

»Hier laufen irgendwelche kognitiven Prozesse ab, auch wenn wir nicht wissen welche«, sagte Barry Komisaruk. »Wir konnten im gesamten Kortex eine starke Aktivierung beobachten, die in anderen Untersuchungen nicht gefunden wurde.«

Eine mögliche Erklärung dafür ist eine Art Hemmung. Möglicherweise hatten die Anweisung, mich nicht zu bewegen, meine Sorge, ob die Forscher mein Stöhnen draußen mithören konnten, und meine Bemühungen, meinen ansonsten körperlich sehr aktiven und geräuschvollen Orgasmus zu disziplinieren, zu dieser Aktivierung im Frontallappen geführt. Oder sie hängt damit zusammen, dass ich mich selbst zum Orgasmus bringen und dafür meine Finger koordinieren musste. Dieses Rätsel bleibt noch zu lösen.

Auch Nan Wise steuerte noch einige Erkenntnisse bei. »Der Prozess beginnt bei einer sehr geringen Aktivierung, die dann nach und nach zunimmt. Das ist keine Überraschung. Aber ich fand es eigenartig, dass wir im gesamten Hirnstamm sehr unterschiedliche Aktivierungsmuster bei den verschiedenen Probanden fanden. Dafür es hatte den Anschein, dass es im Kortex eine große Ähnlichkeit gibt. Irgendetwas geht hier vor sich.«

»Wir alle haben unsere speziellen Berührungen, die uns ein gutes Gefühl geben«, fuhr sie fort. »Für die Zukunft müssen wir mehr darüber wissen, woran die Probanden wirklich denken, während sie sich stimulieren, und vielleicht auch darüber, wie sie das genau tun.«

Ein Orgasmus ist eine intensive Erfahrung. Ihn zu erreichen, erfordert eine Vielfalt von kognitiven, emotionalen und sensorischen Komponenten – selbst dann, wenn man sich nur selbst stimuliert. Barry Komisaruk, Nan Wise und Beverly Whipple hoffen, irgendwann genug über die beteiligten Hirnareale zu wissen, um Patienten mit Anorgasmie helfen zu können, den Unglücklichen, die niemals einen Orgasmus erreichen. Sie geben allerdings offen zu, dass es bis dahin noch ein weiter Weg ist, bis wir die Komplexität des Ganzen verstanden haben.

»Wie arbeiten die ganzen Hirnareale zusammen? Wie werden sie bei Lust und Schmerz gezielt eingespannt? Was können wir von den Frauen lernen, die sich zum Orgasmus ,denken' können, um vielleicht denen helfen zu können, die gar keinen Orgasmus bekommen?«, fragte Nan Wise. »Ich kann mit eine Zeit vorstellen, in der wir unsere eigene Hirnchemie auf irgendeine Weise regeln können. Aber noch stecken unsere Bemühungen in den Kinderschuhen. Nein, eigentlich stecken wir noch im pränatalen Stadium. Aber ich kann es kaum erwarten zu sehen, was wir in den nächsten zehn Jahren alles herausfinden werden. Das wird großartig.«

Obwohl die Ergebnisse noch vorläufig waren, fand ich sie erstaunlich. Der Orgasmus ist mit Sicherheit ein komplexes Phänomen und berührt viele Systeme im Gehirn. Ich habe keinen Zweifel daran, dass Forscher wie Barry Komisaruk und Nan Wise ihre ganze wissenschaftliche Karriere damit verbringen werden, die verbleibenden Rätsel zu lösen. Und selbst wenn meine Orgasmushäufigkeit nach der Scheidung am Boden verharrt, kann von mir sagen, dass ich meinen bescheidenen Beitrag geleistet habe, um der Neurowissenschaft weiterzuhelfen.

13

Eine Frage der Orientierung

ls ich nach meinem glorreichen fMRI-Orgasmus auf der Rückreise von der Rutgers University war, traf mich die Schlagzeile über die tragische Selbsttötung eines Studenten der Universität, Tyler Clementi, wie ein Blitz. Sein Körper war gerade an jenem Morgen im Hudson River gefunden worden, nachdem er einige Tage zuvor von der George-Washington-Brücke in den Tod gesprungen war. Man vermutete, dass sein Tod eine Reaktion darauf war, dass sein Mitbewohner im Wohnheim der Universität Videomitschnitte von Tyler beim Sex mit einem anderen Mann ins Internet gestellt hatte. Offensichtlich war dieser Angriff auf seine Privatsphäre nur der Höhepunkt einer Reihe von grausamen Mobbing-Attacken seiner Kommilitonen auf Tyler wegen seiner sexuellen Orientierung.

Während ich vor meinem Heimflug ein paar Stunden in der Lounge am Flughafen wartete, war die Tragödie *das* Thema auf allen Kanälen. Auch einige andere schwule junge Männer hatten sich kurz zuvor das Leben genommen. Die meisten Beiträge in der Medien konzentrierten sich auf Mobbing und welche Rolle es für diese schrecklichen Selbsttötungen gespielt hatte, aber ein konservativer Experte nutzte seine Sendezeit für die Andeutung, dass Tyler Clementis Tod nur die schlimme (aber vielleicht erwartbare) Konsequenz der Wahl eines unmoralischen und widernatürlichen Lebensstils sei.

Joel Derfner ist der Autor des Buches *Swish: My Quest to Become the Gayest Person Ever* und einer der Stars der Reality-TV-Show *Girls Who Like Boys Who Like Boys*. Ich sagte ihm, wie unglaublich ich es fand, dass jemand in der Zeit der Trauer eine solche Meinung äußerte. Er seufze nur und sagte: »Manchmal glaube ich, die können einfach nicht anders.«[1]

Seit Jahrzehnten wird in den westlichen Ländern diskutiert, ob die sexuelle Orientierung angeboren oder Resultat einer freien Entscheidung ist. Das Thema ist sensibel und politisch aufgeladen, besonders seitdem in einigen Ländern die so genannte Homo-Ehe möglich ist oder zumindest politisch diskutiert wird. Jeder hat eine Meinung zu der Frage der sexuellen Orientierung, sei es aufgrund von religiösen Ansichten, persönlicher Erfahrung oder – um so häufiger, je mehr Ergebnisse publiziert und anschließend in den Medien verbreitet werden – wissenschaftlicher Erkenntnis.

Was haben die Neurowissenschaften also zur Frage der sexuellen Orientierung zu sagen? Es sieht danach aus, dass die sexuelle Orientierung schon vor der Geburt festgelegt ist. (Ich werde in diesem Kapitel nichts über Bisexualität sagen. Hierzu gab es bislang nur sehr wenige wissenschaftliche Untersuchungen, vermutlich unter anderem deshalb, weil die Bandbreite der Verhaltensweisen unter Menschen, die sich als bisexuell bezeichnen, so unglaublich groß ist. Das macht die wissenschaftliche Untersuchung entsprechend schwierig.) »Mir sind keinerlei Hinweise darauf bekannt, dass Homosexualität das Ergebnis einer freien Entscheidung ist«, sagte mir Qazi Rahman von der Queen Mary University in London, der auf die Psychobiologie der sexuellen Orientierung spezialisiert ist. »Trotzdem geht die Debatte darüber immer weiter.«

Um zu verstehen, warum das so ist, müssen wir uns die wenigen wissenschaftlichen Untersuchungen näher ansehen, die zu diesem Thema publiziert wurden. Historisch gesehen hat sich die Untersuchung der sexuellen Orientierung auf die Gene konzentriert. Zwillingsstudien liefern schon lange Hinweise darauf, dass die Frage, zu welchem Geschlecht sich ein Mensch schließlich hingezogen fühlt, zumindest teilweise genetisch entschieden wird. Genauer gesagt gehen Wissenschaftler davon aus, dass etwa 50 % der verschiedenen Variablen, die die sexuelle Orientierung eines Menschen beeinflussen, genetischen Ursprungs sind. Dabei gibt es aber ein kleines Problem: Wie gerne wir auch die Flagge der Wissenschaft als unabhängige und neutrale Instanz emporhalten – auch die Wissenschaft ist nicht frei von kulturellen und gesellschaftlichen Einflüssen.

»Die Leute glauben immer, Wissenschaft sei die Wahrheit, der Weisheit letzter Schluss. Die Wissenschaft ist objektiv: Wissenschaftler stellen eine Hypothese auf und prüfen sie dann an der Realität«, sagte Steve Wiltgen. Er arbeitet als Postdoc an der Fakultät für Neurobiologie an der University of California in Irvine und lebt offen homosexuell. Als ich ihn traf, hatte er gerade auf einer neurowissenschaftlichen

Konferenz ein Poster zur Geschichte der wissenschaftlichen Untersuchung der Homosexualität präsentiert. »Aber je genauer man sich die alten Untersuchungen ansieht, desto genauer erkennt man, wie die Fragestellungen und Methoden sich in den jeweiligen Zeitgeist einfügen.«[2]

Die Konzentration der Neurobiologie auf die so genannte schwulen Gene liegt historisch darin begründet, dass man die Homosexualität als psychiatrische Störung klassifizierte; bis 1973 war sie sogar im DSM aufgeführt. Selbst heute finden sich noch Reste von Vorstellungen, dass die Homosexualität eine Krankheit sei, vielleicht nicht in den Studien selbst, aber doch in der Art, wie sie in der Öffentlichkeit interpretiert werden. Frühe genetische Studien der sexuellen Orientierung gingen ganz offen von dem Ansatz aus, dass Homosexualität ein Irrtum der Natur sei, den es zu korrigieren gelte. Vor diesem Hintergrund nimmt es nicht wunder, dass die frühesten neurobiologischen Arbeiten zum Ziel hatten, ein Gen oder eine Gruppe von Genen zu identifizieren, die für die sexuelle Orientierung verantwortlich waren, um anschließend eine Behandlung, vielleicht sogar ein Medikament zu finden.

»Schwule« Gene

Falls Sie jemals Bananen zu lange im Obstkorb liegen hatten, dann kennen Sie ziemlich sicher die Schwarzbäuchige Taufliege *Drosophila melanogaster*. Taufliegen lieben überreife Früchte (weshalb sie umgangssprachlich auch oft »Fruchtfliegen« genannt werden). Vermutlich haben Sie bisher nur an diese Tiere gedacht, wenn Sie überlegt haben, wie Sie die Plagegeister wieder aus Ihrer Wohnung bekommen, für Neurobiologen sind sie dagegen ein beliebtes Studienobjekt. Ihr einfaches Gehirn ist eine gute Messlatte für viele neurobiologische Theorien zu Themen vom Gedächtnis bis zum Sexualverhalten. Mit diesem Modell beginnt die Geschichte der Neurobiologie der sexuellen Orientierung.

Diese nervtötenden Eindringlinge sind ausgesprochen heterosexuell. Die konservativen Fürsprecher der Familie sollten sich die Taufliegen auf die Fahne schreiben, wenn sie wieder einmal gegen den Verfall der Sitten wettern wollen. Schon 1960 entdeckte Kulbir Gill, ein Genetiker von der Yale University, dass er Drosophila-Männchen, diese Leuchttürme der Heterosexualität, durch die Mutation eines einzigen Gens in bisexuelle Schwerenöter verwandeln konnte, die Männchen und Weibchen unterschiedslos vernaschten. Simon LeVay, der sich intensiv mit der sexuellen Orientierung beschäftigte, schreibt in seinem Buch *Gay, Straight and the Reason Why: The Science of Sexual Orientation* (Schwul, Hetero und der Grund dafür: Die Wissenschaft der sexuellen Orientierung): »Wenn man die Fliegen zu rein männlichen Gruppen zusammensteckte, dann bildeten sie eine Kette wie bei einer Polonaise und jedes Männchen versuchte (erfolglos), sich mit dem Männchen vor ihm zu paaren.« Ein grandioses Bild. Es animierte die Wissenschaftler möglicherweise dazu, sich für die Bezeichnung des Gens an einem Wortspiel zu versuchen – sie nannten es »fruity« (FRU), was einerseits an die Taufliegen erinnert (engl. »fruit flies«), andererseits auch ein verächtlicher Ausdruck für »schwul« ist. Ausgesprochen witzig. Aber immerhin ein schönes Beispiel dafür, wie Wissenschaft den Zeitgeist spiegelt. Später war ihnen die Angelegenheit selbst peinlich und sie benannten das Gen in Anspielung auf die ausbleibende Nachkommenschaft dieser Mutanten in »fruitless« (unfruchtbar) um, wodurch sie die inzwischen verbreitete Abkürzung FRU praktischerweise beibehalten konnten.[3]

FRU wurde häufig als erstes »Schwulen«gen bezeichnet, obwohl die Bezeichnung eigentlich nicht korrekt ist. Fast 30 Jahre danach war die Technik so weit fortgeschritten, dass die Forscher das Gen isolieren und seine Sequenz bestimmen konnten. Dabei zeigt sich, dass es gar nicht die sexuelle Orientierung an sich bestimmte, sondern nur dafür sorgte, dass die Tiere Männchen und Weibchen nicht mehr unterscheiden konnten. Als die Wissenschaft das FRU-Gen manipulierten, versuchten die Tiere, sich ohne Unterschied mit Männchen wie Weibchen zu paaren. Eigentlich logisch – wenn Sie Weiblein und Männlein nicht mehr auseinander halten könnten, würden Sie vermutlich auch nehmen, was kommt, oder? Genau das war auch bei den mutierten Taufliegen der Fall. Es wäre schon etwas weit hergeholt, das als Analogon zu einem echten homosexuellen Verhalten zu werten.

Seit Kulbir Gill das FRU-Gen identifizierte wurden sowohl in Taufliegen als auch in höheren Tieren wie Mäusen noch weitere »Schwulen«gene entdeckt. Es überrascht kaum, dass viele von ihnen irgendwie mit Dopamin und Glutamat zusammenhängen, zwei entscheidenden Neurotransmittern im Zusammenhang mit Liebe und Sexualverhalten. Die Entdeckung dieser Gene stützte die Vorstellung, dass die Wissenschaftler auf der richtigen Spur waren, dass irgendwo ein Gen für die Homosexualität verborgen war, das es zu entdecken galt. Im Laufe der nächsten Jahrzehnte veränderte sich die Szene jedoch. Nachdem die Homosexualität aus der Liste der Störungen im DSM verschwunden war, verlegte sich der Fokus der Forschung von der Frage nach der »Heilung« der Homosexualität auf die Frage nach der Entstehung eine sexuellen Orientierung.

Eine neuere Entdeckung ist das »Genderblind«-Gen (GB), das ein Protein exprimiert, welches den Transport von Glutamat von Neuron zu Neuron unterstützt. David Featherstone von der University of Illinois in Chicago experimentierte 2007 mit Taufliegen, in denen er dieses Gen manipuliert hatte. Ähnlich wie bei FRU führte auch die Mutation im GB-Gen dazu, dass diese aufrechten Heteros die Geschlechter nicht mehr unterscheiden konnten und sich unterschiedslos mit jeder Fliege paarten, die ihnen in den Weg kam. Auch in diesem Fall konnten die Fliegen die sensorische Information nicht mehr verarbeiten und daher die Unterschiede zwischen den Geschlechtern nicht mehr erkennen. Featherstone und seine Mitarbeiter spekulierten, dass die Veränderungen an dem Gen die Synapsenstärke verändern und so dazu führen könnten, dass die Fliegen keine sexuellen Reize mehr verarbeiten konnten.

Und tatsächlich, als die Forscher die Synapsen durch Medikamente oder andere genetische Signalpfade stärkten, waren die Fliegen wieder in der Lage, die Sinnesreize korrekt zu verarbeiten, und kehrten zu ihrem heterosexuellen Verhalten zurück. Otto Normalbürger las von dieser Untersuchung beziehungsweise ihrem gewaltigen Echo in den Medien und schloss natürlich daraus, dass die sexuelle Orientierung nicht biologisch fest verdrahtet war, sondern mit geeigneten Medikamenten oder durch eine Gentherapie verändert werden konnte. Ob das David Featherstones Absicht war, ist völlig egal. Diese Studie wird heute noch als Beweis dafür angeführt, dass Homosexualität therapiert werden kann.

Joel Derfner, der nicht widerspricht, wenn seine Freund ihn als »richtig, richtig schwul« bezeichnet, hält es für wahrscheinlich, dass die Gene genau wie bei jeden anderen Variation im menschlichen Verhalten auch bei der Entstehung der Homosexualität ihre Finger im Spiel haben Aber die Tatsache, dass eine Verhaltensweise verändert werden kann, bedeutet ja nicht, dass es sich dabei um eine freie Entscheidung handelt. »Ich bin überrascht, dass nicht mehr Menschen wegen Featherstones Studie auf die Barrikaden gegangen sind, « sagte er. »Selbst wenn die Forschung irgendwann dahin kommt, dass wir die sexuelle Orientierung von Menschen verändern können, was möglicherweise nur eine Frage der Zeit ist, dann beantwortet das noch lange nicht die Frage, ob wir das auch tun sollten.«

Als ich ihn fragte, ob es irgendwann in seinem Leben einen Punkt gegeben habe, an dem er sich gewünscht hätte, seine sexuelle Orientierung ändern zu können, antwortete er ohne Zögern und mit Nachdruck: »Nein.«

Einer der neuesten Zugänge im Zoo der »Schwulengene« wurde bei einer Untersuchung der Regulation der Zuckeraufnahme entdeckt. Das Gen für ein Enzym namens Fucose mutarotase wurde von Chankyu Park und seinen Mitarbeitern am Korea Advanced Institute of Science and Technology zunächst als FucU bezeichnet; ein hilfsbereiter Herausgeber eine Fachzeitschrift wies die Autoren jedoch darauf ihn, dass FucM passender sei. Als die Forscher jedenfalls FucM in Mäusen abschalteten, beobachteten sie, dass sich das Sexualverhalten der Weibchen veränderte. Das Beste an der Geschichte ist, dass die Wissenschaftler selbst vollkommen überrascht waren. Sie hatten nicht damit gerechnet, dass das Abschalten des Gens eine Veränderung des Paarungsverhaltens hervorrufen würde.[5] »Das kam sehr unerwartet, aber es ist sehr schwer vorherzusagen, was die Abschaltung eines Gens bewirken wird, selbst wenn man glaubt, seine Funktion zu kennen«, erklärte mir Park. »Wir hatten erwartet, eine Veränderung im Zusammenhang mit dem Immunsystem zu finden, aber das war auch nur eine Vermutung.«

Stattdessen beobachteten Park und seine Kollegen Eigenheiten in Bezug auf das Paarungsverhalten der weiblichen Knockout-Mäuse. Die Männchen verhielten sich völlig normal und versuchten sich wann immer möglich zu paaren. Die Weibchen, die in Käfigen gemeinsam mit Männchen und anderen Weibchen untergebracht waren, vermieden die Männchen um jeden Preis. Sie nahmen während ihrer fruchtbaren Zeit keine Lordoseposition ein und reagierten nicht auf den Urin der Männchen, sie schnüffelten noch nicht einmal daran. Mehr noch, diese Weibchen versuchten die anderen Weibchen in bester Macho-Manier zu besteigen.

»Das war meines Wissens die erste Demonstration eines Homosexualitätsgens in Weibchen«, sagte Park. Seiner Ansicht nach beeinflusst FucM die Proteine, die die sexuell dimorphe Entwicklung des Gehirns steuern, mit dem Ergebnis, dass manche Gehirnareale der weiblichen

Knockout-Mäuse, die mit dem Sexualverhalten im Zusammenhang stehen, eher denen in männlichen Gehirnen ähneln. Dabei hat er vor allem die präoptische Region im Sinn.

Wissenschaftler haben also verschiedene so genannte Schwulengene in Taufliegen und Mäusen entdeckt. In einigen Fällen ist es ihnen gelungen, homosexuelles Verhalten durch Medikamente oder Mutationen in anderen Genen wieder umzukehren. Allerdings konnten sie keine genetische Entsprechung dieser Gene bei Menschen finden, und die Tatsache ist kaum zu übersehen, dass das in diesen Fliegen und Mäusen beobachtete so genannte »homosexuelle« Verhalten nicht viel mit dem menschlichen homosexuellen Verhalten gemein hat.

Dieser Punkt ist entscheidend. Homosexuelle Menschen zeigen in der Regel eine eindeutige Präferenz für ein Geschlecht – ihr eigenes. Sie können sehr wohl zwischen den Geschlechtern unterscheiden, sie bevorzugen nur einfach das eigene. Parks Mäuse sind vielleicht ein besseres Modell zumindest für homosexuelle Frauen als alle vorherigen genetischen Modelle, aber in diesem Fall hatte die Mutation keinen Einfluss auf die Männchen. Bei aller Hoffnung, dass die Gene etwas Licht in die Unterschiede zwischen Hetero- und Homosexuellen bringen könnte, zeichnet sich in der aktuellen Forschung bisher keine klare Aussage ab. Die einzige Schlussfolgerung aus den vorliegenden Arbeiten könnte sein, dass es vermutlich eine Reihe von Korrelationen zwischen Homosexualität und bisher nicht eindeutig identifizierten genetischen Faktoren gibt. Und diese Faktoren können zu allem Überfluss in Männern und Frauen auch noch unterschiedlich sein.

Der Blick ins Tierreich

Vielleicht ist es einfacher, Gene für homosexuelles Verhalten zu lokalisieren (anstatt sie gleich zu identifizieren), wenn wir einen Blick ins Tierreich werfen. Da unser Verhalten dem unserer nächsten Verwandten, den Primaten, in vielen Punkten so sehr ähnelt, sollte es doch möglich sein, zumindest eine Affenart zu finden, bei der homosexuelles Verhalten vorkommt. Obwohl ein gewisses gleichgeschlechtliches Sexualverhalten bei vielen Primatenarten beobachtet wird – Affen haben überhaupt kein Problem damit, sich mit Tieren desselben Geschlechts sexuell zu vergnügen – findet man in diesen Tieren doch nie eine grundsätzliche Präferenz für das eigene Geschlecht. Genau das ist es aber, was die sexuelle Orientierung ausmacht: Schwule Männer fühlen sich zu anderen Männern hingezogen, lesbische Frauen zu anderen Frauen. So verhalten sich Primaten nicht.[6] »Das zeigt, wie schwierig es ist, aus Tiermodellen etwas über den Menschen zu erfahren«, erklärte mir Kim Wallen. »Die Grundvoraussetzung ist immer, dass sie Gemeinsamkeiten haben. Und wenn man sich das gleichgeschlechtliche Verhalten ansieht, dann zeigt das nicht gerade eine große Gemeinsamkeit mit menschlichem Verhalten. Die Ähnlichkeit an der Oberfläche passt einfach nicht zu den Merkmalen, die man eigentlich untersuchen will.«

Eine Ausnahme gibt es im Tierreich: Schafe. Etwa 8 % der Schafböcke sind dem eigenen Geschlecht zugetan. Ihr Paarungsverhalten entspricht schon dem der anderen Böcke, nur versuchen sie konsequent, die anderen Böcke zu besteigen. Daran ändert sich auch nichts, wenn man sie kastriert (obwohl die Kastration ihre generelle Paarungsaktivität verringert).[7] Allerdings scheint es keine lesbischen Schafe zu geben, sodass ein exakter Vergleich kaum möglich ist. Man hat auch noch kein Schwulengen in Schafen entdeckt – kein Analogon von FRU, FucM oder GB.

Da das homosexuelle Verhalten einzig auf den Menschen beschränkt zu sein scheint, haben manche Wissenschaftler schon vorgeschlagen, die Tiermodelle beiseite zu lassen und gleich zum Kern vorzudringen: den Menschen. Leider haben auch die Arbeiten an menschlichen Probanden bisher keine befriedigenden Ergebnisse erbracht. »Wir haben Hinweise darauf, dass das X-Chromosom bei der Frage nach der sexuellen Orientierung beteiligt ist«, erzählte mir Dick Swaab, ein niederländischer Neurowissenschaftler, der sich seit Jahrzehnten mit der Erforschung der sexuellen Orientierung beschäftigt. Genomweite Assoziationsstudien eines genetischen Markers namens XQ28 auf dem X-Chromosom, die von einer Gruppe am National Institute of Health unter der Leitung von Dean Hamer durchgeführt wurden, scheinen eine Verbindung zur männlichen Homosexualität zu belegen; die Ergebnisse müssen allerdings noch überprüft werden.[8]

Trotz dieses möglichen Kandidaten riet Dick Swaab zur Vorsicht. Er bezweifelt, dass ein einzelnes Gen ein so komplexes Verhalten steuert. Nach seiner Ansicht hängen die meisten Gene in Verbindung mit dem Sexualverhalten mit hoher Wahrscheinlichkeit mit Entwicklungsprozessen im Gehirn zusammen, die stattfinden, während wir noch in der Gebärmutter geborgen sind. Erinnern Sie sich noch an das Thema Männer-hirn und Frauenhirn aus Kapitel 6? Möglicherweise wird die Entwicklung der sexuell dimorphen Areale während der Reifung des Fötus in der Gebärmutter auf irgendeine Art gestört oder verändert und beeinflusst so nicht nur die Wahrscheinlichkeit für Störungen wie Schizophrenie oder Magersucht, sondern auch für eine veränderte sexuelle Orientierung.

Jenseits des Schlafzimmers

Wir kennen alle die Klischees über Homosexuelle. Schwule Männer sind zierliche, feminine Typen, die auf Mode und Schoßhündchen stehen; lesbische Frauen sind dick und maskulin. Wer unter seinen Freunden oder in der Familie Homosexuelle hat, der weiß, dass das bestenfalls krass vereinfachte und überzeichnete Karikaturen sind. Genau wie bei den Heterosexuellen gibt es auch bei den Homosexuellen enorme Unter-schiede. Klar gibt es Tunten und Kampflesben, aber den allermeisten kann man nicht ansehen, dass sie vom anderen Ufer sind, wenn Sie es nicht selbst verraten. Aber trotz dieser gewaltigen Bandbreite von Typen haben epidemiologisch und neuropsychologische Studien einige interessante Unterschiede zwischen Homo- und Heterosexuellen zu Tage gefördert.

Auf der kognitiven Seite haben homosexuelle Männer regelmäßig größere Schwierigkeiten mit der Vorstellung von Drehungen und mit räumlicher Wahrnehmung als heterosexuelle Männer; sie liegen unge-fähr auf dem Niveau von heterosexuellen Frauen. Zum Ausgleich haben sie ein besseres räumliches Gedächtnis. Ebenso wie heterosexuelle Frau-en können sie sich unterwegs auch besser an Orientierungspunkte erin-nern. Bei Sprachvergleichen schneiden sie ebenfalls besser ab. Qazi Rahman glaubt, dass diese Unterschiede sich auf Unterschiede in den Gehirnen zurückführen lassen. »Wir wissen beispielsweise, dass die Fähigkeit zur mentalen Rotation vom Parietallappen abhängt. Schwule Männer sind dabei ebenso gut wie heterosexuelle Frauen«, stellte er fest. »Interessanterweise schneiden lesbische Frauen genauso gut ab. Mögli-cherweise deutet das darauf hin, dass die Parietallappen unterschiedlich organisiert sind.«

Seiner Meinung nach bestimmt die sexuelle Orientierung nicht nur, zum welchem Geschlecht man sich hingezogen fühlt, sondern es handelt sich um ein ganzes Paket von Eigenschaften, die zusammen verteilt werden. Dazu gehören zum Beispiel auch die Problembewältigung, die räumliche Orientierung, das Sprachvermögen und die soziale Kognition. Indem wir diese Unterschiede untersuchen und analysieren, werden wir möglicherweise besser verstehen können, wie die Zusammenarbeit dieser Systeme sich entwickelt hat.

Mich erinnert das an die »sesshaften« beziehungsweise »wandernden« Präriewühlmäuse von Alexander Ophir und Steve Phelps und deren Entdeckung, dass die Zahl der Vasopressinrezeptoren in bestimmten räumlich-visuellen Arealen ein besserer Indikator für monogames Verhalten ist als die Zahl der Rezeptoren im Belohnungssystem. Möglicherweise umfasst das Fortpflanzungsverhalten nicht nur Sex und Bindungen; auch die räumliche Wahrnehmung könnte bei der Auswahl einer erfolgreichen Strategie für die Fortpflanzung eine Rolle spielen. Das gilt vermutlich auch für homosexuelles Verhalten. Der Gedanke ist sicherlich wert, genauer untersucht zu werden.

Unterschiede in der Neuroanatomie

Da bildgebende neurowissenschaftliche Methoden mittlerweile in vielen Instituten vorhanden sind, können Wissenschaftler heute mehr tun, als nur anzunehmen, dass es Unterschiede in den Gehirnen gibt. Sie können diese Hypothese nun direkt verifizieren. Die Grundannahme der Neurowissenschaften ist, dass jedem Verhalten eine entsprechende Struktur im Gehirn zugrunde liegt. Wenn die Hypothesen über einen Zusammenhang zwischen Genen und Veränderungen in normalen, sexuell dimorphen Hirnen nicht völlig aus der Luft gegriffen sind, dann müssten die Wissenschaftler spezifische Unterschiede zwischen den Gehirnen von Homo- und Heterosexuellen sehen können. Und genau das ist tatsächlich der Fall.

Zwischen den Gehirnen von homo- und heterosexuellen Männern wurden inzwischen eine ganze Reihe von Unterschieden gefunden, viele davon in Institut von Dick Swaab an der Universität von Amsterdam. 1992 stellten Roger Gorski und Laura Allen an der University of California in Los Angeles fest, dass homosexuelle Männer eine größere Commissura anterior als ihre heterosexuellen Kollegen besitzen; diese Region wird mit sprachlichen Fähigkeiten in Verbindung gebracht. Interessanterweise entsprach die Größe dieser Region eher der typischen Größe in heterosexuellen Frauen. Ivanka Savic, eine außergewöhnliche Pheromonforscherin, beobachtete geschlechtsuntypische Asymmetrien in den Gehirnen von Homosexuellen, die dazu führten, dass diese Gehirne eher den Gehirnen von heterosexuellen Personen des anderen Geschlechts als denen von heterosexuellen Personen des eigenen Geschlechts ähnelten. Beispielsweise haben heterosexuelle Männer asymmetrische Hirne mit einer größeren rechten Hemisphäre; dasselbe gilt für lesbische Frauen. Die Amygdala ist für die emotionale Bewertung von Situationen zuständig. Sie zeigt in schwulen Männern und heterosexuellen Frauen ähnliche Verbindungen, wohingegen heterosexuelle Männer und lesbische Frauen ein anderes, aber wiederum gleiches Verknüpfungsmuster zeigen. Auch andere sexuell dimorphe Regionen wie beispielsweise der am Sexualverhalten beteiligte anteriore Hypothalamus oder die biologische Uhr, der Nucleus suprachiasmaticus, zeigen in Homosexuellen geschlechtsuntypische Unterschiede. Untersuchungen der sexuellen Erregung geben hinweise darauf, dass in Homo- und Heterosexuellen unterschiedliche Systeme aktiviert werden.[6] Insgesamt gibt es also zahlreiche Hinweise, dass sich die Gehirne von Homo- und Heterosexuellen unterschiedlich entwickeln und folglich unterschiedlich verschaltet sind und andere kognitive Fähigkeiten und ein anderes Verhalten mit sich bringen.[10] »Wir wissen nicht, ob diese Unterschiede existieren, weil die Verschaltung der Gehirne sich unterscheidet, oder ob Sexualpraktiken oder -erfahrungen auf die Organisation des Gehirns zurückwirken«, erklärte mir Savic. »Aber wie auch immer, der Effekt ist da.«

Nach Dick Swaabs Ansicht geht es am Ende immer um Testosteron. Irgendwann zwischen der sechsten und der zwölften Schwangerschaftswoche startet das Y-Chromosom – so vorhanden – eine Testosteronflut in der Gebärmutter. Das Testosteron bewirkt das Wachstum des Penis und der anderen männlichen Schmuckstücke. Wenn es fehlt, bilden sich weibliche Genitalien. Aber das Testosteron wirkt nicht nur auf die Keimdrüsen. Zusammen mit Progesteron und Östrogen nimmt es auch einen wesentlichen Einfluss auf die Organisation des Gehirns. Irgendwann nachdem die Frage nach Penis oder Vagina geklärt ist, beeinflussen diese Hormone zusammen mit einem wahren Füllhorn von anderen Proteinen und sonstigen Substanzen die Entwicklung des Gehirns und führen zur Entstehung der sexuell dimorphen Regionen – Sie wissen schon, die Sache mit den Männerhirnen und den Frauenhirnen. Der Hormonschub in der Pubertät erledigt den Rest und aktiviert die geschlechtsspezifischen Gehirnareale, die während dieser Entwicklungsphase in der Gebärmutter angelegt wurden.

Eine Panne (oder sogar mehrere) im Laufe dieses Prozesses kann zu Änderungen der sexuellen Orientierung oder der sexuellen Identität führen. Als Transsexualität bezeichnet man die Situation, dass ein Mensch mit der äußeren Ausstattung des einen Geschlechts sich innerlich dem anderen Geschlecht zugehörig fühlt. Oft sprechen diese Menschen davon, dass sie im falschen Körper geboren seien und ihre äußeren Geschlechtsmerkmale nicht ihr wahres Geschlecht zeigten. Es ist ein extremer Zustand und außerordentlich belastend sowohl für die direkt Betroffenen als auch für ihre Angehörigen. Wie Homosexuelle zeigen auch Transsexuelle geschlechtsuntypische Variationen im Gehirn, insbesondere im Hypothalamus und im Bettkern der Stria terminalis, die zumindest in Nagetieren beide mit dem Sexualverhalten zusammenhängen. In diesen Regionen findet man in Transsexuellen Volumina und Zahlen von Zellen, die eher für das Geschlecht typisch sind, mit dem sie sich innerlich identifizieren, als für ihr äußerliches Geschlecht. Transsexualität wird im DSM immer noch als Krankheit aufgeführt, obwohl viele in der schwul-lesbischen Community der Ansicht sind, dass sie da nicht hingehört. Dick Swaab argumentiert dagegen, dass Transsexualität zwar nicht stigmatisiert werden sollte, es sich dabei aber trotzdem um eine medizinische Störung handle. Eine Veränderung des Körpers, damit das äußere dem empfundenen Geschlecht entspricht, ist ein schwerwiegender Eingriff, unter anderem mit chirurgischen Eingriffen an den Geschlechtsorganen, einer Hormontherapie und einer Unmenge psychologischer Unterstützung. »Sie können ohne Probleme als Homosexueller leben«, sagte mir Swaab, »aber Transsexualität ist etwas anderes. Dabei muss man sich an einen Körper anpassen, der nicht in der Lage ist, sich an sein Gehirn anzupassen. Das ist ein riesiges Problem.«

Wie kommt es zu einer Entwicklung des Gehirns, an deren Ende Homosexualität anstelle von Transsexualität steht? Die Antwort darauf kennt niemand. Die entsprechenden Veränderungen des Gehirns werden erst im Erwachsenenalter sichtbar, in der Kindheit oder Jugend kann man kann sie nicht nachweisen. Es gibt Hinweise, dass Mutationen an Genen für eine bestimmte Art von Östrogenrezeptor, einen Androgenrezeptor, sowie für Aromatase, ein Enzym, das Testosteron in Östrogen umwandelt, zu ungewöhnlichen Hormonkonzentrationen im Uterus führen können und dadurch mit zur Entstehung der Transsexualität beitragen. Eine kausale Beziehung zwischen einem dieser Faktoren und der Transsexualität konnte jedoch nicht nachgewiesen werden. Auf jeden Fall geschieht während der Entwicklung des Gehirns etwas; irgendetwas an der Rezeptur des komplexen hormonellen Cocktails, der die Entwicklung der Keimdrüsen und des Gehirns aufeinander abstimmt, ist nicht in Ordnung. Aber was nun genau die Ursache ist, ist noch offen.

Selbst wenn wir die Transsexualität einmal beiseite lassen, scheint es keine einfachen Antworten auf die Frage nach der Entwicklung der Homosexualität zu geben. Zudem scheint der auslösende Faktor während der Entwicklung bei Männern und Frauen unterschiedlich zu sein. Untersuchungen deuten darauf hin, dass erhöhte Testosteronspiegel im Uterus bei Frauen zu Homosexualität führen können, aber auch dieser Faktor wirkt vermutlich nicht für sich allein. Außerdem ist die Situation bei Männern weniger klar. Manche Untersuchungen geben Hinweise darauf, dass ein Mangel an Testosteron im Uterus zu eine veränderten sexuellen Orientierung bei Männern führt; andere Studien behaupten, dass wie bei Frauen ein Überschuss an Testosteron Schuld sein soll. Wieder andere deuten darauf hin, dass Testosteron überhaupt nichts damit zu tun hat. Ray Blanchard, Professor für Psychologie an der University of Toronto, schlägt einen völlig anderen Mechanismus für die Entstehung der Homosexualität bei Männern vor, der auf einer Immunreaktion in der Gebärmutter beruht.[11]

Wollen Sie eine interessante Tatsache über schwule Männer wissen? Mit jedem älteren Bruder steigt die Chance, dass ein Mann schwul ist, um 30 %. Der Effekt wird im Deutschen manchmal als »Big-Brother-Effekt« oder einfach als »Brudereffekt« bezeichnet. Schwule Männer haben im Mittel mehr ältere Brüder als ihre heterosexuellen Zeitgenossen. Der Effekt ist vielfach bestätigt und auf Männer beschränkt. Ältere Schwestern haben keinen nachweisbaren Effekt auf die sexuelle Orientierung; ebenso findet man bei lesbischen Frauen keinen Einfluss der Geschwister. Noch etwas Interessantes: Schwule Männer mit älteren Brüdern haben im Mittel ein geringeres Geburtsgewicht als Heterosexuelle. Die Kombination dieser Tatsachen führte Ray Blanchard zu dem Schluss, dass das mütterliche Immunsystem im Zuge mehrerer männlicher Geburten Antikörper gegen die Antigene des Fötus bildet. Diese zunehmende Immunisierung können dann zu Veränderungen bei der

Hirnentwicklung und damit auch der sexuellen Orientierung führen.[12] Für diese Theorie gibt es eine Reihe von Indizien, aber wie so häufig lässt sie sich weder schlüssig beweisen noch widerlegen. Außerdem kann der Brudereffekt nur für etwa ein Siebtel der schwulen Männer als Erklärung herhalten, sodass es noch andere Wege geben muss, wie die Entwicklung des Gehirns in der Gebärmutter in Richtung einer späteren Homosexualität verändert werden kann.

Man riecht sich ...

Was zieht uns zu einem anderen Menschen hin? Ich habe bisher kaum jemanden getroffen, der sich nur zu einem Penis oder einer Vagina hingezogen fühlt, ganz unabhängig von der sexuellen Orientierung. OK, irgendwann gelangen wir an diesen Punkt, aber die Anziehung beginnt anders. Aber wie und wo?

»Die große Frage, die wir bisher nicht beantworten konnten, ist, worauf sich die sexuelle Orientierung eigentlich richtet. Worauf orientiert sie sich?«, sagte Qazi Rahman. »Die intuitive Antwort ist, auf das Geschlecht. Aber das kann alles heißen. Es kann eine bestimmte Körperform sein, ein Gesichtstyp, es können Bewegungen sein, etwas an der Stimme oder eine Kombination all dieser Dinge. Wir wissen noch nicht einmal, welche Rolle individuelle Unterschiede bei dieser Frage spielen.«

Mit ziemlicher Wahrscheinlichkeit verarbeiten Homo- und Heterosexuelle sinnliche Wahrnehmungen – optische Eindrücke, Gerüche, Geräusche und Geschmack – geringfügig unterschiedlich. Denken Sie zum Beispiel an Pheromone. Wie in einem anderen Kapitel erwähnt, sind diese Substanzen beim Menschen sehr umstritten, aber sie können uns trotzdem etwas darüber erzählen, wie homo- und heterosexuelle Gehirne chemische Botschaften verarbeiten. Ivanka Savic und ihre Kollegen beobachteten mithilfe der Positronenemissionstomografie die Gehirnaktivierung in homosexuellen Männern, heterosexuellen Männern und heterosexuellen Frauen als Reaktion auf Androstadienon (AND), ein östrogenähnliches Steroid (EST) und gewöhnliche Gerüche wie Lavendel oder Zeder. AND kommt hauptsächlich im Schweiß von Männern vor; EST dagegen im Urin von Frauen. Aus früheren Untersuchungen wussten die Forscher, dass AND und EST den anterioren Hypothalamus auf geschlechtsspezifische Weise aktivieren. Was sie nicht wussten war, ob sie dabei auch Unterschiede je nach sexueller Orientierung finden würden.

Vermutlich ist es nach dieser Vorrede keine Überraschung mehr: Sie beobachteten tatsächlich Unterschiede. Homosexuelle Männer und heterosexuelle Frauen zeigten als Reaktion auf AND eine Aktivierung im Hypothalamus, am stärksten in der präoptischen Region und im anterioren Hypothalamus. Bei den normalen Gerüchen gab es keine signifikanten Unterschiede zwischen den verschiedenen Gruppen in der Aktivierung.

Als die Wissenschaftler das Experiment mit lesbischen Frauen wiederholten, fanden sie das erwartete Ergebnis. Lesbische Frauen und heterosexuelle Männer zeigten als Reaktion auf EST eine Aktivierung im anterioren Hypothalamus, heterosexuelle Frauen nicht. Nach Savics Meinung zeigen die beiden Studien eindeutig eine unterschiedliche Verarbeitung von geschlechtsbezogenen äußeren Reizen.[14]

Aber was ist mit Transsexuellen? Werden die Hormone bei ihnen ebenfalls unterschiedlich verarbeitet? Für Ivanka Savic war der nächste logische Schritt, dieselbe Studie mit Mann-zu-Frau-Transsexuellen (»Transfrauen«) durchzuführen. Falls Sie jetzt verwirrt sind – eine Transfrau ist ein Mensch, der im Körper eines Mannes steckt, sich aber als Frau fühlt und immer nur mit Frauen Sex hatte. Die Begrifflichkeiten sind verzwickt; intuitiv hätten Sie jetzt vielleicht vermutet, dass ein Mann-zu-Frau-Transsexueller eher mit Männern ins Bett steigt. Mir ging es jedenfalls so. Aber Ivanka Savic und ihre Kollegen definierten die sexuelle Orientierung für diese Studie auf der Basis der körperlichen Geschlechtsmerkmale (zum Zeitpunkt der Geburt) und nicht nach anderen Kriterien.

Die Transfrauen zeigten eine ganz ähnliche Aktivierung im Gehirn wie die Kontrollgruppe aus heterosexuellen Frauen, allerdings mit einer interessanten Abweichung. Zwar aktivierte AND ganz ähnliche Gruppen von Neuronen im Hypothalamus wie bei den »normalen« Frauen, aber es zeigte sich auch eine kleine Aktivierung als Reaktion auf EST in einer anderen Region des Hypothalamus, ähnlich wie in Männern. Diese zweite Aktivierung war gering, aber vorhanden. Nach Savics Ansicht zeigen die Daten eine geschlechtsuntypische Verschaltung des Gehirns in den transsexuellen Männern im Bereich des Hypothalamus.[15]

Für diese Untersuchungen gelten dieselben Vorbehalte wie für alle anderen Pheromonuntersuchungen. Die Wissenschaftler verwendeten hohe Dosen von Pheromonen, viele hundert Mal größer als diejenigen, die in Schweiß tatsächlich vorliegen. Trotzdem sind die unterschiedlichen Aktivierungsmuster in den verschiedenen Gruppen ein starker Hinweis darauf, dass die Gehirne die chemischen Botensubstanzen je nach sexueller Orientierung und Identität auf unterschiedliche Weise verarbeiten.

Liebe bleibt Liebe

Die meisten neurowissenschaftlichen Untersuchungen mit bildgebenden Verfahren konzentrierten sich auf die Unterschiede in den Gehirnen von Homo- und Heterosexuellen im Hinblick auf ihre Reaktionen auf olfaktorische und visuelle Reize. Das ist ein guter Startpunkt, da sie von unterschiedlichen Dingen angezogen werden. Das heißt aber nicht, dass es nicht auch einige entscheidende Gemeinsamkeiten zwischen ihnen gibt. Wie sieht es beispielsweise aus, wenn wir uns nur auf das Gefühl der Liebe konzentrieren und für den Moment beiseite lassen, was wer beim Sex wem wohin steckt (was sich bei genauer Betrachtung innerhalb der beiden Gruppen ebenso unterscheiden wird wie zwischen den Gruppen)? Erinnern Sie sich noch an Semir Zeki, den Professor für Neuroästhetik vom University College of London, der als erster versuchte, die neuronalen Entsprechungen der Liebe zu kartieren? Es beobachtete, dass die Poesie und die Dichtung die Liebe seit Jahrhunderten immer in sehr ähnlicher Weise beschreiben. Die Beschreibungen unterschieden sich auch nicht wesentlich, ob der Autor nun gerade eine gleichgeschlechtliche oder eine zwischengeschlechtliche Liebe beschrieb. Daher gelangte er zu der Hypothese, dass alle menschlichen Gehirne die Liebe ähnlich empfinden, unabhängig von der sexuellen Orientierung.

Zusammen mit seinem Mitarbeiter John Paul Romaya scannte er 24 Personen, je zwölf Männer und zwölf Frauen. Alle Teilnehmer an der Untersuchung waren nach eigener Aussage leidenschaftlich verliebt und lebten in festen sexuellen Beziehungen; jeweils die Hälfte der Teilnehmer beiderlei Geschlechts war homosexuell. Wie in Zekis erster Studie verfolgten die Forscher den Blutfluss im Gehirn, während die Teilnehmer Bilder ihres Partners bzw. eines neutralen guten Bekannten desselben Geschlechts und Alters betrachteten.

Wieder beobachteten sie eine Aktivierung im Hypothalamus, im ventralen Tegmentum, im Nucleus caudatus, dem Putamen, der Insula, dem Hippocampus und dem anterioren Gyrus cinguli. Und wieder fanden sie auch eine komplette Deaktivierung im gesamten Kortex. Diese Ergebnisse bestätigen Zekis frühere Ergebnisse, dass die Liebe eine Belohnung ist und dass sie blind macht. Sie fanden keinerlei Unterschiede zwischen den homo- und den heterosexuellen Teilnehmern. Zumindest was das Gehirn betrifft, ist die leidenschaftliche Liebe einfach leidenschaftliche Liebe, ganz gleich welchen Geschlechtern die beiden Liebenden angehören.

Wie ist das mit erworbenem Verhalten?

Bei all dem, was wir inzwischen über die Epigenetik wissen, haben Sie sich sicher schon gefragt, ob es bei der Entwicklung der sexuellen Orientierung nicht auch eine Umweltkomponente geben könnte. Die Vermutung ist naheliegend. Möglicherweise formen erworbenes Verhalten oder sexuelle Erfahrungen ja die in der Gebärmutter vorgebildeten neuronalen Schaltungen. Wie oft hat man schon gehört, dass dominante Mütter die sexuelle Orientierung beeinflussen können? Dick Swaab muss bei dieser Vorstellung lachen. »Wenn ich am medizinischen Institut eine Vorlesung halte, bitte ich zu Beginn immer darum, dass alle Studenten die Hand heben sollen, die *keine* dominante Mutter hatten. Nie hebt einer die Hand«, sagte er, immer noch leise lachend. »Dominante Mütter sind viel zu häufig, als dass sie einen merklichen Einfluss auf die sexuelle Orientierung haben könnten.«

Genau wie es keine neurobiologischen Belege dafür gibt, dass ein Mensch eine Wahlmöglichkeit in Bezug auf seine sexuelle Orientierung oder Identität hat, gibt es auch keine Anzeichen dafür, dass Erfahrungen irgendeinen Einfluss haben könnten. »Alle wollen über Wahlmöglichkeiten diskutieren. Das ist Unsinn«, sagte Swaab entschieden. »Die Entscheidung fällt im Mutterleib.«

Aus seiner eigenen Erfahrung, den Erfahrungen von Freunden und den Recherchen für sein Buch bestätigt auch Joel Derfner, dass es nie eine Wahl gab. Er ist überzeugt, dass es richtig ist, die genetischen Grundlagen der Gehirnentwicklung zu erforschen. »Das ist sinnvoll, da sind wir auf dem richtigen Weg«, sagte er zu mir. »Ich bin überzeugt, dass irgendwie alle Faktoren mit hineinspielen, über die alle immer sprechen, und wahrscheinlich noch dreiundzwanzig weitere, die noch nicht entdeckt sind.«

Es gibt keine eindeutige Antwort auf die Frage nach der sexuellen Orientierung oder der sexuellen Identität, keinen fest umrissenen Prozess in der Gebärmutter, der die beobachten Variationen des Verhaltens bewirkt. Es ist gut möglich oder sogar wahrscheinlich, dass eine Vielzahl von Prozessen hinter diesen phänotypischen Verhaltensweisen stecken. Keine noch so dominante Mutter, keine Melodien, keine Frisuren und keine schweren Motorräder haben die Macht, daran etwas zu ändern.

»Sie dürfen nicht glauben, dass jeder schwule Mann eines Tages aufwacht und sagt ‚Oh Mann, ist diese Barbra Streisand klasse!‘ oder ‚Ich muss mir jetzt ein Musical ansehen und danach stricken lernen‘«, bestätigte auch Joel Derfner. »Die Unterschiede sind groß. Und wenn wir die Politik mal beiseite lassen – obwohl ich nicht sicher bin, ob das in Amerika heutzutage überhaupt möglich ist –, dann glaube ich, dass wir diese Unterscheide eines Tages aus der Biologie erklären können.«

Was soll's?

Auf der neurowissenschaftlichen Konferenz in San Diego erzählte mir Steve Wiltgen, dass er während der Präsentation seines Posters zur Geschichte der neurobiologischen Erforschung der Homosexualität immer wieder gefragt wurde »Sollten wir diese Dinge überhaupt erforschen?« Er gestand, dass ihm die Antwort nicht leicht gefallen war. »Offen gesagt, ich wusste nicht, was ich darauf antworten sollte. Als ich selbst zu forschen begann, wunderte ich mich, dass auf diesem Gebiet nicht mehr geforscht wird. Es gibt da so viel zu entdecken. Dann dachte ich an die Fokussierung auf Heilmittel und Therapien und fragte mich, was wir wirklich finden würden. Wenn wir wirklich ein Schwulengen entdecken würden, was würde die Gesellschaft mit dieser Information anfangen? Da ich darauf keine Antwort habe, bin ich hin- und hergerissen, ob wir wirklich weiterforschen sollten.«

Ähnlich wie Steve Wiltgen empfindet auch Joel Derfner zwiespältige Gefühle, aber er hofft darauf, dass mehr Wissen auch zu mehr Verständnis führen wird. »Der Freak aus dem Elfenbeinturm in mir sagt ‚Auf jeden Fall müssen wir weiterforschen‘. Aber wir stehen auch noch völlig am Anfang. Wenn wir – vielleicht in ein- oder zweihundert Jahren – mehr wissen, ändere ich meine Meinung vielleicht. Vielleicht sage ich dann nein.«

Steve Wiltgen und Joel Derfner könnten Mut aus der Tatsache schöpfen, dass Wissenschaftler wie Dick Swaab, Ivanka Savic oder Qazi Rahman im Gegensatz zu den Pionieren der neurobiologischen Forschung nicht an Heilmitteln oder Therapien für Homosexualität interessiert sind. Nach Dick Swaabs Ansicht können wir aus der Untersuchung der neuroanatomischen Unterschiede zwischen den Gehirnen von Homo- und Heterosexuellen viel über die Entwicklung aller Gehirne lernen. »Es ist wichtig, das besser zu verstehen. Wenn wir es verstehen, können wir es auch besser akzeptieren«, sagte er. »Ich glaube, dass sich die Akzeptanz sowohl von Homosexualität als auch von Transsexualität sich aufgrund der Studien, die wir hier in den Niederlanden durchgeführt haben, schon sehr verbessert hat. Das bedeutet mir viel.«

Auch Qazi Rahman stimmt ihm zu. Er glaubt, dass die Neurobiologie der Homosexualität uns etwas darüber berichten kann, wie sich die Organisation des Gehirn im Laufe der Evolution entwickelt hat. Seiner Meinung nach kann es aus Sicht der Evolution auch Vorteile haben, in einer Population einen Anteil von »schwulen« Genen zu haben. »Die Leute sagen immer, dass die Homosexualität der Evolution entgegenwirkt. So einfach ist das aber nicht. Bei der Evolution geht es immer um eine Balance von Kosten und Nutzen«, erklärte er. »Wir wissen, dass Homosexualität zusammen mit anderen Eigenschaften auftritt. Vielleicht bringt ein gewisser Anteil von schwulen Allelen in einer ansonsten heterosexuellen Gesamtbevölkerung bestimmte Vorteile, die weitergegeben können. Allein aus der Tatsache, dass diese Gene offensichtlich erfolgreich sind, können wir schließen, dass es ,gute' Gene sein müssen. Sie haben sich in den Menschen über eine lange, lange Zeit behauptet. Und sie werden das auch weiterhin tun.«

14

Macht Liebe dumm?

eder hat es schön gehört: Liebe kann dumm machen. Sie lässt uns unnötige Risiken eingehen. Sie macht uns ein bisschen verrückt. Beispiele dafür haben wir in den vergangenen Kapitel dieses Buches angeführt. Aber obwohl die Liebe ganz sicher ein Chaos in unserem Verhalten anrichten kann, ist sie doch nie alleine Schuld. Sie ist eher ein Teamplayer.

Das Schlamassel beginnt schon mit der Anziehung, der magischen Kraft, die uns zu einem Menschen hinzieht, lange bevor wir das Stadium einer Bindung erreicht haben. Wenn wir uns zu einem Menschen hingezogen fühlen, egal ob körperlich oder in einem anderen Sinn, scheint unsere Entscheidungsfähigkeit schon eingeschränkt zu sein. Nach Shakespeare macht die Liebe blind, aber vielleicht ist es ja eher die sexuelle Anziehung, die unseren Blick trübt.

Studien, die solche Effekte untersuchen, finden oft eine Korrelation zwischen solchen Einschränkungen aufgrund einer Anziehung und den Hormonen. Die sexuelle Anziehung führt zu einer Überschwemmung des Körpers mit Androgenen und Östrogenen, jenen kleinen chemischen Motivationshilfen (oder, wie Paul Micevych sie in Kapitel 5 nannte, den chemischen Türöffnern). Aber was hat die Neurowissenschaft zu der Vorstellung zu sagen, dass die Hormone uns verdummen – durch Anziehung oder Liebe?

Wenn der kleine Mann für den großen denkt

Als Robin Williams noch Stand-Up-Comedy machte, brachte er sein Publikum mit einer einzigen Zeile regelmäßig zum Brüllen: »Gott gab dem Mann ein Gehirn und einen Penis, aber nur genug Blut, um eins von beiden zu versorgen.« Als Erklärung dafür, warum manche Männer in Gegenwart einer schönen Frau plötzlich sprachlos sind, ist diese Hypothese durchaus plausibel. Zusätzliche Unterstützung bekam die Aussage durch eine von niederländischen Forschern von der Radboud University Mitte 2009 veröffentlichte Studie, derzufolge die Anwesenheit einer attraktiven Frau die kognitiven Funktionen eines Mannes behindern kann. Als hätten wir das nicht schon immer gewusst. Wohl die meisten haben schon Beispiele für diese Dummheit durch Attraktion erlebt.

Zu Beginn des Papers schildert Johan C. Karremans vom Institut für Soziale und Klinische Pyschologie der Radboud University eine Anekdote:

Vor einiger Zeit plauderte einer der männlichen Autoren mit einer sehr hübschen Frau, die er noch nie zuvor getroffen hatte. Er war natürlich ängstlich darauf bedacht, einen guten Eindruck zu hinterlassen, aber als sie ihn fragte, wo er wohnte, konnte er sich plötzlich nicht mehr an seine eigene Adresse erinnern. Es schien, als hätte die Sorge um seinen Eindruck zeitweise seine gesamten kognitiven Ressourcen blockiert.[1]

Er erwähnte leider nicht, bei welchem der beiden männlichen Autoren, beide anerkannte Experten mit hohen akademischen Graden, dieser spontane Gedächtnisverlust aufgetreten war. Aber die Aussage ist eindeutig: Aufgrund unserer persönlichen Erfahrungen ist uns allen klar, dass schöne Frauen Macht über die geistigen Fähigkeiten der Männer ausüben können, selbst bei den ganz coolen Typen, die es eigentlich draufhaben müssten. Deshalb fragte sich Johan C. Karremans, ob hinter dieser Alltagsweisheit vielleicht mehr stecken könnte als nur eine lustige Anekdote von einem Typen, der irgendwann einmal jene Superfrau traf.

Um das herauszufinden, lud Karremans vierzig männliche Studenten zu einem so genannten 2-Back-Test ein. Dabei wird den Teilnehmern auf einem Bildschirm eine Abfolge von Buchstaben gezeigt. Jeder Buchstabe erscheint für 500 Millisekunden, danach folgt für zwei Sekunden ein leerer Bildschirm. Bei jedem Buchstaben müssen die Teilnehmer angeben, ob er mit dem vorletzten angezeigten Buchstaben identisch ist. Bei Übereinstimmung müssen sie einen Knopf drücken, bei Nichtübereinstimmung einen anderen. Der Test prüft das Arbeitsgedächtnis des Teilnehmers, d. h. seine Fähigkeit, eine Information kurzzeitig in seinem Gedächtnis zu speichern und zu verarbeiten. Der 2-Back-Test gilt allgemein als gutes Maß für die kognitiven Fähigkeiten eines Menschen.

Die Teilnehmer mussten den Test zunächst einmal absolvieren und wurden dann unter einem Vorwand für einige Zeit in einen anderen

Raum geführt. Dort wartete ein »Wissenschaftler« oder eine »Wissenschaftlerin« und verwickelte sie einige Minuten lang in ein belangloses Gespräch. Danach mussten die Teilnehmer eine weitere Runde des 2-Back-Tests absolvieren. Im Anschluss daran sollten sie die Attraktivität ihres Gesprächspartners in der Pause bewerten und Angaben zu ihrem derzeitigen Beziehungsstatus machen.

Die »Gesprächspartner« waren natürlich Helfer der Wissenschaftler, die die Aufmerksamkeit der Probanden von der eigentlichen Aufgabe ablenken sollten. Tatsächlich fanden die Wissenschaftler bei der Auswertung der Daten eine klare Korrelation zwischen der Abnahme der kognitiven Fähigkeiten der Teilnehmer in der zweiten Testrunde und ihrer Bewertung der Attraktivität ihres Gesprächspartners in der Pause dazwischen. Dieses Resultat hing nicht davon ab, ob der Teilnehmer zu diesem Zeitpunkt in einer festen Beziehung lebte.

In einem Folgeexperiment gaben Karremans und seine Mitarbeiter Männern und Frauen eine kognitive Aufgabe und organisierten im Anschluss daran eine Gesprächsrunde, in der Teilnehmer untereinander paarweise kommunizierten. Dabei losten sie sowohl gleichgeschlechtliche als auch gemischtgeschlechtliche Paare aus und gaben ihnen fünf Minuten Zeit für eine Unterhaltung. Anschließend mussten alle Teilnehmer einen »modifizierten Simontest« absolvieren. Dabei werden auf einem Computerbildschirm Worte in weiß, blau oder grün dargestellt. Wenn ein Wort weiß erscheint, müssen die Teilnehmer durch Druck auf eine Taste entscheiden, ob es ein positiv oder ein negativ besetzter Begriff ist. Wenn ein Wort in Blau oder Grün angezeigt wird, sollen die Teilnehmer den Inhalt des Wortes ignorieren und durch Druck auf eine entsprechende Taste angeben, ob das Wort blau oder grün angezeigt wurde. Das klingt einfach, ist aber tatsächlich eine recht anspruchsvolle Aufgabe, weil die Teilnehmer schnell zwischen zwei sehr unterschiedlichen Aufgaben hin- und herschalten müssen. Nach dieser Aufgabe erhielten die Probanden wieder einen Fragebogen, auf dem sie angeben sollten, ob ihnen daran gelegen war, ihren Gesprächspartner aus der Pause zu beeindrucken und ob sie aktuell in einer festen Beziehung lebten.

Wieder schnitten die Männer unabhängig von ihren aktuellen Beziehungsstatus in der zweiten Runde des Tests deutlich schlechter ab, wenn sie zuvor mit einer hübschen Frau geplaudert hatten. Sie gaben auch zu, viel stärker darauf aus gewesen zu sein, einen guten Eindruck zu hinterlassen, wenn sie einer Frau zugelost worden waren. Und je mehr sie die Frau beeindrucken wollten, desto schlechter waren ihre Ergebnisse bei der Aufgabe. Wenn sie in der Pause einem Mann zugelost wurden, änderte sich ihr Abschneiden bei der Aufgabe nicht.

Und der Clou? Bei Frauen fanden die Wissenschaftler keine derartigen Effekte. Obwohl diejenigen, die nach eigener Aussage scharf darauf waren, ihren Gesprächspartner aus der Pause zu beeindrucken, in der zweiten Runde der kognitiven Aufgabe geringfügig schlechter abschnitten als zuvor, war die Korrelation doch weitaus schwächer als bei Männern. Natürlich dauerte es nicht lange, bis sich die Ergebnisse dieser Studie über das Internet verbreitet hatten, unter Überschriften wie »Hübsche Frauen machen Männer dumm«[2] oder »Warum schöne Frauen Männer (buchstäblich) dümmer machen«[3]. Nach Ansicht der Wissenschaftler benötigten die Teilnehmer der Studie für ihre Versuche, das andere Geschlecht zu beeindrucken, einen so großen Teil ihrer kognitiven Ressourcen, dass sie sich nicht mehr ausreichend auf die gestellte Aufgabe konzentrieren konnten. (Die Forscher schlugen vor, eine ähnliche Studie auch mit homosexuellen Probanden durchzuführen, um zu beobachten, ob sich derselbe Effekt auch einstellt, wenn ein schwuler Mann an einem anderen Mann interessiert ist. Möglicherweise ist es gar nicht das andere Geschlecht, das die Kognition beeinträchtigt, sondern eine Nebenwirkung der sexuellen Anziehung selbst.)

Als diese Studie veröffentlicht wurde, lebte ich noch mit meinem Ex-Mann zusammen. Als ich ihm beiläufig von den Ergebnissen erzählte, schüttelte er nur den Kopf und sagte: »Das weiß doch eigentlich jeder. Ich wundere mich, dass sich jemand die Mühe macht, so etwas zu untersuchen.« Tatsächlich bestätigen die Ergebnisse der Wissenschaftler nur den gesunden Menschenverstand; die meisten würden sie wohl direkt in die Kategorie »Ach ne?« einsortieren. Aber genau betrachtet beweisen die Ergebnisse der beiden kognitiven Tests keine »Dummheit.« Möglicherweise würde man mit anderen kognitiven Aufgaben auch andere Effekte beobachten.

Im Alltag gibt es viele Ablenkungen, die unsere kognitiven Leistungen behindern können. Man könnte zum Beispiel auch argumentieren, dass Sorgen wegen eines wichtigen Meetings bei der Arbeit oder ein verpasstes Mittagessen die Leistung bei solchen Kognitionstests auch herabsetzen würden. Vielleicht spielen manchmal auch unsere Hormone verrückt und verhindern, dass wir unsere optimale Leistung bringen können.

»Es ist ganz offensichtlich, dass Männer im Kontext der Fortpflanzung andere Ziele und Strategien verfolgen als Frauen. Vielleicht kann man auch sagen, dass sie etwas mehr auf den schnellen Erfolg aus sind«, sagte Heather Rupp, die gemeinsam mit Kim Wallen am Kinsey-Institut die geschlechtsspezifischen Aktivierungsmuster im Gehirn beim Betrachten von erotischen Bildern beobachtet hatte. »Aber es hängt auch viel von der Aufgabe ab, die man den Menschen stellt. Männer und Frauen haben unterschiedliche kognitive Fähigkeiten. Eine Erhöhung des Testosteronspiegels bei einem Mann nach einem Gespräch mit einer schönen Frau richtet bei verbalen Aufgaben vielleicht einen größeren Schaden an und zeigt bei einer Frau überhaupt keine Wirkung. Wenn eine räumliche Aufgabe zu lösen ist, kann der Effekt genau umgekehrt ausfallen.«

Allerdings bestimmten die Wissenschaftler um Johan C. Karremans keine Testosteronwerte, sie achteten auch nicht auf Erektionen und fragten nicht nach einer möglichen Erregung. Dafür waren ihre Schlussfolgerungen einfach: Wenn man nur eine fixe Menge an kognitiven Ressourcen zur Verfügung hat und einen Großteil davon benötigt, um eine hübsche Frau zu beeindrucken, dann lässt die Leistung bei kognitiven Aufgaben nach. Wirklich sehr einfach. Aber so gerne ich auch zustimmen würde, dass hübsche Frauen die Macht haben, aus gestandenen Männern stammelnde Dummköpfe zu machen – mir sind da noch zu viele Fragen offen. Beispielsweise, ob die Ergebnisse gleichermaßen für unterschiedliche kognitive Aufgaben gelten, ob sie für Homo- und Heterosexuelle gelten oder ob die Hormone dabei noch ihre Finger im Spiel haben. Mit anderen Worten: So plakativ und eingängig die Schlagzeile »Hübsche Frauen machen Männer dumm« auch sein mag, ist sie bei genauerer Betrachtung der Daten doch eigentlich nicht zutreffend.

Mögen brave Mädchen böse Jungs?

Wenn schöne Frauen Männer dumm machen, dann ist die Folgerung eigentlich offensichtlich: Brave Mädchen mögen böse Jungs. Auch das hört sich logisch an und hat das Potenzial, mit einer richtigen wissenschaftlichen Studie garniert einige wunderhübsche Schlagzeilen zu liefern.

Praktischerweise gibt es bereits Untersuchungen zu der Frage, ob Frauen sich von »maskulinen« Männern stärker angezogen fühlen. Bei der Veröffentlichung solcher Untersuchungen werden aus »maskulinen Männern« häufig ganz zufällig »böse Jungs«. Irgendwie auch logisch, denn die maskulinen Männer sind ja häufig auch diejenigen, die Regeln brechen, wilde Kerls, Rebellen. Andererseits auch charismatisch und kontaktfreudig. Oft ein wenig egozentrisch. Oft sind sie unsere wahren Helden, sie retten kleine Kinder aus brennenden Gebäuden oder rennen durchs Kreuzfeuer über ein Schlachtfeld, um einen verletzten Kameraden zu retten. Normalerweise sind sie sehr gesund. Die Damenwelt liebt sie. Und natürlich sind sie bis oben hin voll mit Testosteron.[4]

Praktischerweise müssen wir gar nicht den Lebenslauf eines Mannes studieren oder viel Zeit mit ihm verbringen, um herauszufinden, ob er so ein maskuliner Typ ist. Es reicht meist, ihm ins Gesicht zu sehen. Dieselben Testosteronwerte, die ihm die erwähnten Heldentaten ermöglichen, geben ihm auch charakteristische Gesichtszüge. »Es kommt auf den Wulst über den Augenbrauen und die Kieferpartie an«, sagte Heather Rupp und erläuterte mir weiter, dass der australische Schauspieler Hugh Jackman ein gutes Beispiel für ein maskulines Gesicht sei. »Oder der Schauspieler Javier Bardem. Er sieht nicht einmal wirklich super aus, aber trotzdem irgendwie sexy.«

Ich nickte zustimmend. Javier Bardem ist ein ausgezeichnetes Beispiel für das, was die Drehbuchautoren Heather Juergensen und Jennifer Westfeldt in dem provokativen Film »Kissing Jessica« aus dem Jahr 2001 so rührend »sexy hässlich« nannten, also richtig scharf, ohne dabei auf traditionelle Art gutaussehend zu sein. Ich jedenfalls würde ihn sicher nicht von der Bettkante stoßen. »Aber bei Javier Bardem ist es nicht nur das Gesicht«, sagte ich. »Es ist auch sein Akzent und seine tiefe, heisere Stimme. Und seine Haltung – voller Anmut und Selbstvertrauen.«

»Guter Punkt«, gab sie zurück. »Aber auch das sind Kennzeichen, die mit Testosteron zusammenhängen. Auch wenn wir nur über die Gesichtszüge reden, treten diese Merkmale meist zusammen auf.«

Trotzdem geben uns Gesichtszüge jede Menge Informationen. Wieder und wieder haben neurowissenschaftliche Untersuchungen gezeigt, dass unser Gehirn auf ganz bestimmte Gesichter steht. Die Menschen sind sehr gut darin, Gesichter zu erkennen und zu unterscheiden, selbst wenn sie sehr ähnlich sind. Dafür ist im Gehirn ein spezieller Bereich zuständig, der Gyrus fusiformis. Offensichtlich sind Gesichter etwas ganz Besonderes.

Mehrere Studien haben gezeigt, dass Frauen in ihrer fruchtbaren Tagen, während der Follikelphase, von maskulinen Gesichtern am stärksten angezogen werden. Man vermutet, dass die weiblichen Hormone, insbesondere die in dieser Zeit in erhöhter Konzentration vorliegenden Östrogene, den Frauen in dieser Phase ihres Zyklus einen bestimmten Typ von Mann als Partner nahelegen. Schließlich wären seine maskulinen Gene mit der damit verbundenen Gesundheit und kräftigen Portion Chuzpe ein unzweifelhafter Pluspunkt für eventuellen Nachwuchs. Wenn die Frau dagegen nicht in ihrer fruchtbaren Phase ist, dann tut's auch ein weniger maskuliner Typ, der sexy ist, aber eine nicht ganz so ausgeprägte Stirn- und Kieferpartie hat. Aus Sicht der Evolution sind die eher femininen Typen ohne überschäumendes Testosteron die besseren Kumpels; sie sind immer da und helfen bei der Kindererziehung und im Haushalt. Die Geschichte ist großartig, aber es ist schwierig, die verschiedenen Aspekte miteinander zu verbinden. Die Daten deuten jedenfalls darauf hin, dass es eine Verbindung zwischen den Hormonen und den Typen von Männern gibt, auf die Frauen abfahren. Wie und warum dieser Effekt genau entsteht, ist aber noch zu klären.

Um die neuronalen Grundlagen dieses Phänomens zu erforschen, verfolgte Heather Rupp mit ihren Mitarbeitern (darunter Thomas James von der Indiana University, der sich mit der Erforschung der Wahrnehmung beschäftigt) die Gehirnaktivierung in 16 weiblichen Singles, während sie ihnen Fotos von Männergesichtern zeigten, die sie am Computer etwas »männlicher« beziehungsweise »weiblicher« gemacht hatten. »Die Unterschiede waren kaum zu erkennen«, erklärte Thomas James. »Wenn man sie nebeneinander legte, konnten die Frauen nicht bewusst erkennen, dass das eine ‚männlicher' und das andere ‚weiblicher' war.«

Die Aufgabenstellung war sehr einfach. Zu jedem Foto waren die Zahl der früheren Sexualpartnerinnen des Mannes angegeben und die Information, ob er in der Regel Kondome verwendete. Die Teilnehmerinnen wurden nun gefragt, ob sie sich aufgrund der vorhandenen Informationen vorstellen konnten, mit diesem Mann zu schlafen. Die Wissenschaftler verfolgten den Blutfluss im Gehirn der Frauen sowohl in ihren Follikel- als auch in der Lutealphase (der nicht fruchtbaren Hälfte des Zyklus). Bei beiden Experimenten wurde ihnen außerdem Blut abgenommen, um ihren jeweiligen Hormonstatus bestimmen zu können.[5]

Die Wissenschaftler machten einige aufschlussreiche Entdeckungen. Erstens führten die maskulineren Gesichter im Vergleich zu den feminineren Gesichtern in fünf Hirnrealen zu einem deutlich erhöhtem Blutfluss: im linken Gyrus temporalis superior, im bilateralen Gyrus praecentralis, im rechten posterioren Gyrus cinguli, im bilateralen Lobulus parietalis inferior und im bilateralen anterioren Gyrus cinguli. All diese Bereiche hängen mit der Erkennung von Gesichtern sowie der Einschätzung von Risiken zusammen. Das deutet darauf hin, dass die männlicheren Gesichter nicht nur als attraktiver, sondern auch als gefährlicher wahrgenommen wurden. Dieser Effekt war recht stabil, wenn man bedenkt, wie geringfügig die Gesichter verändert worden waren.

Die Analyse der Hormonwerte zeigte, dass die Testosteronkonzentration einer Frau eine direkte Vorhersage der Aktivierung im anterioren und posterioren Gyrus cinguli erlaubte, also Hirnregionen, die für die Entscheidungsfindung verantwortlich sind. Die Phase des Menstruationszyklus, in der sich die Frau gerade befand, hatte keinen Einfluss auf eine der relevanten Aktivierungen im Gehirn. Die Wissenschaftler vermuteten, dass die bei der Auswahl des Zeitpunkts für die Experimente nicht spezifisch genug gewesen seien. Da das Fenster der fruchtbaren Phase nur sehr kurz ist, könnten sie die fruchtbaren Tage gerade verpasst haben. Trotzdem waren die Ergebnisse spektakulär.

Die Hinweise auf die Männlichkeit waren in diesem Test recht subtil. »Sowohl Männer als auch Frauen sind sehr gut darin, nonverbale, unterbewusste Hinweise auf einen potenziellen Sexualpartner aufzunehmen, aus denen sie die unterschiedlichsten Informationen entnehmen können, von denen sie bewusst gar nichts wissen«, erzählte Heather Rupp. »Die Hormone könnten diesen Effekt verstärken.« Aber genau wie ihr früherer Betreuer Kim Wallen fügte auch Heather Rupp sogleich hinzu, dass der Anblick eines betont maskulinen Mannes während der fruchtbaren Phase noch lange nicht bedeuten musste, dass eine Frau ihm ins Bett folgen musste. »Sie nehmen diese unbewussten Hinweise auf, und sie sorgen vielleicht dafür, dass Sie eher bereit sind, eine Einladung von diesem Mann anzunehmen«, sagte sie. »Aber das ist der unbewusste Teil. Ihr Unterbewusstsein kann sie nicht fernsteuern. Am Ende kommt immer auch das Bewusstsein ins Spiel und entscheidet mit, ob Sie mit ihm ins Bett gehen oder nicht.«

Heather Rupp, Thomas James und ihre Kollegen fragten sich, ob die Hormonspiegel der Frauen ihre Einschätzung männlicher Gesichter

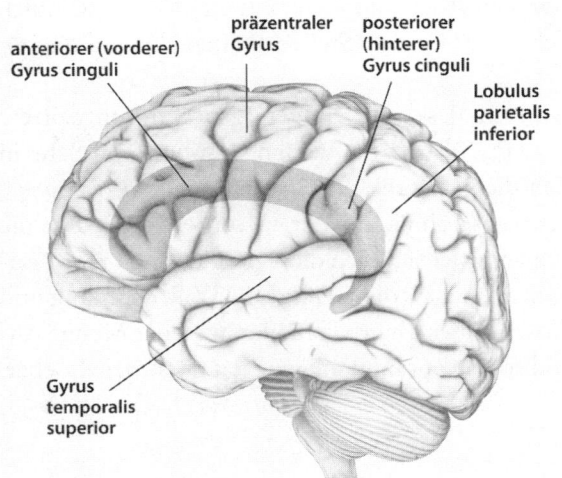

anteriorer (vorderer)
Gyrus cinguli

präzentraler
Gyrus

posteriorer
(hinterer)
Gyrus cinguli

Lobulus
parietalis
inferior

Gyrus
temporalis
superior

Die bei der Betrachtung maskulinisierter Gesichter aktivierten Regionen. Die Aktivierung im anterioren und posterioren Gyrus cinguli war mit dem Hormonstatus der Probanden korreliert. *Illustration: Dorling Kindersley.*

vielleicht verändern konnten. Möglicherweise verstärkten die hohen Östrogenwerte während der Follikelphase ja die Motivation der Frauen, »männliche« – scharfe aber riskante – Gesichter in einem positiven Licht zu sehen. Sie entschieden daher, das Experiment ein zweites Mal durchzuführen, aber mit einer kleinen Änderung: Dieses Mal setzten sie den Frauen als Kontrollaufgabe auch Fotos von Häusern vor.

In dieser Nachfolgestudie beobachteten die Wissenschaftler in der Tat einen veränderten Blutfluss je nach der Phase der Frauen in ihrem Zyklus. In ihrer fruchtbarsten Zeit, während der Follikelphase, zeigte sich eine stärkere Aktivierung im orbitofrontalen Kortex, der sowohl an der Einschätzung von Chancen und Risiken als auch an der Beurteilung von Attraktivität beteiligt ist. Diesen Effekt beobachteten die Forscher sowohl bei der Betrachtung der vermännlichten als auch der verweiblichten Fotos, was Heather Rupp zu der Schlussfolgerung führte, dass die Follikelphase nicht nur mit erhöhten Östrogenwerten einhergeht, sondern auch mit einer positiveren Einschätzung möglicher Partner. Mit anderen Worten, während ihrer fruchtbaren Tage steigt die Wahrscheinlichkeit, dass Frauen ihre Umwelt und vor allem knackige Männer durch eine deutlich rosarote Brille betrachten.[6]

Genau wie die Studie von Johan C. Karremans schaffte auch die von Heather Rupp es in die Schlagzeilen der großen Magazine. »Erkunde deine dunkle Seite, um sie zu gewinnen«[7] oder »Warum die guten Jungs als Letzte zum Ziel kommen«[8] waren zwei meiner Favoriten. Natürlich trafen beide nicht das, was Heather Rupp und Thomas James eigentlich untersucht hatte. Als ich James fragte: »Stehen Frauen eher auf die bösen Jungs?«, lachte er.

»Ich kann nur antworten, dass wir nicht genug wissen«, antwortete er. »Ich weiß, dass die Leute Antworten wollen. Am besten welche in Schwarz und Weiß. Aber die liefert die Wissenschaft nicht.«

Heather Rupp antwortete ähnlich. »Wir wissen es nicht. Für die Fortpflanzung brauchen wir offensichtlich diese periodischen Hormonumstellungen. Wir wissen auch, dass diese Dinge die Wahrnehmung und die Motivation beeinflussen. Aber wir arbeiten hier mit jeder Menge Annahmen. Unser Verständnis der Zusammenhänge hat noch viele Löcher, die wir stopfen müssen.«

Sex und Entscheidungsfindung

Vielleicht hängen einige dieser Löcher mit der Entscheidungsfindung selbst zusammen. Die Frage ist, ob sich die Entscheidungen, die wir im Zusammenhang mit Sex treffen, sich grundsätzlich von denen unterscheiden, die wir in Bezug auf unser Frühstück oder auf den Aktienkauf treffen. Obwohl das Gehirn auf sexuelle Reize wie verrückt reagiert, sind Heather Rupp und Thomas James der Meinung, dass die Prozesse zum Treffen von Entscheidungen in allen Fällen identisch sind.

Als die Forscher die Aktivierung im anterioren Gyrus cinguli beim Betrachten der Männergesichter näher untersuchten, machten sie eine interessante Entdeckung. Die Teilnehmerinnen an der Studie hatten berichtet, dass sie auf die Zahl der Sexualpartnerinnen der Männer und deren Präferenz für Kondome geachtet hätten; je geringer das Risiko schien, desto eher waren Sie an Sex mit dem jeweiligen Mann interessiert. Diese Männer mit geringem Risiko bewirkten eine verstärkte Aktivierung im anterioren Gyrus cinguli sowie im Mittelhirn und im Sulcus intraparietalis, die alle im Zusammenhang mit Entscheidungsprozessen aktiviert werden, egal ob es dabei um ökonomische Entscheidungen oder die Abwägung von Chancen und Risiken geht. Die Wissenschaftler schlossen daraus, dass die Entscheidungsprozesse im Hinblick auf Sex nicht anders ablaufen als alle anderen Entscheidungen, die wir im Leben treffen.[9]

»Die Menschen glauben oft, dass das Sexualverhalten und die damit verbundenen Entscheidungen etwas ganz Spezielles sind, das wir nicht verstehen«, sagte Heather Rupp. »Unsere Daten zeigen aber, dass das nicht stimmt. Das ergibt auch einen Sinn – das Gehirn vermeidet Redundanz. Und warum sollten sexuelle Motivation und sexuelle Entscheidungsfindung sich grundlegend von anderen Entscheidungsprozessen unterscheiden, die wir in unserem Leben auf der Grundlage einer erwarteten Belohnung treffen?«

Heather Rupp, Thomas James und ihre Kollegen machten sich auf, diese Hypothese mit einer neuen Studie zu überprüfen. Wieder einmal meldete ich mich als Freiwillige. Obwohl ich eigentlich etwas zu alt für die geplante Zielgruppe war, konnte ich den Forschern trotzdem nützlich sein. Ich sollte alle Aufgaben der normalen Teilnehmer absolvieren und den Wissenschaftler so helfen, mögliche Fehler in der Versuchsplanung aufzudecken. Also reiste ich als Teil meiner Wallfahrt zu dem berühmten Kinsey-Institut auch zur Indiana University, um mein Gehirn scannen zu lassen – dieses Mal nicht bei einem Orgasmus, sondern beim Versuch, eine Entscheidung zu treffen.

Im Rahmen der Studie wurden mir vier Arten von Fotos gezeigt: Speisen, alkoholische Getränke, Männer und Alltagsgegenstände. Zu jedem Foto wurde eine Kennzahl angezeigt und daneben die Wörter ‚Ja‘ und ‚Nein‘. Bei den Speisen bedeutete die Kennzahl die Zahl der darin enthaltenen Kilokalorien und ‚Ja/Nein‘ zeigte an, ob das Restaurant, aus dem die Speise stammte, schon einmal wegen Hygienemängeln auffällig geworden war. Bei den alkoholischen Getränken gab die Zahl die darin enthaltene Alkoholmenge an und ‚Ja/Nein‘ gab an, ob ich in der Situation einen Fahrer für den Fall zur Hand hätte, dass ich zu viel trank. Bei den Männern war die Zahl der Sexualpartner genannt und ob der jeweilige Mann bei seinen Abenteuern normalerweise Kondome benutzte. Für die Alltagsgegenstände schließlich bedeutete die Zahl ihren Preis und ‚Ja/Nein‘ zeigte an, ob der jeweilige Laden ein Produkt auch zurücknahm. Meine Aufgabe war es, die jeweilige Situation zu bewerten und anzugeben, ob ich sie Speise essen, das Getränk trinken, den Mann in mein Bett lassen oder das Produkt kaufen würde – einfach als Bauchentscheidung auf der Grundlage der angegebenen Informationen. Die Antworten musste ich auf einer Skala von 1 bis 4 geben – von sehr unwahrscheinlich über eher unwahrscheinlich und eher wahrscheinlich bis sehr wahrscheinlich. Meine Antwort gab ich im fMRI-Scanner liegend durch Eintippen auf einer kleinen Tastatur. Die Aufgabe war einfach, aber sie erforderte etwas Konzentration, um innerhalb der wenigen Sekunden, die das Bild angezeigt wurde, die richtige Antwort einzutippen.

Da ich mich dieses Mal nicht bewegen musste, um zum Orgasmus zu kommen, war der Aufbau des fMRI-Experiments einfacher. Das fing schon damit an, dass das Gerät nicht in einem Krankenhaus stand, sondern direkt im Psychologie-Institut, nur ein paar Stockwerke unter den Büros. Außerdem war der Zugang einfacher und ich brauchte keine Sadomaso-Maske. Mein Kopf wurde nur durch eine weiche Schaumstoffunterlage in seiner Position fixiert. Der Lärm blieb derselbe, daran war nichts zu ändern. Aber ich war viel entspannter als bei der Orgasmus-Studie, was auch gut war, da ich ja kognitiv mehr zu leisten hatte als beim letzten Mal. Ganz zu schweigen davon, dass ich nun vier Knöpfe drücken musste und nicht nur den einen zwischen meinen Beinen.

Gleich nachdem der Magnet sich in Bewegung gesetzt hatte, erschien auf dem Monitor ein kleines Pluszeichen und zeigte mir, wohin ich zu schauen hatte. Klack. Klack. Klick. Rumms! Rumms! Rumms! Ich war bereit. Das erste Foto zeigte einen Fruchtcocktail, irgendein Erdbeergemisch in einem Martiniglas, garniert mit einer glitzernd gezuckerter Ananasscheibe. Daneben stand die Zahl 4 und das Wort ,Ja'. Also vier Alkoholeinheiten. Das war eine Menge (vor allem um 8 Uhr morgens), aber ich hatte einen Fahrer, der mich nach Hause bringen konnte. Da ich trotzdem keine rechte Lust darauf hatte, klickte ich ,eher unwahrscheinlich' und wartete auf das nächste Bild.

Es war das Fotos eines jungen Mannes, vielleicht 24 Jahr und direkt aus dem neuesten Katalog von Abercrombie & Fitch. Sein Haar war für meinen Geschmack etwas zu lang, absichtlich zerwuschelt und gegelt, um der Schwerkraft Widerstand leisten zu können. Eine Rasur hatte er auch nötig. Die Werte sagten mir, dass er im letzten Monat nur eine Sexualpartnerin hatte und dabei ein Kondom benutzt hatte. Kein hohes Risiko. Objektiv sah er verdammt gut aus, aber ich kam nicht über die Haare weg. Also klickte ich ,sehr unwahrscheinlich' und wartete auf das nächste Bild.

In der folgenden halben Stunde sah ich Bilder von Keksen, Klebeband, frittierten Shrimps, Käsekuchen, verschiedenen Mixgetränken, Uhren, Nudeln mit Soße und einer Unmenge von Leichtbieren. Und natürlich auch reichlich Jungs. Und diesen Begriff verwende ich absichtlich. Die schnuckligen Kerle waren genau wie der erste alle sehr ansehnlich, dagegen war nichts zu sagen. Aber nicht ein einziger war mein Typ.

All die durchdringenden Blicke (in der Art des berühmten Blue-Steel-Blicks aus dem Film Zoolander) und die unsinnigen Frisuren ließen mich einfach kalt. Egal wie risikolos sie als Sexpartner erscheinen, ertappte ich mich doch immer wieder dabei, wie ich ,sehr unwahrscheinlich' antwortete. Ich begann langsam, zu einer schrulligen alten Dame zu werden. Einer *asexuellen* alten Dame. Himmel – ich war im besten Cougar-Alter, ich sollte verrückt nach dem jungen Gemüse sein. Als dann endlich ein süßer Typ mit einem einigermaßen normalen Gesichtsausdruck auftauchte, gab ich an, dass ich ,sehr wahrscheinlich' mit ihm ins Bett gehen würde. Die Wirklichkeit sieht anders aus – wenn ich ihn zufällig in einem Café oder Club getroffen und er mich angesprochen hätte, hätte ich ihn wahrscheinlich eher als Babysitter für meinen Sohn engagiert als mich mit ihm in Richtung Schlafzimmer aufzumachen.

Während des gesamten Experiments drückte ich abgesehen von diesem Typen ganze fünf Mal den Knopf für ,sehr wahrscheinlich'. Von insgesamt an die hundert Fotos von verschiedenen Speisen, Getränken, Jungs und Gegenständen. Entweder war ich zu anspruchsvoll, tief in meiner Lutealphase steckend, oder einfach nach meiner Scheidung oder aufgrund meines Alters reif fürs Kloster. ,Sehr wahrscheinlich' antwortete ich an diesem Vormittag nur für Post-Its in pink (vermutlich weil sie mir zu Hause gerade ausgegangen waren), ein lecker aussehendes englisch gebratenes Steak, absolut dekadente Maccaroni mit Soße und eine Karaffe Rotwein. Von all diesen Fotos, einschließlich des süßen Typen, war mein Gehirn nach meinem Eindruck am ehesten auf das Steak scharf.

Anschließend sprach ich mit Heather Rupp, die die Reize für die Studie ausgewählt hatte. Als ich ihr erzählte, dass die Männer nicht so recht mein Typ waren, lachte sie. »Als ich die Bilder ausgewählt habe, kam ich mir wie eine alte Schachtel vor, die Pornobildchen sortiert«, sagte sie. »Die Typen passen definitiv eher zu jüngeren Frauen. Zumindest halten die sie nicht für kleine Jungs.«

Etwas später traf ich mich mit Julia Heiman, der Direktorin des Kinsey-Instituts und Koautorin von Heather Rupp und Thomas James bei den erwähnten Studien. Sie fragte mich, was ich von den eingesetzten Reizen hielt. Da ich auch allen anderen gegenüber ehrlich meine Meinung gesagt hatte, erwähnte ich wieder die Sache mit den Haaren. Aber da ich inzwischen einige Stunden Zeit gehabt hatte, über meine Erfahrungen im Magneten nachzudenken, fühlte ich mich verpflichtet, meinen Mangel an Interesse zu rechtfertigen. »Ich stecke gerade mitten in einer Scheidung«, erklärte ich ihr. »Ich habe das Gefühl, bis das vorbei ist, bleibt der optimale Reiz für mich ein Steak und ein Glas Rotwein.«

Sie lachte. »Das bringt mich auf einen interessanten Punkt. Ich bin sicher, dass Ihre Reaktionen von heute nicht für immer gelten werden. Es wäre interessant, Ihre Reaktion heute zu messen und dann vielleicht wieder in einem Jahr. Wer weiß, vielleicht leben Sie dann wieder in einer Beziehung oder beackern wenigstens das Feld der Liebe. Vielleicht fahren Sie dann sogar auf einen der Typen mit den blöden Frisuren ab.«

Sie versuchte mich offensichtlich aufzumuntern, aber ihre Worte brachten mich zum Nachdenken. Heather Rupp hatte darauf hingewiesen, dass wir noch mit vielen Annahmen über die Entscheidungsfindung im Bereich der Sexualität arbeiten. Könnten sich die Prozesse im Laufe der Zeit ändern? Sie hatte mit ihrer Gruppe Frauen zwischen 18 und 23 untersucht. Was wäre, wenn sie jüngere Frauen betrachteten? Oder ältere? Vielleicht ändern sich die Geschmäcke mit dem Alter; vielleicht auch die Entscheidungsfindung? Auch ist noch unbekannt, ob die Entscheidungsprozesse irgendwie von unserem Hormonstatus abhängen, der sich sowohl mit dem Alter als auch mit der Situation verändert. Klar ist, dass das Gehirn sich laufend verändert, wenn wir lernen, mit jeder neuen Beziehung, die wir eingehen. Aber wir wissen zu wenig darüber, wie das passiert und wie es über unser ganzes Leben hinweg betrachtet mit den sich verändernden Hormonwerten zusammenhängt. Vielleicht sind die »bösen Jungs«, falls die Bezeichnung denn überhaupt zutrifft, ohnehin nur in unseren jungen Jahren interessant.

Interessant ist auch, dass alle Studien bisher nur die sexuelle Entscheidungsfindung in Frauen untersucht haben. Was würden wir bei Männern finden? Ändert sich bei ihnen die Entscheidungsfindung in sexueller Hinsicht im Laufe ihres Lebens? Spielt die Frisur von Frauen bei ihnen auch eine Rolle? Ist die Herabsetzung der Urteilsfähigkeit durch schöne Frauen auf junge und virile Männer beschränkt?

Die Antworten auf all diese Fragen ist: Wir wissen es nicht. Entgegen aller Sicherheit, die die plakativen Schlagzeilen immer suggerieren, werfen die meisten Studien mehr Fragen auf als sie beantworten. Und was meine mangelnde Begeisterung für die bösen Jungs angeht, kann ich nur auf Julia Heimans Rat vertrauen und Ihnen vorschlagen, dass Sie mich in einem Jahr wieder fragen. Der nächste Geburtstag oder eine heiße Nacht mit einem neuen Lover könnte meinen Blick auf blöde Frisuren verändern.

15

Der schmale Grat
zwischen Liebe und Hass

Was haben eine junge Mutter und ein Soldat gemeinsam? Die Frage klingt fast wie die Einleitung zu einem Witz mit einer Vielzahl von möglichen Pointen, von denen die meisten nicht sehr lustig sind. Aber es zeigt sich, dass sowohl Soldaten als auch Mütter ein sogenanntes »Tend and Defend«-Verhalten zeigen (»Sorgen und Schützen«) – einmal gegenüber ihren Kindern, das andere Mal gegenüber ihren Kameraden. Eine neue Studie legt den Schluss nahe, dass dieses Verhalten mit Oxytocin zusammenhängt. Arbeiten mit Tiermodellen haben schon länger darauf hingedeutet, dass Oxytocin nicht nur Bindungen verstärkt, sondern auch zu einer bestimmten Form von Aggression anstacheln kann.

»Oxytocin hilft der Bindung, aber es bewirkt nicht nur Liebe«, erklärte mir Kerstin Uvnäs-Moberg, die schwedische Oxytocinexpertin und eine der Organisatorinnen des ersten Symposiums über die Neurobiologie der Liebe. »Junge Mütter sind sehr stark auf Verteidigung, auf Schutz ihres Kindes gegen die Umwelt ausgerichtet. Dasselbe gilt für einen liebenden Mann. Er ist eifersüchtig und aggressiv. Die Gefühle verschieben sich zwar in Richtung Freude und Ruhe, aber gleichzeitig verschiebt sich auch unsere Wahrnehmung dessen, was wir als bedrohlich empfinden, sobald wir eine Bindung eingegangen sind.«

Wie aggressiv so ein bisschen Liebe machen kann, können wir erleben, wenn wir uns Präriewühlmäuse ansehen, die seit kurzem in einer Paarbeziehung leben. Bei einem Partner-Präferenztest wird ein Tierpaar zunächst getrennt und nach einiger Zeit der Trennung gemeinsam mit einem fremden Tier in einem Plexiglaskäfig wieder zusammengeführt. Bei diesem Text beobachten die Forscher bei Präriewühlmäusen schon nach kurzer Zeit ein aggressives Verhalten des Paars gegen den Eindringling. Das Männchen aus der Paarbeziehung wird seine Partnerin bis zum

Tod gegen das andere Männchen verteidigen. Weibchen sind nicht ganz so aggressiv, zeigen aber ebenfalls ein sehr ausgeprägtes Territorialverhalten.

»Weibliche Präriewühlmäuse teilen ihre Partner nicht mit einem anderen, fremden Weibchen«, berichtete Sue Carter, die Pionierin der Oxytocinforschung von der University of Illinois in Chicago. »Wir haben herausgefunden, dass wenn wir zwei fremde Weibchen mit einem Männchen zusammen halten, das Männchen sich mit beiden paart. Aber nach der Paarung und nach der Geburt der Jungen bliebt nur ein Weibchen übrig – das andere starb einfach. Wir konnten die Todesursache nie feststellen, da es in der Regel keine offensichtlichen Kämpfe gegeben hatte. Wir konnten aber vorhersagen, welches Weibchen sterben würde, denn das überlebende Weibchen saß immer zwischen dem anderen Weibchen und dem Männchen, als ob es dass Männchen gegen das andere Weibchen verteidigen wollte. Er war erschreckend zu sehen, dass Präriewühlmäuse zu Tode gestresst werden können, offensichtlich durch eine Art von Ächtung. Wir brachen die Experimente ab, nachdem wir erkannt hatten, dass eines der Weibchen sterben würde, wenn wir sie in dieser Situation beließen.«

Autsch. Liebe kann heftig sein, weiß schon der Volksmund. Für die romantische Liebe wie die Mutterliebe gilt gleichermaßen, dass mit der Vereinigung auch erhöhte Stress- und Aggressionsniveaus verbunden sind. Carsten de Dreu von der Universität Amsterdam wollte untersuchen, welche Rolle Oxytocin bei dieser erhöhten Aggression spielt – und ob es vielleicht eine liebende Verbindung transzendieren und gleichermaßen die Bindung innerhalb einer Gruppe und die Aggression nach außen erklären könnte, die wir in Kriegen oder anderen Arten menschlicher Konflikte sehen. Genauer gesagt spekulierte de Dreu, dass Oxytocin den so genannten »beschränkten Altruismus«, das Vertrauen und die Opferbereitschaft zum Nutzen der Gruppe, um die Aggression nach außen zur Verteidigung oder zum Angriff ergänzen könnte.

Beschränkter Altruismus

Carsten de Dreu und seine Kollegen luden Männer ein, an einer Variante des so genannten »Gefangenendilemmas« teilzunehmen. In seiner klassischen Version werden zwei Verdächtige getrennt verhört und bekommen einen Deal vorgeschlagen. Das Angebot lautet, wenn einer gesteht und seinen Komplizen beschuldigt, geht er straffrei aus, während der Komplize die volle Strafe bekommt – sagen wir, zehn Jahre Haft. Wenn beide Verdächtigen gestehen und den jeweils anderen belasten, kommen sie beiden mit der halben Strafe davon, also mit fünf Jahren. Wenn sie aber beide schweigen, ist ihnen nichts nachzuweisen und sie kommen mit nur sechs Monaten wegen eines kleineren Delikts davon. Nun muss jeder entscheiden, ob er seinen Kumpan verpfeift oder lieber schweigt. Wenn die Verdächtigen nicht allein an sich, sondern an die Gruppe denken (und darauf vertrauen, dass der andere genauso handelt), dann ist die Antwort einfach: Schweigen. Wenn beide das durchhalten, erhalten die die geringste Strafe. Trotzdem zeigt sich, dass die meisten Menschen eine andere Wahl treffen: Sie verraten den Partner. Und zwar ziemlich schnell; aus einer individuellen ökonomischen Sicht ist das auch die sinnvollste Alternative.

In der Studie von Carsten de Dreu wurden die Teilnehmer zufällig in eine von zwei Gruppen aus je drei Personen eingeteilt. Der Unterschied zum ursprünglichen Gefangenendilemma war Geld. Jeder Teilnehmer erhielt 10 € und musste entscheiden, ob er das Geld für sich behielt, innerhalb der Gruppe in einen gemeinsamen Topf gab oder zwischen den beiden Gruppen teilte. Wenn er das Geld für sich behielt, war jeder Euro tatsächlich genau einen Euro wert. Für jeden Euro in der Gemeinschaftskasse einer Gruppe bekam jedes Mitglied der Gruppe weitere 50 Cent, sodass jeder Euro jetzt effektiv 1,50 € wert war. Für jeden Euro, den eine Gruppe in die Gemeinschaftskasse beider Gruppen legte, bekam jedes Mitglied der gebenden Gruppe weitere 50 Cent, während jedem Mitglied der anderen Gruppe 50 Cent weggenommen wurden.

Das klingt kompliziert, aber aus der Analyse der von den Teilnehmern vorgenommenen Verteilung des Geldes konnten die Wissenschaftler Informationen über das Vertrauen innerhalb der Gruppe und die Aggressionen zwischen den Gruppen ableiten. Zum Beispiel maximiert jeder Euro in der gruppeninternen Gemeinschaftskasse den Nutzen für die Mitglieder dieser Gruppe, steht also für die Zuneigung innerhalb der Gruppe. Das Geld in der Gemeinschaftskasse beider Gruppen stellte gleichzeitig einen Angriff auf die andere Gruppe dar, da sie etwas verlor, während die eigene Gruppe immer noch von diesem Geld profitierte. Wenn ein Teilnehmer das Geld für sich behielt, zeigte das, dass er sich nicht mit seiner Gruppe identifizierte und nur an seinem eigenen Wohl interessiert war. Bevor das Experiment begann, schnupften alle Teilnehmer entweder eine Prise Oxytocin oder ein Placebo (natürlich ohne zu wissen, was sie wirklich bekamen).[1]

Die Forscher konnten zeigen, dass eine Oxytocingabe vor dem Test die Zuneigung innerhalb der Gruppe stärkte. Wenn die Teilnehmer vor ihrer Entscheidung das Neuropeptid anstelle eines Placebos erhielten, wählten sie mit höherer Wahrscheinlichkeit die Gruppenkasse. Das Oxytocin hatte jedoch keinen Einfluss darauf, wie viel Geld die Teilnehmer in die Gemeinschaftskasse beider Gruppen legten. Anscheinend beeinflusste das Oxytocin nicht den Wunsch, der anderen Gruppe zu schaden, sondern nur das Ziel, zum Wohlergehen der eigenen Gruppe beizutragen

Nach der Verteilung des Geldes fragten die Forscher alle Teilnehmer, wie ihrer Meinung nach die anderen Teilnehmer entschieden hatten. Dabei zeigte sich, dass diejenigen, die zuvor Oxytocin erhalten hatten, die Beiträge der anderen zur Gruppenkasse viel höher einschätzten als diejenigen, die nur ein Placebo erhalten hatten. Bei der Einschätzung der Spenden für die Gemeinschaftskasse der beiden Gruppen unterschied sich ihre Einschätzung nicht. Die Forscher schlossen daraus, dass das Oxytocin auch das Vertrauen innerhalb der Gruppe stärkte.

Die Oxytocingabe führte nicht zu Hass oder Aggression gegenüber der anderen Gruppe. Könnte es vielleicht helfen, eine Verteidigungsposition einzunehmen, ähnlich wie man das in Müttern oder Tieren in einer neuen Beziehung sehen kann? Um das zu untersuchen, organisierte Carsten de Dreu eine weitere Studie. Dabei bekamen die Teilnehmer dieselbe Aufgabe, durften aber mit einem Mitglied der anderen Gruppe kooperieren, um Spenden zwischen den Gruppen zu ermöglichen, was allen Teilnehmern einen Vorteil bringen würde, nicht nur der eigenen Gruppe. Dabei zeigte sich, dass die Teilnehmer, die zuvor Oxytocin erhalten hatten, eine deutliche geringere Neigung zeigten, mit der anderen Gruppe zu kooperieren, und lieber die eigene Gruppe bevorzugten. Es scheint, als ob Oxytocin zwar keine Aggression gegenüber der anderen Gruppe hervorruft, aber eine aggressive Verteidigung der eigenen Gruppe gegenüber einer äußeren Bedrohung.

An Carsten de Dreus Studien nahmen nur Männer teil. Da fragt man sich doch, ob man dieselben Beobachtungen auch bei Frauen machen würde, oder? Mein Bauchgefühl sagt jedenfalls eindeutig ‚ja‘, und wer jemals von einer Gruppe von Zicken geächtet wurde, wird mir zustimmen. Carsten de Dreu hat darauf keine Antwort. In der Zusammenfassung seiner Studie schreibt er:»An gewalttätigen Konflikten zwischen den Gruppen sind männliche Mitglieder häufiger beteiligt als weibliche«, daher beschränken sich seine Experimente auf Männer. Ich bin da nicht so sicher. Vielleicht sollte ich noch erwähnen, dass weibliche Präriewühlmäuse nach einer Paarbeziehung aggressiver sind. Möglicherweise reagieren Frauen und Männer auch unterschiedlich auf unterschiedliche Situationen. Mit Sicherheit sind noch weitere Untersuchungen nötig, um herauszufinden, wie verschieden Männer und Frauen in dieser Hinsicht sind.

Klar ist, dass Oxytocin bei bestimmten Arten der Aggression ebenso eine Rolle spielt wie bei der Liebe oder Paarbindungen. Carsten de Dreu glaubt, dass seine Arbeiten auch zeigen, welche Rolle Oxytocin für die Fähigkeit von Soldaten spielt, in der Gruppe geschlossen gegen einen gemeinsamen gehassten Gegner vorzugehen. Aber können ökonomische Szenarien uns wirklich etwas über den schmalen Grat zwischen Liebe und Hass erzählen? Sicher illustrieren de Dreus Untersuchungen die Macht (und Raffinesse) von Oxytocin sehr eindrücklich und zeigen, wie es sowohl den Zusammenhalt als auch die Verteidigungsbereitschaft einer Gruppe in bestimmten Situationen beeinflussen kann. Aber über die Neurobiologie des Hasses sagen diese Studien nicht viel. Außerdem vernachlässigen sie die anderen Substanzen, die einen Einfluss auf dieser Verhaltensweisen haben könnten.

»Es gibt kein Verhalten, das ausschließlich von Oxytocin oder Vasopressin oder welcher Substanz auch immer gesteuert wird«, sagte Craig Ferris, der Aggressionsforscher von der Northeastern University.»Ich frage mich immer, was wird sonst noch ausgeschüttet, womit kann das Oxytocin in dieser Situation noch wechselwirken? Und ich halte jede Wette, dass in jeder Situation noch fünfzig andere Substanzen ausgeschüttet werden, wenn nicht mehr.«

Die Neuropeptide sind Teamplayer, sie arbeiten nicht allein. Craig Ferris wies auch gleich darauf hin, dass aggressives Verhalten immer aus dem Kontext entsteht, der bestimmt, welche Substanzen ausgeschüttet und folglich welche Regionen im Gehirn aktiviert werden. Oxytocin ist nicht alles; so einfach ist die Sache nicht.

Die neuronalen Anlagen des Hasses

Und was ist mit den Gehirnregionen? Wenn die Grenzlinie zwischen Liebe und Hass so schmal ist, gleich ob durch Aggression oder einen subjektiveren emotionalen Zustand gekennzeichnet, sollten wir dann nicht auch entsprechende Aktivierungsmuster im Gehirn beobachten können? Als Fortsetzung seiner Arbeit über die Liebe beschloss Semir Zeki vom University College London, mithilfe der fMRI auch die Gehirnregionen zu untersuchen, die dem Hass zugrunde liegen. Er war sicher, dass es eine Ähnlichkeit zwischen diesen Emotionen gibt, die sich auch in bildgebenden neurowissenschaftlichen Untersuchungen widerspiegeln würde.

»Sowohl Liebe als auch Hass sind sehr starke biologische Empfindungen«, erklärte er mir. »Beide können motivieren und Menschen zu großartigen ebenso wie zu schrecklichen Taten anspornen. Beide können verzehrend wirken. Hass ist normalerweise negativ besetzt, aber eigentlich ist er ein biologisches Phänomen, das dazu dient, Menschen zusammenzuhalten und sie gemeinsam gegen andere kämpfen zu lassen. Er ist genauso wert untersucht zu werden wie die Liebe.«

Ich fragte Zeki, ob der Hass seiner Meinung nach ein Trieb sei, wie andere Wissenschaftler behaupten. Seine Antwort war: »Ja, ich denke schon, dass Hass zu derselben Kategorie gehören könnte. Er ist ein negativer Trieb, aber er ist trotzdem ein Trieb, der die Menschen dazu bringen kann, außergewöhnliche Dinge zu erreichen – nützliche wie schädliche. Hass kann Sie antreiben, anderen zu schaden, er kann Sie aber auch motivieren, Dinge zu tun, die Ihnen selbst oder anderen Nutzen bringen.«

Liebe und Hass können in einem Menschen eng verknüpft sein. Wie leicht fällt es uns, einen Menschen zu hassen, den wir einst geliebt haben – vor allem, wenn die Beziehung im Streit endete? So sehr wir von Kindesbeinen an lernen, dass Hass etwas Schlechtes ist, scheint es uns doch manchmal leichter zu fallen, diese intensive Empfindung für einen Menschen heraufzubeschwören, der uns einst lieb und teuer war. Kann es zwischen beiden eine Verbindung geben? Genau diese Frage stellte ich auch Semir Zeki. »Die Beziehung zwischen den beiden ist sehr zwiespältig«, antwortete er. »Schönheit führt zu Verlangen, das wiederum zu Liebe führen kann. Diese Abfolge ist aus neurobiologischer Sicht hochinteressant. Und genau so interessant ist die weitere Transformation der Liebe in Hass. Ganz sicher sind die beiden häufig verwandt.«

Semir Zeki und sein Mitarbeiter John Paul Romaya scannten die Gehirne von 18 gesunden Probanden, während sie Fotos von Menschen betrachteten, die sie abgrundtief hassten, sowie zur Kontrolle von Bekannten, denen sie keine besonderen Gefühle entgegenbrachten (soweit möglich desselben Geschlechts und mit einem ähnlichen Aussehen). Um Handlungen und Gefühle im Kontext von Hass messbar zu machen, schufen Sie eine neue Skala auf der Grundlage eines Fragebogens. Bei Erstellen der Fragen konzentrierten sie sich auf drei Aspekte, die sie für grundlegend für ein Gefühl des starken Hasses einschätzten: Erstens die Verweigerung von Nähe, d. h. der Wunsch, sich so weit wie möglich vom Objekt des Hasses entfernt aufzuhalten. Zweitens ein Gefühl der Leidenschaft oder einer manifesten Wut oder Angst auf den bzw. vor dem gehassten Menschen. Drittens eine Geringschätzung des gehassten Menschen, die sich in verächtlichen Äußerungen zeigt. Daraus konstruierten sie eine Werteskala von 0 (keinerlei Hass) bis 10 (verzehrender, grimmiger Hass) für Hass. Sechzehn der siebzehn Teilnehmer äußerten einen starken Hass auf Ex-Lover oder Arbeitskollegen. Nummer siebzehn war ein anderer Fall – die Teilnehmerin reservierte ihre intensiven Hassgefühle für einen bekannten Politiker. Nun könnte man argumentieren, dass sich diese Formen von Hass grundlegend unterscheiden, aber zumindest war in allen Fällen der Hass gegen einen einzelnen Menschen gerichtet.

In der fMRI-Röhre betrachteten die Teilnehmer die Fotos sowohl der gehassten Person als auch der neutralen Bekannten jeweils etwa 16 Sekunden lang. Die Teilnehmer sollten nur einen Knopf drücken, wenn ein Bild verschwand; ansonsten bekamen sie keinerlei Anweisungen, was sie tun oder woran sie denken sollten. Das einzige, was sie zu hatten, war die Bilder passiv zu betrachten.

Wie erwartet aktivierten alle Gesichter den Gyrus fusiformis, von dem schon lange bekannt ist, dass er an der Wahrnehmung und Verarbeitung von Gesichtern beteiligt ist. Bei der Analyse der Daten fanden Semir Zeki und John Paul Romaya aber auch Unterschiede zwischen den Bildern des verhassten Menschen und der anderen. Beim Betrachten der gehassten Person zeigten sich charakteristische Aktivierungen in verschiedenen Regionen, darunter dem Gyrus frontalis medius, dem prämotorischen Kortex, der für die Planung und Ausführung von Bewegungen zuständig ist, und dem Frontalpol, der die Handlungen und Reaktionen anderer Menschen antizipiert. Aus diesem Aktivierungsmuster schloss Semir Zeki, dass die neuronalen Schaltkreise für Liebe und Hass verschieden waren. Er spekulierte, dass die aktivierten Regionen ein Netzwerk bildeten, das dafür sorgte, dass die Aufmerksamkeit auf die gehasste Person konzentriert, ihr mögliches Verhalten vorausgesehen und Vorbereitungen getroffen wurden, sich gegen diese Person zu verteidigen oder sie anzugreifen.

Semir Zeki und John Paul Romaya stellten auch interessante Gemeinsamkeiten mit ihren früheren Studien über die Liebe fest. Beim Betrachten des Fotos einer gehassten Person wurden beispielsweise auch das Putamen und die Insula aktiviert, zwei Regionen, die auch in mehreren neurowissenschaftlichen Untersuchungen der romantischen Liebe eine Rolle spielten.[2]

Das letzte Resultat überraschte mich nicht sonderlich. Während mein Ex und ich die Details unserer Scheidung klären, gibt es häufig Momente, in denen ich unglaublich wütend auf ihn bin. Manchmal würde ich so weit gehen zu sagen, dass ich den verdammten Kerl hasse. Diskussionen über Geld können das selbst bei lammfrommen Menschen erreichen, und zu denen zähle ich mich nun wirklich nicht. Aber die Wahrheit ist, wenn ich Fotos von ihm sehe, vor allem wenn er darauf mit unserem Sohn lacht oder spielt, dann empfinde ich etwas völlig anderes. Ich gebe es wirklich ungern zu, aber ich empfinde Liebe. Ob ich mich nun einfach an meine vergangene Liebe zu ihm erinnere oder ob die Flamme immer noch in mir brennt, kann ich nicht sagen. Wie auch immer – ich glaube, wenn ich an Zekis Studie teilnehmen könnte, würden meine verwirrten Gefühle seine Ergebnisse durcheinander bringen.

»Glauben Sie, dass die Aktivierung im Putamen und in der Insula damit zusammenhängen, dass so viele der verhassten Menschen in Ihrer Studie Ex-Lover waren?«, fragte ich ihn.

»Das weiß ich nicht«, antwortete er. »Das war nur der Anfang. Ich würde diese Studien gerne fortführen und zum Beispiel Menschen, die andere aufgrund von Meinungsverschiedenheiten hassen oder weil sie irgendwann einmal von ihnen verletzt wurden, mit solchen vergleichen, die Menschen hassen, die sie früher einmal geliebt haben.«

»Und würden Sie sagen, dass die Ergebnisse dieser ersten Studie die oft gehörte Vorstellung stützen, dass Liebe und Hass nur durch einen schmalen Grat getrennt sind?«, fragte ich weiter.

»Ich weiß es nicht«, antwortete er einfach. »Ich bin da sehr konservativ. Es gibt offensichtlich einen Zusammenhang. Aber wie der aussieht, weiß ich nicht.«

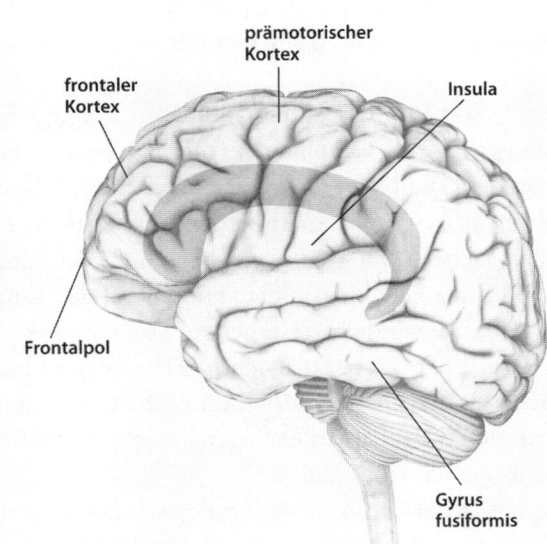

frontaler Kortex

prämotorischer Kortex

Insula

Frontalpol

Gyrus fusiformis

Die Aktivierung im Gehirn beim Empfinden von Hass. Die Insula und das Putamen (nicht gezeigt) sind auch bei entsprechenden Untersuchungen der Liebe aktiviert. *Illustration: Dorling Kindersley.*

Auf die Frage, was ihn an seinen Ergebnissen am meisten überrascht habe, antwortete er schnell. »Das Fehlen einer Deaktivierung im Kortex hat mich überrascht. Hass kann genau wie Liebe irrationale Verhaltensweisen und Handlungen hervorrufen. Daher hatte ich erwartet, dieselbe Deaktivierung im gesamten Kortex zu beobachten wie bei der Studie über die Liebe.«

Was könnte die Erklärung für dieses Fehlen einer Deaktivierung sein? Semir Zeki war sich nicht sicher, aber es könnte etwas mit Angst zu tun haben. Die Region der beobachteten Deaktivierung liegt nahe an einem Gebiet, das mit Zwangsstörungen im Zusammenhang steht. Vielleicht zeigt das Fehler der Deaktivierung an, dass ein gewisser Grad an zwanghaftem Verhalten notwendig ist, um den Hass am Leben zu erhalten. Es führt kein Weg an der Erkenntnis vorbei, dass Hass einige Anstrengung erfordert.

Es fiel mir auf, dass die Übereinstimmung der bei Liebe und Hass aktivierten Areale zu Tieruntersuchungen passten, die die Rolle von Oxytocin für Paarbeziehungen und Aggressionen beleuchteten. Ich fragte Semir Zeki, ob hier wieder Oxytocin beteiligt sei, ob diese Hirnareale vielleicht durch eine Oxytocinausschüttung moderiert würden. »Ich glaube, dass nicht nur Oxytocin hier eine Rolle spielt, sondern auch Dopamin, Vasopressin und Serotonin«, antwortete er. »Die hängen alle eng miteinander zusammen und sind sehr sorgfältig austariert. Und die Balance zwischen ihnen scheint sehr kritisch für Gefühle wie Liebe und Hass zu sein.«

Bis heute ist die Studie von Semir Zeki und John Paul Romaya die einzige, sie sich mit den neuronalen Grundlagen von Hass befasst. Sie ist einzigartig, aber – wie Zeki zugibt – sie erfordert noch einige Folgeuntersuchungen. Er plant, in weiteren Experimenten unterschiedliche Formen von Hass zu vergleichen, von Ex-Lovern bis hin zu der Kluft zwischen Rassen. Und wie Craig Ferris betonte, es kommt auf den Kontext an. Er ist entscheidend, um wirklich verstehen zu können, was im Gehirn vor sich geht. Eine große Liebe, die sich in Hass verwandelt, scheint etwas ganz anderes zu sein als eine Verteidigungshaltung gegen eine andere Gruppe oder die Wut auf einen Kollegen, die einem die Beförderung vor der Nase weggeschnappt hat.

Noch einmal hakte ich bei Semir Zeki wegen des schmalen Grats zwischen Liebe und Hass nach. Ob er glaube, dass an dieser Vorstellung etwas Wahres sei? Vielleicht waren es die Nachwehen meiner Scheidung, die mich so auf eine Antwort auf diese Frage drängen ließ. Vielleicht war es auch mein Erstaunen darüber, dass ein Neurowissenschaftler einfach antwortete: »Ich weiß es nicht«, ohne wenigstens noch über eine mögliche Antwort zu spekulieren. Er lachte nur leise, als ich schon wieder fragte, und antwortete mit einer Gegenfrage. »Wie erklären Sie die Mehrdeutigkeit? Das ist auch etwas, das Sie erklären müssen. Es gibt eine Beziehung zwischen Liebe, Schönheit und Verlangen. Und natürlich auch Hass. Schönheit führt häufig zu Verlangen, das wiederum zu Liebe führen kann. Und Liebe kann zu Hass führen. Diese Verwandlung ist vom Standpunkt der Neurobiologie aus gesehen sehr interessant.«

»Definitiv«, stimmte ich zu. »Was wissen wir darüber, wie diese Umwandlung abläuft? Neurobiologisch, meine ich?«

»Auch eine gute Frage. Haben wir überhaupt die Werkzeuge, um derartige Fragen zu untersuchen?«, antwortete er. »Ich glaube, wir haben ein paar Hilfsmittel, aber nicht alle, die wir dafür bräuchten. Und Wissenschaft, gute Wissenschaft, kann nur funktionieren, wenn sie die richtigen Werkzeuge hat, um bestimmte Fragen zu untersuchen. Im Moment sehe ich nicht, dass wir die Mittel haben, um diese Fragen anzugehen. Für den Moment können wir nur sagen, dass Hass, zumindest wenn er sich gegen eine einzelne Person richtet, eine charakteristische Signatur im Gehirn hinterlässt.«

16

Die großartigste Liebe von allen

Vor einigen Wochen nahm ich mir an einem frischen Sonntagmorgen einen Mietwagen am Flughafen von Indianapolis, um zum Kinsey-Institut zu fahren. Ich war zu sehr damit beschäftigt, meinen Weg heraus aus dem Labyrinth des Flughafens zu suchen, um mich mit dem Radio befassen, daher bemerkte ich erst auf der Autobahn, dass ein christlicher Sender eingestellt war. Obwohl ich unterwegs meist Rockmusik bevorzuge, hörte ich für einige Zeit einer Frau zu, die mit einem schweren Südstaaten-Akzent ein religiöses Bekenntnis ablegte.

»Meine Liebe zu Jesus ist wie seine Liebe zu mir allumfassend«, sagte sie. Danach erzählte sie die Geschichte von ihrer spirituellen Wiedergeburt, wie sie all die falschen Entscheidungen aus der Zeit vor ihrer Erlösung überwunden hatte, indem sie sich löste und Jesus die Führung überließ. Aus die Details kommt es nicht an, wichtig ist nur, dass sie ihren Glauben (und nur ihren Glauben) für die Wendung in ihrem Leben verantwortlich machte. Ihre letzten Worte blieben bei mir hängen, sie schloss ihren Bericht mit einer weiteren Liebeserklärung. »Nichts auf der Welt kommt der Erfahrung gleich, wenn du dein Herz für eine enge und persönliche Beziehung mit Jesus öffnest«, rief sie aus. »Das ist wahre *Ekstase*.«

Mir fiel ihre Wortwahl bei dieser Bezeugung auf: Liebe, allumfassend, enge und persönliche Beziehung. Vor allem das letzte, die inbrünstige Verwendung des Wortes Ekstase, traf mich wie ein Blitz. Man muss nur den Kontext ändern, dann hätte die Frau genauso über ihren neuen, superheißen Lover sprechen können anstatt über ihren Herrn und Erretter. Offensichtlich gibt es ein großes Maß an Übereinstimmung bei dem Wortschatz, mit dem wir entweder die romantische Liebe oder die religiöse Hingabe beschreiben. Wenn wir die entsprechende Passage aus Semir Zekis Buch zugrunde legen, dann könnte diese Korrelation, die sich über einige Jahrhunderte in religiösen Schriften und Aussagen verfolgen lässt, auf eine Übereinstimmung in den Hirnarealen hindeuten, die diesen Erscheinungen zugrunde liegen. Nicht in Bezug auf einen bestimmten Glauben – das ist keine Frage von Christentum oder Buddhismus. Nein, die tiefere Ursache ist die innere Suche nach einer Erklärung dessen, was über uns selbst und unsere Welt hinausweist, egal welchen Weg wir dabei einschlagen.

»Religion hat einen sehr engen Bezug zur jeweiligen Kultur«, erklärte mir Mario Beauregard von der Université de Montréal. Er forscht auf dem noch jungen Feld der spirituellen Neurowissenschaft, manchmal auch als Neurotheologie bezeichnet. »Aber Spiritualität ist anders. Die Anlage zur Spiritualität liegt in den Genen, im Gehirn. Im Großen und Ganzen ist sie etwas, das biologisch möglich ist.«

Diskussionen über die Natur der Seele übersteigen den Rahmen dieses Buches. Es gibt eine Reihe von anderen Wälzern in den Bibliotheken oder Buchhandlungen, die Sie auf eine Reise durch die lange und manchmal merkwürdige neurowissenschaftliche Geschichte der Verbindung zwischen Körper und Geist entführen und Ihnen erklären können, wie die beiden mit der Seele zusammenhängen. Mein Augenmerk liegt hier nur darauf, ob die religiöse Hingabe wirklich die Bezeichnung »die großartigste Liebe von allen« verdient (gemäß der Definition aus religiösen Traktaten, nicht in dem Sinn von Whitney Houstons Hit), ob die religiöse Liebe also auf denselben neurobiologischen Systemen beruht wie die anderen Formen der Liebe, über die wir bereits diskutiert haben.

Das Gott-Modul

Warum glauben manche, dass religiöse, spirituelle oder mystische Erfahrungen die Macht haben, unsere Gehirne zu verändern? Weil jede Erfahrung das kann – die erwähnten Beispiele sind hier keine Ausnahme. »Religiöse Erfahrungen sind in dieser Hinsicht nichts Besonderes«, sagte Jordan Grafman, der den Glauben aus der Sicht der Neurowissenschaft studiert. »Jede neue Erfahrung hinterlässt kleine Veränderungen in unserer Gehirnen. So passen wir uns an und lernen aus neuen Erfahrungen, um im Leben klar zu kommen. Es ist keine Überraschung, dass das bei der Religion genauso funktioniert.«

Religion hat also genau wie andere Erfahrungen die Macht, das Gehirn zu verändern. Interessanter ist, dass religiöse Erfahrungen mit bestimmten Arealen im Gehirn verknüpft sind. 1997 machte der Direktor des Instituts für Gehirn und Wahrnehmung an der University of California in San Diego, Vilayanur Ramachandran, Schlagzeilen, als er auf dem Jahrestreffen der Society for Neuroscience von Hinweisen auf ein sogenanntes »Gott-Modul« sprach.[1] Menschen mit Temporallappenepilepsie, einer Störung, die sich durch wiederholte spontane Anfälle auszeichnet, zeigen häufig eine intensive religiöse Hingebung. Oft wurde sogar vorgeschlagen, dass Propheten wie Jeanne d'Arc oder Joseph Smith Junior an einer dieser Erkrankung litten, wobei dies allerdings posthume Diagnosen und daher Spekulationen sind. Wie auch immer, es gibt eine lange Geschichte des gemeinsamen Auftretens von Epilepsie und intensiver religiöser Inbrunst.

Epileptische Anfälle sind im Kern elektrische Erscheinungen. Sie entstehen durch Schübe von Überaktivität im Gehirn, die zu Verhaltensweisen von sinnlosem Starren bis hin zu heftigen Zuckungen führen können. Vilayanur Ramachandran verglich mit seinen Mitarbeitern die Gehirnaktivität in religiösen Menschen mit Temporallappenepilepsie, sehr religiösen Gesunden und einer nichtreligiösen Kontrollgruppe, während sie den Probanden Worte und Bilder mit religiösem, gewalttätigem, sexuellem oder neutralem Inhalt zeigten. Sie verwendeten dazu eine Messung der elektrischen Leitfähigkeit der Haut, die indirekt die Stärke der Verbindungen zwischen dem inferioren temporalen Kortex und der Amygdala anzeigt, einer Region, die für die emotionale Bewertung von Situationen verantwortlich ist. Aus den Messwerten konnten die Forscher schließen, ob die abnormale elektrische Aktivität im Gehirn der Epileptiker »köchelte«, d. h. die neuronalen Signalwege im Gehirn verstärkte, um den Worten oder Objekten eine zusätzliche Bedeutung zu verleihen. Dieses »Köcheln« könnte den Eifer in diesen Personen ebenso erklären wie die verstärkte Reaktion des Gehirns auf bestimmte Worte oder Bilder. Wenn die Aktivität am Köcheln war, bekam *alles* – von religiösen Erscheinungen bis zu gewöhnlichen Sportsocken – für diese Personen eine besondere Bedeutung. Möglicherweise erhöhte die Epilepsie diese Empfindlichkeit generell.

In den meisten »normalen« Patienten reagiert das Gehirn am stärksten auf sexuelle Reize. Oder wie es Thomas James ausdrückte, der Forscher von der Indiana University, der die Studie zur Entscheidungsfindung durchgeführt hatte, »erotische Bilder bringen das Hirn auf Trab«. Im Allgemeinen fällt die Reaktion des Gehirns auf erotische Reize etwas zwei- bis dreimal so stark aus wie auf beliebige andere Reize. Selbst wenn Sie nichts anderes aus diesem Buch mitnehmen können, werden Sie zumindest gelernt haben, dass unsere Gehirne sehr, sehr scharf auf Sex sind. Genau das zeigte sich in Vilayanur Ramachandrans Studie für die Nicht-Epileptiker, egal ob sie religiös waren oder nicht: die Worte und Bilder mit erotischen Inhalten brachten ihre Hirne – oder die Reaktion ihrer Haut – ins Rotieren.

Bei den Epileptikern zeigt sich jedoch ein anderes Aktivierungsmuster. Bei ihnen beobachteten die Forscher eine erhöhte Reaktion der Hautleitfähigkeit bei religiösen Worten und Symbolen und eine verringerte Reaktion bei allen anderen Reizen, einschließlich den sexuellen. Nach Ansicht von Vilayanur Ramachandran belegt dieses Resultat, dass es eine lokalisierte Region im Gehirn geben muss, die für religiöse Erfahrungen zuständig ist, vermutlich im Temporallappen.[2] (Nur der Vollständigkeit halber: Ramachandran gibt auch zu, dass es einen Gott geben könnte, der diese Menschen persönlich besucht. Diese Theorie erscheint aber wissenschaftlich nicht überprüfbar.)[3]

Etwa zu der Zeit, als Vilayanur Ramachandran seine Untersuchungen an Epilepsiepatienten durchführte, beobachtete unabhängig davon Michael Persinger, ein Psychologe von der Laurentian University in Kanada, dass eine bestimmte Gruppe von Neuronen im Temporallappen nahe der Amygdala immer dann aktiviert wurde, wenn die Probanden über Gott oder Spiritualität nachdachten. Zufälligerweise war das recht genau die Region im Gehirn, die auch Ramachandran in den Epileptikern beobachtete. Als Michael Persinger diese Region mithilfe schwacher Magnetfelder stimulierte, die eine neuronale Aktivität vortäuschten, geschah etwas Interessantes: Die Probanden spürten eine allumfassende »Präsenz« um sich sowie ein gesteigertes allgemeines Wohlbefinden. Nach Persingers Interpretation hatte er mit einem Motorradhelm und ein paar Zylinderspulen (die ein magnetisches Feld erzeugen, wenn sie von Strom durchflossen werden) eine religiöse Erfahrung erzeugt.[4]

Beide Studien schlugen in den Medien hohe Wellen – vor allem Michael Persingers so genannter »Gott-Helm«. Viele Kritiker bemängelten, dass Persinger angeblich versuche, religiöse Gefühle auf bloße neurobiologische Phänomene zu reduzieren. In Wirklichkeit versuchen Wissenschaftler auf dem Gebiet der spirituellen Neurowissenschaft jedoch nur, besser zu verstehen, was religiöse Erfahrungen im Gehirn auslösen; es ist nicht ihr Ziel, diese Erfahrungen zu entmystifizieren oder gar zu bewerten.

»Für mich war die entscheidende Information aus Michael Persingers Experimenten, dass die Temporallappen für verschiedene Arten von religiösen und spirituellen Erfahrungen eine wichtige Rolle spielen«, sagte Andrew Newberg, der Forschungsdirektor des Myrna-Brind-Zentrums für integrative Medizin am Thomas Jefferson University Hospital and Medical College, einem Pionier der Forschung auf diesem Gebiet. »Ich glaube nicht, dass die Temporallappen die einzigen Vermittler derartiger Erfahrungen sind. Und ich glaube auch nicht, dass diese Experimente uns eine definitive Aussage darüber erlauben, was eigentlich hinter solchen Erfahrungen steckt.«

Obwohl die Arbeiten von Vilayanur Ramachandran und Michael Persinger zeigen, dass Verbindungen vom Temporallappen zur Amygdala für religiöse Erfahrungen wichtig sind, liefern beide keine weitergehenden Erklärungen. Seit diese Arbeiten publiziert wurden, haben verschiedene Neurowissenschaftler versucht, mit bildgebenden Verfahren zu verfolgen, was im Gehirn während einer echten religiösen oder spirituellen Erfahrung vor sich geht. Mario Beauregard beobachtete beispielsweise die Gehirnaktivität von Karmelitinnen, während sie sich in »einen Zustand der Vereinigung mit Gott« versetzten. Diese Nonnen verbringen ein abgeschiedenes Leben, das mit Gottesdiensten und kontemplativen Gebeten angefüllt ist. Beauregard nennt sie die »Olympioniken de Gebets«; jede der Nonnen, die an der Untersuchung teilnahm, hatte schon Tausende Stunden auf die Knien im Zwiegespräch mit dem alten Herrn verbracht. Wenn das schon keine Liebe ist, dann zeigt es zumindest ein beeindruckendes Engagement. Für seine Untersuchung ließ Beauregard seine Teilnehmerinnen etwa eine halbe Stunde lang allein, damit sie sich in einen mystischen Zustand versetzen konnten, und registrierte dann ihre Gehirnaktivität.[5]

»Die Nonnen glauben, dass man einen tiefen, mystischen Zustand nicht einfach selbst herbeirufen kann, weil das nur in der Macht Gottes liegt. Das entspricht sowohl ihrem Glaubenssystem als auch der Tradition«, erklärte mir Beauregard. »Aber wenn sie allein sind, können sie wenigstens einen gemäßigten Zustand der Vereinigung erreichen. Ihre täglichen Gebetsübungen, diese tägliche Erfahrung, und ihre subjektiven Aussagen über die Zeit im fMRI stimmen uns zuversichtlich, dass sie in dieser Zeit einen mystischen oder religiösen Zustand erreicht haben, der den Namen auch wirklich verdient.«

Während die Nonnen mit ihrem Gott Zwiesprache hielten, zeigten in den fMRI-Scans verschiedene Hirnareale eine Aktivierung. In Anbetracht der Tatsache, dass diese Erfahrungen sehr komplex sind und verschiedene Arten der Metaphorik umfassen, ist das keine allzu große Überraschung. Wie schon andere Forscher vor ihm beobachtete Beauregard eine Aktivierung im so genannte Brodmann-Areal 21, die seiner Meinung nach durch die subjektive Erfahrung der eigenen Spiritualität hervorgerufen werden könnte. Auch neurowissenschaftliche Untersuchungen an tibetischen Mönchen und anderen Personen während religiöser Übungen ergaben eine Aktivierung in dieser Region.

»Während religiöser oder spiritueller Übungen sind viele, wenn nicht alle, Teile unseres Körpers und unseres Geistes betroffen«, sagte Newberg. »Teile des Gehirns helfen uns dabei, unsere Aufmerksamkeit auf ein Ziel hin zu konzentrieren, unsere emotionalen Reaktionen zu steuern und während der Übung soziale Reize zu verarbeiten. Auch in unserem Körper gehen Veränderungen vor sich, die wiederum unser vegetatives Nervensystem beeinflussen können. Und vermutlich wirken diese Erfahrungen auch auf unser Hormonsystem.«

In Mario Beauregards Untersuchung wurden auch einige andere Regionen von Interesse in den Gehirnen der Karmelitinnen aktiviert, insbesondere der Nucleus caudatus, die Insula und der anteriore Gyrus cinguli. All diese Bereiche sind uns auch schon in den neurowissenschaftlichen Untersuchungen der romantischen Liebe oder der Mutterliebe begegnet.

Bedingungslose Liebe

Als Beauregard nach ihrer Zeit im Magneten mit den Karmelitinnen sprach, erwähnten sie alle ein Gefühl von bedingungsloser Liebe während ihrer Gebete. Könnte vielleicht dieses Gefühl bei der geistigen Verbindung zu ihrem Gott der Grund für die beobachtete Aktivierung im Gehirn sein? Mario Beauregard kam ins Grübeln. Könnte es eine Möglichkeit geben, die Idee einer bedingungslosen Liebe auch bei Menschen, die ihr Leben nicht Gott gewidmet hatte, experimentell zu testen? Wie auch bei anderen Untersuchungen der Liebe bestand die erste

Herausforderung darin, eine praktikable Definition des Untersuchungs-
gegenstands zu finden. »Nicht jeder Forscher auf diesem Gebiet glaubt
an das Konzept einer bedingungslosen Liebe, an diese Möglichkeit«,
sagte Beauregard. Als ich meinen Freunden diese Frage stellte, waren sie
ihrer Sache auch nicht sicher.

Vielleicht fasste es meine Freundin Alyson am besten zusammen, als
sie sagte: »Ich glaube an eine Menge Dinge über die Liebe. Aber bedingungslose Liebe … Ich glaube wahrscheinlich nur daran, wenn es sich
um die Liebe der Eltern für ein Kind geht.« Da ich nicht besonders religiös, aber Hals über Kopf in mein eigenes Kind verliebt bin, neige ich
dazu, ihr zuzustimmen. Aber andere Menschen glauben fest an das
Konzept der bedingungslosen Liebe auch außerhalb der elterlichen
Sphäre. Soziologen und Theologen, die das Phänomen untersucht haben, schreiben ihm eine enorme Bedeutung für die Zukunft der Mensch-
heit zu. Stephen G. Post, der Präsident des Instituts für die Erforschung
der Unbegrenzten Liebe, behauptet, dass die bedingungslose Liebe im
Kern darin bestehe, »das Wohlergehen anderer emotional zu bejahen
und sich selbstlos daran zu erfreuen und aus freiem Willen für sie zu sorgen oder ihnen zu dienen, ohne dafür eine Gegenleistung zu erwarten.«
Diejenigen, die in der Lage sind, bedingungslose Liebe zu empfinden,
tun dies per Definition aus freiem Willen und ohne Erwartungen, geben
aber zu, dass sie alles, was in ihrem Namen getan wird, als Belohnung
auffassen.

Eine Wohltätigkeitsorganisation, die viele Menschen anzieht, die zu
bedingungsloser Liebe fähig sind, ist L'Arche (»die Arche«). L'Arche er-
schafft Heimstätten des Glaubens und der Freundschaft für Behinderte
und ehrenamtliche Betreuer, die so genannten Assistenten, die sich ver-
pflichten, für ein oder mehre Jahre ihr Heim und Leben mit einem
geistig Behinderten zu teilen. Die Organisation glaubt nicht nur an die
bedingungslose Liebe, sondern macht die Fähigkeit, diese Liebe zu
empfinden und auszudrücken, zur Voraussetzung für ein freiwilliges Engagement als Assistent. Mario Beauregard überzeugte siebzehn Assistenten aus zwei lokalen Arche-Gemeinschaften aus der Nähe von Montreal
davon, an einer fMRI-Studie teilnehmen, um die neuronalen Strukturen zu identifizieren, die der bedingungslosen Liebe zugrunde lagen.

Jeder Assistent wurde gescannt, während er oder sie Fotos von Menschen mit Behinderungen betrachtete. Einmal wurden die Teilnehmer
gebeten, die Fotos nur passiv anzusehen; ein andermal wurden sie auf-

gefordert, ein Gefühl der bedingungslosen Liebe zu der Person auf dem Bild aufzubauen. Wegen des Belohnungsaspekts der bedingungslosen Liebe erwartete Beauregard, in diesem Fall Muster des Blutflusses im Gehirn zu sehen, die denen in früheren Studien über die romantische oder mütterliche Liebe ähnelten.[6] »Wahrscheinlich liegt diesen Formen der Liebe ein gemeinsames Substrat zugrunde, vor allem im Hinblick auf die Belohnungsaspekte der verschiedenen Erscheinungsformen«, sagte er. »Aber es gibt auch eine Reihe von neuronalen Unterschieden. Das erscheint auch logisch, wenn man bedenkt, wie groß die Unterschiede der Empfindung sind, also der Art, wie Menschen diese verschiedenen Arten von Liebe fühlen und erleben.«

Es ist wohl kaum überraschend, dass Mario Beauregard und seine Kollegen genau dies beobachteten. Genau wie in den frühen bildgebenden Studien über die Liebe waren das ventrale Tegmentum und der Nucleus caudatus beleuchtet wie ein Weihnachtsbaum, beides wichtige Teile des Belohnungssystems im Gehirn. Der Globus pallidus, ebenfalls Teil des Belohnungssystems und vor allem für die Mutterliebe von Bedeutung, und das periaquäduktale Grau im Mittelhirn, einer Region mit einer großen Anzahl von Oxytocinrezeptoren, waren ebenfalls aktiv. Die Wissenschaftler beobachteten außerdem auch eine signifikante Aktivität im anterioren Gyrus cinguli, der in vielerlei Arten von Liebe und Zuneigung verwickelt ist. Insgesamt scheint es, dass die bedingungslose Liebe zumindest von einem neurologischen Standpunkt aus betrachtet ihren Namen durchaus verdient. Wie die beobachtete Hirnaktivität zeigt, gibt es ein großes Maß an Überschneidungen zu anderen Formen der Liebe.

Mario Beauregard spekuliert, dass auch das Dopaminsystem beteiligt ist. »Einige der Bereiche, in denen wir Aktivierung beobachtet haben, sind an der Produktion von Dopamin beteiligt«, sagte er mir. »Das muss noch untersucht werden, aber ich vermute, dass der Neurotransmitter Dopamin an dieser Form der Liebe beteiligt ist, vor allem weil die Menschen uns sagen, wie belohnend sie sich anfühlt.«

Im Vergleich zu anderen Formen der Liebe führte die bedingungslose Liebe auch einigen sehr charakteristischen Aktivierungen. Obwohl die Insula auch in früheren Studien teilweise aktiv war, beobachtete Beauregard in seiner Untersuchung Aktivität in einem anderen Teil, als die Teilnehmer versuchten, bedingungslose Liebe zu empfinden. Er glaubt, dass diese Aktivierung mit Reaktionen auf das Betrachten der

Bilder zusammenhängt. Frühere Studien deuten darauf hin, dass dieser Teil der Insula für die Verarbeitung von sensorischen und emotionalen Informationen und für die Empfindung von Empathie zuständig ist. Auch andere Bereiche im Zusammenhang mit Aufmerksamkeit, visueller Verarbeitung und der Unterscheidung zwischen Selbst und Anderen wurden aktiviert.

»Wir verstehen nicht genau, warum diese Form der Liebe belohnend ist. Sie hat andere Eigenschaften als andere Arten der Liebe«, sagte Beauregard. »Aber diejenigen, die sie empfinden können – und das kann nicht jeder – berichten von einer gehaltvollen, sehr lohnenden Erfahrung, die einen großen Teil ihrer spirituellen Tradition ausmacht.«

Erinnern Sie sich noch an Helen Fishers Vergleich der Liebe mit einem Kaleidoskop? Unterschiedliche Aktivierungsmuster im Gehirn für Sex, romantische Liebe und Bindung? Vielleicht liefert die bedingungslose Liebe innerhalb eines kraftvollen spirituellen Rituals oder einer Tradition ein viertes derartiges System mit einem vertrauten und doch einzigartigen Muster. Das ist immerhin möglich, zumindest für diejenigen, die bedingungslose Liebe empfinden können. Aber was im Gehirn eines Menschen diese Fähigkeit ermöglicht, wissen wir nicht. Wie in den meisten Fällen, die wir bisher betrachtet haben, sind weitere Untersuchungen nötig.

Epilog:
Schöne neue Welt der Liebe

Im Januar 2009 veröffentliche Larry Young, der Neurowissenschaftler von der Emory University, der die Paarbeziehungen in Präriewühlmäusen untersucht (und wohl einer der produktivsten Forscher auf diesem Gebiet ist), ein Essay mit dem Titel »Liebe: Neurowissenschaft enthüllt alles« in der renommierten Fachzeitschrift *Nature*. Darin schrieb er:

> *Die Auffassung der Liebe als eine Eigenschaft, die aus einem Cocktail von uralten Neuropeptiden und Neurotransmittern entsteht, wirft wichtige Fragen für die Gesellschaft auf. Zum Beispiel wäre es möglich, dass Medikamente zur Manipulation von Gehirnsystemen, um unsere Liebe zu anderen nach Lust und Laune zu verstärken oder verringern, nicht mehr weit sind. ... Vielleicht werden wir eines Tages Gentests zur Verfügung haben, um die Eignung potenzieller Partner zu bestimmen, deren Ergebnisse unser Bauchgefühl bei der Auswahl des idealen Partners ergänzen oder vielleicht sogar überstimmen könnten. Wie auch immer, die jüngsten Fortschritte in der Biologie der Paarbindung bedeuten, dass es nicht mehr lange dauern wird, bis skrupellose Verehrer ihren Opfern einen pharmazeutischen »Liebestrank« verabreichen könnten. Und wenn es so wäre, würde es uns kümmern? Letzten Endes ist die Liebe Irrsinn.*[1]

Das Essay wirbelte eine Menge Staub auf, sowohl in der Welt der Neurowissenschaften als auch darüber hinaus. Manche waren der Meinung, dass Young über das Ziel hinausgeschossen war, dass selbst wenn die Neurobiologie schon so weit fortgeschritten war, dass wir einen so genannten Liebestrank brauen könnten (die meisten waren sich einig, dass wir noch nicht an diesem Punkt angelangt sind), es unethisch und vielleicht sogar gefährlich sei, dies zu tun. Andere wie der Journalist John Tierney von der *New York Times* jubelten in Vorfreude auf einen »Anti-

Liebestrank, der verhindert, dass wir zu verliebten Dummköpfen werden«, der angeblich zu erwarten sei.[2]

Als ich Young und sein Institut voller verliebter Präriewühlmäuse in Atlanta besuchte, fragte ich ihn nach diesem Essay. »Glauben Sie, dass wir heute in der Lage wären, einen Liebestrank oder eine Art Gentest für die Liebe herstellen könnten? Und noch wichtiger – sollten wir das?«

»Ob wir sollten? Ich glaube nicht. Nein, ganz bestimmt nicht«, antwortete er. »Und zum jetzigen Zeitpunkt können wir das auch nicht, so viel ist sicher. Aber in Anbetracht all der großartigen Arbeiten, der vielen molekularbiologischen, Verhaltens- und genetischen Studien, könnte ich mir vorstellen, dass wir eines Tages tatsächlich dazu in der Lage sein werden.« Er hielt einen Moment inne. »Aber es wäre schade, wenn wir eine Entscheidung über einen anderen Menschen auf der Grundlage eines Gentests oder eines Wirkstoffs anstelle unseres Bauchgefühls treffen würden. Wir könnten jemanden Tolles verpassen.«

Tatsächlich sind sich alle Neurowissenschaftler, mit denen ich sprach, darüber einig, dass die Schaffung eines *Love Potion No 9* auf der Grundlage von neurobiologischen Erkenntnissen über die Liebe keine gute Idee wäre. Nicht nur, dass wir noch nicht genug wissen, um einen Wirkstoff mit der beabsichtigten Wirkung herstellen zu können, aber selbst wenn wir das jemals schaffen würden, wären die mit einem solchen Eingriff in ein evolutionär entstandenes Gehirnsystem verbundenen Risiken immens. Und was ist mit diesem Impfstoff gegen die Liebe? Für all diejenigen von uns, die der Liebe und ihren unzähligen chaotischen Symptomen wie Ablenkbarkeit, Besessenheit oder sogar Schmerzen entkommen wollen. Möglicherweise wäre die Erschaffung eines Impfstoffes nützlicher als die einer Liebesdroge.

»Diese Idee trifft den Nerv vieler Menschen. Es laufen jede Menge Leute herum, die einen anderen Menschen einfach nicht aus ihren Gedanken bekommen«, sagte Young. »Ich bekam viele Briefe zu diesem Thema. Unter anderem drei handgeschriebene Briefe von einem Mann aus Kenia. Er hatte den Artikel in der *New York Times* gelesen und fragte in seinem Brief, ‚Bitte, können Sie mir diesen Impfstoff gegen Liebe schicken? Ich brauche ihn.‘ Er schickte alle drei Monate einen Brief und bat mich um den Impfstoff.«

Ich denke, der Mann aus Kenia ist nicht der einzige. Viele, die den scharfen Stachel der Liebe gefühlt haben, dürften an einem entsprechenden Medikament oder einem Impfstoff interessiert sein. Zumindest aber glaube ich, dass die meisten von uns sich nach Antworten sehnen. Wenigstens ein paar Hinweise aus der Biologie, wie wir die Untiefen der Liebe durchqueren und dabei unsere Herzen öffnen und sie gleichzeitig vor Schaden bewahren können.

Wäre dieses Buch ein Ratgeber, dann wäre jetzt der Zeitpunkt gekommen, Ihnen mitzuteilen, dass ich mich im Laufe meiner Recherchen unsterblich verliebt habe – dass die all Dinge, die ich bei meiner Reise durch die Neurobiologie von Liebe, Sex und Beziehungen gelernt habe, mir geholfen haben, endlich meinen wahren Seelenverwandten zu finden. Vielleicht einen flotten Neurowissenschaftler, der sofort erkannte, dass unsere Oxytocinspiegel perfekt zusammenpassten, als er meinen Kopf für den fMRI-Scan festschnallte. Oder ein erfolgreicher Forscher, dessen Haupthistokompatibilitätskomplex ideal zu meinem passt, oder ein Typ mit der richtigen AVPR1A-Variante für eine liebevolle und dauerhafte Beziehung. Vielleicht musste ich ja nicht einmal jemanden neues finden. Vielleicht hat meine Erkundungsreise durch die Liebe mir geholfen zu verstehen, welche Rolle meine »schmutzigen Gedanken« oder mein spezieller epigenetischer Hintergrund (die Cheeseburger!) bei der Auflösung meiner Ehe spielten. Und mit diesem Wissen sind mein Ex und ich auf dem besten Weg zur Versöhnung, sozusagen »sie lebten glücklich und zufrieden bis ans Ende ihrer Tage« auf einer neurobiologischen Grundlage. Eine großartige Pointe für meine Memoiren oder einen kitschigen Film.

Natürlich geschah nichts dergleichen. So funktioniert Wissenschaft – echte Wissenschaft – einfach nicht.

Die Wissenschaft entdeckt fast täglich hochinteressante Dinge. Wir beginnen zu verstehen, wie eine Vielzahl von Neurotransmittern zusammenarbeiten, um körperliche Veränderungen an unserem Gehirn vorzunehmen, und wie weit unsere Umwelt an diesen Veränderungen beteiligt ist. Aber das genaue Wie und Warum bleibt weiterhin ein Rätsel – ein ungelöstes Rätsel.

»Es ist erstaunlich, wie viele Dinge, die wir nie als biologische oder chemische Prozesse aufgefasst hätten, wie zum Beispiel Liebe, Begehren und Bindung, letztlich genau das sind«, sagte Young. »Im Gehirn läuft eine Kaskade von neurochemischen Ereignissen ab, die unsere Gefühle einem anderen Menschen gegenüber erzeugen und unser Verhalten ihm gegenüber steuern. Sicher, wir haben den Kortex, der uns ermöglicht, nachzudenken und zu planen. Aber darunter liegen diese alten neurochemischen Systeme, die seelische Zustände beeinflussen, die wir lange für ganz charakteristisch menschlich gehalten haben. Das ist großartig.«

Wir fangen erst an, das alles zu verstehen. Zwar findet man in der Fachliteratur wirklich erstaunliche Ergebnisse, aber darunter sind keine in der Art »Fünf Wege, die Liebe zu erhalten« oder »Warum sein Gehirn ihn fremdgehen lässt«. Warum nicht, wollen Sie wissen? Nach dem, was wir heute wissen, gibt es dafür mindestens vier gewichtige Gründe.

Weil unsere Gehirne plastisch sind. Als ich an der Studie über die Entscheidungsfindung an der Indiana University teilnahm, fand ich keinen der jungen Abercrombie & Fitch-Boys wirklich attraktiv. Zumindest nicht so attraktiv, um anzukreuzen, dass ich gerne mit einem von ihnen ins Bett steigen wollte. Als ich bei Julia Heiman am Kinsey-Institut über mein geringes Interesse an den Jungs mit den dämlichen Frisuren klagte, lächelte sie und sagte: »Ich bin sicher, dass Ihre Reaktionen von heute nicht für immer gelten werden.«

Sie hat recht. Unser Gehirn verändert sich ständig. Je mehr wir über die Neurobiologie des Gehirns wissen, desto mehr erkennen wir, dass es unglaublich plastisch ist; das heißt, es verändert sich im Laufe unseres Lebens unaufhörlich. Mit jeder neuen Erfahrung, jedem neuen Lernerfolg, jeder neuen Beziehung gehen subtile Veränderungen in unseren Synapsen einher. Im Laufe der Zeit summieren sich diese kleinen Veränderungen. Das Gehirn, das ich hatte, als ich mich als Teenager zum ersten Mal verliebte, ist nicht das Gehirn, das ich jetzt habe. Neurowissenschaftler arbeiten hart daran, die Details dieses unglaubliche Plastizität zu erforschen, und sie haben noch einen weiten Weg vor sich. Aber schon jetzt ist sicher, dass unser Gehirn nicht statisch ist.

»Das mit der Plastizität ist eine komische Sache«, sagt Thomas James von der Indiana University, der die Studie zu appetitiven Entscheidungsfindung leitete. »Früher dachten wir, dass unser Gehirn etwa um das sechste Lebensjahr ausgewachsen ist. Das war es dann, es war fertig. Und jetzt fangen wir an zu verstehen, auf welche Weise das Gehirn das ganze Leben lang plastisch bleibt. Das hat enorme Auswirkungen auf die gesamte neurowissenschaftliche Forschung.«

Das gilt auch für das Studium der Liebe. Wie ich – oder die Substanzen in meinem Gehirn – auf das andere Geschlecht reagiere, kann sich durchaus verändern, während ich älter werde. Ganz zu schweigen von den extremen Veränderungen an meinem Körper und in meinem Gehirn, die durch die Schwangerschaft und die Geburt verursacht wurden. Wie sich alles verändert hat und wie das meine Neurochemie und mein komplexes Sozialverhalten jetzt und in Zukunft beeinflussen wird, ist noch sehr wenig verstanden.

Wenn die Neurowissenschaften in Zukunft neue Zielgruppen erschießen und verstärkt auch Menschen untersuchen, die nicht so einfach auf dem Campus der Universität zu rekrutieren sind, werden wir wahrscheinlich sehen, dass die Plastizität eine große – eine sehr große – Bedeutung im Zusammenhang mit komplexen sozialen Verhaltensweisen wie Liebe und Monogamie besitzt.

Weil unsere Gehirne komplex sind. Untersuchungen mit bildgebenden Verfahren haben gezeigt, dass die Liebe ein charakteristisches Aktivierungsmuster im Gehirn hervorruft. Aber wie Stephanie Ortigue, die Neurowissenschaftlerin von der Syracuse University, mir sagte, erzählt dieses Muster nicht die ganze Geschichte. Bildgebende Verfahren sind derzeit im Hinblick auf Geschwindigkeit und Detailgenauigkeit eingeschränkt; wenn die Technik sich weiterentwickelt, können wir mehr darüber erfahren, wie die neuroanatomischen Teile des Puzzles »Liebe« wirklich zusammenpassen.

Ich bat Craig Ferris, den Aggressionsforscher, der auch ein Experte für bildgebende Verfahren ist, mir zu erklären, warum es so schwierig ist, aus fMRI-Studien über komplexe Verhaltensweisen Schlussfolgerungen zu ziehen. Er antwortete mir, dass die aktuellen Techniken einfach nicht genügend Details liefern könnten, um wirklich zeigen zu können, was das Gehirn tatsächlich tut. Als Beispiel erwähnte er die Amygdala, die in vielen Untersuchungen über die Liebe eine wichtige Rolle spielt. »In Ratten unterscheiden wir etwa 20 verschiedene Unterabteilungen der Amygdala«, erklärte er. »Wissenschaftler haben ihr ganzes Leben damit verbracht, nur die Amygdala der Ratte zu kartieren, um die Zusammenarbeit all dieser unterschiedlichen Abteilungen zu verstehen, was sie tun und womit sie verbunden sind. Jede macht etwas anderes. Es ist ein unglaublich komplexes kleines Areal. Wenn Sie aber Arbeiten mit bildgebenden Verfahren am Menschen lesen, sind dort immer nur zwei Teile der Amygdala genannt: die linke und die rechte Hälfte. Es ist einfach schwierig, diese Stelle im menschlichen Gehirn abzubilden, deshalb können wir nicht mehr tun. Aber daraus entsteht natürlich die Frage, was bedeutet ,Aktivierung der Amygdala' in diesen Studien eigentlich? Bis wir bei der Kartierung eine gewisse Detailtiefe erreicht haben, damit wir überhaupt die verschiedenen Teile der Amygdala bei Menschen unterscheiden können, können wir eigentlich nicht behaupten, dass wir das wissen.«

Diese Messungen sind außerdem viel weniger eindeutig als wir oft glauben. Eine Aktivierung der Amygdala wurde mit dem Verstehen sozialer Signale sowie der emotionalen Bewertung der Außenwelt in Verbindung gebracht. Sie könnte jedoch noch viel mehr bedeuten. Vermutlich spielt die Amygdala auch in einer Vielzahl von anderen kognitiven Prozessen eine Rolle. Im Laufe der Zeit und mit verbesserten Techniken werden wir den vollen Umfang ihrer Funktionen kennenlernen.

Abgesehen von der schwierigen Interpretation von Studien auf der Grundlage von bildgebenden Verfahren ist unser Verständnis der Zusammenarbeit unterschiedlicher Neurotransmitter im Hinblick auf die Liebe auch ganz einfach durch deren Komplexität begrenzt. Oxytocin, Dopamin, Vasopressin, Östrogen, Testosteron – all das sind Substanzen, die an der Liebe und am Sexualverhalten beteiligt sind. Sie sind auch die heißesten Kandidaten für die Liebestränke und Impfstoffe, von denen viele hoffen, dass sie bald auf dem Markt sein werden. Dabei gibt es nur ein Problem: sie wechselwirken und kommunizieren auf eine komplexe Weise miteinander, die die Neurowissenschaftler noch nicht vollständig verstehen. Sie können gegenseitig an die Rezeptoren der anderen Substanzen binden. Sie können ihre Produktion gegenseitig beeinflussen. Und sie sind an weitaus mehr körperlichen Prozessen als einfach nur an der guten alten Liebe und an Sex beteiligt.

Als ich Sue Carter, eine der Pionierinnen der Forschung über Oxytocin und Paarbeziehungen, nach die Möglichkeit eines Liebes- oder Monogamietranks fragte, antwortete sie mit einiger Sorge. »Wenn wir daran denken, was wir über all die anderen biologischen Systeme wissen, sollten wir uns zweimal überlegen, ob wir wirklich versuchen wollen, Mutter Natur mit einem Medikament zum Narren halten«, erklärte sie mir. »Liebe ist wichtig. Wir müssen hier sehr vorsichtig sein. Der chronische Gebrauch eines Wirkstoffs zur Beeinflussung beispielsweise der Oxytocinrezeptoren kann alle möglichen interessanten Auswirkungen haben, die meines Wissens nicht richtig untersucht sind. Er könnte zum Beispiel zu einer Reduktion der endogenen Produktion von Oxytocin führen. Im Laufe der Zeit könnten Gehirn und Körper die Produktion des natürlichen Hormons möglicherweise ganz einstellen. Meine zweite Sorge wäre, dass die Produktion des Oxytocinrezeptors nachlassen könnte. Dadurch würde das ganze System weniger empfindlich werden. Sie müssten immer mehr von dem Medikament nehmen, um die gleichen oder sogar eine geringere Wirkungen zu erhalten.«

Bis Neurowissenschaftler das Wie und Warum der vielen Wechselwirkungen zwischen diesen Substanzen im Gehirn und im Körper besser verstehen Körper, wäre es außerordentlich riskant, die Einnahme eines Medikaments oder eines Impfstoffes auch nur in Betracht zu ziehen. Darunter fällt auch das Inhalieren von Oxytocinsprays, das Einsprühen mit etwas Androstenon oder das Einnehmen von irgendwelchen Hilfsmitteln für die Gehirnchemie in Bezug auf die Liebe – alles Dinge, die über das Internet bereits angeboten werden. »Wir wissen einfach nicht, was passieren wird, wenn wir die natürlichen Regelkreise stören, und bis jetzt wurde das noch nicht einmal im Tiermodell richtig untersucht«, warnte Sue Carter.

Und vor allem: Einfach die Konzentration einer bestimmten Substanz zu erhöhen, wird kaum den gewünschten Effekt bewirken. Es ist doch ganz offensichtlich, dass Menschen viel mehr als die Summe ihrer Neuropeptide sind. Wir brauchen alle diese Substanzen – und noch viel mehr – um Liebe empfinden zu können. »Die Biologie ist nur ein Teil der Liebe. Da ist die Kultur, der persönliche Hintergrund, und natürlich dieser riesige Kortex, der Ihnen Dinge ausreden kann, wenn nötig«, sagte Helen Fisher. »Wir stehen auf diesem Gebiet noch ganz am Anfang. Wir beginnen erst zu verstehen, aus welch vielfältige Weise das Gehirns bei der Liebe mitmischt. Wir beginnen erst zu verstehen, wie komplex das alles eigentlich ist. Es wird viel Zeit brauchen, dem auf den Grund zu gehen.«

Weil es auf den Kontext ankommt. Unser Gehirn arbeitet nicht in einem Vakuum. Es wird ganz wesentlich von unserer Umwelt beeinflusst – bis hinunter auf die Ebene der Neuronen. Oder wie es Moshe Szyf, der führende Epigenetiker, formulierte: »Man kann nicht mehr einfach die Zelle untersuchen. Es gibt nicht ‚die Zelle'.« Alle unsere Verhaltensweisen, einschließlich Liebe und Sexualität, können nur im Kontext unserer Umwelt verstanden werden. Selbst auf der Ebene der Gene werden diese Verhaltensweisen von unserer Umwelt gesteuert.

»Das Genom gibt einen gewissen Rahmen vor. Das ist natürlich fest programmiert«, erklärte Moshe Szyf. »Aber ab dem Beginn des Lebens gibt unsere Umwelt Signale an das Genom, um ihm mitzuteilen: ‚So sieht die Welt aus, in der dieses Kind leben wird. Programmiere es so, dass es in dieser Welt zurechtkommt'. Und das System passt sich an. Es nimmt viele kleine Veränderungen in vielen, vielen verschiedenen Genen vor, die das Kind an die Außenwelt anpassen.«

Und wie die Arbeiten von Moshe Szyf und Michael Meaney zeigen, haben diese Veränderungen die Macht, unser Erziehungs- und Fortpflanzungsverhalten zu ändern. Es reicht nicht, der Biologie die Schuld für unsere Beziehungsprobleme zu geben. Unsere Umwelt und unsere Beziehungen zu anderen Menschen spielen eine ebenso wichtige Rolle. *Weil wir alle Individuen sind.* Das ist der wichtigste Punkt. Plastizität, Komplexität und Kontext wirken alle zusammen und sorgen dafür, dass jeder von uns auf seine spezielle Art einzigartig ist. Wir sind das Produkt unserer Gene und unserer Erfahrungen. Ganz sicher hat all das in der Summe auch einen Einfluss auf unser Liebesleben.

»Die Wahrheit über die Sexualität, über die Liebe, über komplexes Verhalten ganz generell, dass all das unglaublich variabel ist«, sagte Julia Heiman. »So variabel, dass viele Leute sagen, Variabilität sei die eigentliche Norm. Und das passt tatsächlich sehr gut zur Biologie. Variabilität und Biologie gehen Hand in Hand.«

In der Statistik wird eine Normalverteilung irgendeiner Größe durch eine Glockenkurve dargestellt. Wenn Wissenschaftler über die »normale« Art der Liebe, ein »normales« Sexualleben, oder einen »normalen« Erziehungsstil sprechen, meinen sie damit nie ein ganz bestimmtes Verhalten. Die Verhaltensweisen sind über eine solche Kurve verteilt, wobei die »normalen« Verhaltensweisen sich in der Nähe des höchsten Punkts der Kurve befinden (und deshalb häufiger vorkommen) und die »weniger normalen« (d. h. selteneren) Verhaltensweise eher an den Rändern. »Wenn wir ,normal' als ,statistisch normal' definieren, gibt es eine große Breite an ,normalen' Verhaltensweisen«, erklärte mir Julia Heiman. »Und dann gibt es natürlich auch die beiden Enden der Kurve, in denen die selteneren Fälle liegen, zum Beispiel Menschen mit einem sehr starken oder sehr geringen sexuellen Verlangen. Sind das die weniger häufigen Extreme der Normalverteilung? Ja. Sind sie deshalb schlecht oder problematisch? Nein, nicht unbedingt.«

Wir sind alle ein wenig verschieden – jede und jeder einzelne. Das spiegelt sich in unserem Epigenom, unserer Neurochemie und unserem Verhalten wider. Wie könnten wir in der Art, wie wir lieben, weniger individuell sein? Jene einfachen Antworten, die unsere Herzen von der

Neurowissenschaft gerne hören würden – Regeln, Tipps und todsichere Methoden, in der Liebe zu bestehen – gibt es angesichts unserer eigenen Individualität möglicherweise einfach nicht.

Das große Geheimnis der Liebe

Bei einem Vortragsreihe über die Wissenschaft der Sinne und Kunst an der Johns Hopkins University erklärte Semir Zeki (der erste Forscher, der die Liebe mithilfe von bildgebenden Verfahren untersuchte) vor kurzem: »Die Untersuchung der Liebe macht große Fortschritte, sowohl auf der Ebene der Moleküle als auch auf der des Verhaltens.« Der entscheidende Passus ist dabei »macht Fortschritte«. Als ich ein paar Wochen später am Telefon mit ihm sprach, fragte ich ihn, ob wir das Geheimnis der Liebe jemals lösen würden.

»Wenn wir das Geheimnis der Liebe jemals enträtseln könnten, würden wir doch nur ein Geheimnis durch Ehrfurcht ersetzen. Etwas in der Art sagte Francis Crick vor vielen Jahren«, antwortete Zeki. »Versetzen Sie sich in jemanden, der in den 1920er Jahren einen Wissenschaftler interviewt und ihn fragt: ,Glauben Sie, dass wir das Geheimnis des Lebens jemals werden enträtseln können?' Und 1953 kommen dann Francis Crick und James Watson daher und sagen: ,Das Geheimnis des Lebens liegt in zwei DNA-Strängen mit ihren Basenpaaren.' In gewisser Weise ist das Geheimnis damit gelöst. Und wurde durch Ehrfurcht ersetzt. Ich bin überzeugt, dass es uns mit der Liebe genauso ergehen wird, falls wir überhaupt jemals an diesen Punkt kommen.«

Es gibt eine Zeile aus Tom Robbins' Kultroman *Buntspecht*, die mit mir über die Jahre im Gedächtnis geblieben ist: »Wenn die Magie der Beziehung vergeht, vergeht auch die Liebe. So einfach ist das.«[3] Wenn Robbins recht hat, sind wir in Sicherheit: Die Liebe wird nicht vergehen. Zum gegenwärtigen Zeitpunkt besteht keine Gefahr, dass wir sie ihrer zahlreichen Geheimnisse berauben, egal ob mithilfe der Neurowissenschaften oder auf anderem Wege. Ich wage die Behauptung, dass wir noch viel Zeit haben, bevor wir über den Wechsel vom Geheimnis zur Ehrfurcht Sorgen nachdenken müssen.

Die neurowissenschaftliche Untersuchung der Liebe macht Fortschritte und gewinnt jedes Jahr an Fahrt. Aber obwohl immer neue Studien veröffentlicht werden, sind sie nicht in der Lage, unsere großen

Fragen im Hinblick auf die Liebe zu beantworten. Aber hat die DNA alle unsere Fragen über die Natur des Lebens beantwortet? Eher nicht. Auch das Leben verteidigt noch mehr als nur einen Rest von Rätsel. Mit der Liebe wird es genauso sein: Egal wie weit Neurowissenschaftler mit ihren Untersuchungen kommen werden, ein Rätsel wird trotzdem bleiben. Vermutlich mehr als nur eines.

»Niemand will das hören, aber wir wissen sehr wenig darüber, wie das Gehirn auf Erfahrungen des Belohnungssystems wie Sexualität und Liebe reagiert. Ganz zu schweigen davon, dass diese Erfahrungen nicht immer lohnend sind«, sagte mir Julia Heiman. »Die Menschen müssen ein bisschen skeptischer werden, was die schlauen Dinge angeht, die sie lesen, die einfachen Vorstellungen darüber, wie das Gehirn funktioniert und wie den Alltag meistert. Die Realität ist nicht so einfach. Wir müssen akzeptieren, dass die Dinge vermutlich etwas komplizierter liegen – und das zu unserem Vorteil, denn sie sind deshalb kompliziert, damit sie uns die Flexibilität und Anpassungsfähigkeit bieten können, die uns auszeichnet – und darauf vertrauen, dass sie nicht deshalb kompliziert sind, weil Wissenschaftler sie so haben wollen.«

Obwohl wir uns das vielleicht wünschen mögen: Es gibt im Zusammenhang mit der Liebe keine einfachen Antworten. Es gibt keinen narrensicheren Seekarten für die Navigation durch die Untiefen der Liebe, es gibt keine funktionierenden Anleitungen ‚Der sichere Weg zur großen Liebe in fünf Schritten‘ und es gibt keine Nahrungsergänzungsmittel, die die Chemie des Gehirns für die Liebe optimieren können. Das Gehirn ist für solche Spielereien zu kompliziert. Das ist die schlechte Nachricht. Aber es gibt Grund zur Hoffnung – dieselbe neurobiologische Komplexität ist auch eine gute Nachricht. Sie ermöglicht uns, an unsere Kinder die richtigen Informationen über die Welt, in der sie leben werden, weiterzugeben. Sie macht es möglich, dass verschiedene Neuropeptide in unseren Gehirnen sich wenn nötig gegenseitig unterstützen. Sie gibt uns die Freiheit, Entscheidungen zu treffen, uns anzupassen und verhältnismäßig einfach den Kurs zu ändern. Sie gibt uns die Fähigkeit, Schlussfolgerungen aus unseren Erfahrungen mit anderen Menschen zu ziehen, uns an die Vergangenheit zu erinnern und aus unseren Erfahrungen zu lernen, um künftige Risiken einschätzen zu können. Und sie erlaubt uns zu lieben, zu lieben, und wieder zu lieben – selbst mit einen gebrochenen Herzen. Diese Komplexität ist wirklich ein Segen.

Zu Beginn dieses Buches habe ich versprochen, keine Ratschläge oder Tipps für die Liebe zu geben. Dieses Versprechen werde ich nicht zurücknehmen. Wenn Sie also immer noch das Bedürfnis verspüren, den nächstbesten Beziehungs-Bestseller zu Rate zu ziehen (es gibt immer ein oder zwei dieser Bücher, die gerade angesagt sind) oder aufmerksam einer weiteren Folge ihrer Lieblings-Ratgebershow zu folgen, erlaube ich mir darüber kein Urteil. Ich kann das Bedürfnis verstehen, sich inmitten all dieser verrückten Komplexität an etwas festzuhalten. Vielleicht können Sie nach dem Lesen dieser Seiten die Ratschläge der verschiedenen Experten mit einer Prise gesunder Skepsis aufnehmen, gesunden Menschenverstand von Übertreibung trennen und einschätzen, was das Studium des Gehirns im Hinblick auf ein besseres Verständnis der Liebe wirklich leisten kann.

Was mich betrifft, ich wähle das Geheimnis. Ich will damit nicht die Neurowissenschaften abwerten, auf keinen Fall. Die bisher durchgeführten Untersuchungen haben mein Interesse nur noch verstärkt, mehr über die neurobiologischen Grundlagen der Liebe zu lernen. Ich habe die feste Absicht, unsere Freunde die Präriewühlmäuse sowie die laufende Forschung in den Neurowissenschaften weiterhin im Auge zu behalten. Da ich mich nun selbst wieder in der großen, bösen Welt der Partnersuche herumtreibe, empfinde ich das große Geheimnis ein bisschen tröstend. Das Fehlen von klaren und schnellen Antworten bedeutet ja auch, es gibt nicht den »richtigen« Weg zu einer Beziehung und es gibt nicht den »richtigen« Partner für mich. Diesen Gedanken finde ich ehrlich gesagt durchaus befreiend, ein kleine Erlösung von der Liebe. Ich bin das einzigartige Produkt meiner Biologie und meiner Umwelt. Jeder potenzielle Partner kann von sich dasselbe sagen. Die Komplexität meines Gehirns bietet mir in der Liebe unendliche Möglichkeiten. Ich finde, das ist viel besser als eine detaillierte Anleitung auf neurobiologischer Grundlage oder eine gebieterische Liste, die mir genau sagt, was ich tun und lassen soll, und sich dabei anfühlt wie eine Zwangsjacke. Die Suche nach der Liebe ist schon mit genug Druck verbunden. Ich brauche keine zusätzlichen Belastungen in Form von Gentests, Messungen von Neuropeptidwerten oder Medikamenten, die mein Liebesleben zu Lasten meiner kognitiven Fähigkeiten verbessern können.

Ja, ich wähle das ganze Geheimnis, das meine Neuronen mit bieten. Darauf wenigstens kann ich mich verlassen.

Danksagung

Ich stehe tief in der Schuld all der Wissenschaftler, deren Institute und Labors ich besuchen und besichtigen durfte und die ihre Vorstellungen zur Zukunft der neurobiologischen Untersuchung der Liebe mit mir geteilt haben. Herzlichen Dank an Sue Carter, Larry Young, Kim Wallen, Julia Heiman, Barry Komisaruk, Nan Wise und Thomas James für ihre Zeit und ihre Einsichten. Zusätzlich hatte ich das Glück, im Laufe meiner Recherchen Dutzende weiterer hervorragender Forscher interviewen zu dürfen, darunter Karen Bales, Katie Barrett, Mario Beauregard, Ray Blanchard, Lucy Brown, Joshua Buckholtz, Frances Champagne, Lique Coolen, Jeff Cooper, Andrea Di Sebastiano, Catherine Dulac, Craig Ferris, Helen Fisher, Michael Frank, Justin Garcia, Jill Goldstein, Ilanit Gordon, Jordan Grafman, Cynthia Graham, David Haig, Carla Harenski, Randy Jirtle, Pilyoung Kim, Sean Mackey, Hiroaki Matsunami, Bruce McEwen, Cindy Meston, Paul Micevych, Fernando Munoz, Andrew Newberg, Alexander Ophir, Stephanie Ortigue, Chankyu Park, Stephen Porges, George Preti, Qazi Rahman, Heather Rupp, Ivanka Savic, Wolfram Schultz, Charles Snowdon, Shannon Stephens, Dick Swaab, Moshe Szyf, Ei Terasawa, Kerstin Uvnäs-Moberg, Hasse Walum, Beverly Whipple, Shawn Wilson, Steve Wiltgen, Charles Wysocki, Jason Yee, Semir Zeki und Marlene Zuk. Eine offenere und aufmerksamere Gruppe hätte ich mir nicht wünschen können. Die Neurowissenschaften sind wirklich mit mehr als nur intellektueller Brillanz gesegnet – alle meine Ansprechpartner während dieses Projekts waren unglaublich freundlich und hilfsbereit.

Vielen Dank an Demi Gandomkar, Denise Schipani und Jen Miller für das Lesen früher Entwürfe des Manuskripts und an Carol Lee Streeter Kidd und ihr Team für ihre Sorgfalt bei der Transkription. Ein Dankeschön auch an Kim Wallen, Todd Ahern und Sara M. Freeman für eine Reihe von fantastischen Grafiken. Mit fehlen die Worte, um meinen Dank an Alyson English, Thomas Strickland, Nicky Penttila und Joel Derfner für ihre Kommentare während der Erstellung des Manuskripts angemessen auszudrücken.

Man sagt, dass jeder Autor einen guten Lektor braucht. Das kann ich bestätigen. Ich hatte das Glück, dass Sydney Tanigawa, Hilary Redmon und Dominick Anfuso mir geholfen haben, meinen Text in eine Form zu bringen, die des Lesens wert ist. Jeder Autor braucht auch einen guten Agenten. Herzlichen Dank an Joy Tutela von der Agentur David Black und ihren Assistenten Luke Thomas für – alles.

Außerdem darf nicht vergessen werden, dass jeder Autor auch gute Freunde und eine Familie braucht, die für Aufmunterung (und kühle Getränke) sorgen. Sarah Rose, Carl Morales, Dave Dillon, Jamie Pearson, Scott Collins, Aaron Bailey, Alison Buckholtz, Lily Burana, Rachel Weingarten, Kim Place-Gateau, Sylvia Hauser, Hillary Buckholtz, Shawn Gorrell, Clorinda Velez, Helen und Gayle King, die Menschen aus Budingen, Eleanor Jakes Willis, Tyler Schill, Reed Schill und Max Schill haben mich in dieser Hinsicht mehr als gut versorgt – ich liebe euch! Auch die ermutigenden Kommentare (sowie die Antworten auf teilweise sehr persönliche Fragen zu Beziehungen) von meinen (realen und virtuellen, sowohl auf Twitter als auch auf Facebook) Freunden waren sehr wertvoll – ein besonderer Dank hierfür an John Miller, dessen freundliche und erhellende Worte mehr geholfen haben, als ihm bewusst ist.

Roan Low, ohne dich wäre ich verloren. Du bist die beste männliche Freundin, die eine Frau haben kann.

Chet, du bist eine Inspiration und ein unglaubliches Kind. Ich verspreche, dich nie wieder schwarz auf weiß »süß« zu nennen. Aber am meisten danke ich meiner Mutter, Laurel Willis Sukel. Ohne ihre Liebe, ihre Ermutigung und ihre großartigen Fähigkeiten im Babysitten wäre ich nie über die erste Seite hinausgelangt.

Anmerkungen

Kapitel 1: Die Neurowissenschaft der Liebe: Eine Geschichte

1. McEwen, B. Meeting report: Is there a neurobiology of love? *Molecular Psychiatry.* 1997, 2(1): 15–16.
2. Nichol KE, Poon WW, Parachikova AI, Cribbs DH, Glabe CG und Cotman CW. Exercise alters the immune profile in Tg2576 Alzheimer mice toward a response coincident with improved cognitive performance. *Journal of Neuroinflammation.* 2008, 5:13.

Kapitel 2: Auf immer und ewig – dein Gehirn

1. Kolb B und Whishaw IQ. *Fundamentals of Human Neuropsychology Sixth Edition.* 2008. Worth, New York.
2. Finger S. *Origins of Neuroscience: A History of Explorations into Brain Function.* 1994. Oxford University Press, New York.
3. Sizer N und Drayton HS. *Heads and Faces and How to Study Them: A Manual of Phrenology and Physiognomy for the People.* 1892. Fowler & Wells, New York.
4. Fisher HE, Aron A, Mashek D, Li H und Brown LL. Defining the brain systems of lust, romantic attraction, and attachment. *Archives of Sexual Behavior.* , 31(5): 413–419.
5. Bartels A und Zeki S. The neural basis of romantic love. *Neuroreport.* 2000, 11(17): 3829.
6. Aron A, Fisher H, Mashek DJ, Strong G, Li H und Brown LL. Reward, motivation and emotion systems associated with early-stage intense romantic love. *Journal of Neurophysiology.* 2005, 94(1): 327–337.
7. Ortigue S, Bianchi-Demicheli F, Hamilton AF und Grafton ST. The neural basis of love as a subliminal prime: An event-related functional magnetic resonance imaging study. *Journal of Cognitive Neuroscience.* 2007, 19(7): 1218–1230.

8. Ortigue S, Bianchi-Demicheli F, Patel N, Frum C und Lewis JW. Neuroimaging of love: fMRI meta-analysis evidence toward new perspectives in sexual medicine. *Journal of Sexual Medicine.* 2010, 7(11): 3541–3552.

Kapitel 3: Die Chemie der Liebe

1. Azevedo FA, Carvalho LR, Grinberg LT, Farfel JM, Ferretti RE, Leite RE, Jacob Filho W, Lent R und Herculano-Houzel S. Equal numbers of neuronal and nonneuronal cells make the human brain an isometrically scaled-up primate brain. *Journal of Comparative Neurology.* 2009, 513 (5): 532–541.
2. Pani L und Gessa GL. Evolution of the dopaminergic system and its relationships with the psychopathology of pleasure. *International Journal of Clinical Pharmacological Research.* , 17(2–3): 55–58.
3. Aragona BJ, Liu Y, Curtis JT, Stephan FK und Wang Z. A critical role for nucleus accumbens dopamine in partner-preference formation in male prairie voles. *Journal of Neuroscience.* 2003, 23(8): 3483–3490.
4. Curtis JT, Liu Y, Aragona BJ und Wang Z. Dopamine and monogamy. *Brain Research.* 2006, 1126(1): 76–90.
5. Ferguson JN, Aldag JM, Insel TR und Young LJ. Oxytocin in the medial amygdala is essential for social recognition in the mouse. *Journal of Neuroscience.* 2001, 21(20): 8278–8285.
6. Uvnas-Moberg K, Arn I und Magnusson D. The psychobiology of emotion: The role of the oxytocinergic system. *International Journal of Behavioral Medicine.* 2005, 12(2): 59–65.
7. Carter CS. Neuroendocrine perspectives on social attachment and love. *Psychoneuroendocrinology.* 23(8): 779–818.
8. Esch T und Stefano GB. The neurobiology of love. *Neuroendocrinology Letters.* 2005, 26(3): 175–192.
9. Marazziti D, Akiskal HS, Rossi A und Cassano GB. Alteration of the platelet serotonin transporter in romantic love. *Psychological Medicine.* 1999, 29: 741–745.
10. Marazziti D und Canale D. Hormonal changes when falling in love. *Psychoneuroendocrinology.* 2004, 29(7): 931–936.
11. Emanuele E, Politi P, Bianchi M, Minoretti P, Bertona M und Geroldi D. Raised plasma nerve growth factor levels associated with early-stage romantic love. *Psychoneuroendocrinology.* , 31(3): 288–294.
12. Marazziti D, Del Debbio A, Roncaglia I, Bianchi C, Piccinni A und Dell'Osso L. Neurotrophins and attachment. *Clinical Neuropsychiatry.* 2008, 5(2): 100–106.
13. Gray J. *Venus on Fire, Mars on Ice: Hormonal Balance – The Key to Life, Love and Energy.* 2010. Mind.

Kapitel 4: Epigenetik oder: Mama ist an allem schuld

1. Ebstein RP, Israel S, Chew SH, Zhong S und Knafo A. Genetics of human social behavior. *Neuron.* 25 March 2010, 65(6): 831–844.
2. Gregg C, Zhang J, Butler JE, Haig D und Dulac C. Sex-specific parent-of-origin allelic expression in the mouse brain. *Science.* 6 August 2010, 329(5992): 682–685.
3. Gregg C, Zhang J, Weissbourd B, Luo S, Schroth GP, Haig D und Dulac C. High-resolution analysis of parent-of-origin allelic expression in the mouse brain. *Science.* 6 August 2010, 329(5992): 643–648.
4. Waterland RA und Jirtle RL. Transposable elements: Targets for early nutritional effects on epigenetic gene regulation. *Molecular and Cellular Biology.* 2003, 23(15): 5293–5300.
5. Zhang T-Y und Meaney MJ. Epigenetics and the environmental regulation of the genome and its function. *Annual Review of Psychology.* , 61:439–466.
6. Harlow NF. The nature of love. *American Psychologist.* 1958, 13:673–685.
7. Szyf M, Weaver IC, Champagne FA, Diorio J und Meaney MJ. Maternal programming of steroid receptor expression and phenotype through DNA methylation in the rat. *Frontiers in Neuroendocrinology.* 2005, 26(3–4): 139–162.
8. Cameron NM, Shahrokh D, Del Corpo A, Dhir SK, Szyf M, Champagne FA und Meaney MJ. Epigenetic programming of phenotypic variations in reproductive strategies in the rat through maternal care. *Journal of Neuroendocrinology.* 2008, 20(6): 795–801.

Kapitel 5: Die Primaten in uns oder: Warum wir keine Sklaven unserer Hormone sind

1. Ashby EA. *Puberty Survival Guide for Girls.* 2005. iUniverse, Lincoln, Neb.
2. Marazziti D und Canale D. Hormonal changes when falling in love. *Psychoneuroendocrinology.* 2004, 29(7): 931–936.
3. Gueguen N. Menstrual cycle phases and female receptivity to a courtship solicitation: An evaluation in a nightclub. *Evolution and Human Behavior.* 2009, 30(5): 351–355.
4. Miller G, Tyber JM und Jordan BD. Ovulatory cycle effects on top earnings by lap dancers: Economic evidence for human estrus? *Evolution and Human Behavior.* 2007, 28:375–381.
5. Money J. Unpublished archive of John Money at the Kinsey Institute for Research in Sex, Gender und Reproduction Library, Bloomington, Ind.
6. Micevych P und Dominguez R. Membrane estradiol signaling in the brain. *Frontiers in Neuroendocrinology.* 2009, 30(3): 315–327.
7. Garcia-Segura LM. Aromatase in the brain: Not just for reproduction anymore. *Journal of Neuroendocrinology.* , 20(6): 705–712.

8. Kuo J, Hariri OR und Micevych P. An interaction of oxytocin receptors with metabotropic glutamate receptors in hypothalamic astrocytes. *Journal of Neuroendocrinology.* 2009, 21(12): 1001–1006.

Kapitel 6: Männerhirn und Frauenhirn

1. Eliot, L. *Pink Brain, Blue Brain: How Small Differences Grow into Troublesome Gaps – And What We Can Do about It.* 2010. Mariner, New York.
2. Fine C. *Delusions of Gender. How Our Minds, Society, and Neurosexism Create Difference.* 2010. Norton, New York.
3. Money J. Unpublished archive of John Money at the Kinsey Institute for Research in Sex, Gender, and Reproduction Library.
4. Cahill L. His brain, her brain. *Scientific American.* May 2005, 40–47.
5. Cahill L. Why sex matters for neuroscience. *Nature Review Neuroscience.* 2006, 7: 477–484.
6. Goldstein JM, Jerram M, Abbs B, Whitfield-Gabrieli S und Makris N. Sex differences in stress response circuitry activation dependent on female hormonal cycle. *Journal of Neuroscience.* 2010, 30(2): 431–438.
7. Hamann S, Herman RA, Nolan CL und Wallen K. Men and women differ in amygdala response to visual sexual stimuli. *Nature Neuroscience.* , 7(4): 411–416.
8. Rupp HA und Wallen K. Sex differences in response to visual sexual stimuli: A review. *Archives of Sexual Behavior.* 2008, 37(2): 206–218.
9. Rupp HA und Wallen K. Sex-specific content preferences for visual sexual stimuli. *Archives of Sexual Behavior.* 2009, 38(3): 417–426.
10. McCall KM, Rellini AH, Seal BN und Meston CM. Sex differences in memory for sexually-relevant information. *Archives of Sexual Behavior.* , 36(4): 508–517.
11. Zeki S und Romaya JR The brain reaction to viewing faces of opposite- and same-sex romantic partners. *PLoS ONE.* 2010, 5(12): el5802.

Kapitel 7: Die Neurobiologie der Anziehung

1. Zhou W und Chen D. Encoding human sexual chemosensory cues in the orbitofrontal and fusiform cortices. *Journal of Neuroscience.* 2008, 28(53): 14416–14421.
2. Wyatt TD. Fifty years of pheromones. *Nature.* , 457:262–263.
3. Grammer K, Fink B und Neave N. Human pheromones and sexual attraction. *European Journal of Obstetrics and Gynecology and Reproductive Biology.* 2005, 118(2): 135–142.
4. Wysocki CJ und Preti G. Human pheromones: What's purported, what's sup-

ported. White paper prepared exclusively for the Sense of Smell Institute. July 2009.

5. Wedekind C, Seebeck T, Bettens F und Paepke AJ. MHC-dependent mate preferences in humans. *Proceedings of the Royal Society of London, Biological Sciences.*, 260(1359): 245–249.

6. Jacob S, McClintock MK, Zelano B und Ober C. Paternally inherited HLA alleles are associated with women's choice of male odor. *Nature Genetics.* 2002, 30:175–179.

7. Keller A, Zhuang H, Chi Q, Vosshall LB und Matsunami H. Genetic variation in a human odorant receptor alters odour perception. *Nature.* 2007, 449:468–472.

8. Savic I, Berglund H, Gulyas B und Roland P. Smelling of odorous sex hormone-like compounds causes sex-differentiated hypothalamic activations in humans. *Neuron.* 2001, 31(4): 661–668.

9. Savic I, Heden-Blomqvist E und Berglund H. Pheromone signal transduction in humans: What can be learned from olfactory loss. *Human Brain Mapping.* , 30(9): 3057–3065.

10. Eastwick PW und Finkel EJ. Sex differences in mate preferences revisited: Do people know what they initially desire in a romantic partner? *Journal of Personality and Social Psychology.* 2008, 94(2): 245–264.

11. Springen K. The real laws of attraction. *Newsweek,* 14 February 2008.

12. Ireland ME, Slatcher RB, Eastwick PW, Scissors LE, Finkel EJ und Pennebaker JW Language style matching predicts relationship initiation and stability. *Psychological Science.* 2011, 22(1): 39–44.

13. Cooper JC, Dunne S, Furey M und O'Doherty JP. Neural representations of reward in interpersonal attraction. Program No. 129.13.2010 Neuroscience Meeting Planner. San Diego, Calif.: Society for Neuroscience, 2010. Online.

Kapitel 8: Wie die Liebe bleibt

1. Kleiman DG. Monogamy in mammals. *Quarterly Review of Biology.* 1977, 52: 39–69.

2. Young LJ und Wang Z. The neurobiology of pair-bonding. *Nature Neuroscience.* , 7:1048–1054.

3. Aragona BJ, Liu Y, Yu YJ, Curtis JT, Detwiler JM, Insel TR und Wang Z. Nucleus accumbens dopamine differentially mediates the formation and maintenance of pair bonds. *Nature Neuroscience.* 2005, 9:133–139.

4. Hinde K, Maninger N, Mendoza SP, Mason WA, Rowland DJ, Wang GB, Kukis D, Cherry SR und Bales KL. Dl dopamine receptor binding potential as a function of a pair-bond status in monogamous titi monkeys (Callicebus cupreus). Program No. 903. 7/JJJ22. 2010 Neuroscience Meeting Planner. San Diego, Calif.: Society for Neuroscience, 2010. Online.

5. Curtis JT, Liu Y, Aragona BJ und Wang Z. Dopamine and monogamy. *Brain Research.* 2006, 1126(1): 76–90.

6. Snowdon CT, Pieper BA, Boe CY, Cronin KA, Kurian AV und Ziegler TE. Variation in oxytocin is related to variation in affiliative behavior in monogamous, pairbonded tamarins. *Hormones and Behavior.* 2010, 58(4): 614–618.

7. Marazziti D und Canale D. Hormonal changes when falling in love. *Psychoneuroendocrinology.* 2004, 29(7): 931–936.

8. Emanuele E, Politi P, Bianchi M, Minoretti P, Bertona M und Geroldi D. Raised plasma nerve growth factor levels associated with early-stage romantic love. *Psychoneuroendocrinology.* , 31(3): 288–294.

9. Kim W, Kim S, Jeong J, Lee K-U, Ahn K-J, Chung Y-A, Hong K-Y und Chae J-H. Temporal changes in functional magnetic resonance imaging activation of heterosexual couples for visual stimuli of loved ones. *Psychiatry Investigations.* 2009, 6(1): 19–25.

10. Acevedo BP, Aron A, Fisher HE und Brown LL. Neural correlates of long-term intense romantic love. *Social Cognitive and Affective Neuroscience.* 2011, 6(1): 1–15.

11. Walum H, Westberg L, Henningsson S, Neiderhiser JM, Reiss D, Igl W, Ganiban JM, Spotts EL, Pedersen NL, Eriksson E und Lichtenstein P. Genetic variation in the vasopressin receptor 1A gene (AVPR1A) associates with pair-bonding behavior in humans. *Proceedings of the National Academy of Sciences.* 2008, 105(37): 14153–14156.

12. Harkey SL, Brock AB, Kuehnmunch M, Krzywosinski T, Mitry MA und Aragona BJ. Opioid regulation of pair bonding in the monogamous prairie vole. Program No. 387. 4/DDD6. 2010 Neuroscience Meeting Planner. San Diego, Calif.: Society for Neuroscience, 2010. Online.

Kapitel 9: Mamahirne und Papahirne

1. McEwen, B. Meeting report: Is there a neurobiology of love? *Molecular Psychiatry.* 1997, 2(1): 15–16.

2. Ferris CF, Kulkarni P, Sullivan JM Jr., Harder JA, Messenger TL und Febo M. Pup suckling is more rewarding than cocaine: Evidence from functional magnetic resonance imaging and three-dimensional computational analysis. *Journal of Neuroscience.* , 25(1): 149–156.

3. Swain JE, Lorberbaum JP, Kose S und Strathearn L. Brain basis of early parent–infant interactions: Psychology, physiology, and *in vivo* functional neuroima-ging studies. *Journal of Child Psychology and Psychiatry.* 2007, 48(3–4): 262–287.

4. Champagne F, Diorio J, Sharma S und Meaney MJ. Naturally occurring variations in maternal behavior in the rat are associated with differences in

estrogen-inducible central oxytocin receptors. *Proceedings of the National Academy of Sciences.* 2001, 98(22): 12736–12741.

5. Champagne FA, Chretien P, Stevenson CW, Zhang T-Y, Gratton A und Meaney MJ. Variations in nucleus accumbens dopamine associated with individual differences in maternal behavior in the rat. *Journal of Neuroscience.* , 24(17): 4113–4123.

6. Shahrokh DK, Zhang T-Y, Diorio J, Gratton A und Meaney MJ. Oxytocin–dopamine interactions mediate variations in maternal behavior in the rat. *Endocrinology.* 2010, 151(5): 2276–2286.

7. Ross HE und Young LJ. Oxytocin and the neural mechanisms regulating social cognition and affiliative behavior. *Frontiers in Neuroendocrinology.* 2009, 30(4): 534–547.

8. Feldman R, Weller A, Zagoory-Sharon O und Levine A. Evidence for a neuroendocrinological foundation for human affiliation. *Psychological Science.* , 18(11): 965–970.

9. Bartels A und Zeki S. The neural correlates of maternal and romantic love. *Neuroimage.* 2004, 21(3): 1155–1166.

10. Leibenluft E, Gobbini MI, Harrison T und Haxby JV. Mothers' neural activation in response to pictures of their children and other children. *Biological Psychiatry.* 2004, 56:225–232.

11. Swain JE, Leckman JF, Mayes LC, Feldman R, Constable RT und Schultz RT. Neural substrates and psychology of human parent–infant attachment in the postpartum. *Biological Psychiatry.* 2004, 55:153S.

12. Noriuchi M, Kikuchi Y und Senoo A. The functional neuroanatomy of maternal love: Mother's response to infant's attachment behaviors. *Biological Psychiatry.* 2008, 63(4): 415–423.

13. Kim P, Leckman JF, Mayes LC, Feldman R, Wang X und Swain JE. The plasticity of human maternal brain: Longitudinal changes in brain anatomy during the early postpartum period. *Behavioral Neuroscience.* , 124(5): 695–700.

14. Gordon I, Zagoory-Sharon O, Leckman JF und Feldman R. Oxytocin and the development of parenting in humans. *Biological Psychiatry.* 2010, 68(4): 377–382.

15. Feldman R, Gordon I, Schneiderman I, Weisman O und Zagoory-Sharon O. Natural variations in maternal and paternal care are associated with systematic changes in oxytocin following parent–infant contact. *Psychoneuroendocrinology.* 2010, 35(8): 1133–1141.

Kapitel 10: Es hilft alles nichts: Wir sind süchtig nach Liebe

1. Ke$ha, »Your Love Is My Drug.« Spin Doctors, »I Can't Kick the Habit.« Barry White, »Can't Get Enough of Your Love, Babe.« Diana Ross, »Love

Hangover.« The Four Tops, »Baby, I Need Your Lovin.« Mariah Carey, »Can't Let Go.«

2. Beydoun SR, Wang JT, Levine RL und Farvid A. Emotional stress as a trigger of myasthenic crisis and concomitant Takotsubo cardiomyopathy: A case report. *Journal of Medical Case Reports.* , 4:393.

3. Frascella J, Potenza MN, Brown LL und Childress AR. Shared brain vulnerabilities open the way for nonsubstance addictions: Carving addiction at a new joint? *Annals of the New York Academy of Sciences.* 2010. 1187:294–315.

4. Ibid.

5. Schultz W. Multiple reward signals in the brain. *Nature Reviews Neuroscience.* 2000, 1:199–207.

6. Insel TR. Is social attachment an addictive disorder? *Physiology and Behavior.* 2003, 79:351–357.

7. Szalavitz M. The »mommy brain« is bigger: How love grows a new mother's brain. *Time.* 21 October 2010.

8. Kinsley CH und Meyer EA. The construction of the maternal brain: Theoretical comment on Kim et al. (2010). *Behavioral Neuroscience.* 2010, 124(5): 710–714.

9. Fisher HE, Brown LL, Aron A, Strong G und Mashek D. Reward, addiction and emotion regulation systems associated with rejection in love. *Journal of Neurophysiology.* 2010, 104(1): 51–60.

10. Davis JF, Loos M, Di Sebastiano AR, Brown JL, Nehman MN und Coolen LM. Lesions of the medial prefrontal cortex cause maladaptive sexual behavior in male rats. *Biological Psychiatry.* 2010, 67(12): 1199–1204.

11. Edwards S und Self DW. Monogamy: Dopamine ties the knot. *Nature Neuroscience.* 2006, 9(1): 7–8.

12. Garcia JR, MacKillop J, Aller EL, Merriwether AM, Wilson D und Lum JK. Associations between dopamine D4 receptor gene variation with both infidelity and sexual promiscuity. *PLoS ONE.* 2010, 5(11): e14162.

Kapitel 11: Der untreue Verstand

1. Spring JA und Spring M. *After the Affair: Healing the Pain and Rebuilding Trust When a Partner Has Been Unfaithful.* 1997. Harper Paperbacks, New York.

2. Zuk M. *Sexual Selections: What We Can and Cant Learn about Sex from Animals.* 2003. University of California Press, Berkeley.

3. Harlow JM. *Recovery from the Passage of an Iron Bar through the Head.* 1869. David Clapp & Son, New York.

4. Pitkow LJ, Sharer CA, Ren X, Insel TR, Terwilliger EF und Young LJ. Facilitation of affiliation and pair-bond formation by vasopressin receptor gene

transfer into the ventral forebrain of a monogamous vole. *Journal of Neuroscience.* , 21(18): 7392–7396.

5. Walum H, Westberg L, Henningsson S, Neiderhiser JM, Reiss D, Igl W, Ganiban JM, Spotts EL, Pedersen NL, Eriksson E und Lichtenstein P. Genetic variation in the vasopressin receptor 1A gene (AVPR1A) associates with pairbonding behavior in humans. *Proceedings of the National Academy of Sciences.* 2008, 105(37): 14153–14156.

6. Holden C. Why men cheat. *Science.* 2 September 2008. http://news .sciencemag.org/sciencenow/2008/09/02-01.html.

7. No author listed. Infidelity: It's all in the genes. *SkyNews.* 3 September 2008. http://news.sky.com/skynews/Home/Health/Unfaithfulness-infidelity-men-woman-genes-marriage/ Article/200809115091928.

8. Garcia JR, MacKillop J, Aller EL, Merriwether AM, Wilson DS und Lum JK. Associations between dopamine D4 receptor gene variation with both infidelity and sexual promiscuity. *PLoS One.* 2010, 5(11): e14162.

9. Ophir AG, Phelps SM, Sorin AB und Wolff JO. Social but not genetic monogamy is associated with greater breeding success in prairie voles. *Animal Behaviour.*, 75(3): 1143–1154. (Highlighted in *Nature.* , 451:617.

10. Ophir AG, Gessel A, Zheng DJ und Phelps SM. A socio-spatial memory neural circuit predicts male monogamy in the field. Program No. 387.10/EEE2. 2010 Neuroscience Meeting Planner. San Diego, Calif.: Society for Neuroscience, 2010. Online.

11. Weymouth WL, Richman E und Phelps SM. Evolutionary remains: Differences in heritability of forebrain VlaR. Program No. 387. 9/EEE1. 2010 Neuroscience Meeting Planner. San Diego, Calif.: Society for Neuroscience, 2010. Online.

12. Cho MM, DeVries AC, Williams JR und Carter SC. The effects of oxytocin and vasopressin on partner preferences in male and female prairie voles *(Microtus ochrogaster).* *Behavioral Neuroscience.* 1999, 113(5): 1071–1079.

13. Bales KL und Carter CS. Developmental exposure to oxytocin facilitates partner preferences in male prairie voles *(Microtus ochrogaster).* *Behavioral Neuroscience.* 2003, 117(4): 854–859.

Kapitel 12: Meine Abenteuer mit dem O-Team

1. Herbenick D, Reece M, Schick V, Sanders SA, Dodge B und Fortenberry JD. An event-level analysis of the sexual characteristics and composition among adults ages 18 to 59: Results from a national probability sample in the United States. *Journal of Sexual Medicine.* 2010, 7 (Supplement 5): 346–361.

2. Georgiadis JR, Simone Reinders AA, Paans AM, Renken R und Kortekaas R. Men versus women on sexual brain function: Prominent differences during

tactile genital stimulation, but not during orgasm. Human Brain Mapping. 2009, 30(10): 3089–3101.

3. Komisaruk BR und Whipple B. Functional MRI of the brain during orgasm in women. *Annual Review of Sex Research.* 2005, 16:62–86.

4. Arnow BA, Desmond JE, Banner LL, Glover GH, Solomon A, Polan ML, Lue TF und Atlas SW Brain activation and sexual arousal in healthy, heterosexual males. *Brain.* 2002, 125(Part 5): 1014–1023.

5. Georgiadis JR, Reinders AA, Van der Graaf FH, Paans AM und Kortekaas R. Brain activation during human male ejaculation revisited. *Neuroreport.*, 18(6): 553–557.

6. Georgiadis et al. Men versus women on sexual brain function.

Kapitel 13: Eine Frage der Orientierung

1. Derfner J. *Swish: My Quest to Become the Gayest Person Ever and What Ended Up Happening Instead.* 2009. Broadway Books, New York.

2. Wiltgen SM. A historical review of research related to the neurobiology of homosexuality. Program No. 21. 8/NNN6. 2010 Neuroscience Meeting Planner. San Diego, Calif.: Society for Neuroscience, 2010. Online.

3. LeVay S. *Gay, Straight and the Reason Why: The Science of Sexual Orientation.* 2010. Oxford University Press, New York.

4. Grosjean Y, Grillet M, Augustin H, Ferveur JF und Featherstone DE. A glial amino-acid transporter controls synapse strength and courtship in Drosophila. *Nature Neuroscience.* 2008, 11(1): 54–61.

5. Park D, Choi D, Lee J, Lim DS und Park C. Male-like sexual behavior of female mouse lacking fucosemutarotase. *BMC Genetics.* , 7(11): 62.

6. Wallen K und Parsons WA. Sexual behavior in same-sexed nonhuman primates: Is it relevant to understanding human sexuality? *Annual Review of Sex Research.* 1997,8:195–223.

7. Roselli CE, Larkin K, Resko JA, Stellflug JN und Stormshak R The volume of sexually dimorphic nucleus in the ovine medial preoptic area/anterior hypothalamus varies with sexual partner preference. *Endocrinology.* , 145(2): 478–483.

8. Mustanski BS, Dupree MG, Nievergelt CM, Bocklandt S, Schork NJ und Hamer DH. A genomewide scan of male sexual orientation. *Human Genetics.* 2004, 116(4): 272–278.

9. Hu S-H, Wei N, Wang Q-D, Yan L-Q, Wei E-Q, Zhang M-M, Hu J-B, Huang M-L, Zhou W-H und Xu Y. Patterns of brain activation during visually evoked sexual arousal differ between homosexual and heterosexual men. *American Journal of Neuroradiology.* 2008, 29:1890–1896.

10. Bao A-M und Swaab DR Sex differences in the brain, behavior and neuropsychiatric disorders. *Neuroscientist.* 2010, 16(5): 550–565.

11. Blanchard R. Quantitative and theoretical analyses of the relation between older brothers and homosexuality in men. *Journal of Theoretical Biology.* 2004, 230(2): 173–187.

12. Rahman Q. The neurodevelopment of human sexual orientation. *Neuroscience and Biobehavioral Reviews.* 2005, 29(7): 1057–1066.

13. Savic I, Berglund H und Lindstrom P. Brain response to putative pheromones in homosexual men. *Proceedings of the National Academy of Sciences.*, 102(20): 7356–7361.

14. Berglund H, Lindstrom P und Savic I. Brain response to putative pheromones in lesbian women. *Proceedings of the National Academy of Sciences.* 2006, 103(21): 8269–8274.

15. Berglund H, Lindstrom P, Dhejne-Helmy C und Savic I. Male-to-female transsexuals show sex-atypical hypothalamus activation when smelling odorous steroids. *Cerebral Cortex.* 2008, 18(8): 1900–1908.

16. Zeki S und Romaya JP. The brain reaction to viewing faces of opposite- and same-sex romantic partners. *PLoS ONE.* 2010, 5(12): e15802.

Kapitel 14: Macht Liebe dumm?

1. Karremans JC, Verwijmeren T, Pronk TM und Reitsma M. Interacting with women can impair men's cognitive functioning. *Journal of Experimental Social Psychology.* 2009, 45(4): 1041–1044.

2. Rubin C. Beautiful girls make men stupid. *Tonic.* 4 September 2009, blog. tonic.com/the-effects-of-pretty-girls/.

3. Rubin C. Why beautiful women (literally) make men dumber. *Excelle.* 18 September 2009, http://excelle.monster.com/news/articles/4085-why-beautiful-women-literally-make-men-dumber.

4. Dabbs JM und Dobbs MG. *Heroes, Rogues and Lovers: Testosterone and Behavior.* McGraw-Hill, New York.

5. Rupp HA, James TW, Ketterson ED, Sengelaub DR, Janssen E und Heiman JR. Neural activation in women in response to masculinized male faces: Mediation by hormones and psychosexual factors. *Evolution of Human Behavior.* 2009, 30(1): 1–10.

6. Rupp HA, James TW, Ketterson ED, Sengelaub DR, Janssen E und Heiman JR. Neural activation in the orbitofrontal cortex in response to male faces increases during the follicular phase. *Hormones and Behavior.* 2009, 56(1): 66–72.

7. No author listed. Explore your dark side to win her over. *Mens Health,* www.menshealth.co.uk/sex/more/explore-your-dark-side-to-win-her-over.

8. Grayson A. Why nice guys finish last. ABC News. 19 June 2008, abcnews.go.com/Health/story?id=5197531&page=2.

9. Rupp HA, James TW, Ketterson ED, Sengelaub DR, Janssen E und Heiman JR. The role of the anterior cingulate cortex in women's sexual decision making. *Neuroscience Letters.* 2009, 449(1): 42–47.

Kapitel 15: Der schmale Grat zwischen Liebe und Hass

1. De Dreu CKW, Greer LL, Handgraaf MJJ, Shalvi S, Van Kleef GA, Baas M, Ten Velden FS, Van Dijk E und Feith SWW. The neuropeptide oxytocin regulates parochial altruism in intergroup conflict among humans. *Science.* 2010, 238(5984): 1408–1411.
2. Zeki S und Romaya JP. Neural correlates of hate. *PLoS ONE.* 2008, 3(10): 1–8.

Kapitel 16: Die großartigste Liebe von allen

1. Ramachandran VS, Hirstein WS, Armel KC, Tecoma E und Iragui V The neural basis of religious experience. *Society for Neuroscience Abstracts.* 1997, 23:1316.
2. McKay R. Hallucinating God? The cognitive neuropsychiatry of religious belief and experience. *Evolution and Cognition.* 2004, 10(1): 114–125.
3. Ramachandran VS and Blakeslee S. *Phantoms in the Brain: Probing the Mysteries of the Human Mind.* 1998. Morrow, New York.
4. Cook CM und Persinger MA. Experimental induction of the »sensed presence« in normal subjects and an exceptional subject. *Perceptual and Motor Skills.*, 85(2): 683–693.
5. Beauregard M und Paquette V Neural correlates of a mystical experience in Carmelite nuns. *Neuroscience Letters.* 2006, 405(3): 186–190.
6. Beauregard M, Courtemanche J, Paquette V und St-Pierre EL. The neural basis of unconditional love. *Psychiatry Research: Neuroimaging.* 2009, 172(2): 93–98.

Epilog: Schöne neue Welt der Liebe

1. Young LJ. Being human: Love: Neuroscience reveals all. *Nature.* 2009, 457(8): 148.
2. Tierney J. Anti-love drug may be ticket to bliss. *New York Times.* 12 January 2009.
3. Robbins T. Buntspecht. 1983. rororo, Reinbek.

Register